经济金融名家系列教材

金融交易导论
——原理、机制与实务

焦瑾璞 ◎ 著

中国金融出版社

责任编辑：张　铁

责任校对：潘　洁

责任印制：张也男

图书在版编目（CIP）数据

金融交易导论：原理、机制与实务/焦瑾璞著. —北京：中国金融出版社，2021.5

经济金融名家系列教材

ISBN 978 - 7 - 5220 - 1125 - 7

Ⅰ. ①金… Ⅱ. ①焦… Ⅲ. ①金融交易 — 教材 Ⅳ. ①F830. 9

中国版本图书馆CIP数据核字（2021）第 079311 号

金融交易导论——原理、机制与实务

JINRONG JIAOYI DAOLUN：YUANLI，JIZHI YU SHIWU

出版
发行　中国金融出版社

社址　北京市丰台区益泽路2号

市场开发部　（010）66024766，63805472，63439533（传真）

网 上 书 店　www.cfph.cn

　　　　　　（010）66024766，63372837（传真）

读者服务部　（010）66070833，62568380

邮编　100071

经销　新华书店

印刷　北京市松源印刷有限公司

尺寸　169毫米×239毫米

印张　22

字数　335千

版次　2021年5月第1版

印次　2021年5月第1次印刷

定价　68.00元

ISBN 978 - 7 - 5220 - 1125 - 7

如出现印装错误本社负责调换　联系电话（010）63263947

　　金融是现代经济的核心。随着现代经济和社会的发展，无论是政府、企业还是个人都积聚了一定的现金、股票、债券、外汇等金融财富，如何使这些财富保值增值，成为大家极为关心的话题。很多人聚会聊天时都会谈到买什么股票、债券，关心股市、债市、汇市和期货市场等的涨跌与走势。但与此同时，很多人却又不知道其背后的运作机制和基本原理，不知道如何进行金融交易和操作，或者对金融交易一知半解，盲目进行交易、买卖，结果白白丧失许多机会，有时还使自己的财富缩水，遭受一些损失。不了解金融交易，就很难有正确的交易结果。基于此，本书从金融交易的角度，对金融交易的原理、机制和实务进行了详细分析和阐述。同时，本书也是我在清华大学五道口金融学院、浙江大学国际联合商学院讲授的一门金融硕士基础课的主要内容，所以也从教学的角度对金融交易及其相关内容进行了详细讲解。

　　在现代经济生活中，人们无时无刻不在进行着交易，金融交易就存在于日常生活中。无论生产、消费、投资还是买卖等活动，在经济学意义上，都是在进行着交易。而金融交易是指在金融市场上，通过金融工具对金融产品进行投资或者买卖的交易活动。它与生产性交易、生活性交易、消费性交易等有所不同，但涵盖了投资交易、证券交易、外汇交易、大宗商品交易等。在现代经济金融中，金融资源（也称金融工具或者金融产品）的形态是多种多样的，如货币、债券、股票、期货以及它们的衍生产品等。这些金融资源既可以在场内（有形市场）也可以在场外（无形市场）进行交易，既可以线上交易也可以线下交易。所以说，金融交易实际上贯穿人们的金融活动和金融生活，已成为金融活动和金融生活的重要组成部分。

　　只有正确理解和认识金融交易，才可能提高金融活动和金融生活的质量与水平。金融交易作为金融活动的高级形式，既是现代经济金融发展的必然结果，也因其所要求的专业及门槛而使一部分人闻之止步。但实际上，由于金融交易是金融活动的组成部分之一，它必然要遵循基本的金融规律和金融制度，也并没有什么神秘和奥妙。正是基于这一理念，本书重点阐述了金融交易的基本概念，以及金融交易的价值和作用；梳理了金融交易的基础理论，并对经济学和金融学中的交易理论进行了比较；详细介绍了金融交易要素和交易市场分类，场内交易市场和场外交易市场的竞争和融合发展，金融交易规则与交易机制及其演进发展，金融交易产品分类及金融基础类产品、衍生类产品和另类产品的特征与特点，金融交易清算制度发展及中央对手方清算，交割基本流程及功能；在对金融交易风险进行分析的基础上，介绍了金融交易风险管理理论基础，金融交易风险的识别、计量，金融交易风险分析与控制；金融交易离不开法律和监管，本书介绍了国际和我国的监管规则体系，并对新兴金融交易方式监管重点进行分析研究。最后，本书对金融交易的发展趋势、金融交易中的科技应用，面临的挑战和问题进行了分析判断，提出了金融交易发展应坚持的原则。

　　作为系统介绍和研究金融交易的专著和教科书，本书既体现出知识性、专业性，以提高学生的知识水平，也体现出普及性、实务性，为广大读者提供参考借鉴。本书的设计特点是，每章首先是本章概要，然后是正文，结尾再提炼出本章要点，最后是思考题，这种结构安排有助于读者更好地理解和掌握所学知识；同时，也便于师生互动、课堂讨论和课后复习，加深对金融交易及相关知识的思考和掌握运用。当然，本书也可供专业研究人员、金融从业人员、金融监管人员、政府工作者以及广大读者阅读参考。

　　本书是我多年理论研究、教学和实务操作的总结与思考，同时也是我们研究团队和实务操作团队集体智慧的结晶。自从 2015 年我全职进入金融市场和金融交易领域，并担任某交易所高管以来，深感金融交易的日新月异、创新变化，也深感该领域亟需一本集知识性、普及性、系统性和实务性于一体的教材。本书是结合我的授课提纲和教案资料，在综合整理近期研究成果的基础上编撰而成的。编写人员及分工如下：刘景卿博士（上海黄金交易所博士后工作站）编写第一章至第三章，刘婷博士（上海黄金交易所博士后工作站）编写第四章，夏方杰博士（上海黄金交易所交易中心）编写第五章，郑乐凯博士（上海国际黄金交易有限公司运营部）编写第六章，戴新竹博士（上海黄金交易所研发部）编写第七章和第十章，李文伟博士（上海黄金交易所风险管理部）编写第八章和第九章，路冠平博士（上海黄金交易所交易中心）编写第十一章，最后由我负责总纂。另外，卢静博士、朱辉博士、梁榜博士等也分别在相关资料整理和讨论修改中给予了大力支持和帮助。

在编写过程中，我们还参考了大量研究成果和文献，在此对这些作者一并致以诚挚的谢意。感谢清华大学五道口金融学院廖理副院长、刘碧波老师、李静芳老师和选修该课程的同学们，正是讲授金融交易和风险管理这一课程，才促使我学习、收集、整理、思考金融交易及相关理论研究和实务操作，也才有了这一初步研究成果。感谢上海黄金交易所总裁、交易经济学家王振营博士，他不仅参与框架和大纲讨论，而且提供了诸多资料和建议。感谢上海黄金交易所的同事和博士后工作站研究人员，他们多次参与文稿讨论并提出意见建议。特别感谢中国金融出版社教材编辑部张铁主任，作为本书的责任编辑，他的博学和专业权威，使本书避免了很多错误，他的认真负责态度和悉心编辑，为本书增色不少。

由于作者水平有限，错误和疏漏在所难免，敬请广大读者批评指正，并诚挚希望多提宝贵意见和建议，以便不断修改完善。

焦瑾璞

2021 年 3 月 25 日

目 录

第一章　金融交易基本概念

本章概要： 金融交易是金融活动的高级形式，是经济金融发展的必然产物，因其所要求的高专业门槛而使大众望而却步。但实际上，由于金融交易是金融活动的组成部分之一，它必然要遵循基本的金融规律和基本的金融制度，并没有什么神秘和奥妙。本章将阐述金融交易的产生和发展，解释金融交易的本质，以及其基本作用和价值，方便读者了解金融交易的基本概念、内涵、外延，以及其本质。本章内容分为三节。第一节主要介绍交易的产生和发展，厘清交易的产生原理以及交易场所、技术应用、交易品种等的发展情况。第二节介绍金融交易的概念及分类，理解金融交易的本质。第三节主要介绍金融交易的价值和作用，阐述金融交易的价格发现、宏观经济管理、风险管理等功能以及分析市场参与者的套期保值、资源配置、投资、投机等交易动机。

第一节　金融交易的产生和发展

认识金融交易，首先从其产生及发展谈起。那么，金融交易是如何产生的？其背后的原理是什么？在经济增长、技术创新、社会进步的环境下其又是如何发展的？这些问题都将在本节找到答案。本节总体内容分为两大部分：一是从非均衡视角讨论金融交易产生的原理；二是从交易场所发展历史、计算机技术在金融交易中的应用、交易品种逐步丰富以及中国金融交易发展历史演变四个方面介绍金融交易的发展概况。

一、交易产生原理

不管是投资、资源配置、投机，还是各种稀奇古怪的投资类别，都改变不了金融交易赚取差价的本质，也就是低买高卖。那么，这种交易差价如何产生，这里将从均衡视角展开分析。

均衡原本是物理学中的名词，19世纪末英国经济学家阿尔弗雷德·马歇尔将这一概念引入经济学中。经济学中的均衡状态指各种变动着的力量处于一种相对静止且不再变动的状态。经济学中的均衡分析是通过分析各种经济变量之间的关系，来说明均衡的实现及其变动。非均衡分析则认为，经济现象及其变化不能单纯用有关变量之间的均衡与不均衡来加以解释，主张以历史的、制度的、社会的因素作为分析的基本方法，更多强调各种力量不相等时的非均衡状态。利息是资金的"均衡价格"。不难发现，历史上没有任何人通过存钱等"均衡投资法"而变得非常富有，富豪们更常在出现巨大的非均衡状态时发现投资机会或者创业机会。因此，尽管均衡分析从一个角度解释了经济活动规律，但经验和直觉告诉人们，应该更多地从非均衡视角来考察金融交易，观察经济生活中的非均衡性变动因素。

具体而言，可从以下视角理解非均衡带来的金融交易窗口。

（1）新行业的产生。新行业一般处于一种非均衡状态，此时利润巨大并可以让投资者迅速致富，但新竞争者由于利润吸引逐渐加入竞争行列，使该行业利润逐渐下降，如此一个新兴行业逐步沦为一般"老"行业，此时市场重新获得均衡，新行业只能获得较低的均衡利润。新行业常常由技术推动，新技术加快了创新速度，而创新引起了非均衡状态产生，即新技术意味着变化，变化意味着失衡，而在失衡状态下，则易产生高回报机会。那些能利用由技术引起的失衡状态（技术型失衡）的人变得富有。进一步地，中国作为一个发展中的经济体，在发展经济中可通过改变人们的习惯创造出"社会性非均衡"状态，或者模仿发达国家人民行为创造出"发展性非均衡"。比如汽车制造业、飞机制造业等在中国原来基本上是空白，但随着经济发展，社会性非均衡状态或者发展性非均衡状态使这些"新"行业不断产生。

（2）政府行为。政府天然具有"注重解决发展不平衡问题，促进协调发展"的职能。政府行为因此可能会创造出非均衡性机会，比如政府宣布"大力发展5G技术""大力支持新能源汽车发展"，这可能为资本市场带来一些相关的投资交易机会。

（3）金融市场自身的非均衡性状态。比如实体经济中的非均衡性变化，带来的金融市场结构性机会。金融市场本身制度变化，也会带来市场结构性非均衡机会。市场长期趋势中指数偏离过大时，向长期均线的回归倾向、长期平衡市场中某个有效突破的形成等，都意味着均衡与非均衡状态的相互变化，这种变化在不同阶段带来不同的结构性机会。此外，货币等宏观因素的非均衡性突变、外贸出口部分"本国禀赋"及"比较优势"带来的阶段性非均衡性突破、消费层次和消费偏好的阶段性非均衡突变、企业组织管理模式的非均衡性突变等，都是观察金融交易机会的重要视角。

另外，如果均衡分析产生常规利润，优秀的非均衡分析则可以产生超额利润。因此，在采取非均衡方法进行金融交易时，需要具备打破一般性盈利幅度的常规思维局限之勇气，如此方可真正将非均衡交易思路有效贯彻执行。

总之，均衡与非均衡的辩证统一是事物发展的规律，非均衡分析更为强调重视整体趋势变化中的突变因素、重视结构性变化中的趋势性变化因素。

二、金融交易发展

正是经济金融生活中存在大量的非均衡现象，才使金融交易的产生和发展成为一个必然。金融交易的产生和发展是一个系统复杂的过程，涉及多个层面的内容。此处从交易场所发展历史、计算机技术在金融交易中的应用以及交易品种逐步丰富三个维度对金融交易发展进行介绍。

（一）交易场所发展历史

金融交易活动是金融市场和信用制度发展的要求和结果。只有当金融资本与实体经济相分离，并具有一种社会性质时，信用工具才会被充分运用，信用机构也才能得到相应的发展。而信用制度越发展，就越能动员更多的货币收入和储蓄转化为金融资本，投入金融交易市场中去。围于金融交易涉及产品种类多、交易范围广、交易模式复杂等特征，为简洁、清晰、有主次地介绍金融交易发展历史，在此首先从两个维度展开讨论：一是证券交易场所发展历史，二是期货交易场所发展历史。

1. 证券交易场所发展历史

近代西方货币信用制度大约始于16世纪末的欧洲，以贷款、债券、信贷转让票、银行券以及纸币等多种信用工具的采用为特征，并以商业银行、清算银行和中央银行的建立为基础，从而使得信用扩张程度超过以往任何一个时期，为证券市场的发展提供了制度前提和市场环境。1581 年英国成立了第一个典型的股份公司"土耳其公司"，1600 年又成立了"东印度公司"。荷兰也于 1602 年建立了"荷兰东印度公司"，并从 1612 年开始允许其股票在阿姆斯特丹证券交易所公开出售。这些具有典型意义的股份制企业相继成立，对资产积累和迅速扩张起到积极作用，从而为证券业的发展提供了现实的物质基础。

证券交易所的建立是证券市场规模化、公开化和有序发展的产物和条件。证券交易所是高度组织化的市场，是证券流通市场的中心。证券并不是真实资本，而是一种虚拟资本，是代表投资者权益的一种证明，因而证券流动既是投资人的要求，也是扩展资本必不可少的一个条件。证券的价格取决于对资本价值的判断和供求关系。市场机制越发达，证券的变现性就越强。证券的这一特性，为证券交易所的建立提出了现实的要求。1608 年荷兰建立了世界上最早的一个证券交易所，即阿姆斯特丹证券交易所，各地商人聚在阿姆斯特丹从事荷兰东印度公司股票的买卖交易活动，这可能是证券市场的雏形。1724 年法国也建立了制度较为完备的"巴黎证券交易所"，而对现代证券交易所影响较大的则是英国的证券交易所。1733 年，英国经营证券买卖的商人在伦敦斯威汀大街约那森咖啡馆组成了英国第一家证券交易所，即"伦敦证券交易所"，1827 年和 1830 年利物浦证券交易所和曼彻斯特证券交易所相继成立。1836 年英国铁路股票盛兴，地方性证券公司迅速发展，到 1914 年，地方性的证券交易所已发展到 22 家，非正规的地方性证券市场逐步走向规范化。

美国证券市场是从经营美国为独立战争而发行的近 800 万美元政府债券的交易而兴起的。1754 年，经营证券买卖的商人在费城成立了一个经纪人协会。随着交易的进一步发展，1790 年美国建立了第一个证券交易所——费城证券交易所。两年后，即 1792 年 5 月 27 日，纽约的 24 名商人在华尔街的一棵老梧桐树下集会，商订一项协定，即所谓的"梧桐树协定"，约定以后每日在梧桐树下进行证券交易，共同制定了他们相互之间及他们与公众交易收取佣金的最低标准等规则，成立了经纪人协会。1817 年，在美国当时最大的城市，也是通往欧洲的主要港口纽约建立了"纽约证券交易所"，现在是美国最大的证券交易所。

日本证券市场出现于明治维新时期，当时业务活动范围很窄，沿袭封建社会的传统，大企业发行的股票往往被同一财团内的企业所吸收消化，公共事业债券业务也几乎被银行和信托公司垄断。第二次世界大战初期，日本的证券市场进行了重大改革，把许多地方性的证券交易所进行了合并，在东京证券交易所的基础上建立了"日本证券交易所"，该交易所在第二次世界大战结束时解体。1948年，日本政府颁布《证券交易法》，1949年相继开放了九个会员制形式的证券交易所，并指定东京、大阪、名古屋三地进行全国性交易，大大促进了证券市场的发展，为战后日本经济的恢复、工农业发展和技术革新筹集了巨额的资金。

证券交易所兴起的早期阶段，主要业务是政府的公债，股票交易较少。到19世纪60年代，近代资本主义经济的确立使股份制企业大量产生，企业的股票和债券逐渐成为主角。世界证券买卖的中心，17世纪是阿姆斯特丹，18世纪、19世纪逐渐移向伦敦，20世纪以来很长时间一直是伦敦和纽约并重。可见，国际证券市场中心的转移与其经济发展相一致。证券交易所既是资本信用发展的结果，又为资本主义的经济成长提供了物质和制度方面的支持。

2. 期货交易场所发展历史

在现代意义的交易所——芝加哥期货交易所（Chicago Board of Trade，CBOT）出现之前，世界其他地方已经出现商品交易场所，并开展远期合约的交易。1304年创立的巴黎交易所成为交易所的雏形。1531年创立的比利时安特卫普商品交易所堪称世界上最早的名副其实的商品交易所。阿姆斯特丹在17世纪就出现了第一个粮食交易所。1571年英国伦敦率先创立皇家交易所。1620年日本江户时代大阪"定屋米市"开始了远期合约的稻米交易。1730年德川幕府时代"堂岛米相场会所"以一年三次稻米现货交割的差价结算交易，成为日本公认的稻米期市雏形。俄国于1703年在沙皇彼得一世的倡议下成立了彼得堡商品交易所。然而这些交易所开展的远期合约交易是以实物交割为主要目的，仍然属于现货交易，未能进一步发展为期货合约交易，但是却为以后期货合约交易的发展创造了条件。

现代意义的期货交易最早出现于美国，芝加哥期货交易所是世界上最早的农产品期货交易所。19 世纪初期芝加哥已是全美最大的谷物集散地，但当时交通不便、信息不畅、粮库稀缺等状况困扰着粮食交易商们。由于农业的生产具有季节性，农产品旺季时，货物集中上市容易形成供大于求的局面，农场主不得不降价销售。而在农产品销售淡季或收成不好时，供不应求又会导致价格大幅上涨。价格剧烈频繁的波动让所有农场主、农产品贸易商、加工生产商们伤透脑筋。经过酝酿，1848 年 82 位谷物商人自动发起设立了芝加哥谷物交易所，以改变商品交易环境，避免农产品价格的大起大落，同时也为会员提供价格信息等服务。按照约定，会员在交易所内进行远期合约交易，由交易所为买卖双方提供中介和信用担保。1851年交易所引进现货远期交易合约，受到了交易商们的欢迎。1865 年芝加哥期货交易所首次推出标准化合约，由交易所事先对商品数量、质量、交货地点、交货时间等方面都作出统一规定。标准化合约的出现减少了违约现象。同时，芝加哥期货交易所又推行履约保证金制度，即要求凡参与期货交易所的交易者必须先在交易所及其代理机构预先存入一定数额的保证金，为其合约的履行提供担保。芝加哥期货交易所为了向会员提供"对冲"工具，以进行反向买卖，解除会员原有的交货或提货义务，于 1883 年成立结算协会，专为会员提供交易结算服务。对冲方式的引进是一项革命性变革，使期货交易发生质的变化。此举招徕了大量投机者，使交易流动性得到显著提高。至此，现代意义的期货交易终于成形。

芝加哥期货交易所的成功促成了美国及世界各地举办交易所的浪潮。美国芝加哥商业交易所、纽约咖啡交易所、堪萨斯期货交易所、中美洲商品交易所、明尼阿波利斯谷物交易所、纽约棉花交易所、纽约商品交易所等在 19 世纪下半叶先后成立。英国伦敦金属交易所（1877 年）、加拿大蒙特利尔交易所（1874 年）、温尼伯商品交易所（1887 年）等也于同期相继成立。

在农产品期货诞生之后，金属及能源等商品期货市场也逐渐发展起来。金属期货交易最早诞生于英国，这是英国工业革命发展的必然产物。随着英国成为世界工厂，英国对工业原料尤其是金属的需求空前扩大，从海外进口的数量激增。但在当时海运风险很大，使得从非洲、远东或南美地区进口的铜或锡等货物的安全处于极不稳定的状态，资金风险也很大，进而使得未来货物到港时价格难以确定。为了对未来的价格能够有一个基本的预期，商人们开始在伦敦皇家交易所附近的咖啡馆里聚会，根据货物可能到达的时间及当时的市场需求而预判价格并进行交易。商人们围着用粉笔在地板上画的圈进行交易，交易采取公开喊价（Open Outcry）和货主间直接进行交易的方式进行。1876 年 12 月伦敦金属交易所有限公司成立，1877年 1 月开始营业。这是伦敦金属交易所的前身，虽然当时还未推出标准合约，但会员已经确定了以智利铜棒、马来西亚和新加坡的锡作为相关产品的基准品质，并以 3 个月为远期合同的交割期。1899 年交易方式发生了改变，分上午、下午两场，每场又分两轮。这种交易方式已经与现在基本相近了。美国的金属期货交易起步相对较晚，这与美国市场的现货基础有关。直到20 世纪 50 年代，纽约商业交易所才进入金属领域。芝加哥期货交易所于1969 年推出白银期货合约，1979 年又推出了黄金期货。美国政府重新允许公民私人持有黄金的政策，为黄金期货的诞生奠定了基础。

石油期货的诞生源于两次石油危机的发生。第一次石油危机发生于1973 年。当年中东产油国政府发动了将各大外国石油公司石油开采权、销售权收归国有的国有化运动。同年爆发了第四次中东战争。石油输出国组织（OPEC）中的阿拉伯成员国为打击以色列及其支持者，于当年 12 月宣布提高基准原油价格，使油价从每桶 3.011 美元陡升至每桶 10.651 美元，引发了第二次世界大战后最严重的全球能源危机。第二次石油危机发生于1978 年底。当时世界第二大石油出口国伊朗政局发生剧变，导致石油产量锐减，从每天 580 万桶骤降到 100 万桶以下，油价也随之从每桶 13 美元猛升至每桶 34 美元，第二次石油危机爆发。石油价格的巨大波动导致能源期货的产生，1974 年，纽约商业交易所首次推出了交割地为鹿特丹的燃油期货。1978 年该所又推出了以纽约港为基准的 2 号取暖用油。石油期货的出现在一定程度上减缓了世界石油价格的波动，同时也导致了世界石油定价权的转移。纽约商业交易所目前已成为世界上最具影响力的能源产品交易所，因此也相应地取得了世界石油产品的定价权。

由上述传统商品期货的发展轨迹可以看出，期货的产生是为了避免商品价格的波动风险，为现货市场提供套期保值服务的。它们都经历了从现货向期货，从普通合约到标准合约，从最初单纯的套期保值向后来套期保值与期货投资投机并行发展的转变。期货市场的发展经历了大致相似的发展历程。这一相似的发展历程为新兴经济体建立期货市场提供了很好的参考和借鉴。

（二）计算机技术在金融交易中的应用

金融交易发展是金融交易规模的扩大和金融交易产业的高度化过程所带来交易效率的持续提高，体现为交易压制的消除、交易结构的改善，即金融交易工具的创新和金融交易机构适应经济发展的多样化。其量的方面（交易规模）可以金融交易资产与实物资产的比例（金融交易相关比率）等指标来衡量，质的方面（交易效率）可以实际利率、金融工具与经济部门的分类组合（金融交易相关矩阵）、各部门资金流量表的合并（金融交易矩阵）和融资成本率等指标来衡量。经济主体为追逐潜在交易收益而进行的金融创新（包括制度创新和技术创新）是金融交易发展的根本动力。金融交易发展的一般规律使金融交易相关比率趋于提高，而计算机技术在金融交易中的应用为上述机制的实现提供了技术保障。

1. 金融交易的新时空观

60 年前，计算机还未进入金融交易领域，全世界的联系与互动远没有现在这样广泛与深化。而今，金融交易是带有信息技术和电子技术环境下的全球互动性的交易。今天的金融交易的"时空观"与 60 年前是不一样的。

无论是从 1961 年计算机进入美国纽约证券交易所的第一天起，抑或从美国客户在 1960 年末开始使用设在大街上的银行自动提款机来取钞票的那一天起，还是从 20 世纪 60 年代末第一位消费者在美国加州的超级市场用信用卡付账的那一天起，国际金融支付与交易领域就开始发生悄然变化。这种变化发展到今天，已经改变了西方的一代人对金钱的观念，而发展中国家的人们可能还尚处在这场变化中，积极准备面对这场变化。这场变革使金融交易进入了一个新的"时间"和新的"空间"。金融交易的形态发生了变化，从"真实型"转变为"虚拟型"，再发展成为"超级虚拟型"。交易过程变得无纸张、无场所、无疆界、无时限。人们将越来越少见到纸币，更多见到的是电脑屏幕上闪烁的数字。"金钱"变得"看得见但摸不着"。所以，金融的定义或需要被改写。原来定义"金融"时，表述为"资金的融通"；

现在或可表述为"数据的融通"。货币形式的变革对传统金融交易的信用基础以及传统模式环境下的法律与监管机构提出挑战。

传统的金融交易是在一个国家内的指定时间范围内，在本国"三维空间"的交易场所范围内进行的金融交易[①]，这是传统的时间和空间范围内的金融活动，是所谓的旧的"时空观"。新的"时空观"则是一个全新的观念。世界上各地的金融市场已经连在一起，在每天24小时的时间范围里，在全世界24个时区的范围内连续进行金融交易。电子化的交易市场也越来越超越一个国家的三维空间的场所，而在"第四空间"的电脑灵境范围内进行交易。无数的电脑通过网络连接在一起，每天昼夜24小时横跨世界上所有时区，遍布世界上的重要大城市形成交易的联动。在"第四空间"内的交易场所是一个虚拟的空间场所，是指存在于由1和0的"比特"构成的数字化空间。在这个电子化的虚拟灵境内，金融交易活动可以任意跨越各国的边界，任意进入任何城市的开放的资本市场，无视任何语言、文化、会计制度、地理、种族，甚至政治与法律方面的不同。"第四空间"就像地球上连在一起的四大洋水域，金融交易就像在四大洋水域中的流动海水一样，在全球的四大洋中自由流动，而且是哪里有利就流向哪里。

新的金融交易时空观的发展，使全球的金融交易发生了巨大变化。处理这些信息的数量是巨大且复杂的，而且要处理得非常迅速，因此，金融界出现了专门公司为金融机构提供并分析处理信息，预测分析结果与发展趋势等。金融信息公司和金融信息产品发展成为一种新兴的金融产业——金融信息产业。老牌的有路透社、道琼斯公司、华尔街时报等，后起的有美林、高盛、摩根士丹利、第一波士顿、所罗门兄弟等，最新的还有美国的布隆伯格公司等。这些公司不仅提供全球金融市场上的各种信息，而且提供处理金融信息的各种软件和设备，提供传输这类信息的网络。上述这些公司掌握着全球的金融信息源发展技术、金融信息资料处理技术与分析技术、金融信息处理设备和软件产品以及金融信息传输网络技术，并且将这些技术综合起来形成了若干门新的学科，如金融工程学和金融数学等，

[①] 这里的"三维空间"主要指由长、宽、高三个维度构成的看得见、感受得到的空间。

在大学的相关学院开始了金融工程学、金融数学等高等教育与科研。由于衍生金融产品的发展，计算衍生产品的盈利率的复杂公式不断被数学家推导出来，再被计算机专家将公式制成计算机软件，可以自动化或半自动化计算，取代了人工计算。计算机软件和数学公式的结合，使金融交易变成电子化和自动化。基于此，对于任何市场汇率与官方挂钩汇率之间的微小差别，如果投入巨额资金炒作，都会形成相当可观的利润。

2. 金融交易撮合系统的设计应用

随着信息技术的日新月异和金融业务的快速发展，金融交易领域对于核心技术的需求也在不断增强，国内外金融交易模式已经从传统的人工叫价的方式变成了由高度电子化交易系统撮合订单的方式。传统的金融交易主要发生在有形金融市场中，金融交易的买卖双方通过叫价进行价格协商等方式最终达成一致，从而形成一笔交易，同时按照交易订单到指定的交割地点进行实物交割的交易方式。由于交易的整个过程主要依靠人来执行，传统的金融交易存在效率低速度慢、交易时间限制大、交易空间限制大、交易成本非常高、容易有内幕交易、交易扩展性差、交易容易出错、资金安全性差等一系列缺点。伴随时代变迁，金融交易通过与计算机技术的结合，走上了电子化交易的道路，通过将金融交易市场电子化，电子交易不仅消除了传统金融交易的种种弊端，而且促进了现代金融业的快速发展。电子金融交易主要有交易效率高、速度快、交易透明度高、交易成本低、系统安全性高、不受交易时间限制、不受交易空间限制、可以进行多方位扩展、大力推动现代金融业发展等诸多优点。因此现在电子交易已经成为金融交易市场的主流交易方式。随着交易人数、笔数的不断增加，系统承受着越来越大的压力，如果在交易时间内系统发生故障，造成的损失往往不可估量。所以，开发出更可靠、更高效的电子交易系统已经成为金融交易领域的当务之急。

在金融交易系统中，撮合交易扮演着非常重要的角色。撮合交易是指卖方在交易市场委托销售订单、买方在交易市场委托购买订单，交易市场按照一定的原则（可以是价格优先或时间优先等）确定双方成交的价格并生成电子交易合同，然后按照交易订单指定的交割仓库进行实物交割的交易方式。这里，撮合价格的计算是建立在买入价格必须大于或等于卖出价格的基础上的。根据撮合交易的规则，可以看出撮合交易存在一些优势，主要表现如下：比较公平地形成成交价格；成交价格具有连续性特点，可以避免无规律的价格跳跃。同样，撮合交易也存在一些不足，比如不能完全与市场价格同步，成交价格受资金的影响较大；必须有买有卖才能进行交易，因此在涨停或跌破等情况下不能保证交易。经过长期的发展，世界各地交易所陆续出现了很多交易系统，主要代表有美国道富的 Currenex 系统、香港交易所的 Genium INET 交易系统、ICAP 公司的 EBS spot Ai、伦敦 Liffe Connect 期货交易系统等。

我国金融交易推行电子化已经历了二十余年，其间经历了多次系统更新换代。由于竞争和业务发展需要，我国金融交易市场充分利用后发优势，在 1995 年左右开始建设远程交易网络，大力发展远程交易。[①] 从一开始的异地城市设置远程交易大厅并通过租用卫星和地面专线连接到交易主机完成交易撮合，转变成为将接入点设置在会员场所，会员在其办公室即可使用计算机完成下单操作和查询交易等操作。目前各交易所远程交易迅速发展，基本都开通了会员远程交易功能，远程交易与网络接入成为交易所的生命干线。电子金融交易中的撮合交易，主要采用撮合引擎来提供交易场地，通过买卖双方生成相应买卖订单，提交至撮合引擎，由撮合引擎执行撮合算法，实现订单的撮合，并将生成订单提交至清算系统进行清算与交割。

通过分析国内外金融撮合系统的发展趋势，可以看出，电子金融交易发展至今，撮合技术主要是从数据库撮合技术向内存撮合技术发展，这是因为数据库撮合技术越来越无法满足金融交易对高可靠性、高性能、强安全性、可扩展性以及易维护性的需求。

3. 高频交易的流行

美国股市于 2010 年 5 月的"闪跌"使金融市场微观结构以及高频交易（High Frequency Trade, HFT）成为关注的焦点。2013 年 8 月 16 日光大证券"乌龙指"事件让我们看到量化交易在中国证券市场上已经能够产生重大影响。

量化交易的发展使高频交易成为证券交易市场的一种重要方式。HFT

---

① 黄宪日. 金融证券交易系统的分析和设计［D］. 浙江大学，2010.

并非近几年的新生事物，而是 20 世纪 80 年代开始的电子化交易发展、电子化交易平台对传统交易市场冲击以及降低投资成本、提高效率以获得盈利的技术竞争不断演变的结果。从小单成交交易（Small Order Entry System Trading）、日内交易（Day Trading）到直接接入（Direct Market Access），程序化交易（Program Trading，PT）、算法交易（Algorithmic Trading，AT）以及目前的 HFT，交易所的微观市场结构越来越电子化，以计算机算法控制交易的方式不断侵蚀传统的场内交易方式。

与 HFT 直接相关的概念从 PT 开始，即利用计算机程序实现一揽子金融产品的下单交易，比如在股票市场上通常是指 15 只股票以上或金额为 100 万美元以上的交易。随着另类交易平台的增多以及金融技术的不断发展，AT 交易产生并发展为由计算机综合考虑不同市场平台、不同证券和限价指令簿等多种因素来最终决定指令下达的条件，从而保证在不断变动的环境中能够实现利润最大化。HFT 被认为是 AT 的一个分支，HFT 主要执行的策略有流动性回扣交易（Liquidity Rebate Trading）、猎物算法交易（Predatory Algorithmic Trading）、自动做市商策略（Automated Market Makers Trading）和程序化交易。

由于 HFT 获利的核心在于其交易策略，因此各高频交易商对其交易策略或算法都极为保密，且使用一段时间后都会进行调整。所以，目前尚没有对 HFT 的统一的定义。HFT 的界定通常依据交易过程展示的一些特征。表 1–1 中列示了 HFT 和 AT 共同具有的一些特征，如预先设定交易策略、自动指令、使用直接市场接入等，但是 HFT 具有专属于自己的一些特征，如日内没有显著头寸以避免休市后敞口头寸风险，一般在非常短的时间内（毫秒、秒、分、最多一天）执行，每次交易的利润很低但是一天执行次数很多，为了达到低延时采用主机托管（Co-Location）和邻近服务（Proximity Service），等等。

表 1–1   HFT 和 AT 交易特征异同

特征	HFT	AT	特征	HFT	AT
预先设定交易策略	√	√	依据时间和市场来分配指令	—	√
专业交易商使用	√	√	大量指令	√	—

续表

特征	HFT	AT	特征	HFT	AT
观察即时行情数据	√	√	迅速撤单	√	—
自动指令	√	√	自有资金交易	√	—
自动指令管理	√	√	通过买卖价差获利	√	—
没有人为干涉	√	√	日内没有显著头寸（扁平头寸）	√	—
使用直接市场接入	√	√	持有期间非常短	√	—
代理交易	—	√	每笔交易利润很小	√	—
最小化市场影响（大单）	—	√	低延时要求	√	—
目标是获得一个特定的标准	—	√	使用主机托管/邻近服务和单独数据输入	√	—
持有时间通常是几天/星期/月	—	√	专注于高流动性工具	√	—

资料来源：参照 Peter Gomber、Björn Arndt、Marco Lutat 和 Tim Uhle 撰写的 "High-Frequency Trading" 对 HFT 的界定给出。电子版参见：http: //ssrn.com/abstract=1858626。

由于数据来源和统计口径问题，对 HFT 的市场规模估计不同，但是现有资料都表明 HFT 已经成为一些证券市场的主流交易方式。2009 年，美国证监会的资料表明，美国证券市场上高频交易的日均交易量占总日均交易量的 50% 以上。TABB Group 公布的数据则显示，美国股票市场高频交易量所占份额已经从 2005 年的 21% 上升到 2009 年的 61%，十多年前该份额占比就已经超过一半之多。2009 年第四季度芝加哥商业交易所的收益报告显示，有 43% 的期货市场交易属于高频交易。根据电子经纪系统（EBS）统计，外汇市场上根据币种的不同，高频交易占比在 60%~80% 之间。Jarnecic 和 Snape（2010）对伦敦证券交易所中的高频交易商的研究表明，高频交易占整个交易金额的 20%~32%，占整个交易量的 19%~28%。[①] 高频交易依靠其薄利多次的策略带来了可观的利润，在国际金融危机后的金融市场中一枝独秀。Brogaard（2010）从纳斯达克市场可以分辨出来的高频交易商的数据

① Jarnecic, Elvis and Mark Snape. An Analysis of Trade by High Frequency Participants on the London Stock Exchange [R]. Working Paper, June, 2010.

测算出，HFT 占整个交易量的 68%。HFT 的总收入估计每年为 28 亿美元，夏普比例为 4.5[①]。

4. 人工智能在金融交易中的发展

对人工智能的定义显示，"人工智能"一词最开始是在 20 世纪 50 年代达特茅斯（Dartmouth）学会上提出的[②]，之后研究者概括了很多方面的原理定义，人工智能的概念也随之扩散开来。人工智能是研究、开发用于模拟假定、延伸和扩展人的智能的理论、方法、技术及应用系统的一门新兴的技术方面的科学。人工智能是计算机科学的一个分支类别，它企图希望以人工智能的方式来代替热力在生产、工作中的作用，使人力的成本降到最低。人工智能从诞生以来，理论和技术日益成熟，应用领域也不断扩大，可以看得见，未来人工智能带来的科技产品，将会是人类智慧的很高的发展机会领域。

作为人工智能的革命性应用，智能投顾将安全稳健、科学个性融于智能一身，为用户提供基于数据驱动的个性化、精准化和智能化的综合理财服务，通过量化投资算法完成以往人工提供的投资理财顾问服务。结合了人工智能和大数据的智能投顾将是未来金融服务发展的大方向。大数据和人工智能进行的信息整合和分析，不仅所需时间较少，也更加精准，有助于构建表现更出色的投资组合。可以预见，人工智能在金融领域的广泛应用，将为量化投资带来新机遇。金融交易行业作为一种特殊的行业，它的实践性是比较低的，需要一种严格的秩序结构来提高便捷性，所以人工智能会在这中间发挥很重要的作用，最大程度地节约了机会成本，使收益最大化。并且，在金融交易行业中，人工智能的犯错率非常低，这是这个行业所急

---

① Brogaard, Jonathan. High frequency trading and its impact on market quality [R]. 5th Annual Conference on Empirical Legal Studies Paper, 2010.

② 1956 年 8 月，在美国汉诺斯小镇的达特茅斯学院，约翰·麦卡锡（John McCarthy）、马文·闵斯基（Marvin Minsky）、克劳德·香农（Claude Shannon）、艾伦·纽厄尔（Allen Newell）、赫伯特·西蒙（Herbert Simon）等科学家聚在一起，讨论一个完全不食人间烟火的主题，即用机器来模仿人类学习以及其他方面的智能。会议足足开了两个月的时间，虽然大家没有达成普遍的共识，但是却为会议讨论的内容起了一个名字：人工智能。因此 1956 年也就成为人工智能元年。

需的，人工智能无疑将会在金融交易行业中发挥重要作用。

（三）交易品种逐步丰富

从发展过程看，金融市场上交易的首先是那些基础性金融资产，例如股票、债券、利率、货币等就是基础性金融资产。随后在其基础上逐渐形成一系列新的金融商品，统称为衍生性金融商品。这种发展，迄今也不过数十年历史。但到目前衍生金融交易在全世界范围内已达到令人震惊的规模。衍生金融商品的交易额已经超过基础金融商品的交易额，更超过现实资本的交易额。衍生金融商品有众多花色品种，并且还随时有新品种出现。金融衍生产品的发展可以说是经历了由简单结构到复杂安排的过程。金融衍生产品可以根据不同的分类标准进行分类，比如按照交易场所可分为交易所市场金融衍生产品和场外金融衍生产品。按照基础金融工具可以分为股票类衍生产品、债券类衍生产品、利率类衍生产品、货币类衍生产品等。不过，业内最常见的分类方法则是将金融衍生产品分为四个基本类型，即远期交易、期货交易、期权交易和掉期（互换）交易。

其中，远期交易是从即期交易中衍生而来的。如外汇、证券等基础性金融资产是即期交易的工具，当日交钱，当日或隔日交货。买方支付全部价款，卖方收取全部价款。即期交易可以在交易所内，也可以在交易所外完成。实际上买者或卖者无需见面，通过中介人就进行了交易。金融市场的发展使即期金融交易比较方便和安全。但是，金融商品的即期交易不能躲避价格变动带来的风险。例如，投资者在市场上买了某只股票，当这只股票跌价时，他如果卖出手中持有的股票，那就会有损失。为消减市场价格风险，他就利用远期交易。比如，这位投资者找一个金融企业订立合约，确定在将来某个日期按某个价格售予某只股票，以及数额多少。这样，他就避免了在此期间这只股票跌价所导致的损失，但为此他也要支付一定的代价。与他订约的金融企业承担到期购进这种股票的义务，是有一定风险的。那么金融企业为什么要承担这种风险呢？一是它可收取远期交易的费用；二是它作为中介人，也订立了相反方向的交易合约。这就是说，另外有某个投资者，要在将来某个日期买进某只股票，但又考虑如果这只股票涨价，就会遭受损失，因而愿意现在订立合约，把购买款额和价格预先都定下来，因而躲避了涨价的风险。买方、卖方和中介三者通过远期交易的方式，各自把风险转移出去。因此，远期交易就从即期交易衍生出来，同时也使金融市场更加发展。

远期交易虽然可以消减价格变动风险，但实行起来不是很方便。金融资产的买方和卖方要分别同金融中介商订立合约。交易的数额并不相同，交易的日期未必一致，条件也可能有差异。这样，远期交易的发展，就逐渐形成金融期货交易。期货交易的合约是标准化了的单位（如"笔"）和期限（如"几个月"），并且交易程序也都有规定，因而可以进入交易所挂牌交易。交易所对期货合约有管理制度并保证其能履行。期货交易进入交易所后，交易所每日公布交易的价格，就形成不同于现货价格的期货价格。期货交易同远期交易一样可以起消减价格风险的作用，但是相对比较方便，因而对金融市场有促进作用。从即期交易衍生出远期交易，再衍生出期货交易，既消减了交易的风险，也促发了投机取利活动。比如，某个投资者买进三个月的美元期货，当然可以在一定程度上躲避届时美元升值的风险，但也可能预期美元上涨因而做"多头"投机。届时把买进的美元期货按已经上涨的价格再卖出去，牟取现在的期货价格与三个月后的现货价格二者差额的好处。这个投资者实际上并不需要美元作支付之用，只是为了得到这种好处，因而是投机者。无论从期货交易总体来看，还是从每笔交易来看，都难以区分是为躲避风险去保值，还是为投机去牟利。期货交易中既有投机的因素，也相应地呈现出某些特点：一是这种交易虽然还是依据某种基础性金融资产，但关系很疏远。从前面的例子看，投资于美元期货，实际上并不真正需要美元，目的在于从美元涨价中获得差价收益；二是可以不限于使用自有资本，而大量利用借入资本。买入期货并不需要支付全部价款，只要求支付一定数额的保证金和交纳一定的费用。这就是投机者利用信贷资本"四两拨千斤"的杠杆作用，使投机性的期货交易达到很大规模。

期货交易与基础性金融资产的易手可以脱节，而只是与其价格变动相关联，因此从期货交易就会衍生出期权交易。从 20 世纪 70 年代起，西方就有各种各样的期权交易市场，例如股票期权、股票指数期权、外汇期权、商品期权等。期权交易通常不在交易所内挂牌进行，但有一整套较为复杂的规矩。期权可分为看涨期权和看跌期权两种。买进看涨期权的一方，有权在一定日期之前，按一定价格购买一定数额的某种金融资产，但也有权不行使这种购买权。买进看跌期权，则方向正相反。购买哪种期权，都必须向对方支付一定金额的保险费，并且不能退回。期权交易实际上是买卖两方把各自估计的有关金融资产的价格变动，连同保险费一起计算得失，然后订立合约。保险费本身也是可变动的一种特殊的价格。这是买卖两方的博弈，因而期权交易可以同某种价格指数挂钩，与有关的金融资产的关系反而疏远了。

在期货交易发展的同时，也衍生出种种掉期交易。比较普通的是利率掉期、货币掉期等。掉期交易的合约规定，在一定日期、按照一定价格和其他条件，双方互换某种金融资产。例如，固定利率的债权交换浮动利率的债权、一种货币交换另一种货币、债权凭证交换产权凭证等。掉期交易合约规定的价格和条件，既受经济环境、利率变动、汇率变动等因素的影响，也受合约双方对上述因素的心理预期的影响。

现实情况足以说明，衍生金融商品及其交易已经是一种潮流，逐渐在金融市场上占有很大比重。金融工程师不断为金融企业设计出新的衍生金融工具并把它们推向市场。同时，建立若干理论的、可以计量的数学模型来预测那些金融商品的市场价格动向。那些价格的实际变动虽然与理论预测出入很大，但这种"金融工程"能影响金融市场供求两方的行为。在一定的意义上，也影响那些金融商品的市场和价格变动。为此，需要明白，一者"市场经济—金融市场—交易风险—衍生金融"这个发展过程是客观存在的。其中，消减风险与投机牟利又是伴生的。因此只能也只应管理好衍生金融，而不可能取消它。二者既然实行对外开放，我们就必然要进入国际金融市场，不可避免地会在各种衍生金融交易中进行必要的活动。因而一定要对这些交易所所依据的"金融工程"有足够的了解。三者既然实行对外开放，那么外国资本迟早要进入国内金融市场。外国投资者要处理风险，也要投机。衍生金融产品容易造成金融市场上的巨大泡沫，金融泡沫脱离真实的经济而迅速膨胀起来。美国的金融危机分析家乔纳森·特尼鲍姆在《世界金融体系崩溃的历史进程》一文中分析衍生合同时指出：第一，衍生交易泡沫的巨大规模和快速增长是基于高比例的金融杠杆的力量。后者能使一定数量的票面资产成为涉及许多倍的票面资产衍生合同的基础。第二，抽象的零和博弈并不存在于单个的银行和其他金融机构中。像巴林银行等机构的破产所表明的那样，这些玩家很可能因为数倍于其总资产的损失而突然倒闭。所以，衍生合同市场的平衡非常微妙，即使一点点脱节或错位也会引起连锁反应，并迅速达到任何国家和国家联盟也无法控制的地步。为使衍生金融在国内市场更好地发展，我们必须制定适当的管理制度和方法，以规范衍生金融市场的结构和运行。

另外，近些年金融市场还发展出了另类交易产品。另类投资（Alternative Investment）是舶来语，2008年之前，中文世界中几乎很少见到。国际上，一种可供参考的定义为，传统纯粹做多股票或者债券以外的投资均属于另类投资。国内书籍中，另类投资是指传统公开市场交易的权益资产、固定收益类资产和货币类资产以外的投资类型。另类投资运作的一个根本理念是：市场未必一定有效率，许多企业、项目的价格没有体现其内在价值，因而离公共交易平台越远，价格与价值之间的偏差可能越高。另类投资的重点便放在没有上市，但具有包装潜力的企业和项目上，通过购买、重组、包装、套现，将收购的企业或项目的价值体现出来。关于另类投资的分类，主流方法具体有两种：一种将另类投资分为另类策略和另类资产两大类，如贝莱德[①]；另一种从资产的风险收益特征将其分为绝对收益（对冲基金）、私募股权以及实物资产三类，如加州公共养老金。另类投资的产品，狭义上包括私募股权（PE）、房产与商铺、矿业与能源、大宗商品（如黄金、碳排放权）、基础设施、对冲基金、风险投资（VC）、基金的基金（Fund of Funds）、艺术品和收藏品投资等。广义上，非标、股票配资、网下打新、票据套利也可算做另类投资。

另类投资存在一些优缺点，在参与另类投资时需要有所了解。另类投资的优点：（1）投资者将另类投资产品纳入投资组合当中，通过投资组合的多元化来提高其投资回报；（2）在多元资产配置时代，投资者根据宏观市场环境的变化来不断对自己的投资组合进行调整，给予投资者更多的选择；（3）在多元化投资组合中加入另类投资产品，有可能得到比传统股票和债券组合更高的收益；（4）另类投资产品与传统证券投资产品具有较低

---

① 贝莱德推出多款热销另类策略基金，比如结合七种不同管理策略的多重经理人基金等。

的相关性，因此投资者能够通过另类投资产品达到分散投资风险的目的。另类投资的缺点：（1）缺乏监管和信息透明度。另类投资的经理人不会将持有另类投资产品的信息公开，投资者所能够获取的与另类投资产品相关的信息会受到限制。另类投资产品流动性较差，获取回报的时间较长，通常以月或季度为单位向投资者报告资产净值的变动，所以个人投资者相比于机构投资者更难获取有关另类投资产品市场变动的重要信息，这也能说明为什么机构投资者相比于个人投资者更加偏好另类投资产品。（2）流动性较差，杠杆率偏高。由于不在公共交易平台上运作，另类投资的一个重大特点便是缺少流动性。一个项目从购入到套现通常需要几年的时间，于是另类投资基金一般设有5年、10年的锁定期，中途赎回很困难。与传统投资产品不同，在未遭受损失的前提下，很难将另类投资产品快速出售换取现金。大多数另类投资产品采取高杠杆模式运作，因此，另类投资在成功运营时，投资者能获取很高的回报率；但是在失败时，给投资者带来的损失是非常大的。（3）估值难度大，难以对资产价值进行准确评估。大多数另类投资产品的价格是基于估价而形成的。估价是指基于一系列假设对一项资产的价格进行评估的过程。有时另类投资产品流动性较差的问题也可能导致估值的不准确，市场难以及时反映出该另类投资项目所包含的真正价值。

经过一段时间的积累，另类投资在中国已经慢慢变得不那么另类，越来越多的金融机构开始布局另类投资来分散风险，提高收益率。

三、中国金融交易发展历史演变

伴随改革开放的进程，在新中国消失多年的证券市场得以恢复和发展起来。40多年来，从无到有，发展到目前由多种类型的货币市场、多层次资本市场组成的、统一开放和高效有序的金融市场体系，为中国特色社会主义市场经济的发展、资源的有效配置，以及金融业的深化改革和国际化发挥了独特作用。

20世纪50年代后，金融市场中断停止了30年，80年代后才得到恢复和发展，至今经历了大概四个不同发展阶段。

（一）恢复市场与初步发展阶段

1981年至1991年，是金融市场恢复和初步发展时期。1949年以前，上海、天津、北京、武汉和青岛等地已建立了股票交易所。但在20世纪50年代初期的社会主义改造过程中，各地股票交易所被先后关闭，证券市场也随之消失了。直到1981年，恢复国债发行后，金融市场才重新出现。围绕国库券的发行和代理销售，兴起了国债买卖市场，金融市场由此恢复和发展起来。

金融市场兴起的另一个契机是股票的发行和买卖，以及国有企业的股份制改革试点。1983年7月8日，深圳市宝安县联合投资公司向社会公众发行股票，这是新中国最早出现，以县政府名义发行的股票"试验票"，这一"原始股"股票催生了改革开放后中国内地第一家股份制企业"深宝安"，同时开创了国有企业股份制改革的先河，新中国成立后消失多年的股票和证券开始在中国金融市场出现。继"深宝安"后，1984年11月18日，上海飞乐音响股份有限公司正式成立，飞乐音响股票成为改革开放后第一只真正的股票。

随后中国股票市场迅速发展起来，许多城市的证券交易活动非常活跃，同时在上海和深圳开展企业的股份制试点改革，也促进了股票和证券市场的发展。国债和股票的发行同时也催生了证券买卖市场。1986年9月26日，上海建立了第一个证券柜台交易点，这是新中国证券市场正规化交易的开端。1989年3月15日，国内成立了证券交易所研究设计联合办公室，由9家全国性非银行金融机构出资组成[①]。联合办公室参与设计了上海和深圳证券交易所。1990年11月26日，上海证券交易所成立，于12月19日开业。同年12月1日，深圳证券交易所成立，并正式开始营业。上海和深圳证券交易所是经国务院批准设立的全国性证券交易场所，也就是所谓的主板A股市场，定位于为优质国营蓝筹龙头企业服务，被视为中国金融市场发展的真正起点。伴随股票和证券市场的恢复和兴起，20世纪80年代以来，服务于不同主体的国内货币市场，包括同业存单、同业拆借市场，国债回

---

① 包括中国化工进出口总公司、中国对外经济贸易信托投资公司、中国光大集团有限公司、中国经济开发信托投资公司、中国农村发展信托投资公司、中国国际信托投资公司、中国信息信托投资公司、中国康华发展总公司、中国新技术创业投资公司，每家出资50万元。

购市场，银行承兑票据市场，国库券市场，短期融资券和央行票据市场等同时兴起和发展起来，多功能的金融市场体系蔚然成形。到 1991 年底，中国金融市场体系的各个部分均得到初步发展，且已初具规模。

（二）试办市场与扩张发展

上海和深圳证券交易所创立后，特别是 1992 年春邓小平发表南方谈话后，全国各地出现了"证券热"和"股票热"，1992 年至 2001 年，证券市场进入"试办"以及制度建设时期。发行了针对不同上市地点和投资者的股票，1990 年成立的股票市场成为 A 股市场 [1]，1992 年上海证券交易所设立 B 股市场 [2]，1993 年 7 月 15 日青岛啤酒厂股票在香港联合证券交易所挂牌上市发行，标志着中国 H 股股票的诞生 [3]。1994 年国内股票出现了 N 股 [4]。一些国有企业进军美国金融市场还采取了存托凭证（ADR）的形式。同年国内企业在新加坡证券交易所挂牌上市，这就是 S 股 [5]。

证券市场在探索中逐步发展起来。自从 1981 年恢复国债发行后，中国债券市场不断发展起来。20 世纪 90 年代后，债券市场主体和债券种类开始多元化，证券市场的这一试办期，一方面释放出市场发展的巨大能量，导致市场的繁荣发展，另一方面也出现了市场混乱和无序扩张的现象。之后，开始对新股发行方式不断调整，编制股票价格指数，发布股票行情信息，建立主承销商和监管制度 [6]，并制定和颁布了一系列规章制度。

经过近 10 年试办和发展，中国金融市场逐步建立起来。全国性证券交易所、区域性证券交易中心和地方性柜台市场并存，组成二级交易市场。散落于全国各地的证券营业网点，包括综合性银行、证券公司、信托投资公司、证券投资咨询公司、信用社的柜台市场、证券登记过户公司和会计

---

[1] A 股就是人民币的普通股，是国内公司募集资金的主要资本市场，也是国内投资者对上市股票进行投资的场所。

[2] B 股是以人民币标明面值，以外币认购和买卖，在境内（上海、深圳）证券交易所上市交易。

[3] H 股即以港元计价，在中国香港发行并上市的中国境内企业的股票。

[4] N 股即以美元计价，在纽约证券交易所发行并上市的中国境内企业的股票。

[5] S 股即以新加坡元计价，在新加坡证券交易所发行并上市的中国境内企业的股票。

[6] 主承销商是指牵头组织承销团或独家承销某只股票的证券经营机构，在股票发行中起到较为关键的作用。

师事务所等组成分散的交易市场，初步形成了集中和分散交易相结合的金融市场运作体系和网络。

（三）开放市场与接轨发展

加入世界贸易组织后，中国加快了对外开放步伐，"引进来"和"走出去"双向发展。从 2001 年至 2011 年，金融市场进入快速发展，以及改制上市、规制建设和改革调整时期。一是积极稳妥发展债券市场。在严格控制风险的基础上，鼓励符合条件的企业通过发行公司债券筹集资金，改变债券融资发展相对滞后的状况，促进资本市场协调发展。2005 年以来，债券市场呈上升发展态势。二是稳步发展期货市场，不断推出金融新产品。2006 年 9 月，中国金融期货交易所获批成立，有力推进了中国金融衍生产品市场的发展，进一步完善了资本市场体系和结构。同年，中国证监会相继批准了上海期货交易所、大连商品交易所和郑州商品交易所分别开展铅、焦炭和甲醇期货交易，等等。三是以市场为主导，研究开发与股票和债券相关的新品种及其衍生产品，以及资产证券化产品。2002 年 10 月 30 日，上海黄金交易所正式开业。至此，由货币市场、证券市场、外汇市场、保险市场和黄金市场组成的主要金融产品交易市场全部建成。四是保险业资金的跨界投资得到许可。允许保险公司开办投资证券的投资基金公司。

资本市场是伴随着经济体制改革进程逐步发展起来的，在建立初期改革不配套和制度设计上的局限，导致一些深层次问题和结构性矛盾没有得到解决，制约了市场功能的有效发挥。为此，推进了一些资本市场的改革和规制。同时，根据审慎监管原则，健全证券、期货公司的市场准入制度，改革证券、期货客户交易结算资金管理制度，完善以净资本为核心的风险监控指标体系。经过近 10 年的探索、发展、改革和调整，到 2011 年，中国金融市场继续保持健康发展，市场规模不断扩大，市场功能进一步深化，但各个子市场运行差异较大，市场结构变化明显，金融市场产品和交易方式得到创新，对外开放继续稳步推进，市场制度进一步完善。

（四）调整市场与创新发展

2012 年，随着欧洲债务危机的蔓延，世界经济仍处于衰退之中，而中国经济却通过自身的改革和转型再次实现了"软着陆"，但还面临着通胀水平较高、劳动成本不断上涨以及经济结构调整等问题。2013 年以来，中国资本市场进入创新发展和管理变革时期。资本市场内部细分市场发展状况不尽相同，债券市场获得迅速发展，金融产品不断创新，金融交易和管理制度实现创新，如 2014 年 4 月 10 日，上海证券交易所和香港交易所获准开展沪港股票市场交易互联互通机制试点，即"沪港通"。资本市场改革进一步深化，如开始推进股票发行由核准制度向注册制度改革。与股票发行核准制度相比，注册制是一种更为市场化的股票发行制度，其主要内容是以信息披露为中心，完善信息披露规则，由证券交易所负责企业股票发行申请的注册审核，报证监会注册生效。股票发行时机、规模、价格等由市场参与各方自行决定，投资者对发行人的资产质量、投资价值自主判断并承担投资风险。交易所在审核中重点对发行人信息披露的齐备性、一致性和可理解性进行监督，监管部门强化事中事后监管，严格处罚欺诈发行、信息披露违法违规等行为，切实维护市场秩序和投资者合法权益。随着多层次资本市场体系的建立和完善，新股发行体制改革不断深化，新三板、股指期货等制度创新和产品创新稳步推进，中国金融市场逐步走向成熟，为中国经济提供投融资服务等功能日益显现。

纵观改革开放以来的 40 余年，源于国债发行的中国金融市场经过改革、调整和螺旋式发展，初步形成涵盖股票、债券、期货和基金市场体系，为国有企业改革和经济社会发展作出了重要贡献。

第二节　金融交易的概念和类型

从金融交易的发展历史来看，金融交易是经济和金融发展到一定时期的产物，是金融活动的重要组成部分。本节中，我们将进一步探讨金融交易的概念及类型，揭示其本质及作用。

一、金融交易的概念

交易是经济学中非常重要的一个概念，与生产的概念相对。经济学的理论研究一般把人类的经济活动分为两个领域：一是生产性活动，即人与自然界发生关系的活动，如资源的开采、产品的加工等；二是交易性活动，即人与人直接发生经济关系的活动，如商品交换、劳资谈判、企业内的管理活动、证券买卖等。在日常生活中，人们所理解的交易通常是指买卖活动，相应地，金融市场中金融工具或产品的买卖活动即为金融交易。

金融资源（也称金融工具或者金融产品）的形态多种多样，如货币、债券、股票等，也有它们的衍生产品，它们所带来的收益和风险各不相同。不过，它们都有一个共同的特征：人们拥有它们不再是像经济学原理所描述的那样是为了想从使用这些"产品"的过程中得到一种满足，而是希望通过它们能在未来创造出更多的价值（如增值或避险等），从而在这种能够直接提高自身物质购买力的"金融资源配置"过程中得到最大的满足，这正是金融经济学作为一门研究金融资源有效配置的科学所要展示的，而这一切实现的基础便是相关金融产品的交易实现。

法律视角下，金融交易是交易双方针对金融产品买卖形成的合同关系。除个别场合外，金融交易反映了一方交易者支付金钱、他方交易者交付金融产品的本质关系。而从研究金融资源有效配置的金融经济学视角分析，金融交易可理解为是在金融市场上发生的金融资产的交易，以现在的货币换取将来同额的货币，外加忍欲或者放弃流动性偏好来获得报酬。这里，流动性是指一定的金融资产变现的能力。交易中，金融资产所有权发生变化，引起金融债权债务的产生和清偿。如果不分盈利动机，金融交易则是投资的近义词。投资强调结果，目的在于增值。而金融交易活动更多强调进行活动本身和反复性。这样金融交易就跨入了衍生品金融交易的新型经济活动（法律意义上的），并且也将新式电子金融交易包括进来了。

金融交易的实现需要金融市场提供场所支持。按传统的概念，市场就是买卖双方聚集的地方，一般是指一个具体的场所，而现代意义上的市场，不仅包括具体的场所，还包括一些无形的场所。借助科技手段瞬间完成，并不一定需要有固定的场所和工作设施，就能完成商品的买卖，场所的概念已经演绎成一个惯用的经济范畴。具体到金融市场，其是资金供求双方借助金融工具进行各种货币资金交易活动的市场。金融市场上交易的是金融产品。金融产品不同于可直接满足生活或生产需要的那些物质产品，而是像股票、债券、外汇、票据等产权或债权凭证，它们是金融交易的工具，因而也叫做金融工具。正是这些金融工具在金融市场上的交易运转，构成了金融交易活动。

另外，金融交易，即以货币换取其他金融性资产，但在多样的金融资产中，以货币的流动性为最优。因此，流动性的降低意味着资产风险持有的提高。所以，在这样一种流动性降低，并且持有资产的风险上升的同时，应当获取的报酬，即为利息。总之，金融交易是指通过金融工具，在金融市场上，对金融产品进行投资或者买卖的交易活动。需要说明的是，本书的金融交易，更多刻画基于交易平台类金融基础设施的交易活动，可理解为一种狭义的金融交易概念。

二、金融交易的分类

金融交易按照不同分类标准可划分成多种形式。这里，选取了交易双方的组成和交易双方买卖的标的物是否为金融工具两种常见的方法，对金融交易进行分类，具体如下：

（一）按照交易双方的组成进行分类

按照交易双方的组成进行分类，可将金融交易分为直接金融交易和间接金融交易。

1. 直接金融交易

直接金融交易是指各机构部门之间通过金融市场直接进行的融资活动，例如，企业在金融市场上发行股票或债券筹集资金，居民用储蓄购买债券或股票，企业得到投资资金，而金融机构只提供发行销售等服务，未起到资金中间借贷人的作用。

2. 间接金融交易

间接金融交易是指以金融机构为中介，各机构部门之间实现的融资活动。此时金融机构扮演了筹集资金和运用资金的中介角色。

金融市场通过直接金融交易和间接金融交易的方式将分散在各个机构部门的资金进行调剂和配置，以起到优化资源的作用。

（二）按照交易双方买卖的标的物是否为金融工具进行分类

按照交易双方买卖的标的物是否为金融工具进行分类，可将金融交易分为金融工具与非金融工具的交易、金融工具与金融工具的交易两种类型。

1. 金融工具与非金融工具的交易

交易一方以金融工具换取另一方的非金融工具，比如居民用现金或信用卡购买货物和服务、企业划减银行存款进行纳税等，引起交易一方（如居民、企业等）金融资产所有权的减少或增加。交易结果是市场结清，这是该类金融交易的特点。例如，居民用现金购买消费品时，消费品的所有权就从商店转移到居民，相应的现金的所有权则从居民转移到商店。

2. 金融工具与金融工具的交易

交易一方以一种金融工具换取对方的另一种金融工具，即现存金融资产与其他金融资产的交换，比如居民以现金购买股票、企业用银行存款购买国库券，等等。这类交易引起了金融资产所有权和金融负债的产生、转移或清偿。该类金融交易发生的前提是社会一部分单位或个人资金有结余，而另一部分单位或个人资金有短缺。这类金融交易并未发生任何实际资源的转移，其实质是一种资金的借贷行为，交易的结果不是市场结清，而是同时产生了债权和债务——交易的一方获得金融债权而另一方则承担金融债务。例如，居民用现金购买国库券，实质是政府向居民借款。交易发生前，居民与政府之间"你不欠我，我不欠你"。交易发生后，居民与政府之间便产生了债权债务关系，居民借出资金，拥有了对政府的债权，政府借入资金，承担了对居民还本付息的债务。证明债权、债务的凭据便是金融工具，如国库券。居民购买国库券，就是拥有了一笔金融资产。金融债权就等同于金融资产。政府售出国库券，就是政府对购买者有一笔负债，因此金融债务就等同于金融负债。总之，金融交易的结果就是产生新的金融资产与金融负债。

第三节　金融交易的价值和作用及参与者动机

金融交易的价值和作用是由其机制决定的。金融交易所具备的低成本、高杠杆的特点，以及每日多次双向交易而产生的频繁报价和流动性，衍生出价格发现、套期保值等功能。由于金融交易市场所具有的这些功能，几乎所有的市场经济体都在利用它来指导和管理经济生活，即便是那些尚未建立金融交易市场的国家，也在全球范围内利用别国的金融交易市场来指导生产经营、管理经济风险等，这已是普遍规律。回顾历史，英国、美国等发达国家在自身经济建设和发展过程中，都高度重视并不遗余力地推进金融交易市场建设。在市场经济体系中，现货市场体现的是即期供求关系，期货和衍生品市场体现的是远期供求关系，二者相互补充、相互促进。如果缺少期货和衍生品市场，那么市场体系就不完善，市场机制就很难充分发挥作用。

一、金融交易的价值和作用

（一）价格发现

价格发现尤其是远期价格发现是金融交易市场的重要功能。投机者、套利者为了盈利，套期保值者为了决定是否套保和建立头寸，这些行为都需要收集和评估当前信息并对未来供需关系进行分析，从而更好地预测未来价格的走势。根据相关可得信息进行合理评估，预测未来价格，并据此建仓，这些行为能够让现货、期货等价格与现在及未来的供需关系保持适当的一致性。金融交易通过广泛的信息传播、集合竞价，所有人按照价格优先和时间优先顺序进行竞价所形成的价格，具备较高水平的公开性、公平性和公正性。

价格发现功能具有超前性。由于利益驱动，参与者尤其是投机者通过各种方式快速、广泛地收集与交易相关的各种信息，这些信息又以一种最市场化的方式反映在交易价格中，因此金融交易价格最能反映今后一段时间的市场变化情况。价格信息的使用者无偿享受交易者产生的信息，他也许根本就没有参与金融交易，但他从媒体上获取的交易价格信息却能帮助他的生产经营活动，方便了他的经济行为。因此，经济学家说，金融交易市场产生的价格信息是一种"社会福利"，它被无偿、广泛地运用于农业、工业、贸易、金融等行业的经营活动以及国家宏观经济管理中。

另外，国内外的实践证明，金融交易市场的价格发现是最有效的。价格调节供需关系，供需引导资源配置，从这个意义上说，价格对于优化资源配置具有决定性作用。比如，与现货市场相比，期货市场发现的远期价格具有连续性、前瞻性和权威性，能够比较真实地反映商品和金融资产未来的价格变动趋势，对优化社会资源配置可以发挥重要作用。

在市场经济中，价格是供求信息的集中体现，是引导资源配置的核心信号。金融交易价格总体具有三个特点：一是采用集中公开竞价和中央对手方的交易方式①，交易价格广泛容纳和公开反映众多影响价格的信息；二是金融交易价格是对标准化合约定价，最大限度地摒弃了商品个性化因素对价格的影响；三是金融交易价格预示未来，在引导资源进行跨期配置过程中发挥重要作用。

（二）宏观经济管理

金融交易不仅在企业、产业中得到广泛应用，而且在国家的宏观经济管理中发挥着越来越重要的作用。比如，国际上，以22种主要大宗商品期货价格为基础编制的美国商品调查局（CRB）指数，已成为反映和观察全球大宗商品价格波动与经济走向的重要指标。金融交易作为一种有效的、市场化的风险管理工具，丰富了政府实施公共政策的方式。比如，以农业支持政策为例，由于农产品价格支持、目标价格差价补贴等方式存在实施成本高、扭曲市场、不符合世贸组织规则等问题，美国、墨西哥、加拿大、巴西等国家积极探索利用期权、保险等工具对农民进行补贴。

就金融市场而言，金融交易主要从价格发现、风险管理、资源配置等方面完善资本市场的制度基础。它不仅使金融市场成为真正有风险管理的市场，吸引更多参与者进入，扩大金融市场的规模，并且强化全球金融市场的竞争，促进资本跨国流动和资源的全球化配置，推动包括发展中国家在内的各国实体经济增长和产业升级。国际成熟市场几十年来的经验表明，金融交易产品通过风险对冲，可以促进资本市场的稳定，提高资本市场的凝聚力和抗冲击力，进而有利于资本市场直接融资和其他各项功能的发挥。这对全社会的资本积累和扩张、经济的长期稳定增长十分有利。

具体而言，金融交易能够促进资源配置（Resource Allocation）。资源配置即在一定的技术水平条件下将各投入要素在各产出主体之间进行分配，其效率问题是经济学研究的核心内容之一，而交易活动对资源配置发挥作用的前提，在于产权能够明晰确定。科斯定理指出，假如权利界定是清晰的，并且没有交易费用，那么无论产权的初始配置怎么样，资源都将被配

---

① 中央对手方（Central Counter Party，CCP）指结算过程中介入金融交易买卖双方之间，成为"买方的卖方"和"卖方的买方"的机构。

置到最高价值的用途上。其实，交易费用的客观存在，本身就意味着"完美"很可能是无效率的，而"不完美"可能恰恰是有效率的。市场交易表面交换的是物，实际交换的是物背后的权利。市场以清晰的权利界定为基础，又进一步改进产权配置，使其达到最优。每一次的市场交易，都是在改善产权配置，无效率的产权配置不可能是一种稳定状态。

金融交易市场的有效性一定程度上取决于资源配置效率的高低。金融交易市场整体建设所采取的顶层设计，能够保证市场整体充满活力，提升市场整体的资源配置效率。金融交易市场是高度信息集约化的市场，信息是金融交易市场的基础，交易者知道的信息越多，拥有的视角越多，可以建立的连接就越多，进行预测的能力就越强。金融交易市场的资源配置全过程贯穿着相关的信息流动。某种程度上可以说，信息决定着金融交易市场的资源配置效率。关于金融交易市场有效性的理论，最有影响力的当属"有效市场假说"，该理论认为"如果所有股票价格都充分反映了所有信息，市场则是有效的"。所以，信息效率决定金融交易市场的资源配置效率。如果信息不对称，则容易产生逆向选择和道德风险，进而影响金融交易市场的有效运行。

因此，成熟的金融市场需要金融衍生品等交易产品，它也是供给侧结构性改革的一项重要内容，这个改革过程将是一个长期的、机会与风险并存的过程。通过增加以金融衍生品为代表的风险管理工具供给，不仅可以满足企业和金融机构等微观主体风险管理的诉求，也在完善资本市场体系、扩大资本积累、强化创新竞争、改善资源配置等方面发挥着服务实体经济的重要作用。所以，金融交易产品是国家宏观经济管理需要的一种金融工具。政府可以利用金融市场提前发现的价格信号更好地分析、调控和管理经济，更灵活、有效地实施国家政策。

（三）风险管理

金融交易产品满足了各类投资者的风险管理需求，这其中既包括具有基础资产的商业公司、金融机构的套期保值需求，也有对冲基金等投机者的逐利欲望。金融交易产品为市场参与者在金融自由化环境下管理风险提供低成本的管理工具，从而在传统的有形商品市场之外形成一个以风险定价与转移为主要目的的虚拟经济新兴市场，并发挥独特的价格发现功能。

风险是与人类社会生活相伴生的一种客观现象，既代表遭受损失的可能性，也代表一种可以创造价值的潜在资源。风险分为必须接受的风险（与自身固有性质有关）、可以冒一下的风险（风险成本与生存底线）、不可以冒的风险（后果直接危及生存）和不能不冒的风险（如大环境突破性创新）。交易者在交易过程中，需要清楚什么机会是其要追逐的，什么风险是其愿意和必须接受的。金融交易产品通过风险解捆、风险定价与风险交易实现其经济功能，并成为世界金融市场上不可或缺的重要组成部分。可以说金融交易产品的经济功能是通过将风险"产品化"的过程实现的，而风险解捆、风险定价与风险交易则是这一过程的三个关键环节。

1. 风险解捆

如果没有金融交易产品的风险解捆功能，原生资产固有的风险无法转移出去，如股票、债券等金融资产所具有的发行主体违约风险、流通后的市场风险等都是未能单独分离与转移的。如果涉及以外币计价的债券，可能还要面临未来兑付过程中的汇率风险，而这些风险在没有出现金融交易产品之前是彼此交织、错综复杂地捆绑在一起的。金融交易产品的第一个基本功能就是进行风险解捆，将从前交织在一起的各种风险分离开来，进行细致的识别与分析，并设计出与每一种风险相对应的交易产品，来分散或对冲风险，通过产品交易的设计与组合，使风险被分解出来，为转移与交易"风险"提供了基本前提。

2. 风险定价

金融交易产品的第二个重要功能是实现了风险的定价，从而为风险的转移与交易奠定基础。在风险分离之后，产品设计者需要结合风险关联因素、未来走势判断、相关违约率模型等基础数据来对风险进行定价，或者说对金融交易的结构进行设计。风险定价是金融交易产品的最核心环节，其决定着整个金融交易的结构与未来价值，因此也是最复杂与高深的环节。在经过复杂的风险定价分析后，设计者对风险进行剥离和合成，并经过组合与创新，设计出量身定做的复杂金融交易产品。

3. 风险交易

风险在定价之后基本已经实现"产品化"，即从前隐藏在某种金融资产或交易中的风险已经被有形化，并被定价。下一个步骤就是风险的交易，即将产品化后的风险在不同的风险偏好者之间转移。市场上的普遍情况是金融风险的厌恶者通过金融交易将不愿承担的风险转移给风险喜好者。从这个角度看，金融交易市场的交易标的就是"风险"。金融交易不仅实现了风险的外在化，还进而实现了风险的可交易化，即把市场参与者不愿意承担的风险识别出来并转移出去。

二、市场参与者的交易动机分析

"井水不生鱼，枯树不开花。"流动性像空气，一旦消失会"窒息而亡"。缺乏流动性的金融交易市场，其价格发现、套期保值等功能将很难实现。金融交易市场经济功能的发挥很大程度上依托于良好的流动性。投机者是流动性的提供者，在流动性的贡献上功不可没。正如期权定价理论的创立者之一、诺贝尔经济学奖得主斯科尔斯教授所言，期货、期权交易表面上类似赌博，但由于投机者赌博式交易产生的不竭流动性，使得价格发现、套期保值等功能得到最彻底的展现，从而便利了农民与商家的生产经营活动，其产生的服务实体经济的功能是赌博永远无法具有的。斯科尔斯教授在 2005 年 9 月参加中国金融衍生品论坛时指出，金融交易产品对风险的加工为活跃而有经验的市场参与者提供了交易机会，各类交易主体参与这个神秘的市场，总体上主要出于以下几种目的。

（一）套期保值（Hedging）

根据《元照英美法词典》的解释，Hedge 可译为套期保值、套购保值、套头交易或对冲买卖等，是指为避免商品或证券的价格波动带来商业损失，而通过在期货市场上买卖同种商品或在期权市场上买入同种证券的卖出期权或卖出同种证券的买入期权进行的套期交易。套期保值是金融交易产品产生之初的最原始目的，即规避基础产品价格波动而产生的市场风险，但同时也失去了潜在的盈利机会，对冲后的实际效果并不一定能保证比不对冲更好。例如，航空公司未来要不断地产生航油消耗需求，但目前来看，航油价格处于不稳定波动之中。为了锁定未来一段时间的运营成本，航空公司可以在期货市场上买入原油期货，从而在一定程度上避免公司因航油价格大幅上涨而带来的风险。

套期保值使交易者面临的未来价格波动风险得到控制，减少市场波动带来的损失风险，这也是为何 Hedge 功能常常被称为"风险对冲"的原因。套期保值的惯常操作是：企业经营者因现实需要而在现货市场买进或卖出现货，为了规避未来风险，同时在期货市场进行方向相反的操作，从而实现现货与期货合约之间的对冲机制，以一个市场上的盈利抵销另一个市场上的亏损，规避价格波动风险。

（二）投资（Investment）

投资指经济主体为了获得经济效益而垫付货币或其他资源用于某项事业的经济活动，资金只有在不断的运动（生产、经营、交易）中才能具有生命力。参与金融交易活动，使投资资金遵循一定途径不断循环与周转运动，才能取得预期的效果——为交易者提供更多的收益，为人类创造更多的财富，推动经济和科技的发展，推动人类社会的进步。在投资交易过程中，资金循环周转，由资金的货币形态转为资金的生产形态，再转为资金的商品形态，最终转为附加增值的资金货币形态，然后进入下一轮扩大规模的循环。交易资金只有在不断的运动中才能实现价值的增值，而这正是投资的本质所在。

本杰明·格雷厄姆在《聪明的投资者》一书中指出，投资就是以低于价值的价格买入的过程，所以熊市中投资者在建仓，牛市后期往往是投资者在抛售。别人眼里的黑天鹅反而成为了价值投资者眼里的黑天鹅蛋糕。不同的交易逻辑造成了不同的交易方式，贯穿在整个市场波动当中。投资不同于"零和"的投机，是一种"正和"，表现为财富创造而非财富转移，更多站在一个长期的角度分析问题。参与交易，投资买卖自己有一定研究的东西。投资以低于价值的价格买入，虽然投资过程中的风险来源于交易者不知道自己在做什么，但规避投资风险的方法在于深度思考。投资赚的是价格回归价值，市场错杀的钱，以及经济长期稳定发展与企业源源不断产生现金流的钱。可见，投资更像是对价值天道的一种坚持，追求的是道法自然、水到渠成的价值观。

（三）投机（Speculation）

与投资相对的，便是投机。根据《元照英美法词典》的解释，Speculation 是指意图从价格波动中获取利益而买入或卖出某物。由此可见，投机者并不具有对冲基础交易风险的需求，其根本就没有基础交易风险，投机者进入衍生产品市场的目的只有一个，即在产品交易价格的波动中获利。不过，虽然投机者普遍表示自己的目标在于赚取差价，但事实上，他们只看重心理安慰。即使大家都在亏钱，他们也宁愿从众，而不愿意作出艰难决策，等待最大的回报。从表面上看，随大流可以避免遭人指责。这些投机者往往不会在市场底部附近投资，而是在市场顶部进行投资，但这样做恰恰与赚取差价的投资理念背道而驰。

随着产品结构的日益复杂与市场参与者的多样化，金融衍生交易市场中的投机者与投机机会不断增加，投机方式也不断衍化。比如在运用期货与期权进行投机时，期货和期权都能使投机者获得杠杆效应。投机者使用期货合约时，潜在的损失可能会很大。投机者采用期权合约时，不管市场有多么糟糕，投机者的最大损失不会超过期权费。在 2008 年国际金融危机中，正是由于大量投机者的参与才使局势更加复杂，并使危机不断恶化、失去控制。例如，危机中被各国监管部门后来明令禁止的"裸卖空"机制即是一种典型的投机行为[①]。

客观分析，投机者在提供金融交易产品市场流动性方面也发挥了一定的积极作用。作为金融市场的风险承受者，投机者本身并没有源于基础交易的风险敞口，但是当他们判断市场价格将出现波动时，他们会创造风险敞口来博取利润。投机者的交易对手包括套期保值者，因此投机者在为自身创造获利机会的同时也为市场提供了交易机会与流动性，而市场具有充分的流动性是风险对冲成为可能的必要前提。

---

① 裸卖空（Naked Short Selling）是指投资者在没有借入标的资产的情况下即可以直接在市场上卖出根本不存在的标的资产，并在资产价格进一步下跌时再买回获利的投资手法。进行"裸卖空"的交易者只要在交割日期前买入标的资产，如股票，交易即获成功。其与卖空的区别在于后者需要先借入卖空资产，而后再进行卖空操作，但"裸卖空"则不需要借入标的资产，可以直接地卖空自己根本不持有的资产。"裸卖空"卖出的是不存在的标的资产，其交易量可以无限放大，因此其可能对标的资产价格造成剧烈冲击。批评者认为"裸卖空"操作快速放大了投机行为并推动标的资产价格下跌，造成严重恐慌，因此在国际金融危机中，美国与欧洲的监管部门都作出了禁止"裸卖空"的果断决定。

本章要点

● 尽管均衡分析从一个角度解释了经济活动规律，但经验和直觉告诉人们，应该更多地从非均衡视角来考察金融交易，观察经济生活中的非均衡性变动因素。

● 在法律视角下，金融交易是交易双方针对金融产品买卖形成的合同关系。除个别场合外，金融交易反映了一方交易者支付金钱、他方交易者交付金融产品的本质关系。而从研究金融资源有效配置的金融经济学视角分析，金融交易可理解为是在金融市场上发生的金融资产的交易，以现在的货币换取将来同额的货币，外加忍欲或者放弃流动性偏好来获得报酬。

● 金融交易是指通过金融工具，在金融市场上对金融产品进行投资或者买卖的交易活动。

● 金融交易的价值和作用是由其机制决定的。金融交易所具备的低成本、高杠杆的特点，以及每日多次双向交易而产生的频繁报价和流动性，衍生出价格发现、套期保值等功能。

思考题

1. 什么是金融交易？金融交易和投资有什么区别？
2. 现实中如何理解非均衡带来金融交易窗口？
3. 金融交易的发展给我们带来什么启示？
4. 金融交易的价值和作用有哪些？应该如何看待金融交易？

第二章　金融交易理论基础

本章概要：本章将从理论层面梳理金融交易背后的理论基础，从传统经济学中的交易理论、金融学中的交易理论以及现代交易经济学理论三个维度展开论述。其中，在传统经济学中的交易理论部分，选取了较有代表性的交易成本理论、瓦尔拉斯一般均衡理论以及拍卖理论。在金融学中的交易理论部分，较为系统地梳理了定价理论、市场微观结构与交易机制理论、金融市场多重均衡的行为机理以及金融学中的其他交易理论。在现代交易经济学理论部分，对交易经济学的思想渊源、方法论以及政策主张予以介绍。本章通过梳理相关的金融交易理论，让读者能够更为清晰地了解金融交易发展背后的理论支撑，进而有助于理解后文介绍的金融交易机制、实务等相关内容。

第一节　传统经济学中的交易理论

交易最早出现于传统经济学中，与生产活动相对。本节将对传统经济学中的交易理论进行梳理，通过对交易成本理论、瓦尔拉斯一般均衡理论以及拍卖理论三个最有代表性理论的介绍，将交易理论最原始的面貌呈现给大家。

一、交易成本理论

在传统的经济学中，"交易"是一个与"生产"相对的范围狭窄的概念。古希腊哲学家亚里士多德最先使用"交易"这一概念，将交易与生产加以区分，定义交易为"人与人之间的关系"，并将其分为商业交易、金融货币交易和劳动力交易三类，为交易及交易费用理论的发展奠定了坚实基础。

将交易引入比较严格的经济学范畴的是制度经济学家康芒斯，他将"交易"概念进行了扩展，使其更一般化，认为生产是人与自然之间的关系，刻画了人对自然的活动，而交易则是人与人之间的关系，刻画了人对人的活动。康芒斯将交易定义为人类活动的基本单位，为制度经济学的最小单位。进一步地，康芒斯将"交易"分为三种类型，即平等主体之间的买卖交易、上下之间的管理交易以及政府对个人的限额交易，这三种交易类型基本涵盖了所有人与人之间的经济活动。

尽管康芒斯对交易作了较为严格的分类，但是其忽视了交易是需要成本的，并未将交易和成本结合起来，而零成本的交易却与经济现实大相径庭。法国著名数学家古诺发现，现实中交易过程所产生的损耗其实是无法避免的，交易各方都需要克服摩擦，但商业范围的扩张和商业设施的发展能够减少摩擦并趋向理想的状况。马克思认为，商业的专门化虽然节约了用于商品买卖的资本，但是却产生了流通费用，比如纯粹的流通费用、保管费用或运输费用，等等。这里，马克思所指的流通费用，其实就是交易费用，当然这与现代意义上的交易费用还是存在差异，不过当时马克思对交易费用的论述已是十分深刻了。

随后，科斯在其经典论文《企业的性质》中对传统的价格理论提出疑问，认为使用价格机制是需要代价的。[1] 传统的微观经济学认为，作为资源配置的信号，价格能够自动地调节市场以至达到"帕累托最优"状态。但是，科斯却对该观点提出质疑，指出既然市场中的价格机制能够完全有效地协调配置资源，那么为什么还需要有企业或者厂商的存在呢？通过分析，科斯发现市场交易本身是存在费用（成本）的，但是企业和厂商正是减少这些交易费用（成本）的有效工具。随后在《社会成本问题》一文中，科斯对上述思想又进行了更为深入的分析，发现在契约的签订和实施过程中，一些额外的支付其实是不可避免的，并将交易费用的思想具体化。科斯发现，为了保证市场交易的顺利进行，交易费用的付出是必要的，具体主要涵盖确定交易价格的费用（如获取市场交易信息、寻找缔约对象等所付出的费

---

① Coase，Ronald. The Nature of the Firm［J］. Economics，1937（4）：386–413.

用）、谈判与签约费用以及监督契约履行的费用。换言之，在交易达成之前，有很多"前期工作"需要处理，而且交易费用的高低与交易的成功率存在正相关关系。斯蒂格勒形象地指出，"一个没有交易成本的社会，犹如自然界没有摩擦力一样的不现实。"

交易费用产生的原因主要体现在三个方面：其一，经济环境的不确定性。市场行为受到自然环境、交易对象以及政策环境等因素制约，导致市场主体对自身行为的后果以及成本往往无法预测。基于此，交易者必须通过最大限度地降低不确定性，并建立稳定可预期的产权，方可实现交易成本的降低。其二，人类机会主义倾向。市场上的交易者既要时刻维护自身利益，还要时刻提防交易对象的机会主义行为。每一方都不清楚对方是否会投机取巧，笑里藏刀，因而不敢轻率地在对方所提供信息的基础上进行决策。市场交易者仅是"有限理性人"，并非那种全知全智全能的圣人，因此在交易过程中增加了商检、索赔、公证、防伪等交易费用。其三，某些资产的专用性。如果将一些特殊的专业人才、设备等转为他用，必将引发其价值的折减甚至丧失，增加交易成本。

至此，交易费用的内涵可谓是昭然若揭。不过，科斯在《社会成本问题》一文中并未使用"交易费用"这一名词，阿罗在研究保险市场的逆向选择行为和市场经济运行效率时才首次提出这一名词，并将其定义为市场机制运行的费用。阿罗（1969）基于福利经济学与一般均衡理论研究了市场经济运行效率与帕累托资源分配，指出交易成本是逆向选择以及不完全的市场机制运行所产生的费用[①]。但是，阿罗与科斯一样，对交易费用的描述和定义并不具有可操作性。

交易成本概念提出后，奥利弗·威廉姆森对其进行系统化的研究和深化，并把交易成本的理念应用到对各种经济制度的分析和比较中，将新制度经济学定义为交易成本经济学。[②]认为交易因素和人的因素这两组因素共

① Arrow, K. J. The Organization of Economic Activity: Issues Pertinent to the Choice of Market Versus No Market Allocation. In: Joint Economic Committee, The Analysis and Evaluation of Public Expenditure: the PPB System [J]. Government Printing Office, 1969（1）: 59-73.

② Willamson, O. E. Transaction Cost Economics [M]. New York: Free Press, 1995: 20-35.

同决定交易成本，其中交易因素包括交易不确定性、潜在交易对手数量以及资产专用性、交易频率等技术特征，人的因素指人的有限理性和机会主义。之后，交易成本经济学在奥利弗·威廉姆森的研究推动下，被广泛定义与应用，在概念阐述、数理演绎、实证检验等方面均获得了较大进步。交易成本相继得到科斯、威廉姆森、张五常等经济学家的研究，一直是经济学领域的一个举足轻重的分支。不管是发表在国内外刊物上的文章数，还是应用到工业化、城市化、信息化发展等的实际研究，都显示出经济学家对交易成本的理论和经验研究取得了丰硕成果。

不过，不少经济学家仍然一致认为，对交易成本的直接衡量存在极大难度，相关的经验借鉴亦是凤毛麟角，这极大限制了后续专家、学者等在交易成本经济学领域的深入探究，其中关键性因素主要有：其一，关于交易成本的理论、内涵的界定众说纷纭，尚无一个统一的标准；其二，交易成本与物质生产及运输的方方面面存在紧密联系，这之间的关系纵横交错，较难精准测度出具体的交易成本数值；其三，交易成本的外延范畴比较广泛，不仅与社会、经济的制度，政府的财政、货币政策等关联紧密，而且还同地区、国家的风俗、习惯、文化、信仰等相联系，并且这些因素较难准确定量测算和实证研究，无疑是经济学家直接测算交易成本的一只"拦路虎"。但是，近年来，涌现出了不少经济学者，尝试开拓了交易成本衡量的新方法，其中，从交易成本的反面——交易效率来衡量就是一个很有创意的研究方法。

交易效率（Transaction Efficiency）一词最早由经济学家杨小凯在1988年提出，即如果一个消费者购买一单位 K 元的商品，那么 1-K 元则可定义为此次购买的交易成本，而 K 元就可认为是本次交易的交易效率。这种定义法则与萨缪尔森在1952年提出的"冰山运输成本"技术有着异曲同工之处，是另辟蹊径的一种衡量交易成本的方法，具有重大理论意义。一方面，交易效率避免了对某一个具体的、单独的交易部门进行研究，从而不需要面对建立模型、解答模型的难题；另一方面，交易效率尽量绕开了用指标、数据来直接测度交易成本的困境，用交易效率的新视点开辟了衡量经济发展过程中的交易成本的新途径（见表2-1）。在后续相关研究中，通过选择制度、法规、通信技术、交通运输、基础设施、教育程度等相关的、有代表性的指标来构造一个可以显示某个经济体的一般交易价格指数或交易效率水平指标，来间接测量交易成本的大小。

表 2-1　　　　　　　　　交易成本与交易效率的对比与关联

项目	交易成本	交易效率
本质特点	有货币单位，与时间价值有关	无货币单位，与时间多少有关
表现形式	费用的多少	速度的快慢
测量难点	需要对不同时期价格、不同国家货币单位进行换算	不需要对不同时期价格、不同国家货币单位进行换算
影响因素	制度、技术与教育等	制度、技术与教育等
与经济发展的关系	逆向	正向

二、瓦尔拉斯一般均衡理论

里昂·瓦尔拉斯是一般均衡理论的奠基者。1874年发表其代表作《纯粹经济学要义》，最早把商品市场看作一个相互联系、相互制约的整体，系统地阐述了他的一般均衡理论。他以边际效用理论为基础，把一切经济关系都视为市场交换关系，把一切经济活动都视为追求利润或凭借个人所拥有的某种资本谋取收入、追求最大效用的行为，从交换的均衡入手，逐步分析了由交换均衡、生产均衡、资本积累均衡和货币均衡四个方面构成的整个经济体系的一般均衡；他将各方面的均衡表现为一系列的方程式，并将它们联系起来构成一个庞大的方程体系，借助数学方法，对资本主义经济的各种现象形态之间复杂的普遍联系和资本主义市场的运行机制作了较为详细的分析和描述，研究了完全竞争条件下静态一般均衡的实现条件、实现方式，以及动态条件下均衡变化的一般趋势等问题，建立起了一个包罗万象的经济学理论体系。

瓦尔拉斯在各种均衡的分析中，从而在整个一般均衡理论的分析中主要研究的问题，可以概括为两个：第一是均衡的实现条件，以及这些条件所表明的一般均衡的性质；第二是均衡实现的可能性和方式。这里我们先来分析一下一般均衡的条件及性质。整个经济一般均衡的实现条件，可以归纳为以下六条：（1）各个市场（消费品市场、服务市场[①]、资本物品市场、借贷资本市场和货币市场）上供求普遍相等，不存在正的或负的"超额需求"；（2）各交易当事人的个人效用最大化，这表现为各种商品对个人来说的"稀缺度"（即边际效用）与各种商品的价格成同一比率（这里进入效用评价的商品包括各种产品、各种服务、永久性纯收入、各种流动资本和现金余额的服务[②]）；（3）产品的生产成本等于产品的销售价格（这里产品既包括消费品，也包括各种资本物品）；（4）社会形成统一的资本纯收入率；（5）借贷资本利息率等于（实物）资本纯收入率；（6）货币利息率等于资本纯收入率。所谓均衡，通常直接指的就是供求均衡，即市场上供给与需求数量的相等。而供给和需求是市场上对于价格施加相反作用的两种因素，因此，在供求相等的意义上，均衡就是相反的经济力量相互作用、相互依存而达到势均力敌的一种和谐状态。瓦尔拉斯一般均衡的第一个基本条件，就是各个市场上供求的普遍相等；而这个条件所表明的，正是一般均衡的这样一种基本性质，即它是整个经济体系内各种直接或间接地相互反对的经济力量相互作用、相互依存、相互抵消所达到的一种普遍的和谐状态。

不过，单单是普遍的和谐或普遍的供求相等，还并不就是瓦尔拉斯所说的一般均衡。瓦尔拉斯的一般均衡还要求前面所列举的其他五项［第（2）至第（6）项］条件也都同时实现，因此一般均衡显然还具有其他的性质。前面第（2）至第（6）项均衡条件有一个共同点，即它们都是从各个方面保证着供给、需求等经济变量不再具有变动的趋势，从而使供求的相等是确定的，不会立即因某一变量的变动而遭到破坏。那么，各种变量都不再

---

① 在瓦尔拉斯的理论中，通常所说的"生产要素"，被称作"生产性服务"。瓦尔拉斯将土地、人力和生产资料都视为资本，分别称作土地资本、人力资本和资本物品。资本的功能，就在于它们能提供"服务"。服务又分为两类，一类是"消费性服务"，可直接用于消费，其需求来自消费者；另一类即"生产性服务"，它们在生产过程中转化为各种产品，对这种服务的需求，则直接来自企业主。"服务市场"上买卖的服务，既包括消费性的，也包括生产性的。但在瓦尔拉斯体系中，这种市场与消费品市场相比较的特殊性质，就在于生产性服务的买卖。因此这里所说的服务市场，就相当于西方经济学中一般所说的"生产要素"市场。

② 瓦尔拉斯将各种储备、存货等都视为流动资本。把保存在手头的货币称为"愿持现金余额"。这些东西由于给人们提供了种种便利，因此被认为也是提供服务的，称为"灵活性服务"。

具有变动的趋势，意味着决定那些变量是否变动的各方面经济因素，这时都处于某种"最大化"或"最佳化"状态。总之，所谓一般均衡，一方面是指各种经济力量相互作用、相互依存所达到的普遍的和谐状态，另一方面是指各种经济变量不再具有变动趋势的普遍的最佳状态。这就是一般均衡的二重性质，或一般均衡概念的二重意义。

与局部均衡理论相比较，一般均衡理论的特点，就在于它不是仅仅分析单个市场上若干经济因素之间的相互关系，而是把整个经济体系置于视野之内，分析所有市场上的各种经济因素之间的普遍联系。瓦尔拉斯的一般均衡体系，正突出地表现了这种特点。首先，它明确地表现了所有市场变量之间普遍的相互作用与相互依存。在瓦尔拉斯体系内，各种产品、服务和价格的供给、需求，都表示为所有价格包括纯收入率和利息率的多元函数。一种价格变动，各种供求数量都随之变动，其他各种价格也相应地发生变动。各种产品、服务和资本的供求方程，连同产品的生产方程以及决定统一纯收入率的各方程联系在一起，形成了一个无所不包的方程体系，在此体系中，任何一个变量的变动都将对整个体系的每个最远的角落产生影响，引起整个体系的调整或再调整。任何一个变量的均衡水平，都必须与其他一切变量相关地同时确定，若其中一个是"非均衡的"，其他一切便也都是"非均衡的"。

其次，它论证了各个市场均衡状态的相互依存。瓦尔拉斯认为，社会上每个人的支出（包括储蓄和现金持有）必然等于他的收入，因此社会上的总供给与总需求必然是相等的。在此前提下，若将经济划分为 n 个市场，则如果其中 n-1 个是均衡的，另一个（第 n 个）也必然是均衡的。如果其中一个是不均衡的，则至少存在另一个市场也是不均衡的。例如，若产品市场上供大于求，则货币市场、生产要素市场和资本市场等必然至少有一个发生求大于供，等等。这也就是所谓的"瓦尔拉斯定律"[1]。

---

① 瓦尔拉斯自己并没有将此作为一个规律提出来。他只是在论证独立方程个数与未知数个数相等时实际地论述了这个规律的内容。后来经兰格重新表述并加以命名，才以一个规律的形式出现，并成为许多研究的基础。（参见：兰格．萨伊定律：重新表述与批评［J］．数理经济学和计量经济学研究，芝加哥，1942）

最后，它表现了"微观变量"与"宏观变量"的相互依存。瓦尔拉斯并不注重社会总供给、总需求、总收入之类宏观变量的研究，因此他的理论一般说来仍属于一种"微观分析"。但是，由于瓦尔拉斯体系中的"永久性纯收入"总需求（储蓄总额）、新生资本总供给（投资总额）、统一纯收入率、利息率等，本身既可以是微观变量，也可以作为宏观变量。特别是由于瓦尔拉斯体系包括经济体系内的所有"个量"，只要经过适当代换、加总，就不难推导出一系列总量。因此，这一体系较为明显地表现了个量与总量、微观分析与宏观分析的相互依存关系，也因而被一些人视为联结微观理论与宏观理论的"桥梁"。

各种经济因素之间普遍的相互作用与相互依存，是一个客观事实，是一切事物普遍联系这一客观规律在经济领域内的表现。瓦尔拉斯通过以上几个方面，以他独特的方式，对各种市场因素之间的这种普遍联系从理论上进行了一定的分析和概括，无疑是他对经济思想发展的一个贡献，一般均衡理论也因此而包含着科学经济理论可以利用的合理因素。但是，还需注意的是，瓦尔拉斯所说的各种相互依存，都是一种不分主次、无特定因果关系的普遍的相互决定。例如，就各户商品市场价格的相互关系而言，既可以说服务价格的变动能够通过引起成本和产量的变动，决定产品价格的变动，又可以说产品价格的变动能够通过引起产量和服务需求的变动，决定服务价格的变动。又如，就各市场之间的关系而言，既可以说是商品市场的生产过剩引起货币市场的"货币紧缺"，又可以说是货币市场的不均衡引起经济的波动以至经济危机。再如，就微观变量与宏观变量的关系而言，既可以说是个人的活动决定着整个经济的运行，又可以说是整个经济的状况决定着个人作出的选择。总之，用琼·罗宾逊的一句话说便是，在此体系中，"一切决定于其他一切"[①]；反过来也一样，一切又决定着其他一切。各市场变量间的任何关系都同等程度地具有"可逆性"，不存在任何特别的占主导地位的因果联系，不存在任何起着主要支配作用的决定与被决定的关系。这可以说是瓦尔拉斯一般均衡体系内普遍相互依存关系

---

① 琼·罗宾逊.现代经济学导论［M］.陈彪如译.北京：商务印书馆，1982：49.

的一个重要特征。

　　瓦尔拉斯关于均衡实现问题的研究，一般分为以下两个步骤：第一步，通过"点计方程式"，说明均衡是否可能实现。他先根据既定的"背景条件"与经济变量之间的关系，构造出一系列方程式及方程组，然后便通过论证方程式个数与未知数个数相等来论证方程组是"有解的"，实际也就是在论证经济体系是可能实现均衡的。由于使用这种被人称为"点计方程式"的方法不过是为了在理论上、数学上对问题作出解答，瓦尔拉斯自己将由此得出的结论称为均衡实现问题的"理论解"或"数学解"。第二步，通过"搜索"过程说明均衡是如何在市场机制下实现的。所谓"搜索"，是瓦尔拉斯构造的一个极为独特的描述或说明市场机制如何实现均衡的理论工具。其基本特征在于，它不是实际发生的"误差调试"，而是假定在生产和交换实际发生之前运用一种称作"订票"的东西进行的"预备性"调整过程。其基本程序是，首先随机地"喊出"一组价格，然后消费者按照这组价格，根据自己的效用方程，确定各自的服务供给量和产品需求量。生产者则根据生产方程，确定自己的产品生产量和服务需求量，但都只是把这些数值记在"订票"上提交市场，并不进行实际的生产和交换。随机喊出的价格一般不是均衡价格，体系这时一般不会达到均衡，因此需要进行调整。调整的方式就是根据服务和产品各自的供求差额调整其价格，再根据产品成本与价格的差额调整产量，把这些新的价格和产量一再提交市场。经过这样一轮调整，仍然可能没有实现均衡，于是便再行调整。瓦尔拉斯论证说，只要将这一过程反复进行下去，最终总会"搜索"到一组价格和产量的"均衡值"，实现整个体系的一般均衡。只有到了这时，才开始按照"均衡值"进行实际的生产和交换。使用"订票"进行"搜索"，而不实际地进行生产和交换，目的是为保证体系的各"背景条件"不发生变化，主要是为避免生产出不符合均衡需要量、但又无法再消除的商品数量，以避免市场上现有商品存量这一"背景条件"的变化，从而在纯粹静态的条件下抽象地研究均衡如何实现的问题。这种搜索过程，在现实中是不可能存在的。它只是一种理论虚构，是静态分析的一种假设，实际上只是相当于数学中用迭代方法对方程组求解的过程。正因为如此，瓦尔拉斯将"搜索"与"点计方程式"都称为求得均衡问题"原则解"的方法。

然而，更重要、更值得重视的一点是，搜索过程正是瓦尔拉斯对自由竞争的市场机制下实际的均衡实现过程的一种理论模拟。在此过程中，他抽象掉了实际的生产和交换，却保留了市场运行的全部机制。他反复指出，"搜索"所解决的问题，正是市场上自由竞争机制实际解决的同样问题。"搜索"所描述的过程，正是自由竞争制度下市场上自然地发生的或自发地发生的事情。因此。他也称搜索过程的结果，是对均衡实现问题的"经验解"或"实际解"。事实上，他正是通过这样一个假设的搜索过程，在理论上论证了他的均衡实现理论的根本命题，这就是：自由竞争的市场机制是一种完美的机制，它能够自然地和自发地实现经济体系的一般均衡。因此，绝不能简单地将这个搜索过程看成一种无重大意义的理论虚构，而应将其视为瓦尔拉斯均衡实现理论的主要内容。

对于瓦尔拉斯的均衡实现理论，后人曾提出了种种批评。例如埃奇沃斯1899年曾指出瓦尔拉斯的搜索过程并不能完全避免"背景条件"的变化（例如不能避免由价格变化导致的财产收入关系及效用评价的变化），因此均衡点可能是不确定的。[1] 德国数理经济学家瓦尔德于1930年指出，瓦尔拉斯使用的"点计方程式"的方法，并不能证明方程组有解。有解也不一定是"唯一解"，而是可能出现多个以至无穷多个解。同时有解也不一定有经济意义，因为解出的未知数可能是负数，等等。[2] 后人就这些问题进行了大量的研究，在数学上对瓦尔拉斯的理论和方法进行了一些修正和补充，这对于一般均衡理论数学表达的精确化、严格化是有一定意义的。

三、拍卖理论

作为世界上最古老的价格发现机制之一，拍卖这种交易方式有着悠久的历史。根据记载，公元前500年的中亚巴比伦地区，男人们就通过拍卖的方式得到妻子。拍卖在古罗马也很盛行，人们用拍卖的方式出售战利品、货物、地产甚至王位。关于拍卖的形式和历史，在Cassady的书中[3] 有很详

---

① 埃奇沃斯.政治经济学论文集（第2卷）［M］.伦敦，1925：311.

② 瓦尔德.论某些数理经济学模型［J］.经济计量学，1951，19（1）-（4）.

③ Cassady，R. Auctions and Auctioneering［M］.Berkeley：University of California Press，1967.

细的记载，可惜这本书国内不易见到。古往今来，被拍卖的物品也形形色色，从古玩字画到日常用品，从农产品到海鲜、政府债券、营业执照、电波频率等各种有形无形的商品无所不包。最近几年，拍卖被用来出售政府资产、电信执照以及电力市场的产品，引起了人们的关注。互联网和电子商务的发展，使网络拍卖也日渐兴盛。不但出现了专业的拍卖网站，许多交易也采用拍卖的方式。

（一）拍卖的定义及要素

从广义上理解，拍卖是市场经济价格均衡机制及资源配置的内在过程和本质机理。从狭义上理解，拍卖是有一定适用范围及特殊规则的市场交易行为。"拍卖"这一概念源自西方，它是通过一系列明确的规则和买者竞价所决定的价格，并以价格来配置资源的一种市场机制。即在确定的时间和地点，通过一定的组织机构，以公开竞价的形式，将特定物品或者财产权利转让给最高（或者最低）应价者的买卖方式。McAfee 和 Mcmillan 对拍卖作了如下描述："拍卖是市场参与者根据报价按照一系列规则决定资源的分配和价格的一种市场机制"。[①]

拍卖包含四个要素：参与者、被拍卖物体、支付函数和策略。其一，参与者包括竞标者、卖者和拍卖师。拍卖者是将卖者和买者聚集到一块的召集人，在拍卖过程中，卖者作为第一个行动者，先提前制定一套规则，选择拍卖形式和规则。一般假定，在收到额外信息的时候，即使变化是事后有利润的，第一个行动者也要严格遵守他的选择，不改变其行动。卖者和买者不知道其他竞标者对被拍卖物体的价值信息。其二，标的的信息包括被拍卖物体的数量、价值信息、物理特征以及拍卖物体的类型。被拍卖的物体可以分为单个可分的或者不可分的项目、多个不同物品的组合以及多个相同的物品等。价值信息通常也就是我们所说的谁知道什么？一般模型有两个假定，独立私人价值模型和公共价值模型。如果竞标者确切地知道标的对于其自身的价值，即为私人价值模型，该模型中个人价值有一个

---

① McAfee，R. P.，and J. Mcmillan. Auctions and Bidding［J］. Journal of Economics Literature，1987，25（2）：699-738.

共同的分布且在统计意义上又独立于其他消费者的价值。共同价值模型指的是有一个客观的价值，该信息的价值对于不同的竞标者是变化的，竞标者的价值至少取决于一个共同的变量，如在古董市场上，可能取决于古董未来出售或成交价值。在共同价值模型中，由于统计上的非独立性，竞标者倾向于从其他竞标者那里去推断信息。其三，支付函数指产品和资金转移的决定机制，如奖励机制（Award Mechanism），决定竞标的规则，最终价格以及标的接受者，是否有保留价以及其他参与成本等。有时还包括准备和递交竞标以及参加者的收费等。有些支付价格不仅取决于最终竞标价，有时还取决于最终产品相关价值的特许权使用费。在单个物品的拍卖中，如果最高竞标价超过保留价，按支付函数将该标的交给出价最高的竞标人，一旦叫价低于其预先设定的保留价，卖者有权撤回叫价项目。其四，策略指的是竞标者如何竞标。如果所有竞标者都能预测到其他竞标者的策略，然后用该信息选择他们的策略，就可以达到纳什均衡，纳什均衡策略经常被作为经典拍卖理论中的一个选择策略。

（二）拍卖理论分类

拍卖理论主要有以下三种。

1. 按照价格是否公开划分

（1）公开拍卖，分为两种，一种是升价拍卖，就是我们所熟知的英式拍卖（English Auction）；另一种是降价拍卖，其典型代表是荷兰式拍卖（Dutch Auction）。

（2）密封拍卖，分为两种，一种是首价密封拍卖（First-Price Sealed-Bid），这是很多投标采取的形式；另一种是二价密封拍卖（Second-Price Sealedbid），这是由 Vickrey 最先提出的，所以也叫 Vickrey 拍卖[1]。

2. 按照拍卖市场结构划分

（1）单向拍卖，本质上是"一对多"的形式，拍卖双方（买方与卖方）中一定有一方作为主体，具有资源的垄断优势。上文提到的几种形式都属

---

[1] Vickrey, W. Counterspeculation Auctions and Sealed Tenders [J]. Journal of Finance, 1961（16）：8-37.

于单向拍卖。

（2）双向拍卖：从结构上和单向拍卖有很大的不同，双向拍卖的市场是"多对多"，拍卖双方是一种供给和需求的关系。

3. 按拍卖中买卖双方所处的地位划分

（1）正向拍卖，属于传统的拍卖，无论是在拍卖厅里还是在网上都是以卖方为主，买方自由竞价。

（2）逆向拍卖（Reverse Auction），属于新型的网上采购系统（E-Procurement System），以买方为主，卖方自由竞价。

还有一些拍卖形式没法划分到传统的类别中，比如多项目拍卖（Multi-Item Auctions）、结合拍卖（Combinatorial Auctions）、多属性拍卖（Multi-Attribute Auctions）、多单元拍卖（Multi-Unit Auctions）。各国学者还提出了各种其他形式的拍卖，比如非对称性拍卖（Asymmetric Auctions）、多阶段拍卖（Multi-Stage Auctions）、多阶段扩展 Vickrey 拍卖，多数可以归纳到上述分类中。

（三）拍卖理论的研究内容

从拍卖的定义中不难看出，拍卖的主体是投标人和招标人，也就是说拍卖的研究对象，一般情况下是围绕着拍卖主体展开的。拍卖理论的体系结构可以用图 2-1 表示。拍卖的理论研究实际上是从策略和协议两大研究方向展开的。

1. 策略

买方的问题多数是策略研究问题，即竞标人采用什么样的策略才对自己更有利，使自己的获胜概率最大，同时得到的买方剩余也最大。如图 2-1 所示，买方的策略研究主要包括：（1）投标的标价应该是多少。按何种方式出价，是按自己的真实估值，还是高于或者低于自己的估值。（2）是否要准备参加一个投标、准备工作是否合理。一般来讲，参加一个拍卖需要一定的进入成本，如果没有赢得拍卖物品，则期望值就是负值。这对买方来说就是一个机会成本的评估问题。（3）是单独投标（Solo Bid）还是加入联盟，联合投标（Joint Bid）。

2. 协议

相对于买方来讲，招标人（称为卖方）所考虑的是如何通过设计一系列的协议（规则）来使自己的收益最大，即使卖方剩余最大。主要是选择最优的拍卖类型、胜出规则等。图 2-1 最左边部分就是卖方设置协议的主要内容：（1）投标人的选择。（2）拍卖规则设计（持续时间、中止规则、保留值的设置、最小增幅、拍卖底价）。（3）何种标价可以接受。（4）一个拍卖过程是否有必要全部完成。

3. 代理

尽管拍卖的主体是买方和卖方，但是现在第三方代理所起的作用愈来愈重要。所以拍卖理论中也有一部分内容是研究代理商的。代理商的决策问题主要集中在以下两个方面：一是是否有串谋和非法的行为发生。二是如何保证拍卖的公平合理。

Rothkoph（1983）在总结原有拍卖理论研究成果的基础上，为了有利于上述问题的解决，提出体系结构中应该研究的七类现象：信息、相互联系、评估、半理性行为、对其他行为的影响、招标商经济学、串谋[①]。

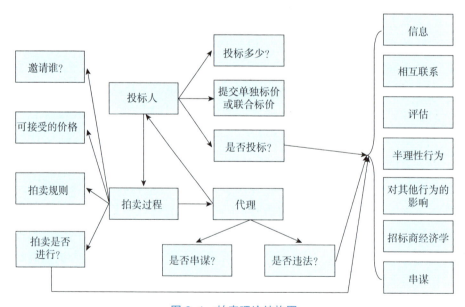

图 2-1　拍卖理论结构图

---

① 鲁耀斌 . 招标投标理论模型及其决策支持系统的研究［D］. 武汉：华中理工大学，1997.

（四）拍卖理论的研究方法

一般来讲，在研究拍卖经济学模型时，会将拍卖划分为两种不同的价值类型。

1. 私有价值模型（Private-Value Model）

买方都有一个独立的私人价值。买方对拍卖商品的最大愿意支付为其私人的价值。买者不知道其他买者的私人价值，但他知道所有买者私有价值服从相同的均匀概率分布，即对其他人的私有价值，买者中间存在着对称的不完全信息，并形成了共同知识。可将拍卖品的真实价值视为随机变量 V。在 N 个买者中，概率分布为 Fi，根据 Fi 得出 Vi。这就是 Vickery 在 1961 年提出的私有价值模型。

2. 共同价值模型（Common-Value Model）

私有价值模型的核心是假定拍卖品对每一个出价者都有一个独立的私有价值，而在现实中，很多情况下竞标者对拍卖商品的估价是大致相等或者是相同的。拍卖商品的价值一般来讲根据市场行情来定。买方的目的很可能并不是得到拍卖商品，而是将拍卖商品在市场行情变化的时候转卖出去以获得投机收益。例如开发商购买油田的开采权，油田的石油储量是一定的，也就是说对于所有开发商而言，都具有共同的价值。但是由于石油潜在的市场价值巨大，买方可能会在得到拍卖商品后转卖出去而获得投机收益。假定拍卖品的真实价值为 V，买方 i 的估值为 Vi，概率分布为 H，所有竞标人都知道这个概率分布。这个模型就被称为共同价值模型。

私有价值模型和共同价值模型可以被视为两种极端的情形。实际上，这两种情况经常同时发生，例如一个竞标人买到了一个古董，在他竞标的过程中，可能遵循的是私有价值模型，但他的最终目的也有可能是为了转售，而非自己收藏。很多学者注意到这一点，试图将两种模型融合起来。

另外，还有一种价值类型，即基准点模型（Benchmark Model）。大多数学者早期都是在私有价值模型的基础上应用博弈论的方法展开研究的，研究都基于以下四个假设条件：（1）竞标人是风险中性的（Risk Neutral）。（2）私有价值假设，即每个竞标人知道拍卖品对他的价值，但不知道其他竞标人对拍卖品的价值。（3）所有竞标人对拍卖品的估值是独立同分布的随机变量，竞标人和拍卖人知道这个分布函数。概率分布是对称的。（4）支付是报价的函数。以上四个假设条件被称为基准点模型。各国学者的研究重点是基准点模型条件下各种拍卖方式的均衡问题。不管风险态度的假设和价值关联关系，有一个结果可以很容易得到，即荷兰式拍卖与首价密封拍卖是策略等价的。

对于投标人而言，他们面临的情形相同：在不知道其他投标人的决定时，他必须决定选择什么样的价格投标。如果他获胜，他所支付的价格就等于它自身的投标价。可以在基准点模型的基础上，得到其他一些很有价值的结论：（1）二价密封拍卖与英式拍卖是等价的。（2）英式拍卖与二价密封拍卖的结果是帕累托最优的。（3）所有四种拍卖方式给投标人带来等同的期望回报。（4）应用独立私有价值模型，出价最高的投标人一定中标，招标人的期望回报就是对拍卖品出第二高价的投标人对拍卖品的估值。（5）招标人适当选取保留值或进入费用，则四种拍卖方式均是最优拍卖。（6）如果招标人或投标人一方是风险厌恶的，则招标人将会严格地偏向于选取荷兰式拍卖或首价密封拍卖。拍卖理论另一个重要的研究方向是最优机制设计问题，也就是卖方设计何种机制、制定何种交易规则才能使他们的期望效益最大或者达到他们的最优目标。揭示原理非常重要，它使得模型的设计者将最优拍卖设计限定在一个直接的、激励相容的机制范围内，同时激励相容的直接拍卖很容易用数学语言来刻画。

专题

2020 年诺贝尔经济学奖得主师徒凭啥靠拍卖拿奖？

一、师徒获奖

瑞典皇家科学院于 2020 年 10 月 12 日宣布，将该年诺贝尔经济学奖授予美国经济学家保罗·米尔格罗姆（Paul R. Milgrom）与罗伯特·威尔逊（Robert B. Wilson），以表彰他们对拍卖理论（Auction Theory）的改善和新拍卖形式的发明。保罗·米尔格罗姆和罗伯特·威尔逊既是师徒又是同事，2020 年能够一起分享诺贝尔经济学奖，堪称佳话。威尔逊生于 1937 年，1963 年从哈佛大学博士毕业后，曾短暂地在加州大学洛杉矶分校工作过一段时间。自1964年起,威尔逊一直在斯坦福大学任教,2004年荣休之后也依然活跃在斯坦福的课堂和研讨会上。米尔格罗姆生于1948年,1979年从斯坦福大学博士毕业,导师正是罗伯特·威尔逊。米尔格罗姆曾先后在美国西北大学、耶鲁大学任教,1982年在西北大学获聘正教授,1987年起在斯坦福大学任教至今。

米尔格罗姆和威尔逊此前已经获得的经济学奖项和荣誉不胜枚举,如美国国家科学院2018年颁发的John J. Carty科学进步奖等。此次的诺贝尔经济学奖,则是对两位大师学术与实践贡献的再度肯定。米尔格罗姆获诺奖的呼声一直很高。有一个传闻,说是关心米尔格罗姆获诺奖的人,不是关心他什么时候会获奖,而是关心他会在哪个领域获奖(在多个领域有诺奖级的成就)。与诺奖有关的另一则逸事:米尔格罗姆的夫人伊娃(Eva Meyersson Milgrom)是他在1996年诺奖晚宴上认识的,当时,他就坐在她的旁边。罗伯特·威尔逊不仅是一位极具影响力的学者,还是一位伟大的导师。他的学生不仅有此次获奖的米尔格罗姆,还有2012年诺奖得主阿尔文·罗斯(Alvin E. Roth)、2016年诺奖得主本特·霍尔姆斯特伦(Bengt R. Holmstrom)等。很难想象一位学者在80岁高龄的时候,还积极组织博士生的研讨班。在学生眼中,威尔逊的思维总是非常敏锐(Bob is always very sharp)。

二、拍卖理论

拍卖每天都在买卖双方之间分配天文数字。现在拍卖不仅存在于私人领域,还遍布公共采购,例如频率、电力和自然资源领域,所有国家都在通过拍卖政府债券获得贷款,欧盟拍卖排放配额以缓解全球变暖。因此,拍卖会影响到各个层面的人,并且正在变得越来越普遍和复杂。这是2020年的诺奖获奖者作出的重大贡献,他们不仅阐明了拍卖的工作方式以及竞标人为何以某种方式行事,还利用他们的理论发现为商品和服务的销售发明了全新的拍卖形式。

拍卖的结果常常取决于三个因素:拍卖的规则、拍卖对象的估值以及竞标者所拥有的信息。拍卖理论可以解释这三个因素如何支配竞标者的行为，还可以说明如何设计拍卖，以创造尽可能多的价值。当同时拍卖多个相关对象时，这两项任务都特别困难。2020年的经济学奖得主通过创造新的定制拍卖模式，使拍卖理论更适用于实践。

寻找最好的拍卖是长期困扰经济学家的棘手问题。传统的英式拍卖以较低价格开始，逐渐提高叫价，价高者得。荷兰式拍卖以高价开始，逐渐降低，直到有竞拍者接受。这两种拍卖都是公开出价，所有的参与者都能看到其他人的出价。在其他类型的拍卖中，竞价是封闭的。例如，在公共采购中，投标者通常采用密封投标，而采购者选择承诺在满足具体质量要求的情况下以最低价格提供服务的供应商。在一些拍卖中，最终的价格是最高的出价（首价拍卖），但在其他形式中，赢家支付第二高的出价（第二价拍卖）。

拍卖分析的难点在于，竞标者的最佳策略取决于他对其他参与者将在拍卖中出价的看法。1996年诺贝尔经济学奖得主威廉·维克瑞（William Vickrey）在20世纪60年代初创立了拍卖理论。他分析了一种特殊情况，在这种情况下，被拍卖的商品或服务对于投标者来说只具有私人价值。这意味着投标者的价值是完全相互独立的，其愿意付出多少钱也是完全主观的。然而，完全私人价值是极端情况，大多数拍卖物品具有相当大的共同价值，即部分价值对于所有潜在竞标者来说相等。由于每个竞标者都喜欢对自己的信息保密，竞标者面临着其他参与者对真实价值拥有更好信息的风险，这就导致了在真实拍卖中出现低出价现象，这种现象被称为"赢家诅咒"（Winner's Curse）。

罗伯特·威尔逊创建了一个分析共同价值拍卖的框架。他描述了在真实价值不确定的情况下，首价拍卖的最佳出价策略。参与者将出价低于他们对价值的最佳估计，以避免交易失败而遭受"赢家诅咒"。他的分析还表明，随着不确定性的增大，竞标者会更加谨慎，最终价格会更低。最后，威尔逊指出，当某些竞标者拥有比其他人更好的信息时，由"赢家诅咒"造成的问题会更严重。那些处于信息劣势的人会出价更低或完全放弃参加拍卖。

分析同时具有私人价值和共同价值的拍卖中的出价是一个更棘手的问题，保罗·米尔格罗姆最终攻克了这一难题。米尔格罗姆的分析包含了有关拍卖的重要新见解，其中一个问题是不同的拍卖形式如何处理"赢家诅咒"问题。在英式拍卖中，拍卖师以低价开始，然后抬高价格，竞买人观察其他竞买人退出拍卖时的价格，从而获得有关其估价的信息；由于剩下的竞标者比拍卖开始时掌握了更多的信息，他们不太可能出价低于自己的估价。在荷兰式拍卖中，拍卖师以高价开始，然后降低价格，直到有人愿意购买，这种拍卖不会产生任何新的信息。因此，在荷兰式拍卖中，"赢家诅咒"的问题比在英式拍卖中更严重，后者导致最终价格更低。这反映了一个普遍的原则，当竞标者在投标过程中对彼此的估价了解得更多时，这种拍卖形式会给卖家带来更高的预期收入。因此，卖家有动力在竞价开始前向参与者提供尽可能多的关于物品价值的信息。

三、拍卖理论的现实应用

米尔格罗姆和威尔逊不仅致力于基本拍卖理论，他们还发明了新的和更好的拍卖形式，以应对现有拍卖形式无法使用的复杂情况。他们最突出的贡献是，他们设计了美国当局首次向电信运营商出售无线电频率的拍卖。在1993年，美国联邦通讯委员会（FCC）决定用拍卖的方式分配无线电频段。频段同时具有私有价值和共同价值属性。米尔格罗姆和威尔逊（部分与普雷斯顿·麦卡菲合作）发明了一种全新的拍卖形式——同步多轮拍卖（SMRA），一次拍卖同时提供所有物品（不同地理区域的无线电频段），以低价开始，允许反复出价，从而减少了不确定性和"赢家诅咒"所带来的问题。1994年7月，FCC第一次使用SMRA时，它在47轮竞标中出售了10张许可证，总价达6.17亿美元，而美国政府此前实际上是免费分配这些东西的。第一次使用SMRA进行频段拍卖被普遍认为是一个巨大的成功。许多国家采取了同样的频段拍卖方式，包括芬兰、印度、加拿大、挪威、波兰、西班牙、英国、瑞典和德国。仅FCC使用这种形式的拍卖，就在 20 年间带来了超过 1 200 亿美元的收益。在全球范围内，这种机制已经从频段销售中产生了超过 2 000 亿美元的收益。SMRA 也被用于其他领域，如电力和天然气的销售。

拍卖方式在后续被拍卖理论家进行了一系列改进，例如，米尔格罗姆还设计了组合时钟拍卖和两轮激励拍卖，在组合时钟拍卖中，运营商可以对频率的"包"进行投标，而不是对单个牌照进行投标；在两轮激励拍卖中，首轮无线电频段的购买者可以将其转卖给其他人。诺奖委员会表示，新的拍卖模式是一个很好的例子，说明了基础研究如何能够随后产生造福社会的发明。这个例子的不同寻常之处在于，是同一群人发展了理论和实际应用。因此，获奖者对拍卖的开创性研究对买卖双方和整个社会都带来了巨大的利益。

第二节　金融学中的交易理论

本书内容的核心是金融交易。在本节中，将对金融学中的交易理论进行梳理，看看金融交易理论是如何一步步发展、完善、壮大起来的。囿于金融学中的交易理论甚是庞杂，本节有选择地从定价理论（如现金流定价模型、投资组合理论、资本资产定价模型、期权定价理论、套利定价理论等）、市场微观结构与交易机制理论、金融市场多重均衡的行为机理以及金融学中的其他交易理论（如噪声交易理论、套息交易理论、基于强化学习的金融交易系统理论等）四个方面进行分析。

一、定价理论

在近一个世纪的资产定价理论的研究进程中，不确定性概念的引入及有效市场假说的产生与发展具有重大的意义。不确定环境下的决策问题推动了以风险分析为代表的研究突破。20 世纪 30 年代产生了以道理

论 [①]、格雷厄姆与威廉姆斯的投资理论为代表的股价趋势预测与投资选股理论。随后，产生了被视为标准金融学启蒙的冯·诺伊曼—摩根斯坦（Von Neumann-Morgenstern，1947）期望效用公理体系。1952年，年仅25岁的哈里·马科维茨（Harry M. Markowitz，1952）发表论文《资产选择：投资的有效分散化》（*Portfolio Selection：Efficient Diversification of Investment*），标志着现代金融学的发端。Fama（1970）对有效市场假说理论进行了系统的归纳和总结，在此之后，有效市场假说理论的内涵不断加深、外延不断扩大，并与马科维茨的资产组合理论成为资产定价理论的奠基石，也是现代金融经济学的支柱理论之一，从此资产定价理论研究得到了快速、充实的发展。

（一）现金流贴现模型

20世纪50年代之前的金融学，被Haugen（1999）称为金融理论发展的"旧时代金融"（Old Finance），是经济学中非常不起眼的一个领域，典范著作如本杰明·格雷厄姆和大卫·多德的《证券分析》，其基本的分析范式就是用会计和法律工具来分析公司的财务报表以及金融要求权的性质。格雷厄姆和多德在1934年《证券分析》一书中认为股票价格的波动是建立在股票"内在价值"基础上的，股票的"内在价值"取决于公司未来盈利能力。很多学者如希尔法登、格莱姆、沃尔特、戈登与威廉姆斯等都对股票"内在价值"的确定有过深入的研究，威廉姆斯1938年给出了股票"内在价值"公式为

$$P=\frac{D_1}{(1+r_1)}+\frac{D_2}{(1+r_2)^2}+\cdots+\frac{D_n}{(1+r_n)^n}+\frac{P_n}{(1+r_t)^n}$$

式中，P 表示普通股的公平价值或理论价值；D_n 表示第 n 年的预期股利；P_n 为第 n 年的预期售价（或最终价格）；r_t 表示第 t 年的适当贴现率或资本

---

① 道理论（Dow Theory），是基于道琼斯工业平均指数和道琼斯交通运输平均指数的市场走势而提出的投资分析理论。道理论的精髓为股票市场的发展趋势必然由这两个指数的相同走势所证明。当两个指数中的一个突破前一高点，另一个指数随即跟上，市场上必然出现一波上升趋势；相反，当两个指数均跌破一个新低点时，预示着市场将有一波下跌行情。如果市场趋势在道琼斯指数已经走到了最高或最低还没有得到证明，则市场趋势必然回到原来的位置。

化比率。

通过内在价值法的计算似乎可以得出股票的精确值，但国外长期的实证研究结果表明，它存在以下几个致命的弱点：首先，要确定股票的"内在价值"，最关键的就是要确定其未来的现金流，在大多数情况下，未来现金流的确定涉及整个市场的预期，通常很难确定。为此，关于金融资产定价的早期研究集中在确定公司未来收益的现金流。另外，第 t 年的适当贴现率或资本化比率 r 也是难以确定的，从经济学的角度讲，贴现率应该等于资金使用的机会成本或投资者要求的回报率，贴现率构成要素包括无风险回报率、风险补偿率。无风险回报是所有证券要求的回报成分，通常被认为包含一个实际回报成分和一个通货膨胀率。实际回报成分是对投资者放弃当前消费的基本补偿，即对储蓄的补偿。此外，投资者要求一个补偿通货膨胀的增溢，这一增溢将随着预期通货膨胀率的变化而同向变化。风险补偿率则主要由下列因素构成：利率风险、购买力风险、经营风险和财务风险。不同金融资产因其承受的风险要素不同，投资者要求的风险补偿回报或增溢也不同，且导致未来贴现率的确定涉及整个市场的预期。

在标准金融理论中，理性的投资者被假设为风险规避型的，资产收益率的波动性越大，被要求的风险补偿也就越高。但现金流贴现模型并没有提供金融资产风险补偿的确定方法，因此资产未来现金流及适当贴现率存在确定的难题，对该理论的正确性难以进行实证检验，为该模型的实际应用带来了麻烦。因此，西方国家的经济学者积极探索从有效的均衡市场角度出发，而不仅仅从单个企业因素出发进行资产定价的研究，这就产生了下面的标准金融学资产定价理论。

（二）标准金融学的资产定价理论

标准金融学以包括马科维茨的均值—方差模型和投资组合理论（1952），夏普（Sharpe，1964）、林特纳（Lintner，1965）和莫辛（Mossin，1966）的资本资产定价模型，法玛（Fama）的有效市场理论（1970），布莱克—斯科尔斯（Black-Scholes）的期权定价理论（1973）以及罗斯（Ross，1976）的套利定价理论（Arbitrage Pricing Theory，APT）等现代资产组合理论和资本资产定价理论为基石，着重研究理性假设条件下的金融市场价格发生机制和市场效率问题。

　　哈里·马科维茨 1952 年发表论文《资产选择：投资的有效分散化》，提出了现代投资组合理论，用收益率的方差来计算风险的大小，资产组合选择问题可简要表示为

$$\min_{\{w_i\}} \sigma_P^2 = \frac{1}{2} \sum_{i=1}^{n} \sum_{j=1}^{n} w_i w_j Cov(r_i, r_j)$$

$$\text{s.t.}\ (1) \sum_{i=1}^{n} w_i E(r_i) = E(r_p);$$

$$(2) \sum_{i=1}^{n} w_i = 1$$

　　给定资产组合的期望收益率 $E(r_p)$，投资者为了使风险 σ_p^2 最小，所要选择的就是在各种资产上的投资比重 w_i。该理论第一次系统地分析如何利用组合投资方式去创造投资的新领域，使在一定的风险水平下的投资取得最大可能的预期收益，标志着现代金融学的起源。以后现代金融理论取得了迅速的发展，资金的时间价值、资产定价和风险管理理论成为现代金融理论的三大支柱。

　　在金融资产定价方面，夏普、林特纳、莫辛在对于信息结构作出更大胆的假设后，获得一个从期望效用公理体系出发的单期一般均衡模型——资本资产定价模型（Capital Assets Pricing Model，CAPM），它也奠定了现代投资学的基础。具体可简要表示为

$$E(r_i) = r_j + \left[E(r_M) - r_f\right] \sigma_{im} / \sigma_M^2$$

　　其含义是任何资产所要求的收益率等于无风险收益率加上风险溢价，而风险溢价等于风险价格乘以风险数量。风险价格是市场组合预期收益率与无风险收益率之间的差额。

　　但是，由于 CAPM 建立在对单一因素风险的单期优化的基础上，用它来解释现实的资本市场显得过于简单。在多因素的基础上，罗斯于 1976 年提出了套利定价原理（APT）。APT 是依据在完全竞争的市场中不存在套利机会的基本假定，直接将资产收益率表示成一个以多因子作解释变量的线性模型，具体为

$$r_i = E(r_i) + \beta_{i1} F_1 + \beta_{i2} F_2 + \cdots + \beta_{in} F_n + \varepsilon_i$$

　　该多因子模型认为一种资产的收益率受多个系统性风险的影响，收

益率对每个系统性风险因素的敏感性以 β 表示。另外，默顿（Merton，1973）和布里登（Breeden，1979）使用贝尔曼（Bellman）开创的动态规划方法和伊藤随机分析技术，重新考察了包含不确定因素的拉姆齐问题——在由布朗运动等随机过程驱动的不确定环境下，个人如何连续地作出消费 / 投资决策，使终身效用最大化。无需单期框架中的严格假定，他们也获得了连续时间跨期资源配置的一般均衡模型——时际资产定价模型（ICAPM）以及消费资产定价模型（CCAPM），从而推广并兼容了早先单一时期的均值—方差模型。这些工作开启了连续时间金融（Continuous-Time Finance）方法论的新时代（Merton，1990）。到此为止，整个动态资产定价理论的概念体系已经完整建立。1979 年以后的发展仅仅是扫尾工作，随着条件的弱化，出现了相当数量的扩展模型。

可以说，1952 年马科维茨的证券组合选择理论及 1973 年布莱克—斯科尔斯的期权定价公式的问世，被认为是两次"华尔街革命"。其特点之一都是避开了一般经济均衡的理论框架，作为研究如何在不确定的环境下通过资本市场对资源进行跨期最优配置的理论体系，现代金融学被认为是这两次"革命"的产物。标准金融学是建立在有效市场假说基础上的，这是因为标准金融学理论的三个基本定价模型 CAPM、APT、布莱克—斯科尔斯期权定价公式都是从理性人假设和一般均衡框架出发推导出的一般经济均衡模型。一般经济均衡模型又是理性预期均衡模型的特例，因此，从均衡定价理论的角度看，有效市场假说意味着市场具有理性意识和理性能力，有效市场说明了均衡价格反映了相应的信息。如果没有新信息的到来，证券价格应该保持不变，这正是理性预期均衡所要表达的状态。因此，有效市场假说与标准金融理论必然联系在一起，并成为其理论基础之一。

为了继续发展传统的标准金融理论，一方面，经济学家致力于通过金融计量方法的复杂运用，使模型愈来愈能够精确地刻画金融市场的价格行为，满足对金融经济学基本市场假设和价格假设检验的需要，以此来捍卫市场有效性和均衡价格模型的基本思想。另一方面，在资产定价理论的研究中，非经典的金融学考虑比均衡、无套利等更有活力的因素，学者们在力求走出过于理想的一般均衡框架，考虑不对称信息、非理性行为、非均衡时变都是其中的重要手段。

二、市场微观结构与交易机制理论

投资交易机制是金融市场具体交易制度设计的基础，决定着金融市场的流动性（生存的条件）、稳定性（价格的波动程度）以及有效性（高效率和低成本）。

1976年，Mark Garman创造性地提出"市场微观结构"一词，并作为其论文标题[1]。此后，市场微观结构逐步形成一个独立的研究领域，成为研究交易价格的形成与发现过程和交易运作机制的一个金融学分支。

市场微观结构理论起源于20世纪60年代末期。如果从更宽泛的角度看，市场微观结构理论并非是一个全新的领域。Madhavan（2002）认为，De la Vega（1688）对阿姆斯特丹证券交易所实践、市场操纵、期货和期权交易的描述，就是这一领域最早的经典之一。[2]一般认为，Demsetz（1968）的《交易成本》一文标志了市场微观结构理论的问世。[3]然而，市场微观结构问题引起学术界和市场实践人士的广泛关注则要晚得多，在1987年全球股灾后，市场微观结构理论才真正成为"显学"。之后，市场微观结构理论得到越来越多的专家和学者的青睐，迅速发展成为金融经济学的一个极其重要的分支。市场微观结构理论不仅为人们理解价格发现过程提供了新的视角，为技术分析和投资决策提供基础支持，也为金融市场的交易机制设计（特别是交易所的交易系统设计）提供了理论指导和依据。

在传统上，经济学家认为价格是供需平衡的结果。这些经典的金融理论强调资产的真实价值和交易者的市场动力学，而忽略了市场机制在定价和价格波动方面的作用。这些理论一般不考虑市场机制，而假定存在一个无关紧要的、完善的和无摩擦的市场。在这个理想的市场中，外部信息效应和相关的噪声决定了交易的价格和价格变化。交易机制仅仅只是忠实地反映这些外部信息，自身并不对价格行为产生任何影响。瓦尔拉拍卖市场

---

① Garman, Mark. Market Microstructure [J]. Journal of Financial Economics, 1976(3): 257–275.

② Madhavan, Ananth. Market Microstructure: A Practitioner's Guide [J]. Financial Analysts Journal, 2002, 58（5）: 28–42.

③ Demsetz, Harold. The Cost of Transacting [J]. Quarterly Journal of Economics, 1968(82): 33–53.

是这种理想的价格确定过程的一个抽象。瓦尔拉拍卖也是最简单、最古老的一个价格确定模型。在瓦尔拉市场，拍卖商（拍卖的组织者）起着间接促成供需均衡的作用，他们不断地根据供需情况确定相应价格，直到市场出现均衡。此时，市场将产生一个市场出清价格，交易者可以按照该价格实现交易。然而，现实市场与瓦尔拉市场存在很大的差异。现实的市场是不完全的，交易并非无成本和没有摩擦，而且信息在本质上也是不同质的，特别是现实市场中的特定的市场参与者所发挥的作用远不是瓦尔拉市场拍卖人所能比拟的。

Demsetz（1968）的《交易成本》一文首次分析了交易机制对价格决定的影响，并提出了一个买卖价差的模型。[①]如果交易者愿意等待，那么最终将可以像瓦尔拉市场一样形成单一的交易价格，但如果投资者不愿意等待，而希望马上能成交，则投资者可能需要作出价格让步，即付出即时性（流动性）的成本。另外，由于时间成本的原因，市场同时存在两种均衡价格，即立即成交的均衡价格和观望的均衡价格。而且，由于为获取即时性而作出的价格让步程度取决于交易者的数量，因此市场结构将影响即时性的成本和市场出清的价格。

之后，有关市场微观结构的研究焦点开始集中到了做市商的报价行为上，并逐渐形成了两种思路，即基于存货的模型和基于信息的模型。存货模型也称完全信息交易模型，该模型把交易过程视为做市商（价格确定的代理人）通过调整价格来平衡不同时点供给和需求的匹配问题。存货理论基于存在一个做市商所需的最佳存货水平的假设，换言之，预期所需存货水平的变化为零。因此，做市商只需要根据订单流的情况，通过调整价格或价差以保持存货最佳水平。与存货理论相比，信息模型具有不少优势：信息模型以不对称信息解释价格行为，因而认为即使是在完全的无摩擦的市场，价差也会存在，而且信息模型也可以考察动态的市场价格调整过程。信息模型源自 1971 年 Jack Treynor 以 Bagehot 的名字发表的《城市中的唯一

---

① Demsetz, Harold. The Cost of Transacting［J］. Quarterly Journal of Economics, 1968（82）：33–53.

的游戏》一文 ①。该文首次将交易者区分为知情交易者（Informed Trader）和不知情交易者（Uninformed Trader），并认为做市商的报价不仅受存货成本的影响，更重要的是受信息不均衡的影响。做市商与知情交易者进行交易时可能遭受损失，因此做市商需要提高价差以弥补其预期可能损失。之后，信息成本概念被提出 ②，只要知情交易者存在，则价差就不会为零，价差随知情交易者比例的上升而上升，随做市商数目的增加而下降，且垄断型做市商和竞争型做市商的报价差之间的差别将随知情交易者比例的上升而趋于一致。

　　总体上，市场微观结构理论主要包括两大类内容：一是关于价格发现的模型及其实证研究；二是关于市场结构与机制设计方面的理论研究与经验研究。价格确定模型探讨价格是如何形成的，包括交易成本的确定等静态问题和交易价格对信息的随时调整过程等动态问题。市场结构与设计着重研究不同的市场结构和交易机制安排对市场质量和价格的影响，如定期（集合）交易模式和连续交易模式、做市商制度和竞价制度、电子屏幕交易和交易大厅交易、市场的开收盘制度、大宗交易制度、订单形式、最小报价档位、交易信息披露、断路器等对市场流动性、波动性等的影响。

三、金融市场多重均衡的行为机理

　　金融市场多重均衡是由市场参与者之间的博弈行为相互作用所形成的动态均衡。对于这种行为机理，Soros（1987）认为，现实中的市场并不是按照新古典主义设想的那样——价格机制有灵活的弹性将供求引向一般均衡。③ 其实，现实中的市场并不完全由价格调节，数量限额以及市场参与者的认识函数和参与函数也会对价格和数量产生反射性作用，从而通过参与

　　① Bagehot，Webster（pseud. for Jack Treynor）. The Only Game in Town［J］. Financial Analysts Journal，1971（27）：12–14，22.

　　② Copeland，Thomas and Dan Galai. Information Effects on the Bid Ask Spread［J］. Journal of Finance，1983（38）：1457–1469.

　　③ Soros，Georgt. The Alchemy of Finance：Reading the Mind of the Market［J］. New York：Simon and Schuster，1987.

者的期望对市场的塑造产生决定性影响。参与者由于受到利益最大化的驱使而对自己的认识和行动有自我强化的机制，一方面参与者根据自己的预期而行动；另一方面，行动的结果又可能成为集体行动而塑造市场发展的进程。这种双向的自我反射联系可表达为两种函数关系：（1）认知函数，即参与者的学习过程；（2）参与函数，即参与者的认识对现实世界和人的预期的影响。这两对函数可形成一对循环函数，发生循环累积因果效应：假设认知函数为 $y=f(x)$，参与函数为 $x=\phi(y)$。于是 $y=f[\phi(y)]$，$x=\phi[f(x)]$。由于参与者的有限理性，市场在反射互动过程中经常会被所谓"流行的偏见"所笼罩，将市场推入一片混沌和无序之中。

在这里，将金融市场理解为一种历史的动态过程，并需要区分两种事件：（1）日常事件（Humdrum），即人们能够正确预测的事件；（2）独特的历史事件，这类事件可以影响参与者的偏见，并形成正反馈。对于第一类事件可进行均衡分析，对第二类事件则只能在历史中去理解。在日常事件中，认知函数被假定为有完全信息可利用，因此新古典主义的方法是可以用的。但是，对第二类事件来说则要复杂得多，认知函数和参与函数相互影响，很难把握住均衡点的位置。另外，参与者也很难认识自己（因为在历史的舞台上，自己既是观众又是剧中人）。可见，市场稳定均衡只是一种特例，动态的多重均衡才更符合现实。

进一步地，Cooper 和 Andrew（1998）将这种基于市场直觉的理论思想用几何图形表示出来，使市场多重均衡思想有了一个较为精巧的理论结构，这个模型被称为多重对称纳什均衡（或多重对称不合作均衡）模型[1]。虽然这个模型建构的目的并不是专门用来论证金融市场，但对金融市场也是适用的，并且具有一般性。此模型适用的条件是，所有市场参与者的行为和策略是互补的，即参与者的函数是反射循环函数，那么，假定市场中有 i 个参与者，设第 i 个参与者的策略变量为 $e \in \{0, E\}$，当所有其他人采取行动 $\bar{e}$ 时，第 i 个参与者的最优行动也应该是 $e_i^*(\bar{e})$（否则不能实现其利益

---

① Cooper, Russell, and John Andrew. Coordinating Coordination Failures in Keynesian Models [J]. Quarterly Journal of Economics, 1998, 103: 441-463.

最大化），换言之，由于假定所有参与者行为策略互补，则此反射函数的斜率 L > 0，因此函数图形应与45°线有多个交点，即存在多重均衡（见图2-2）。

　　从 Soros（1987）的反射理论与 Cooper 和 Andrew（1998）的多重对称纳什均衡模型至少可归纳出关于金融市场多重均衡的行为机理的如下几点结论：（1）金融市场的"噪声交易"方式使交易参与者认知函数为有限理性假设；（2）市场参与者相互作用，形成策略互补行为，使某种预期自我实现；（3）在一定条件下，金融市场中的某种噪声或外来的随机因素（白噪声）会造成市场过度反应，即便是某种真实信息也是如此；（4）泡沫价格是金融市场多重均衡价格，是内生于金融市场的，我们要防范的是"爆炸性"的恶性金融泡沫。

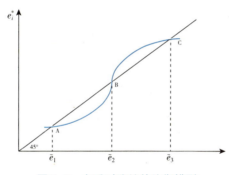

图 2-2　多重对称纳什均衡模型

四、金融学中的其他交易理论

　　随着金融交易理论的不断发展演进，除了上述被大家所熟知的相关理论之外，金融学中还有一些其他交易理论，比如噪声交易理论、套息交易理论以及基于强化学习的金融交易系统理论等。

（一）噪声交易理论

　　随着经济全球化和国际金融一体化进程的加快，以资本资产定价模型和有效市场假说为核心的标准金融理论，在理论与实践方面遇到前所未有的挑战。在理论上，最严重的问题在于所谓"联合假设"问题，即 CAPM

和 EMH 两个假设互相依赖，使得它们实际上不可检验。在实践上，主要是现实金融活动中存在着大量标准金融理论无法解释的"异象"。理论与实践的双重挑战将金融学科带入了一个困境，同时也为新理论的成长提供了机会。随着噪声的概念被引入金融市场，加之信息经济学的发展，使行为金融理论成为迄今为止最为成功的替代理论。

行为金融学（Behavioral Finance）是行为经济学的一个分支，是以新的人性模式来研究不确定性环境下投资者决策行为的科学。行为金融学以金融市场中投资人的真实行为为基础，研究人们在面对不确定性时如何进行资源的配置，并以此来了解和预测投资人的心理决策过程及动作机制。20世纪 90 年代迅速发展起来的行为金融学以其更加逼近真实市场行为的理论分析展示出广阔的发展前景。

行为金融学把投资过程看成是一个心理过程，包括对市场的认知过程、情绪过程和意志过程，在这个心理过程中存在着系统性的认知偏差、情绪偏差而导致投资者的决策偏差和资产定价的偏差。行为金融学试图通过研究金融市场上人们行为认知偏差的心理学原理，并从心理学、社会学、人类学的角度来认识金融市场上的异象。有效市场理论的前提是投资者完全理性，因此也被称为"理性范式"（Rational Approach）；而行为金融学的前提则是投资者各种非理性的心理现象，因此被称为"心理范式"（Psychological Approach）。

行为金融学发展的特点可以用以下三点来描述：第一，行为金融学是将心理学和决策科学与古典经济学、金融学相融合的科学；第二，行为金融学试图解释导致金融市场异常的原因；第三，行为金融学研究投资者在判断时如何发生系统性错误。行为金融学发展的特点决定了行为金融学两个主要的研究方向：一个是深入研究投资者的行为与心理机制，即对投资者情绪（Investor Sentiments）的研究；另一个是研究非理性行为对市场总体行为的影响，即噪声交易研究。

噪声普遍存在于各种市场，但是由于金融市场所特有的虚拟性以及交易者对信息的依赖，噪声的表现更为突出。噪声（Noise）是与信息（Information）相对应的概念。信息是金融市场存在的生命线，因为理论上说，除了必要的流动性交易需求以外，所有交易都应该基于信息。但在金融市场上，有时投资者交易的基础却是扭曲了的信息，或者虚假的信息，这就是噪声，而噪声交易理论是相对于有效市场理论出现的。有效市场理论认为，如果与基础资产相关的所有信息能够完全充分地反映在价格上，那么该价格基本接近于金融资产的内在价值。然而在一个真实的金融市场中，信息是异常复杂的，信息的获得也是要花费成本的，不同的交易者由于自身情况的限制，收集、分析信息的能力存在差异。因此，交易者在市场上占有的信息是不完全的，与金融资产的价值存在一定的偏差，这一偏差导致噪声交易的产生。金融市场噪声理论着重于研究在信息不对称的情况下，具有信息优势或劣势的交易者的各自行为特征及其对价格的影响。在这个意义上，金融噪声交易理论可以看作是正在兴起的行为金融学的一个分支。

以投资者有限理性为前提的噪声交易（Noise Trading）理论是 20 世纪 80 年代以来西方经济学界兴起的一种研究金融市场运行方式和行为的理论。1986 年，时任美国金融协会主席布莱克发表的《噪声》一文，与后来的 4 位美国学者德朗、施利弗、萨默斯、沃尔德曼从 1990 年起发表的一系列论文，形成了噪声交易理论的基本框架。与有效市场理论主要描述市场所能达到的最理想合理的状态不同，噪声理论主要是对现实市场中的诸多"异常"、不合理现象进行描述。噪声理论有一些非常重要的假设，主要包括：（1）信息的获得是有成本的；（2）信息的传递存在时间与空间上的差异，交易者并不能同时获得信息；（3）交易者的行为是存在差异的，并非都是理性的；（4）交易者所持有的信息是不对称的。正是这种非对称信息下非理性投资者的行为，导致金融市场上噪声交易的产生。噪声交易概念的引入以及不同的学者对噪声交易的不同解释，在更深的层面上反映了金融界长期存在的关于价格和交易量是反映基本面还是"动物精神"（Animal Spirit）的争论。一方面，一部分人认为市场参与者是理性的，那些非理性的少数投资者将被市场套利活动的自然选择效应迅速消除。另一方面，有人认为很多投资个体并不是理性的，总体上并不存在非理性行为从市场消失的必然趋势。尽管到目前为止，还没有一项结论性的经验检验能够解决这一争论，但从金融学目前的发展状况看，行为金融范式被认为是一个很有前途的解决方案。

综上所述，这些并非真实的信息就是所谓的噪声，以噪声为基础的金融交易行为我们称为噪声交易，进行噪声交易的交易主体就是噪声交易者，或者说非理性交易者。正是这种非对称信息的存在，噪声交易理论中将投资者分为理性投资者（Information Trader）和噪声交易者（Noise Trader）两种类型。理性交易者是信奉金融学基本原理的投资人（如证券分析师、基金经理等），他们通过信息进行交易，并期望从中获利。与之相对的，则是信息相对不完全的噪声交易者。噪声交易者是一些依据所谓的"噪声"进行交易的交易主体，他们或者错误地认为他们掌握了有关风险资产未来价格的特殊信息，这些噪声信息可能源自市场上一些未经证实的政策、消息等，或者他们对未来价格抱有过分主观的错误看法，或者说他们选择证券组合依据的是一种不正确的理论等。总体而言，即在信息不完全下对未来价格的判断错误。

噪声交易者不能区分信息与噪声。他们基于噪声进行交易并误以为是基于信息进行交易，交易产品被错误定价的一个重要原因就是有噪声交易者的存在。噪声交易主要包括两个方面：一是噪声交易商之间的交易；二是理性交易商利用噪声交易商的错误认识进行的套利活动，当然，从理性交易商一方来看，这些套利活动则是理性交易。噪声交易理论认为，在一个较成熟的金融市场中，非理性交易者在市场上遇到的是更多的理性交易者，后者利用前者的错误认识，通过他们的套利行为使资产价格接近于由基本因素决定的数值。同时，非理性交易者在交易中一般是高买低卖，这样在市场中获利的一方是理性交易者，而非理性交易者在交易中遭到损失并最终被挤出市场。

（二）套息交易理论

很多文献都已证明利率平价在现实中并不成立，套息交易者正是利用这一点进行投机。套息交易并不仅限于货币市场，最近的研究表明其应用于其他资产也有很高的异常收益。非抛补利率平价（Uncovered Interest Rate Parity，UIP）理论认为，两国之间的利率差等于两国货币之间汇率的预期变化，即一国利率高于（低于）另一国利率的差额等于该国货币的预期贬值（升值）幅度。而抛补的利率平价（Covered Interest Rate Parity，CIP）理论假设远期外汇市场存在，此时，一国利率高于（低于）另一国利率的差额等于本币的远期贴水（升水）。利率平价意味着所有货币的预期收益应该相同。然而，货币的预期收益受到消费风险、失败风险、流动性风险以及国家规模的影响，消费及流动性风险高的国家可能同时具有高利率和低汇率。Engel（1996）综述了1987年以来关于远期外汇市场效率的经验研究，发现经验检验一般都拒绝了远期汇率（Forward Rate）是对未来即期汇率（Spot Rate）的条件无偏估计。[①] 利率平价理论不成立使得套息交易（Carry Trade）在现实中十分盛行。通过卖出具有远期升水的远期外汇、买进具有远期贴水的远期外汇而完成这一交易。

　　套息交易的动机在于异常收益。假设存在两期、两种货币，S_t 为即期汇率，F_t 为远期汇率，均以单位外币的本币计价，所以汇率上升表示本币贬值、外币升值。国内的无风险利率为 i_t，国外的无风险利率为 i_t^*。不妨设 $i_t < i_t^*$，此时一个显而易见的交易策略为，以较低的国内利率借入 1 单位本币，兑换成外币，并把这些外币以较高的利率借出。投资者可以在当期同时购买远期合约以对冲外汇风险，假设抛补的利率平价（CIP）成立，此时有：$F_t \dfrac{(1+i_t^*)}{S_t} = 1+i_t$。若投资者未购买远期外汇合约，则其净收益为：$\prod_{t+1} = S_{t+1} \dfrac{(1+i_t^*)}{S_t} - (1+i_t^*)$。与 CIP 条件联立可以得到：

$$\prod\nolimits_{t+1} = \frac{(1+i_t^*)}{S_t}(S_{t+1} - F_t)。$$

所以套息交易策略的收益相当于购买了 $(1+i_t^*)/S_t$ 单位远期外币的收益。假设投资者只购买了 1 单位的外币远期，此时套息交易的收益可以写作：$Z_{t+1} = S_{t+1}/F_t - 1$。

　　不可预测性通常作为市场效率的证据，但对货币即期汇率则不然，大量经验研究表明，利差并不能预测相抵的贬值，也就是说高利率货币事实上倾向于升值，这一现象通常被称为"远期升水之谜"（Forward Premium Puzzle）。考虑极具流动性的外汇市场，不存在国家之间的资本流动壁垒且存在跨国的货币投机，此时很难想象套息交易为何仍然盈利。更多的研究检验了套息收益是否可以由失败风险（可能的极端事件发生）来解释，但

　　① Engel, C. The Forward Discount Anomaly and the Risk Premium: A Survey of Recent Evidence[J]. Journal of Empirical Finance，1996，3（2）：123–192.

所得结论却不尽一致。由于投资者追求利润最大化，异常回报在市场中是不可持续的。然而，相比权益市场，货币市场中逐利资本所占比重较小，在大多实行浮动汇率的地区更是如此。而且，制定货币政策并偶尔干预货币市场的中央银行并不追求利润。再者，企业以及散户参与者也会有与盈利无关的套利需求，从而影响市场结果。货币市场中逐利资本的稀缺以及大量资本追求与利润无关的目标，这一点也可能解释了异常回报的存在。

通过借入低利率的货币投资到高利率货币的国家，套息交易在外汇市场上是较流行的策略。现实中，把套息交易的平均回报完全归于条件风险溢价已成为国际金融领域的长期共识。理论模型的不断拓展和数据处理技术的日益完善，多样化的套息交易策略逐步受到关注。其中，以下几个方面的实践成为大家制定套息交易策略的重点。一是多样化的资产组合。撇开交易成本不算，在未对冲汇率风险的情况下，套息策略相当于借入低利率的货币而贷出高利率的货币。传统的套息交易一直都有较高的收益率，但却面临失败的风险，然而，用均值方差分析法构建的动态多样化投资组合，即使在危机时也具有良好表现。二是泰勒规则。在关于套息交易异常收益的研究中，多数认为套息交易易遭受失败风险，为降低这一风险，可实行多样化，即基于泰勒规则的策略。的确，在宏观经济领域，很多研究估计了发达国家和发展中国家泰勒规则的有效性。而如果这些国家的货币当局决定名义利率时，反应函数遵循泰勒规则，那么投资者是否可以利用泰勒规则模型作为一种交易策略呢？不少研究给出的答案是肯定的。三是套息策略与其他策略的结合。数十年来，基于利差的简单套息交易，即买进高利率货币的同时卖出低利率货币的交易行为，得到了较广泛的研究。相关研究中提及的套息交易的各种策略并不是货币市场独有的，而多是从权益市场发展而来的。例如，动量策略和投资组合的多样化策略均是首先在权益市场中展开研究的。套息策略也不是仅适用于货币市场，还可应用于其他多种资产。套息策略与其他策略的相互交织以及套息策略在其他资产中的应用，进一步深化了对现实的理解和把握，增强了套息模型的应用能力。

（三）基于强化学习的金融交易系统理论

自从法玛提出 EMH，EMH 就被奉为经典金融理论，并走过了将近 50 年的历程。到 20 世纪 80 年代，许多研究者发现并记录了几个与有效市场假说相互背离的金融现象，由此形成了关注人类交易心理和行为的行为金融学。在经过长期的检验之后，研究者又发现市场也不像行为金融学解释得那样持续无效，相反，很多金融现象在相关论文公开后出现了减少或消失的迹象。这两大学派的争论促进了金融学的发展，也说明金融市场的复杂性可以包容不同学派的存在。

金融学家 Andrew Lo 结合进化论和有限理性的概念提出了适应性市场假说（Adaptive Markets Hypothesis，AMH），主要观点包含：（1）市场中的个体基于自身利益作出决策；（2）市场中的个体会犯错；（3）市场个体会学习和适应；（4）竞争导致个体适应和更新；（5）自然选择塑造市场生态，进化决定市场动态[①]。根据 Andrew Lo 的理论，金融市场可以被看成一个进化的环境。在这个环境中，包含着不同的参与者，如对冲基金、做市商、退休基金和零售投资商等。这些参与者的理性表现并不是即时的，他们对金融产品价格的影响也不全是直接发生的，这就促进了金融市场上积极的流动性，流动性则意味着存在套利的机会，这些机会随时会被参与者把握，同时，新的机会又会再次出现。这种在进化压力下的流动性同时改变着交易环境和商业环境。这就意味着，一个有效的金融交易系统要能够随时根据交易市场的变化进行自我调整，在感知市场变化的同时，采取相应的行动，比如做多（Long）、做空（Short）、空仓（观望）。市场会在行动的基础上给予一定的反馈，比如收益、亏损。金融交易系统（Financial Trading System，FTS）的有效与否不在于执行单次交易的回报，而在于一段时间内交易的总回报，比如年化回报、季度回报等，总回报往往具有延迟性。基于以上原因，Andrew Lo 得出了如下结论：第一，回报和收益之间关系不太可能一直稳定；第二，相对于经典的 EMH，AMH 认为套利机会一直存在；第三，投资策略在特定环境表现良好，而在其他环境表现较差，既有繁荣也有衰败。

针对以上问题，强化学习可以提供很好的解决方案。强化学习技术的

---

① Lo，Andrew. The Adaptive Market Hypothesis：Markets Efficiency from an Evolutionary Perspective［J］. Social Science Electronic Publishing，2004.［doi：10.3905/jpm.2004.442611］

基本原理是：如果智能体（Agent）的某个动作导致环境正向奖励，则智能体随后产生这个动作的趋势便会加强。反之，智能体产生这个动作的趋势就会减弱。强化学习的目标是学习一个行为策略，使智能体选择的动作能够获得环境最大的奖赏。在一个标准的强化学习框架结构中主要有四个要素，即策略（Policy）、奖惩反馈（Reward）、值函数（Value Function）和环境模型（Model of Environment）。在这四个要素中，首先要解决的是实时环境的数学模型。强化学习可以有效提升金融交易模型的适应性。首先，强化学习擅长解决具有延迟回报的非线性问题；其次，强化学习可以定义灵活的目标函数，在训练中促进模型向最优的目标函数逼近，实践中可以将平衡回报和收益的技术指标作为目标函数；最后，随着 EMH 有效性的提高，固定参数的交易模型难以保证统计套利①获得最大利润，而强化学习具有传统探索和利用（Exploration and Exploitation）机制，即通过探索尝试新的参数，利用已有的信息获得最佳回报。

高收益的金融量化模型系统必须具有良好的自适应性，这样才能应对市场频繁的变化。自适应动态规划（Adaptive Dynamic Programing，ADP）由 Werbos 于 20 世纪 70 年代提出②，在 Bertsekas③、Lewis④、Liu⑤ 等学者的努力下日臻成熟。ADP 是一种针对连续状态空间的最优控制方法。基于金融资产时间序列交易是一个复杂问题，它的状态空间和动作空间往往是连

①统计套利是将套利建立在对历史数据进行统计分析的基础之上，估计相关变量的概率分布，并结合基本面数据进行分析以指导套利交易。相比无风险套利，统计套利少量增加了一些风险，但是由此可获得的套利机会将数倍于无风险套利。

②Werbos，P. J. Advanced Forecasting Methods for Global Crisis Warning and Models of Intelligence ［J］. General Systems Yearbook，1977，22（6）：25–38.

③Bertsekas DP，Tsitsiklis JN. Neuro-dynamic Programming：An Overview. In：Proc. of the IEEE Conf. on Decision and Control. IEEE，1995. 560 – 564. ［doi：10.1109/cdc.1995.478953］

④Lewis FL，Vrabie D. Reinforcement Learning and Adaptive Dynamic Programming for Feedback Control. IEEE Circuits and Systems Magazine，2009，9（3）：32 – 50. ［doi：10.1109/MCAS.2009.933854］

⑤Liu D，Wei Q. Policy Iteration Adaptive Dynamic Programming Algorithm for Discrete-time Nonlinear Systems. IEEE Trans. On Neural Networks and Learning Systems，2014，25（3）：621 – 634. ［doi：10.1109/tnnls.2013.2281663］

续的，规模较大。由于维度爆炸的缘故，不能采用传统的查表法来得到性能函数，需要使用函数逼近器，例如线性函数逼近器和神经网络逼近器等来逼近性能函数。

市场有效性和行为金融学在市场中交替发挥作用，这对交易系统存在一些影响。第一，当市场有效性逐渐提高，某些策略的获利机会逐渐消失，传统的静态常数难以保证获利最大，需要对交易参数进行优化，而且还要动态、自适应地调整优化值；第二，常规交易模型的参数往往采用静态常数，由于金融资产时间序列有明显的异方差性，这限制了模型的使用。对于传统模型的缺陷，一些参数调整方案已经取得了一定效果，但是始终受到新的条件约束。

第三节　现代交易经济学理论

交易经济学作为一种新的经济分析和思维范式，为人们分析经济现象、制定经济政策提供了新的视角。[①] 视角的改变，必然会带来对经济现象新的理解、对经济现象分析新的方法、对经济政策新的选择。但是，交易经济学的思想不是凭空产生的，在经济理论近三百年的发展历史中，交易经济学的思想脉络早就隐伏其中。

一、交易经济学的思想渊源

交易经济学聚焦于交易主体的适应性分析，即交易主体如何对适合变化的交易环境作出反应，以取得预期收益最大化。交易经济学的学术源头可以追溯到古典经济学。亚当·斯密在其《国富论》中将分工和交易置于理论的核心位置。在亚当·斯密的理论框架中，分工和交易是一枚硬币的两面，密不可分，互为因果。人们怀着自利动机进行交易，在客观效果上却实现了全体民众的福祉。这也就是世人所概括的"无形之手"的理念。古典经济学关于自由市场的思想，在新古典经济学中得到进一步升华，上

---

① 王振营. 交易经济学原理（第二版）［M］. 北京：中国金融出版社，2019.

升为完美市场的思想精髓。但新古典经济学为了实现对交易活动的细致分析，将交易活动分割为若干相互孤立的片段，导致理论的静态化，同时又增加了一些附加条件，致使主流经济理论与现实经济活动的动态性和复杂性严重偏离。

新古典经济学关注的核心是稀缺性约束下的最优资源配置，即消费者如何在有限的预算约束下实现效用最大化，企业如何在有限的生产资源和投资资金的约束下获取利润最大化。新古典经济学的理论框架可以概括为以价格为中心、以资源配置为主线。以价格为中心，形成了供求分离的分析模式，价格分析的供求分割方法自然导致家庭和厂商资源配置原则分置的结果。不过，新古典经济学的逻辑漏洞就出现在家庭与厂商的角色定位上。囿于家庭并非总是处于消费位置，厂商并非总是处于供给的位置，一旦反映模式发生变化，新古典经济学的关键结论——市场总能出清、经济总是趋向均衡就难以继续成立。如果失去了市场自发趋向平衡的结论，新古典经济学的理论框架与自由经济完美的信念就会脱离，从而也就失去了与政治利益群体相关联的基础。

如果从亚当·斯密1776年出版《国富论》算起，经济学的发展已经有二百多年的历史了。其间，交易的概念曾经一度是经济理论研究的重点，但在进入新古典经济学时代后，尤其在第二次世界大战之后，交易的概念逐渐肢解，最终消失在场景分析的碎片化丛林里。交易经济学重新将经济学的逻辑架构放置在交易概念之上，可以说是某种意义上的古典经济学价值的回归。具体到交易经济学的概念，最早可以追溯到奥地利学派。为了区别于传统经济学，奥地利学派的重要代表人物路德维希·米塞斯给交易经济学起一个专门的名字：Catallactics，词根源于希腊语，意思是交换。在其经典之作《人的行为》中，当分析交易活动时，他将交易划分为独自交换和人际交换[①]，这几乎与交易经济学的处理如出一辙，交易经济学将交易分为内联交易和外联交易，分别用于描述生产活动和交换活动两类不同特

---

①路德维希·冯·米塞斯.人的行为［M］.夏道平，译.第二篇"在社会架构里面的行为"，上海：上海社会科学出版社，2015.

性的交易。美国经济学家、诺贝尔经济学奖获得者布坎南在 20 世纪 80 年代也重申了交易经济学的概念，其将交易经济学的方法运用到公共选择理论上，从而开辟了新政治经济学的全新领域。

在整个 20 世纪的经济学发展过程中，重视交易经济学研究方向的倡议并没有得到太多响应。时至今日，交易经济学在经济理论研究领域仍然处于少人问津的边缘地带。但尽管如此，交易经济学的思想方法却早已隐伏于众多经济理论的创新领域之中。交易成本理论、新兴古典经济学等也都或多或少地包含了交易经济学的思想和方法。

二、交易经济学方法论

方法论构成了经济理论的重要组成部分，也是一种理论表达方式的基本内容。交易经济学采用了网络理论作为理论表达的工具，这是交易经济学方法论的基本特点。网络分析是 20 世纪 80 年代出现、21 世纪快速发展的一门技术。网络分析的特点是突出关联性和整体性，见长于相互作用分析，能够便利地表达反馈机制和自组织过程。网络分析技术的这些特点与 20 世纪中后期以来人们对经济系统运行特征的共识高度吻合。人们逐步认识到，经济系统并非完美的稳定系统，自身具有天然的不稳定性，是一个非线性系统，经济系统具有强大的自组织功能，始终处于不断的演进和发展过程中。交易经济学采用网络分析技术为表达手段，很好地表达了经济系统的本质特点。

交易经济学为了实现对经济规律的逻辑表达，构筑了一个完整的理论体系，从交易主体的个体行为特点，到交易网络的整体特性描述，再到经济系统演化的逻辑，给出了可供分析使用的方法体系。交易经济学从交易主体的行为分析开始，利用交易关系，在交易主体之间构建了动态的交易网络，最终实现对整个经济系统运行规律的揭示。另外，交易经济学放弃了交易主体的同质化假设。每个交易主体除了以各自的约束集和信息集作为自身特征的规定外，经济身份特征使用会计矩阵进行描述。会计矩阵是由资产列和负债列构成的矩阵。无论家庭还是企业都有对应的会计矩阵。会计矩阵具有高度的动态性，每一项交易都在会计矩阵中得到反映。会计矩阵不仅能够反映交易主体的总资产、总负债，还能反映资产结构、流动性结构等。会计矩阵不仅反映了交易主体的经济特征，通过会计矩阵还实现了交易主体之间的联系，在众多的交易主体之间形成一张巨大的交易网络。会计矩阵不仅为交易主体提供了经济身份的描述，也为交易主体提供了交易的决策依据。在会计矩阵的支持下，交易主体突破了"效用"和"利润"的限制，可以从不同维度考虑会计矩阵的优化，拓宽了交易主体的决策视野，实现了交易决策过程的现实回归。在体现交易主体特征方面，除了以上各个方面之外，交易预期收益函数也构成了交易主体特征的内容。

每一笔交易，都将引起交易主体的矩阵相关项产生联动，在关联项之间产生价值转移。会计矩阵的这种变化，可以通过矩阵的运算来表示。每一次交易，相当于对会计矩阵施加一次运算，这个对会计矩阵施加运算的矩阵，称为交易矩阵。交易矩阵具有不同于一般矩阵的特点。首先，交易矩阵与会计矩阵等阶，如果会计矩阵是 $n \times 2$ 阶，交易矩阵也一定是 $n \times 2$ 阶。其次，交易矩阵中只有与交易相关联的项处于非零状态，其他各项均为零值。从经济意义上讲，交易矩阵与会计矩阵的基本区别在于会计矩阵是一个可以持续运行的财务结构，而单由交易矩阵所描述的财务结构不能支撑交易主体持续存在。

交易网络是以交易主体为节点，以交易为连接边的网络。交易网络描述的是一种在交易主体之间的交易拓扑关系。交易网络是有向网络，在金融交易中，以交易生成的现金流方向为交易连接边的正方向。交易网络是一个处于动态生长中的动态网络，在动态演化过程中，具有自我组织的特点。在交易网络的演化中，改变的不仅是交易边的结构，交易主体也在变化。从宏观上看，发生在不同主体之间的交易，带有一定的不确定性，这就规定了交易网络具有一定的随机性。所有的交易主体之间都可能发生交易，交易可以是多样的，也可以是活跃的。

在交易经济学的理论建构中，主体之间的相互作用始终处于核心地位，系统的非线性特征以及自强化现象皆源于此。网络思维有两个基本特征，一是关联性，即将考虑的对象放置在密切关联的环境中。二是爆炸性，即指数化增长和演化的速度像炸弹爆炸一样迅雷不及掩耳。交易网络具有高度的动态性，无论来自外部的冲击还是内部演进的力量，都会使交易网络迅速发生变化，这显示了交易网络高度自组织化的特性，也表明交易网络的脆弱性。

经济中每一个主体都通过其关联对象对整个经济产生或大或小的影响。但是，这些扰动中的大部分都会被经济系统所吸收，不会对经济运行产生趋势性影响。只有当众多的交易主体通过一个接一个的这样或那样的作用传递，所传递出的作用最终回到起始点上，构成一个交易反馈闭环，处于环路上的每一个主体对整个经济的影响才会变得不容忽视，这样的反馈闭环称为交易反馈环。交易反馈环是经济体系统中的自强化过程，是推动经济系统动态变化的力量。交易环描述了经济系统运行中相互作用、相互影响的作用机制，这种传导机制的构建，既可以通过交易关系得以传递，也可以通过信息影响得以实现。不过，交易环也有脆弱的一面，一旦某个环节受阻，整个交易环将会降低其动能，直至停止运行。交易网络上的自强化过程类似于核链式反应，这种基于相互作用的自强化机制是经济波浪式运行的本质规定。在某些条件下，既可以涌现爆发式增长，也可以突发雪崩般危机。经济增长是交易网络规模参数的扩张，价格是在特定定价机制下交易者之间博弈的结果。交易推动交易网络结构特征不断演化，交易网络的演化是一个自组织过程，通过制度、技术和知识的发展变化表现出来。反过来，制度、技术和知识又是构成经济系统进一步发展的推动力。这便是交易经济学呈现的经济系统运行图景。

在交易经济学中，市场不是事前就有的外部存在，而是在每一个交易者参与的过程中形成的，是一种每时每刻都处于动态演化的交易关系。交易网络的演化在四维空间上展开，分别是技术、知识、制度和网络构型，微观主体与社会宏观之间形成了相互反馈的闭环，由此推动人类社会螺旋式发展。

交易经济学消除了经济学长期存在的两个分裂局面，实现了宏观与微观的统一和经济与政治的统一。客观地讲，尽管交易经济学无论在概念体系、逻辑架构、分析方法甚至基本理念上与作为主流经济理论的新古典经济学存在众多分野，但不能把交易经济学看作是新古典经济学的替代或否定，它们之间并非对立关系。与主流经济学相比，交易经济学具有更鲜明的动态性特点，更加贴近当今经济社会的现实特征，对威胁经济金融安全的危机现象的分析更为准确、生动，更具内恰的逻辑连续性。

三、交易经济学的政策主张

交易经济学构建了经济系统自发演进的逻辑体系，将一切交易活动放置在特定的交易环境中，将交易主体与环境激励的响应以及交易主体之间相互作用和博弈的关系置于理论的核心位置。在这样的理论体系之下，交易经济学很自然地形成具有自我特色的政策主张。

（一）阶段性发展原则

交易经济学是一个经济演化理论，将经济增长看作经济演化的一种方式和途径，基于这样的认识，交易经济学认为，在经济的不同发展阶段，从制度安排到政策实施，再到经济组织模式等多个方面，都应体现经济发展的阶段性特点。交易经济学认为，不存在适用于所有经济发展阶段和所有经济体的制度安排和政策实施原则；不存在放之四海皆准的经济发展模式。这是交易经济学阶段性发展原则的核心要义，也是交易经济学最有代表性的政策主张。

（二）最小干预原则

交易经济学认为，交易网络具有巨大的自组织功能，同时具有自我修复、自我选择的能力。从这个角度来讲，交易经济学承认"无形之手"的存在。同时，交易经济学认为，交易网络具有不稳定性，具有天然的两极分化倾向，容易受到递增原理的支配，出现强者越强、弱者越弱的极化现象。存在正反馈机制，容易生成交易环。对于推动经济增长的交易环，应当给予呵护。对于潜藏风险隐患的交易环，需要及时遏制。此外，利用交易网络的适应性特点，通过政策引导，能够加速经济结构调整，有利于充分发挥潜在经济增长动力。基于这些认识，交易经济学主张尊重"无形之手"，灵活运用"有形之手"，概括为"无形之手"与"有形之手"双手共用，但"有形之手"要轻推，即最小干预原则。

在经济制度安排上和经济政策实施上，需要遵守阶段发展原则，基于此，对于最小干预原则的具体运用，也应考虑经济系统自身的特点以及经济发展阶段的特点。对于处于赶超阶段的经济体，有效的产业政策同样是必要的，而且能够发挥事半功倍的效果。但是，无处不在的政府在经济发展的任何时期都将是巨大的资源浪费，政府主导的经济常常是粗放型的，是不可持续的。另外，在交易经济学看来，经济周期是经济系统自发调节的机制，是保证经济系统运行在大概率上的效率。交易经济学并不主张政府为了熨平经济周期实施政策干预。但是，需要区分一种特殊情况，即经济波动超过一定幅度后，可能诱发经济内部的连锁反应，导致大批企业倒闭，引发经济或金融危机。

（三）财政政策最小化原则

财政政策的本质是利用国家强制权力，实现对经济资源在时间和产业、阶层之间的重新配置，以形成明确的交易激励导向，属于经济系统之外的外部扰动。当然，基于交易网络运行不稳定和极端化倾向的特点，财政政策代表全局利益，采用外部干预的措施是完全有必要的，这对于维持经济系统的稳定性和持续性是十分必要的。但是，过度使用外部干预，必然以牺牲交易网络效率为代价，不利于经济长期增长。基于这样的基本信条，交易经济学主张，财政政策需要遵守最小干预原则，坚持财政政策最小化。另外，在不同的经济发展阶段，财政政策在使用上也应当有所差别。

（四）货币化率稳定原则

交易经济学认为，要保持交易网络的运行效率，降低资源配置的扭曲度，价格体系的结构基本稳定和总体水平的基本稳定是一个重要的先决条件。在经济体制没有发生重大变革的情况下，为了实现这一目标，需要维持货币与价值创造以及交易规模之间的合理关系，一种具有可行性的办法是，中央银行通过各种货币政策工具和手段，将货币供应与交易活动规模的比例关系（一个可以考虑的替代性指标是 M2/GDP，该指标被称为货币化率）维持在一个相对稳定的区间内。

交易经济学认为，导致价值扭曲、交易效率下降的最主要原因是经济的泡沫化。一旦出现某些市场交易过热的情况，就会吸引大量交易资源，不仅破坏了原有的交易结构，还会滋生交易主体的投机意识，交易网络上的交易时域短期化，给金融危机的爆发埋下伏笔。经济泡沫的元凶正是货币供应过剩，为了维持货币化率的稳定性，需要众多货币政策工具的配合，包括再贴现、再贷款、公开市场操作等，但归根到底，是控制中央银行资产负债表的规模。

（五）汇率稳定原则

交易经济学认为，维持汇率的相对稳定，是维持稳定、安全的交易网络运行的重要方面。人类社会总是向着交易网络融合的方向发展和演化，国际贸易已经成为影响所有国家经济的重要因素。当然，汇率的稳定性不仅影响国际贸易，而且影响国内交易的稳定性和安全性，跨境交易与国内交易已经相互交织、相互影响。汇率大幅波动，会滋生交易主体的投机心理，容易吸引交易主体从价值创造活动转向价值投机活动，会引发交易主体的广泛焦虑。交易经济学主张有管控的汇率政策，而不是完全放任的汇率政策。

交易经济学的政策主张聚焦于交易网络的稳健和效率方面，这就要求经济制度、不同的政策之间的高度协调，不能出现政策信号混乱的现象。在执行汇率稳定原则时，需要统筹考虑货币政策、资产价格态势、财政政策统一协调。实现汇率稳定，不能仅仅依靠中央银行的入市干预。维持汇率的稳定需要一个内外稳定的交易环境。

（六）有效激励原则

交易经济学认为，产权制度是交易活动的重要基础和前提，但不是交易活动赖以有效运行的全部。交易经济学更加看重建立在产权制度之上的激励体系，激励机制与产权制度的相容性是支撑交易活动更为根本的要素。交易经济学的基本理念是，推动交易网络运行的基本动力是交易主体追求预期收益最大化，激励是激发经济活力、推动交易网络运转的关键要素。

其中，从交易生态的角度看，国有企业不仅有存在的必要，而且是经济中不可或缺的组成部分。一个高效的经济生态，不能要求每一个组成单元简单地执行相同的效率标准，为了维护复杂系统的高效运行，众多的系统组成部分需要相互协同，扮演不同的角色，发挥不同的功能。经济系统的主体是追求效率的企业，但为这些企业创造一个良好的环境，就会产生内容广泛的公共服务需求，比如公共基础设施、市政供给、基础科学研究以及公共教育等，这些功能需由国有企业承担。提供公共产品供给的企业，尽管也需要高效率，也需要成本核算，但不能以盈利为目的，对效率和利润的追求只能放在相对次要的位置。国有企业经常被人们认为是低效的组织，这是人们对国有企业诟病最多的地方，关键的理由是产权边界不清晰。按照交易经济学的逻辑，只要能够建立起有效的激励机制，就会产生高效率。在国有企业的内部，可否建立起有效的激励机制并能够协调激励与公共职能的关系？交易经济学给出的答案是肯定的。

本章要点

- "交易"在传统的经济学中是一个与生产相对的范围狭窄的概念。生产是人与自然之间的关系，是人对自然的活动，而交易则是人与人之间的关系，是人对人的活动。为了保证市场交易的顺利进行，有必要付出交易费用。

- 标准金融学以均值—方差模型和投资组合理论、资本资产定价模型、有效市场理论、期权定价理论、套利定价理论等现代资产组合理论和资本资产定价理论为基石，着重研究理性假设条件下的金融市场价格发生机制和市场效率问题。其中，投资组合理论和期权定价理论的问世，被认为是两次"华尔街革命"。其特点之一都是避开了一般经济均衡的理论框架，作为研究如何在不确定的环境下通过资本市场对资源进行跨期最优配置的理论体系，现代金融学被认为是这两次"革命"的产物。

- 以投资者有限理性为前提的噪声交易理论是相对于有效市场理论出现的。噪声交易理论中将投资者分为理性投资者和噪声交易者两种类型。理性交易者是信奉金融学基本原理的投资人，通过信息进行交易并期望从中获利。噪声交易者则是一些依据所谓的"噪声"进行交易的交易主体，他们或者错误地认为其掌握了有关风险资产未来价格的特殊信息，或者对未来价格抱有过分主观的错误看法。

- 交易经济学聚焦于交易主体的适应性分析，即交易主体如何对适合变化的交易环境作出反应，以取得预期收益最大化。交易经济学采用网络理论作为理论表达的工具，这是交易经济学方法论的基本特点。交易经济学构建了经济系统自发演进的逻辑体系，将一切交易活动放置在特定的交易环境中，将交易主体与环境激励的响应以及交易主体之间相互作用和博弈的关系置于理论的核心位置。

思考题

1. 简述拍卖理论在金融交易中的应用。

2. 标准金融学理论的三个基本定价模型CAPM、APT、布莱克—斯科尔斯（Black-Scholes）期权定价公式均是从理性人假设和一般均衡框架出发推导出的一般经济均衡模型，其与噪声交易理论有何不同？

3. 市场微观结构与交易机制理论强调了市场机制在定价和价格波动方面的作用，这对现实金融交易有何作用？

4. 现代交易经济学理论相较古典经济学和新古典经济学有哪些优越之处？

第三章　金融交易要素与市场结构

本章概要：前两章介绍了金融交易的发展历程、作用以及理论基础。本章将阐述金融交易的要素与市场结构，重点介绍金融交易涉及的基本要素，了解交易市场的基本作用和分类，以使读者对金融交易有具体的认知。本章分为三节。第一节介绍金融交易基本要素，第二节阐述交易市场的基本作用，第三节按照融资方式、交易时间及交易执行方式对交易市场做了分类。

第一节　金融交易基本要素

交易主体和标的是构成交易活动的根本要素。其中，交易主体决定着交易的"动力"，交易标的决定着交易的"引力"，二者之间的作用便构成了交易行为。交易产品价格发现与形成的过程及运作往往在交易市场中发生。交易市场包含与交易价格形成过程有关的微观因素，如交易场所的形式、市场的参与者和交易规则、信息披露、价格稳定措施等。

一、交易主体

交易主体亦称"交易人"，是"交易客体"的对称。在金融交易活动中，交易主体主要包括交易者、做市商和经纪人，下面将对这三类交易主体依次展开介绍。

（一）交易者

交易者作为交易活动的直接利益方，对交易方向、交易数额具有决策权，有足够的交易资金来源，对其交易所形成的资产享有所有权和支配权，并能自主地或委托他人进行经营。交易者的实质是经济要素所有权在交易领域的人格化。交易者作为"权、责、利"三权统一体，拥有交易决策权（即决策主体），承担政治、法律、社会道德等风险（即责任主体），享有获得营利性收益和非营利性收益的权利（即利益主体）。金融市场交易者主要包括个人投资者、一般法人、境内专业机构投资者和境外专业机构投资者四大类。（1）.个人投资者：除一般法人和境内外专业机构投资者之外的投资者均可纳入个人投资者范畴；（2）一般法人：即具有产业资本属性的法人单位。具体而言，一般法人主要包括一般法人团体和非金融类上市公司；（3）境内专业机构投资者：根据投资管理机构的类型，可以将境内专业机构分为公募基金、私募基金、证券机构、保险机构、社保基金、信托机构以及其他机构（如期货公司资管、财务公司、银行等）共七大类；（4）境外专业机构投资者主要包括以 QFII、RQFII 和陆股通等渠道进入 A 股市场的境外投资者，以及以国际会员身份进入期货和贵金属市场的境外投资者。不同类型的交易者承担不同的交易任务，采取不同的交易方式。它们既是独立的，又是相互联系的，既能单独交易，又能以不同交易主体联合方式交易，由此构成了我国有机的、多元化的、多层次的交易体系。

进一步地，交易市场理论根据交易动机和交易策略的不同，将交易者分为功利主义交易者和知情交易者两种。

1.功利主义交易者。功利主义交易者也就是通常所说的"噪声交易者"。这类交易者涵盖多种类型，其市场活动往往不取决于交易标的的基本价值。最典型的功利主义者，主要参与将财富在现在和未来之间的转移这样一种交易活动。金融市场能够将那些现在拥有资金而未来预期需要支出的投资者，与那些现在需要资金而未来能够偿还资金的投资者联系在一起，例如那些为退休而储蓄的劳动者和那些需要融资去实施新生产项目的企业。除此之外，市场上还有多种其他不同类型的功利主义者，比如通过交易抵消或防范风险的对冲交易者，为了娱乐而进行交易的赌博者，为降低税负或延迟纳税而进行交易的避税者，以及将一种资产转换成对其具有更大直接价值的另一种资产的资产交易者，等等。不管是何种类型的功利主义者，他们皆因希望获得除交易利润之外的额外利益而进行交易。投资者和借款人通过时间实现资金转移，对冲交易者降低了自己的净风险敞口，赌博者满足了娱乐的欲望，避税者降低了其纳税义务的限制，而资产交易者获得了更大直接价值的资产。由于这些交易者的交易脱离了交易标的的基本价值，一旦他们的交易操纵了价格走向，那么价格的信息价值将会减少。统计学家认为，这样的价格是对基本价值带有噪声的估计。

2. 知情交易者。相较而言，知情交易者则收集有助于其预测未来价格的信息。他们在预期价格将要上涨时买入，在预期价格将要下跌时卖出。虽然他们经常产生差错，但成功的知情交易者预测证券的概率总体大于出错的概率，所以其能够通过努力实现交易获利。消息灵通的交易者认真分析其认为有助于自己预测未来价值的数据，在此基础上再下达交易指令。他们的信息或许包括有关证券基本价值的数据，也或许包括与其他交易者可能发送到市场的指令有关的信息或预测。知情交易者主要采用三大交易策略，他们的交易或是基于对基本价值的估计，或是基于有关基本价值发生变化的新闻，抑或是基于对其他交易者未来行为的预测。据此可将知情交易者进一步分为价值激励型交易者、新闻交易者和订单预测交易者三类。

（1）价值激励型交易者。该类交易者对证券基本价值进行预估。如果预测价值远高于市场价格，则买入；反之，则卖出。他们在其研究预算允许的范围内收集并分析所有信息，进行基本价值预估。囿于数据收集和分析耗费财力，价值激励型交易者只有在其交易收益高于其研究成本时才获利。许多股票和商品交易所通过强制上市公司进行财务披露、收集并公布商品供求情况信息以及发布市场价格和成交量等方式，来降低交易者的数据收集成本。

（2）新闻交易者。该类交易者根据对影响基本价值的事件的新闻报道进行交易。他们在认为某一事件会导致价值上升时买入；反之，则卖出。由于一些事件对价值的影响较为显著，新闻交易者必须迅速进行交易才能从新发布的信息或新闻报道中获利。因此，新闻交易者往往会投资购买各种系统，以便能够快速获取相关信息并采取相应行动。囿于这些系统的建造和运营费用不菲，新闻交易者只有在其交易收益高于信息收集成本时才能获利。

（3）订单预测交易者。该类交易者试图对市场其他参与者将要进行的交易进行预测。如果预测其他交易者将会通过大量买入证券或合约而导致价格上涨，订单预测交易者便会设法先买入，以求在未来价格上涨时获利。

同样，订单预测交易者也会设法在其他交易者卖出前先行卖出。订单预测交易者通常会使晚于其交易的交易者的流动性成本增加，如果订单预测交易者在知道订单之前交易则属于抢跑者，而诚信义务则禁止经纪商自己或有意允许其他人进行抢跑交易。交易所规定抢跑交易为非法交易，以保护公众交易者并降低其交易成本。不过，实践中订单预测交易者往往通过分析交易模型和相关心理模型，力图预测其他交易者将要提交的订单，而这些其他交易者必然为功利主义交易者，毕竟按照定义，倘若没有知情交易者据以向市场发出指令的信息，交易者就无法预测价值激励型交易者或新闻交易者的交易。

　　值得一提的是，还有一类交易者具体负责执行交易活动，也就是大家常说的交易员。中国现代金融市场已有几十年的发展历史，不过目前国人对于金融交易这个特殊行业和交易员这个从事特殊行业的特殊人群，多少还是会有一丝陌生感，甚至一丝神秘感。即使是业内人士对交易员的看法也存在着天壤之别。部分金融机构或个人过分放大交易员的职能，以至于投机者鼓吹交易员有着不受监管的权利，使其成为投机者获利的工具。这些机构或个人在投机获利时，趾高气扬。而一旦事与愿违，出现巨额亏损，这些始作俑者不但不去探究事件的来龙去脉，反而将责任归咎于几个交易员，草草了事。反之，部分金融机构却把交易员的角色放到了另一个极端。他们仅是希望交易员机械地完成一些程序性操作，并不重视利用交易员的市场经验和判断来增加投资获利或者降低交易成本。其实，如果想要了解交易员的角色，就必须了解交易员进行交易的动机，交易员为什么要交易。交易动机非常重要，它们能够帮助我们识别什么是投资，什么是投机。对于一名出色的交易员而言，其交易目的必须非常明确，并且在整个交易过程中能够始终贯彻如一。这类风格明确的交易员受益于成熟的交易市场所带来的流动性。交易员在不同时刻可以是不同风格的交易员，他们也可以在同一时间采取多种类型的交易，熟练的交易员能够同时承担几种风格不同交易员的职能，并且不会混淆其交易目的。现实中，金融市场时时刻刻都在提供着交易获利的机会，投资者要想抓住这些机会，最好能够在交易员的帮助下将它们识别出来。交易员一旦获悉交易对手的交易目的，他们便在交易中占得了先机。捕捉稍纵即逝的交易机会的能力和对交易市场的熟悉程度当属于交易员的看家本领，投资者可以通过以上两点来衡量交易员的交易水平。监管者在认清交易员的重要作用后，可以设计出更有利于经济实体的交易市场结构。

（二）做市商

做市商（Dealers/Market Makers）一般指具备一定实力和信誉的独立证券经营法人，作为特许交易商，他们不断向公众投资者报出某些特定证券的买卖价格（即双向报价），并在该价位上接受公众投资者的买卖要求，以其自有资金和证券与投资者进行证券交易。在整个交易中，买卖双方无需等待交易对手出现，只要有做市商出面承担交易对手方即可达成交易。做市商的重点不在于对基本价值的研究，而是向市场提供流动性，所以做市商需要保持一定的仓位。这个仓位既不能太小（当其他交易者急需交易时，做市商可以随时提供仓位），也不能太大（做市商不可承担大规模建仓带来的交易风险）。当仓位偏低时，做市商要及时买入以达到目标仓位。而当仓位偏高时，做市商需要迅速卖出以降低风险。做市商通过不断买卖来维持交易市场上的流动性，满足公众投资者的交易需求。做市商通过买卖报价的适当差额来补偿其所提供服务的成本费用，并实现一定的利润。

做市商参与交易活动时也面临一些风险。具体而言，由于市场不公开交易者的具体信息，当做市商在向其客户之外的交易者提供交易机会时，其无从获知后者的真正交易动机。如果交易对手需要卖出，做市商向他们提供报价和可交易额度，尽管做市商在交易中拥有定价权，但实际上他们并不清楚市场价格在成交后的变化方向。这是做市商面对的一种重要风险。另外，一些交易者通常可以估算出交易标的的市场价格是否符合其基本价值。当市场价格与基本价值之间存在一定的偏差时，交易者往往会寻找交易机会实现获利，进而缩小二者之间的差值。此时做市商面临的风险在于其还未平仓前，出现买入后价格下跌或者卖出后价格上涨。当这种逆向价格变动出现时，做市商或许会面临无法以获利方式出清其头寸。例如，当交易者判断出某种交易标的的市场价格将要下跌时，他们会向做市商卖出这种交易标的。在做市商买入后，价格开始下跌。如果在一定的时间内价格并未出现反弹，做市商就不得不卖出超出目标仓位的部分而承担亏损。因此，做市商希望在其买入后立即卖出，或者是在其卖出后立即买入。

做市商制度可理解为以做市商报价形成交易价格、驱动交易发展的证券交易方式。它是一种不同于竞价交易方式的证券交易制度，往往被应用于柜台交易市场中。传统交易是由一个专家处理几百家上市公司股票交易，而做市商制度则是一组做市商为一个上市公司服务，体现多对一的关系。更重要的是，做市商为交易提供了资金，在交易中做市商先要使用自有资金买进股票，然后再卖出。这些做法使市场的流动性大大增强，增强了交易的广度和深度。

（三）经纪人

经纪人往往指在交易所中接受客户指令，代理客户买卖交易标的，充当交易双方中介并收取佣金的一类金融机构。在经纪人刚刚出现的时候，他们主要替客户代理交易并按照交易量的一定比例收取佣金。例如，证券经纪业务作为证券公司的主要业务，其主体便是所谓的证券经纪人。证券经纪人的主要职责是在证券交易中代理客户买卖证券，从事中介业务。这就意味着，在证券交易中，广大证券投资人相互之间并非直接买卖证券，而是通过证券经纪人实现证券的买卖。证券经纪人作为证券买卖双方的中介人，其代理客户买卖证券的流程可简要概括为：证券经纪人询问证券买卖双方的买价和卖价，根据客户的委托，如实地向证券交易所报入客户指令，当证券买价和卖价出现交集时，便通过证券交易所平台促成证券买卖双方达成交易，并向证券买卖双方收取交易手续费（佣金）。

当经纪人逐渐增多、竞争开始变得激烈时，他们逐渐加入了其他服务以争取更多的客户。例如，经纪人有强大的投资研究团队，为客户提供各种金融产品的研究报告以作参考；还有专门的投资顾问，为客户制定金融投资计划；券商交易员信息渠道较广，可以及时向客户提供市场动态和重要资讯；他们通常与客户保持较好的沟通和私人信任关系，等等。经纪人在交易所中往往拥有或租有席位，他们在交易所中代表了各自的客户，并帮助自己的客户寻找买家或卖家。经纪人主要是通过提供上述服务来获利，这些服务可以直接收费，也可以通过获得更多的交易量来赚取佣金。所以，常常将经纪人称为卖方（Sell Side），将需要这些服务的金融机构称为买方（Buy Side）。

买方通过卖方安排交易的优势较为显著：（1）卖方有世界上各主要

交易场所的交易席位，而买方往往并不具备这样的条件；（2）卖方熟悉自己的客户，能够快速找到交易的买卖双方；（3）卖方往往比买方经验更丰富、更熟悉市场，当卖方全权代表买方时，买方能够获得更好的交易价格；（4）卖方还能够帮助买方完成繁琐的清算和交割操作。不过，也应注意到，上述这些交易操作模式也会带来一个传统的监管问题，即委托代理问题（Principle-agent Problems）[①]。代理人应该尽量按照委托人的利益来运作，但是往往会出现代理人为了自己的利益最大化而使二者之间产生冲突。

二、交易标的

交易标的是支持金融交易市场运作和业务发展乃至盈利的源泉。随着经济的发展，交易标的也在发生着变化，不同年代交易的产品有所不同，在不同的交易市场交易的产品也有区别。归纳起来看，一种分类将交易标的总体分为基础类、衍生类和拓展类产品。其中，衍生类产品又包括基础（合成）型衍生产品、契约型衍生产品和较复杂的结构型衍生产品。这些产品的风险及复杂性程度见图3-1。另一种分类将交易标的总体分为证券类、货币类、大宗商品类、贵金属类等。本节将简要介绍这些已经存在的比较成熟的交易产品，但是随着市场的不断发展，产品创新也在不断进行，有关其他一些产品创新的内容将在后面章节具体介绍。

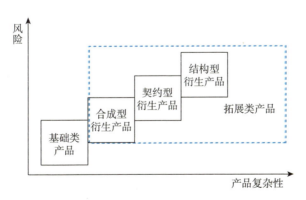

图3-1 金融交易标的示意图

---

① 委托代理问题即只要委托经营就会带来利益冲突。

（一）证券类交易产品

证券类交易产品主要在各大证券交易所内进行交易，具体可以分为两类：第一类是基础证券或称结构性金融产品，也就是大家通常说的交易产品，主要包括股票、债券、基金等；第二类是支持证券交易所市场运作的支持产品，主要代表为各类衍生品，具体涵盖远期、股票和债券的期货、期权、互换等。观察全球主要的成熟证券交易所以及一些新型的交易所，不难发现它们的交易品种多种多样，既有现货产品，也有衍生产品。例如美国、英国、德国、法国等国均拥有全球最丰富的市场体系以及最先进的交易所运行机制。

（二）货币类交易产品

货币市场作为短期信用工具买卖的市场，其交易的产品如国库券、商业票据、银行承兑汇票、可转让定期存单、回购协议等一般具备期限短、流动性强以及风险低等特征。货币类交易产品可以维持金融资产的流动性，因此其可随时转换成能够流通的货币。正因为如此，在货币供应量层次划分中，货币类交易产品常被置于现金货币和存款货币之后，被称为"准货币"，一定程度上体现出其较强的流动性特征。

（三）外汇类交易产品

外汇市场作为金融市场的重要组成部分，经营着外币和以外币计价的票据等有价证券买卖。在外汇市场中，交易方式和交易工具种类丰富，市场参与者能够按照自身需要进行灵活选取。外汇市场中常见的交易产品主要有外汇即期交易、外汇远期交易、外汇掉期交易、外汇期货交易以及外汇期权交易等。

（四）大宗商品类交易产品

大宗商品（Bulk Stock）主要指可进入流通领域而非零售环节，具有商品属性且被用于农业生产及消费使用的大批量买卖的物质商品。大宗商品类交易产品主要在各商品交易所进行交易买卖，不仅包括现货交易，还包括期货、期权交易。在金融投资市场中，大宗商品常常指那些同质化、可交易、被广泛作为工业基础原材料的商品，比如原油、有色金属、农产品、铁矿石、煤炭等。如果按照产品性质分类，还可以将大宗商品类交易产品总体划分成三大类别，即能源商品（如石油、天然气、煤炭、矿石等）、基础原材料（如铜、铝、铅、锌、镍、丙烷、甲醇、天然橡胶等）和农副产品（如玉米、大豆、小麦、稻谷、燕麦、大麦、黑麦、活猪、活牛、大豆粉、大豆油、可可、咖啡、棉花、羊毛、糖、橙汁、菜籽油等）。

（五）贵金属类交易产品

贵金属常常指金、银和铂族金属（钌、铑、钯、锇、铱、铂）八种金属元素。这些金属大多数拥有美丽的色泽，并对化学药品的抵抗力较强，在一般条件下不易发生化学反应，因此深受人们喜爱。贵金属类交易产品主要在贵金属交易所进行交易，比如上海黄金交易所主要进行的是黄金、白银等贵金属交易。此外，在贵金属交易所交易的贵金属产品中，除了大家熟知的现货黄金交易产品之外，还涵盖黄金延期、纸黄金、白银现货、白银延期、黄金期货、白银期货、黄金远期以及铂金、钯金等交易产品。

三、交易场所

作为交易活动的承载体，交易场所在技术进步中相应地改变着其表现形式，实现从有形场所的交易大厅向无形市场的电子交易市场的华丽变身。在本部分，将带领读者细细品味交易场所的演变踪迹。

（一）交易大厅（有形场所）

各个交易所在尚未广泛运用信息技术之时，其主要采用公开喊价制度开展交易活动，代客买卖的交易商在交易大厅内面对面地公开叫喊，通过口头和手势表达交易价格及数量，交易能否达成完全取决于交易商的积极争取。例如，我们从电影《华尔街》看到，在交易所热闹非凡、异常喧嚣的交易大厅中，经纪人常常争分夺秒地进行着证券交易，这一幕生动地向我们展示了传统典型交易场所的全貌。

其实，正像电影里所演绎的那样，现代化的交易所主要包括的设施有以下几种：（1）交易厅。交易厅通常宽敞、明亮，是专为证券交易买卖而设立的，一般分为大厅和廊厅两个部分。大厅是进行交易活动的主要场所，廊厅则专供债券和买卖不活跃的证券产品进行交易。在交易大厅内部，常设有很多交易柜台，这些柜台都按类按序进行编号，旨在保证交易的有序性。如此，某类证券的交易买卖也就固定在该柜台上，不过拥有柜台席位需要支付规定的费用，在交易柜台上，往往设有显示交易实时行情的终端机，显示出各种交易产品的前一次成交价格、成交数量以及其他相关行情资料。各个专业经纪人必须固守在其所分配的交易柜组上，进行竞价成交。另外，交易大厅还设有一些零散交易柜台，由零散经纪人占据。（2）电话间。电话间往往设在大厅与廊厅靠墙的地方，各个证券经纪人安排在场内的电话员坐在其分配的席位上，专门负责与交易所之外的世界联系，这样可随时接听转来的客户委托指令，然后转交给场内的经纪人或专业经纪人，进行相应的证券买卖；同时，还可随时将达成交易的委托指令告知营业处，以便他们通知客户代理买卖已经执行。（3）信号灯与输送管。交易厅内人多、声音嘈杂，为了方便场内经纪人及时收到电话员转来的客户委托，需要在交易厅内设立信号灯。电话员一按电钮，场内灯亮，即表示有委托转来。输送管安装在交易所地下，主要功能在于利用空气压缩输送委托书、成交单及成交报告书。各交易柜台与电话间之间均由输送管直接连通。电话员接到委托买卖时，便将填写后的委托书由输送管送至交易员。（4）行情传播系统。该系统负责在证券交易所营业时间内，经常将证券买进卖出的报价及成交行情，包括成交价格和成交数量及时对外公布。随着电子计算机技术及电脑系统的发展，行情可以及时出现在各个计算机终端和交易大厅行情屏幕上。公布行情的目的，在于为投资者与经纪人提供准确、及时的信息，提高证券交易效率。

（二）电子交易市场（无形市场）

如果把上述交易场所称为有形市场，那么现代交易所还存在另外一种市场，即无形市场。信息技术革命以一种前所未有的速度改变了传统的证券交易方式。随着电子计算机技术和卫星通信技术的发展，一些证券交易所在证券商柜台与交易所计算机系统之间，开辟了电子通信渠道，从而形成了一种新型的无形市场。

在无形市场，不设交易大厅作为证券交易运作的组织中心，取而代之的是电脑主机，"红马甲"也必然要退位。投资者运用证券商营业部与交易所的电脑联网系统，直接将买卖证券的指令输入交易所的撮合系统进行成交，投资者委托买卖、资金结算、股票交割，都通过证券商与交易所的电脑网络系统实现。与人工喊价模式相比，电子交易有着明显的优点，比如电脑自动撮合提高了交易效率，同时还保证了交易公平；处理容量大，不受地域限制；通过电脑直接报盘要比人工报盘出现差错的概率小很多；电子交易可以降低交易成本。

无形市场具有高效、经济、差错少的优势，因此日益为世界各国主要证券市场采用和推广。但是，有的交易所仍设有交易大厅，并保留"红马甲"的席位，完全采用电子计算机系统和卫星传送系统接收公司委托指令代客买卖证券，向交易所电脑主机申报撮合成交。

（三）交易方式的演变

交易大厅的交易活动方式也经历了一个逐渐演变的过程，大致分为四个阶段：早期的单一股票竞价拍卖方式，以巴黎证券交易所为代表；发展到多只股票定期竞价方式，以伦敦证券交易所为代表；再到连续交易方式，以纽约证券交易所为代表；最后发展到当今的电子交易方式。

20世纪以来发生的信息技术革命孕育出一种新的交易方式。1969年，Instinet 交易系统被首先引入电子连续竞价这种新型的交易机制中，在该机制下，交易者可以连续提交买卖委托，并通过电脑程序决定交易价格、撮合优先顺序和数量配置等。具体而言，当新进入一个买入委托时，如果买价高于已有的最低卖出价格，那么成交价即为最低卖出价格；当新进入一个卖出委托时，如果卖价低于已有的最高买入价格，那么成交价即为最高买入价格。20世纪80年代，这种机制相继被加拿大和欧洲大陆的一些证券交易所采用。今天，电子连续竞价交易已成为证券交易的最主要形式。

尽管各个证券交易所一度面临人工交易模式与电子交易模式的选择，而两种模式相对效率的争论也在业界持续了很长一段时间，但从国际市场的发展趋势来看，这种争论似乎已经尘埃落定。一方面，全球越来越多的证券交易所已相继采用电子化交易模式，许多交易所更是关闭了交易大厅，实现了无场地化和无纸化的全电子化交易。在电子化交易架构下，与证券交易有关的系统，如证券公司的买卖盘传送系统、风险管理系统、交易确认系统、交易撮合系统、信息系统、交易监视系统和结算机构的系统等不再是各自独立的系统，而是通过网络有机地联系在一起，从而使交易过程畅通无阻，为投资者提供更便捷、更及时、更安全的交易服务。另一方面，电子交易模式在与大厅交易模式的直接较量中也大获全胜。例如，德国政府债券期货合约在1997年前可在德国交易所和伦敦国际金融期货交易所同时买卖，前者采用电子交易，后者则使用喊价方式。1996 年的数据显示，该年伦敦占两地总成交量的 70% 以上，而德国则不足 30%。[1]但自从 1997 年德国和瑞士交易所组成以电子方式进行交易的欧洲期货交易所后，由于电子交易具有低成本的优势，并且欧洲期货交易所大力拓展了全球性的交易网络，其极大地改变了竞争格局。到 1997 年 12 月，两地的成交量已十分接近，进入 1998 年后，欧洲期货交易所的成交量迅速超过伦敦国际金融期货交易所，最后甚至完全取代后者在德国政府债券期货买卖上的主导地位。

第二节　金融交易市场基本作用

正如本书在交易的产生和发展历史中所描述的那样，市场把买卖者聚集到一起，买家寻找合适的投资机会使已有资产增值，卖家需要资金使实体经济规模扩大，盈利不断增长。每个经济参与者都会受益于高效运作的市场。

一件有益的事情首先应该惠及那些与其关系最密切的群体，然后再扩散到更大的范围。如果对与自己利益相关的人群都无法顾及，其他不相干的人更不可能受益。只有在满足了周围这一小部分人的利益之后，才会让这部分人继续推动这件事情，扩大影响，从而惠及其他人。因此，市场的作用不能纸上谈兵于宏观的或者整个经济层面的作用，它对个体的作用也是不容忽视的。

一、市场中的受益者

首先，需要明确一下市场中的所有参与者都是自愿的。在有效和有序的交易市场中强迫性的市场行为应该少之又少。

在交易市场中，交易员的角色各有不同，交易目的也不尽相同。但是受益者大致如下。做市商和专家交易员是市场的组织者，除了向市场提供

---

[1] 施东辉. 交易所竞争力分析［M］. 上海：上海人民出版社，2010.

流动性之外，还负责维持市场秩序，比如，当纽约证券交易所（NYSE）的专家交易员觉得自己负责的股票有异常波动时可以暂停交易（暂时熔断），当市场逐步稳定下来时再继续交易。做市商和专家交易员向市场提供的这些服务都是有偿的：迫切需要完成交易的交易员往往需要向他们付出较高的附加值来获取流动性；投机交易员在从市场索取流动性的同时，试图通过预测未来价格的短期走势来盈利；价值交易员和资讯交易员分析资产的基本价值，抓住市场价格暂时偏离基本价值的机会盈利，透明有效的市场永远是他们最有保证的流动性来源。

实效交易员的交易目的是各取所需，规模庞大的市场将他们聚在一起。对冲交易员在交易市场中寻找一种有效的交易工具去对冲投资风险。他们会选择交易成本最低的市场进行对冲操作，带来更多的流动性以降低成本，而对冲工具的低成本和便利性会吸引更多的对冲交易员……依次逐渐形成正循环。投资者和资金需求者通过市场完成了资金的转移。资金流在人们最需要的时候出现，满足了资金需求者迫切的需求；而投资者将当前的资金转换成未来稳定有保证的现金流。手握一种资产的交易员也可以利用市场找到自己迫切需要的其他资产进行交换，例如外汇交易员需要用手中的货币换取另一种货币。

市场规模足够庞大，那些拥有不同交易目的的参与者使大量交易汇聚到一起产生了不同的效果。出于自愿目的的参与者在市场中各有所图，但是无意中也帮助了其他人。

二、市场外的受益者

即使你不参与到交易中来，不是金融市场的直接参与者，你还是能享受到市场带给你的益处，只要你是经济体系中的一分子——市场的定价功能可以帮助优化资源配置。

资产或资源的基本价值确定过程是一个既有定性又有定量的分析过程。例如，为了给出一个企业股票的基本价值，我们既要有定性分析——企业管理层的管理质量、企业所在行业的发展前景、企业在行业中的领先位置、经济大环境的状况等；也要有定量分析——各种财务报表、现金流分析、市盈率、市净率等数量化指标计算。因此，最终研究报告展示在人们眼前的是一个综合的分析，一个具体的企业被抽象成一组数字、一个数学模型和一段文字描述。基本价值在人们的脑海中是一个抽象的概念。事实上，没有一个研究员或股票分析员能够掌握所有的相关信息和资料，他们都拥有不同的信息来源，这些信息使每个人得出不同的结论、不一样的看法，但谁也无法准确地计算出基本价值。但是，如果把他们的看法和结论汇聚到一起，我们就可以得到基本价值的大致范围。正是市场的作用把他们聚集在一起，使资产的基本价值有了明确的定位。

所有的经济体都涉及资源和产品的最终分配问题。如果分配得合理，资源得以合理利用，物尽其用，人尽其才，社会的经济效益必然达到最大化；否则，部分经济实体产能过剩，资源浪费，而另外一部分经济实体生产资料短缺，资源稀缺，需要资源的人没有拿到资源，经济发展必然滞后，由此可见资源分配的重要性。那么资源如何进行最终分配才是最有效的呢？

经济学中有个术语叫作"边际效益最大化"，简单地说，就是对于资源竞争者来说，当资源分配给了那个能产出最大经济效益的竞争者时，资源就会得到最有效的利用。市场为这个竞争过程提供了场所。举例说明，若干原材料制造厂竞拍一个碳排放指标，如果最后只有一家能够留在竞拍场上，那说明这家工厂的盈利足以支撑拍得碳排放指标所付出的成本。它的经营模式、生产技术和管理层水平使公司的综合实力在市场竞争中凸显出来，在获得碳排放指标之后，可以进一步扩大经营规模，增加利润。增加的利润额又可以改进技术，增大能源利用率和购买额外的碳排放指标。这家原材料制造厂逐渐步入了一个良性循环的过程，而那些竞拍不到碳排放指标的企业很可能由于市场目前的碳排放指标价格高而入不敷出，这些企业要么改进目前的经营机制、生产技术或者管理制度，要么关门大吉。碳排放指标的竞拍推动了这个行业优胜劣汰的过程。

市场的竞争是残酷的。企业的管理者作为市场的参与者必须谨慎地参与资源的竞争，审时度势，量力而为。盲目扩张经营会使企业退出行业中有利的竞争位置。这就是资源浪费或分配不合理的恶果。资源在众多市场参与者——通常是成千上万的个体或机构，反复分析、充分思考、激烈竞争下找到了最好的去处。这些参与者会用宝贵的时间和有限的精力去寻找能够最大化利润的方案。经过成千上万次的仔细勘察，同一项目计划被不停地改进，在市场参与者的共同努力下，资源的使用效率被最终决定，生产方式的决策也最终形成。

在一些经济体中，决策者和经济发展蓝图的制定者需要对不同的资源进行分类、定级和规划，并且向使用者提出指导意见。在做这些工作之前，最关键的步骤是收集大量的信息，并且信息要有效并且准确。仅凭一个机构或一个团体或个人是很难做好信息收集处理工作的。市场可以被看作是一个资料库，各种资源的信息、价格和使用情况都可以从中汲取。市场避免了劣质的、伪造的和前后不一致的信息；市场避免了由于个人或群体的偏见所造成的误导。市场价格为决策者提供了充分准确的信息。

同时，市场也是检测执行效果的理想工具。经济政策的制定者通过观察市场的反应，可以总结出政策的执行力度、合理性和受欢迎的程度。读者可以想象，一个不切实际的经济政策，要么在场上无声无息，响应者寥寥无几；要么一石激起千层浪，造成市场混乱，怪象频生。两种状况都会影响经济的正常运作。

第三节　交易市场分类

交易市场为完成金融交易提供了场所，对市场直接参与者和其他参与者来说有重要的作用。对交易市场进行分类可以更直观地理解交易市场。一般来说，交易市场可以根据投资工具、参与人、投资期限等维度进行划分。在本节中，我们从一个新的角度——融资方式、交易时间和交易执行方式对交易市场进行分类。

一、根据融资方式分类

交易者利用市场来做两种决定：新的资源分配给谁，现有的资源由谁来管理。相应地，金融市场主要分为两级：一级市场决定新的资源给谁，二级市场决定谁来管理现有资源。

一级市场主要负责各种证券的发行，为新项目募集资金。一级市场募集资金的方式多种多样，根据各个国家市场的不同情况衍生出多种形式。以新股发行为例，最常见的方式就是通过竞争产生的承销商发行新股。成熟资本市场的 IPO 发行方式也可以结合多种方式的优点，提高市场效率。当承销商发现市场真实需求大于询价期间的需求时，主承销商可以行使"绿鞋机制"（Green Option），从发行人处购得股票以扩大供给。股票发行后股价大跌将不利于股权分散，也会对以包销形式进行上市承销的券商造成损失，进而影响其积极性。因此监管机构允许承销商对上市后的价格进行干预，但限定了托市的时间、价格，并要求承销商在 IPO 发行材料中对托市承诺予以公开。以抽签或乐透来分配新股的方式至今在许多发展中国家都还在使用。

证券发行之后的交易主要是在二级市场中进行。场外市场（OTC）是债券、货币以及衍生品在二级市场中交易的主要形式。大部分股票交易在公开交易市场中进行。相比于一级市场，二级市场的交易更活跃也更多样化，交易门槛也相对较低，投资者可以较方便地投入或撤出资金。从市场组织结构来看，二级市场分为覆盖全国乃至全球的交易所、区域性交易所和场外交易市场。二级交易市场的交易方式有场内交易和场外交易。场外交易市场包括除交易所之外，为满足特定融资主体的融资需求和投资主体的流动性需求，发行和买卖证券的所有交易市场，是对场内市场的一个很好的补充。

二、根据交易时间分类

根据交易时间来划分交易市场,可分为连续交易模式和定时召集模式。在连续交易模式中，交易员可以随时安排交易，对交易择时和风险规避有更多的自主权。而在定时召集模式中，交易员只能在事先规定好的时间点或时间段进行交易。

稍早时代的交易市场大部分是以定时召集的模式运作的。交易所将所有的买单卖单收集起来，在预设的时间点或时段上集中匹配。对于一些特定的证券和流动性不是很好的股票、债券，交易所通常采取定时召集的交易方式，因为这样有利于流动性的集中，使交易更有效。但随着计算机技术和通信技术的快速发展，成熟高效的交易撮合系统和清算交割系统使交易所有能力采用连续交易模式。现今全球主要交易所都同时采取连续交易和定时召集两种模式混营。多数交易所采取定时召集模式进行开市和收市交易，以连续交易模式进行一天的交易。

三、根据交易执行方式分类

交易单最终以什么方式完成匹配决定了一个交易市场的特性。根据常见的交易匹配方式，可将交易市场分为两类：交易单驱动市场和报价驱动市场。现在大多数的交易市场同时采用这两种方式。

交易单驱动市场为一种竞价市场，也称为"订单驱动市场"。在竞价市场中，交易标的价格是由市场上的买方订单和卖方订单共同驱动的。每个交易员在交易单驱动市场中都可以是流动性的提供者或索取者。以定时召集模式完成交易的交易所大多是交易单驱动市场，包括绝大多数期货期权市场和股票市场。在交易单驱动市场中，投资交易价格由买方和卖方的力量直接决定。投资者买卖交易标的的对手是其他投资者。

与交易单驱动市场相比，交易员必须通过做市商完成交易的市场称为报价驱动市场。报价驱动市场是一种连续交易商市场，或称"做市商市场"。交易的买卖价均由做市商给出，做市商根据市场买卖力量和自身情况进行交易标的双向报价。投资者之间并不直接成交，而是从做市商手中买进或向做市商卖出交易标的。做市商在其所报价位上接受投资者的买卖要求，以其自有资金或交易标的与投资者交易。做市商的收入来源是买卖交易标的的差价。在报价驱动市场中，交易标的成交价格的形成由做市商决定。投资者买卖交易标的都以做市商为对手，与其他投资者不发生直接关系，交易的保密性较好。很多交易产品都是以报价驱动的执行模式完成的，例如大部分的债券交易、外汇交易，以及一部分股票交易。

本章要点

● 交易主体和标的是构成交易活动的根本要素。其中，交易主体决定着交易的"动力"，交易标的决定着交易的"引力"，二者之间的作用便构成了交易行为。交易产品价格发现与形成的过程及运作往往在交易市场中发生。交易市场包含与交易价格形成过程有关的微观因素，如交易场所的形式、市场的参与者和交易规则、信息披露、价格稳定措施等。

● 金融市场交易者主要包括个人投资者、一般法人、境内专业机构投资者和境外专业机构投资者四大类。

● 交易标的是支持金融交易市场运作和业务发展乃至盈利的源泉。随着经济的发展，交易标的也在发生着变化，不同年代交易的产品有所不同，在不同的交易市场交易的产品也有区别。归纳起来看，一种分类将交易标的总体分为基础类、衍生类和拓展类产品。其中，衍生类产品又包括基础（合成）型衍生产品、契约型衍生产品和较复杂的结构型衍生产品。另一种分类将交易标的总体分为证券类、货币类、大宗商品类、贵金属类等。

● 市场规模足够庞大，那些拥有不同交易目的的参与者使大量交易汇聚到一起产生了不同的效果。出于自愿目的的参与者在市场中各有所图，但是无意中也帮助了其他人。

● 随着计算机技术和通信技术的快速发展，成熟高效的交易撮合系统和清算交割系统使交易所有能力采用连续交易模式。现今全球主要交易所都同时采取连续交易和定时召集两种模式混营。多数交易所采取定时召集模式进行开市和收市交易，以连续交易模式进行一天的交易。

● 以定时召集模式完成交易的交易所大多是交易单驱动市场，包括绝大多数期货期权市场和股票市场。在交易单驱动市场中，投资交易价格由买方和卖方的力量直接决定。投资者买卖交易标的的对手是其他投资者。

思 考 题

1. 交易员在交易活动中的作用有哪些？
2. 交易标的按照不同的分类标准，可划分为哪几种？
3. 如何看待交易市场中的受益者和市场外的受益者？
4. 交易市场分类具体包含哪几类？分类标准是什么？

第四章　金融交易基础设施

本章概要：基础设施（Infrastructure）指那些对产出水平或生产效率有直接或间接提高作用的经济项目。相应地，交易基础设施可理解为对交易水平或交易效率有直接或间接提高作用的经济项目。金融交易基础设施作为金融交易活动的载体，为金融交易活动的顺利开展奠定坚实的物质基础。纵观金融交易发展历史，金融交易基础设施也随着社会组织、技术等的变化而作出应时改变。本章将从场内交易设施和场外交易设施两个维度对交易基础设施进行介绍。通过本章的学习，读者将了解交易设施的内涵、发展现状和发展特点等，为以后章节的学习做好铺垫。

第一节　场内交易设施

根据交易场所的不同，金融交易市场可以划分为场内交易市场和场外交易市场。一般认为，在交易所内进行的交易称为场内交易。交易所作为金融交易集中的基础设施平台，在金融交易中发挥着十分重要的作用。为了使读者对交易所有基本的认识，本节将从场内交易设施的内涵、发展现状、发展特点三个方面介绍交易所的基本情况。

一、场内交易设施内涵

（一）场内金融交易设施起源

交易所的出现有其历史必然性，与资本市场、信用制度的发展密切相关。随着社会化大生产的发展，资本出现急速扩张，并在公开通过市场发行与转让的证券诞生之后，交易所这种有纪律的组织形式应运而生。但是，即使最早出现的证券交易所也并非伴随有价证券一同诞生，有价证券要先于交易所出现，为交易所的诞生发挥了铺垫作用。当证券的发行与转让通过市场实现的时候，证券市场便随之出现，在证券市场逐渐实现规范化运作之后，交易所才出现。早期的交易所一般仅为数名经纪人自发组织交易的场所，经过不断的探索和发展，最终才形成了现代意义上的交易所。全球主要交易所总体可分为证券交易所和商品交易所两类。

在大家的认识中，创立于1609年的荷兰阿姆斯特丹证券交易所是全球最早的交易所。英国在17世纪也出现了股票交易的雏形，最为广知的便是伦敦柴思胡同的乔纳森咖啡馆，之后在一场火灾后又新成立了"新乔纳森咖啡馆"，最终在1773年正式更名为"证券交易所"，这是英国第一家证券交易所。美国的第一家交易所是在1790年成立的费城证券交易所。1792年24名经纪人在纽约曼哈顿华尔街的梧桐树下签署了"梧桐树协议"，刻画出了纽约证券交易所的最初形态，在交易所发展历史上具有重要意义。其实，纽约证券交易所在1863年才正式成立。日本最早的证券交易所开设于1878年，最初交易的产品主要为公债，后来才出现股票交易。中国于1891年在上海出现了第一家证券交易所——上海股份公所（由外商经营）。新中国成立之后，我国第一家全国性证券交易所是1990年12月开业的上海证券交易所。

商品交易所的诞生时间早于证券交易所。成立于1531年的比利时安特卫普的商品交易所通常被认为是全球最早的商品交易所，其主要开展农产品交易，但是其交易的合同以订购合同为主，该类合同缺乏灵活性。为了进一步分担风险，需要一个专门为预购合同提供交易的场所，1571年创立的伦敦皇家交易所成为最早提供商品远期合同交易的交易所。在约三个世纪后，芝加哥期货交易所于1848年成立，并在三年后引进了远期合同。1865年，芝加哥谷物交易所全球首次推出了期货合约，实现了商品远期交易的标准化。新中国第一家全国性交易所为1990年10月12日经国务院批准设立的郑州粮食批发市场，它以现货交易为基础，引入期货交易机制，迈出了中国期货市场发展的第一步。随后，深圳有色金属交易所、上海金属商品交易所、大连商品交易所等相继成立，中国期货市场逐步发展完善。

（二）场内金融交易设施内涵

交易所成立之初，主要功能是为交易活动提供固定的交易场所，所以一般认为交易所的含义是固定的交易场所。经过几百年的发展，人们对交易所的认识也逐渐丰富，逐渐形成了"市场观""中介观""企业观"等不同观点。其中"市场观"和"中介观"主要是从交易所的功能来看的，前者着重强调交易所是金融交易场所的观点，后者则强调交易所收集买卖委托并撮合成交的过程，即"中介的中介"。"企业观"则是从交易所运作的角度来看的，是将交易所看作创造金融交易产品和工具的企业来讨论交易所的运作过程，并引出对交易所治理问题的研究。但不管如何看待交易所的内涵，交易所的核心功能和本质仍然主要是：为买卖双方提供交易平台，满足双方的交易需求。交易所为交易活动提供场所和设施，不同的交易所为不同的金融交易提供场所和设施，保障场内金融交易的运行。

不同于债券市场和货币市场，交易所一般作为证券、商品等交易产品的交易场所，对应为证券交易所和商品交易所。除了满足交易需求，交易所还具有维护市场公平公正稳定、提供交易产品等职责。根据我国《证券交易所管理办法》的规定，证券交易所的职能主要包括：提供证券交易的场所和设施；制定证券交易所的业务规则；接受上市申请、安排证券上市；组织、监督证券交易；对会员进行监管；对上市公司进行监管；设立证券登记结算机构；管理和公布市场信息；证监会许可的其他的职能。[1]

二、场内金融交易设施的发展现状

场内金融交易设施发展至今已有数百年历史，目前基本形成了较为完善的全球金融交易体系，使交易者的全球性、全时性、跨品种的交易活动成为可能。

（一）全球交易所发展历程

纵观全球交易所的发展史，可以大致分为三个发展阶段：初步发展期（自交易所诞生至第一次世界大战前）、曲折发展期（第一次世界大战至第二次世界大战之间，即1914—1945年）、繁荣发展期（第二次世界大战之后，尤其是20世纪70年代之后）。

在初步发展期，世界各国纷纷出现了专业的交易所，这些交易所大多为

---

[1] 资料来源：中国证监会网站。

地方性的交易所，不过随着通讯技术的发展，地方性交易所逐步被整合为全国性交易所，并随之形成了一些全国性的金融中心城市。19世纪末20世纪初，电报电话技术的发展进一步扩展了金融交易的地域范围，一些交易行为开始跨越国界在全球范围内进行，交易所也开始提供跨越国家的服务，伦敦证券交易所和纽约证券交易所的会员一度成为跨大西洋电缆的最活跃用户。

受第一次世界大战和第二次世界大战的影响，交易所良好发展势头受到遏制，各地交易所在压力下生存，步入曲折发展期。1929年，美国华尔街股票市场大崩盘，引发了银行业的崩溃，最终导致包括美国和欧洲在内的长达十几年的经济大萧条。在多重因素影响下，政府开始加强对交易所的监管。美国先后颁布了《1933年证券法》《证券交易法》，采取了包括信息披露制度、会员交易技术在内的多项法规，规范了纽约证券交易所及其参与机构的交易行为。在这一阶段，全球范围内活跃的交易所还比较少。西欧和北美的交易所历史悠久，交易较为活跃。日本、印度、澳大利亚、新西兰和南非也存在一些活跃的交易所，但成交量普遍较小。

20世纪70年代之后，证券市场发展繁荣起来，证券交易也逐渐活跃，交易所的数量和成交量大幅攀升。在这一时期，金融交易逐渐呈现全球化的特征，出现了许多创新交易产品，交易所之间面临的竞争加剧。图4-1展示了全球交易所数量的变化情况，可以看出近70年交易所数量增长较快。

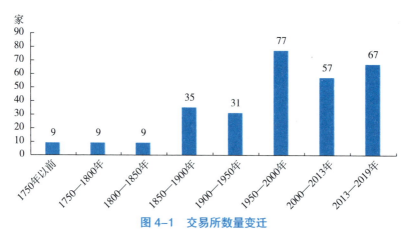

图4-1　交易所数量变迁

（资料来源：转引自丁化美,任碧云.交易所:功能、运转及效力[M].北京:中国金融出版社,2014）

注：2013年后数据来源于世界交易所联合会（WFE）网站，可能存在部分会员成立之初并未加入WFE的情况。

（二）全球主要交易所发展现状

一般来说，全球性交易所指的是在市值、成交量和流动性指标上在某一经济体系处于领先地位的交易所，纽约证券交易所、纳斯达克交易所、日本交易所集团、伦敦交易所等都是较为典型的全球性交易所。表4-1列示了2019年底全球市值排名前15位的证券交易所，表4-2列示了2019年底上市公司数量排名前15位的证券交易所；表4-3列示了全球十五大交易所的名义交易价值排名，表4-4列示了全球十五大交易所合约成交量排名。表4-1至表4-4可以帮助我们简要了解全球主要的证券交易所和商品交易所的情况。

表 4-1　　　　　　　　2019 年底全球十五大证券交易所市值排名

单位：百万美元

排名	交易所名称	市值
1	纽约证券交易所	24 480 180.12
2	纳斯达克（美国）	13 002 048.01
3	日本交易所集团	6 191 073.29
4	上海证券交易所	5 105 840.94
5	香港交易及结算所	4 899 234.58
6	泛欧交易所	4 701 705.16
7	伦敦证券交易所集团	4 182 873.43
8	深圳证券交易所	3 409 663.44
9	多伦多交易所集团	2 409 098.54
10	沙特阿拉伯证券交易所	2 406 819.6
11	孟买证券交易所	2 179 781.24
12	印度国家证券交易所	2 162 702.9
13	德意志交易所集团	2 098 173.93
14	瑞士证券交易所	1 834 453.26
15	纳斯达克（北欧和波罗的海）	1 612 576.96

资料来源：世界交易所联合会网站。

表 4-2　　　　　2019 年底全球十五大证券交易所上市公司数量排名

单位：家

排名	交易所名称	上市公司数量
1	孟买证券交易所	5 519
2	日本交易所集团	3 708
3	多伦多交易所集团	3 414
4	纳斯达克（美国）	3 140
5	纽约证券交易所	2 974
6	BME 西班牙交易所	2 896
7	香港交易及结算所	2 449
8	伦敦证券交易所集团	2 410
9	韩国交易所	2 283
10	深圳证券交易所	2 205
11	澳大利亚证券交易所	2 092
12	印度国家证券交易所	1 955
13	上海证券交易所	1 572
14	泛欧交易所	1 220
15	纳斯达克（北欧和波罗的海）	1 082

资料来源：世界交易所联合会网站。

表 4-3　　　　　2019 年底全球十五大交易所商品期货价值排名

单位：百万美元

排名	交易所名称	名义价值
1	圣彼得堡国际商品交易所	244 896 796.57
2	CME 集团	53 625 837.37
3	洲际期货交易所（欧洲）	25 218 890.13
4	伦敦金属交易所	17 365 736.07
5	上海期货交易所	13 923 058.26
6	大连商品交易所	9 897 379.72
7	郑州商品交易所	5 677 061.18

续表

排名	交易所名称	名义价值
8	洲际期货交易所（美国）	1 705 295.00
9	印度多种商品交易所	1 080 132.65
10	莫斯科交易所	444 334.10
11	德意志交易所	239 895.74
12	泛欧交易所	152 436.10
13	马来西亚衍生品交易所	147 213.94
14	约翰内斯堡证券交易所	50 547.73
15	澳大利亚证券交易所	29 192.61

资料来源：世界交易所联合会网站。

表4-4　2019年底全球十五大交易所商品期货合约成交量排名

单位：手

排名	交易所名称	合约成交量
1	上海期货交易所	1 411 969 733
2	大连商品交易所	1 330 650 938
3	郑州商品交易所	1 081 884 660
4	CME 集团	987 210 733
5	莫斯科交易所	654 931 145
6	洲际期货交易所（欧洲）	446 403 874
7	印度多种商品交易所	304 492 934
8	伦敦金属交易所	170 515 165
9	印度商品交易所	88 194 493
10	洲际期货交易所（美国）	79 931 938
11	伊斯坦布尔证券交易所	58 571 990
12	新加坡交易所	17 876 782
13	泛欧交易所	12 649 666
14	马来西亚交易所	10 704 273
15	泰国期货交易所	7 535 542

资料来源：世界交易所联合会网站。

1. 纽约证券交易所（NYSE）

无论是交易规模还是影响力，纽约证券交易所在全球交易所中都占据重要地位。在纽交所上市的公司大多是资产规模大、市值大、发展历史悠久的巨型公司，其上市标准比较严格、上市门槛较高。不过，随着全球交易所的发展，为了与其他交易所展开竞争，纽交所逐渐发展为多市场层次的交易所，具体来说，分为 NYSE、NYSE Arca、NYSE American 三层。NYSE 是纽交所最早的一层，分为美国公司和非美国公司两种上市标准；NYSE Arca 是在并购群岛交易所之后设立的，吸收了群岛交易所以电子交易技术见长的特点；NYSE American 是在收购美国证券交易所之后设立的，主要面向成长型的公司。

纽交所发展历程中的重要节点为：

· 1792 年，24 个经纪人签订"梧桐树协议"，交易所雏形产生。

· 1817 年，更名为"纽约证券交易委员会"。

· 1893 年，更名为"纽约证券交易所"。

· 1914 年 7 月至 11 月，第一次世界大战期间，短暂关闭。

· 1929 年 10 月 24 日，"黑色星期四"，股价暴跌，大萧条开始。

· 1934 年 10 月 1 日，在美国证券交易委员会注册为一家全国性证券交易所。

· 2006 年，纽约证券交易所集团和泛欧证券交易所合并组成纽约—泛欧交易所集团。

· 2007 年 4 月 4 日，在纽交所和欧交所同时挂牌上市。

· 2013 年 8 月，美国证券交易委员会批准洲际交易所（ICE）并购纽约—泛欧交易所集团。

2. 纳斯达克（NASDAQ）

纳斯达克市场是美国第二大股票交易场所，纳斯达克上市企业以高新技术产业为主，被奉为"美国新经济的摇篮"。许多国际知名科技公司如雅虎、微软、戴尔、苹果、Facebook 等都在纳斯达克上市。纳斯达克市场成立之初为场外交易市场，后来纳斯达克的一部分逐步发展为交易所市场，并于 2006 年正式申请成为证券交易所。从 2006 年起，纳斯达克市场将股票市场分为三个层次：纳斯达克全球精选市场、纳斯达克全球市场以及纳斯达克资本市场。纳斯达克分层标准包括财务标准、流动性标准和公司治理标准。三个层次在公司治理标准上是一致的，而财务标准和流动性标准是不同的，其中，全球精选市场是上市要求最高的，资本市场是最低的，全球市场介于两者之间。[①]

纳斯达克市场发展历程中的重要节点为：

·1968 年，美国证券商协会创建全美证券商协会自动报价系统（纳斯达克前身）。

·1971 年，自动报价系统正式启动。

·1975 年，美国证券商协会提出了上市标准，割断了这一报价系统与其他 OTC 股票的联系，纳斯达克成为一个完全独立的上市场所。

·2005 年 2 月，纳斯达克在自己的市场上市挂牌交易。

·2007 年 5 月，纳斯达克收购欧洲 OMX 公司，联合组建一个跨大西洋的交易平台，新公司命名为纳斯达克 OMX 集团。

3. 芝加哥商业交易所集团（CME Group）

芝加哥商业交易所集团是全球领先、产品多元化的衍生品交易所。自 1898 年成立以来，多次引领全球期货业的产品创新。在全球交易所并购浪潮中，又先后并购芝加哥期货交易所、纽约商业交易所、堪萨斯交易所，成为全球最大的期货交易所集团。目前，芝加哥商业交易所集团产品板块由芝加哥商品交易所（CME）、芝加哥期货交易所（CBOT）、纽约商业交易所（NYMEX）和纽约商品交易所（COMEX）四个板块组成。

CME 产品涵盖基于农产品、能源、股指、外汇、利率、金属、天气等的期货和期权，每年平均经手合约 30 亿份。在利率期货、指数期货等金融衍生产品交易及农产品期货交易等方面，拥有强大的规模优势。CBOT 成立于 1848 年，以上市大豆、玉米、小麦等农产品期货品种为主，这些品种是目前国际上最权威的期货品种。纽约商业交易所地处纽约曼哈顿金融中心，与纽约证券交易所相邻，分为 NYMEX 和 COMEX 两个板块，NYMEX 板块

---

① 毕雪. 新三板与纳斯达克证券市场分层标准比较研究［J］. 时代金融，2018（3）：195–197.

主要交易原油、汽油、燃油、天然气等的期货合约；COMEX 板块主要交易贵金属。

20 世纪 90 年代，CME 进行公司制改革，并于 2002 年在纽交所上市。CBOT 和 NYMEX 也分别在 2005 年与 2006 年实现上市。2007 年 CME 和 CBOT 合并，成立纽约商业交易所集团。2008 年，CME 集团收购 NYMEX 和 COMEX。

芝加哥商业交易所集团发展历程中的重要节点为：

·1874 年，成立芝加哥农产品交易所。

·1898 年，一些黄油和鸡蛋经销商退出农产品交易所，成立芝加哥黄油和鸡蛋交易所。

·1919 年，更名为"芝加哥商业交易所"。

·1971 年，创办"国际货币市场"，并推出外币期货合约，为世界首批金融期货。

·1975 年，芝加哥商业交易所和国际货币市场合并。

·1976 年，第一个推出短期利率期货合约。

·1992 年，推出 CME Globex 平台，开启期货交易电子化时代。

·1999 年，发起首个天气期货合约。

·2006—2007 年，CME 主导与 CBOT 合并。

·2008 年，完成对 NYMEX 的收购。

·2012 年，并购堪萨斯期货交易所。

4. 日本交易所集团（JPX）

日本交易所集团于 2013 年成立，但其主要参与成员——东京证券交易所是日本老牌交易所，在亚洲乃至全球资本市场上占据重要地位。2013 年，东京证券交易所与大阪证券交易所合并为日本交易所集团，从 2019 年 10 月起，东京商品交易所也成为日本交易所集团的子公司。目前，日本交易所集团上市产品分为：股票、债券、ETF 等（东京证券交易所）、股指、贵金属、农产品、橡胶、债券等（大阪证券交易所）、能源（东京商品交易所）。其中交易所的核心股票市场分为市场一部和二部、Mothers、JASDAQ。市场一部主要面向全球范围内开展业务的大型企业，市场二部面向具备一定知名度和业务基础的成长型企业，Mothers 主要面向高度成长型的新兴企业。Mothers 上市企业在经历发展与成长后可以转板一部或二部。市场一部的上市条件要比市场二部的条件高。新上市股票原则上先在交易所市场二部上市交易，每一营业年度结束后考评各上市股票的实际成绩，以此作为划分部类的标准。

日本交易所集团发展历程中的重要节点为：

· 1878 年，东京证券交易所成立。

· 1943 年，与日本其他 10 家地方性股票交易所合并。

· 1999 年，东京证券交易所关闭交易楼层，全部改为电子交易。

· 2001 年，东京证券交易所由会员制转型为公司制。

· 2013 年，与大阪证券交易所合并成立日本交易所集团，并于同年在东京证券交易所主板上市。

· 2019 年，合并东京商品交易所。

5. 伦敦证券交易所集团（LSEG）

伦敦证券交易所最早可追溯至乔纳森咖啡馆，距今已有 300 多年的历史，是世界上最古老的交易所之一。第一次世界大战前，伦敦证券交易所为全球最大的证券交易所。伦敦证券交易所以国际化业务著称，此外，许多国际巨型石油公司如荷兰皇家壳牌、英国石油等公司都在伦敦证券交易所上市。中国与伦敦资本市场已经开展了跨市场合作的互联互通机制。2018 年 10 月 12 日，中国证监会正式发布《关于上海证券交易所与伦敦证券交易所互联互通存托凭证业务的监管规定（试行）》，沪伦通计划于 2018 年 12 月 14 日启动。伦敦当地时间 2019 年 6 月 17 日上午 8 时，沪伦通在英国伦敦正式启动。

伦敦证券交易所集团发展历程中的重要节点为：

· 1698 年，在乔纳森咖啡馆出版了一份货币、股票和商品价格的清单；

· 1801 年，在伦敦诞生，为世界首个现代证券交易所；

· 1995 年，富时集团成立，伦敦证券交易所占有 50% 股份，另类投资市场成立；

· 2001 年，在自身交易所上市；

· 2007 年，收购意大利米兰证券交易所，成立伦敦证券交易所集团；

· 2011 年，收购多伦多证券交易所母公司 TMX 集团；

· 2012 年，收购伦敦清算所，并于 2018 年增持；

· 2015 年，富时指数和罗素指数合并。

6. 香港交易所集团（HKEX）

香港证券交易最早出现在 19 世纪中叶，然而直到 1891 年香港首家证券交易所——香港股票经纪会成立后，香港才开始有正式的证券交易市场。1970 年前后，香港地区新成立远东证券交易所、金银证券交易所、九龙证券交易所，加上原先的香港证券交易所，并称"四会"，"四会"于 1974 年合并成为香港联合交易所有限公司。经过多次收购和合并，目前，香港交易所集团旗下有三家交易所和五家结算所，三家交易所为香港联合交易所、香港期货交易所和伦敦金属交易所。五家结算所分别是香港中央结算所、香港期货结算所、香港联合交易所期权结算所、香港场外结算和伦敦金属交易所清算所（LME Clear）。香港交易所集团提供证券、衍生品及场外衍生产品交易。从 2014 年开始，中国资本市场与香港交易所开始实施互联互通机制。2014 年 11 月 17 日沪港通正式开通，首批沪市标的股票 568 只。2016 年 12 月 5 日，深港通正式开通，首批深市标的股票 881 只。

香港交易所集团发展历程中的重要节点为：

· 1891 年，香港首家证券交易所——香港股票经纪会成立；

· 1914 年，更名为"香港证券交易所"；

· 1974 年，香港联合交易所成立；

· 2000 年，香港联合交易所有限公司、香港期货交易所有限公司和香港中央结算公司合并形成香港交易所，并于同年 6 月上市；

· 2012 年 12 月，香港交易所收购全球金属交易所的翘楚——伦敦金属交易所（London Metal Exchange，LME）。

（三）中国交易所发展现状

中国交易所的发展虽然起步较晚，但发展速度较快，发展类型逐步完善，目前已经形成一定规模，在全球交易市场中占据一定地位，为我国金融交易发展夯实了基础。

1. 中国主要交易所情况介绍

自 20 世纪 90 年代正式诞生以来，我国交易所经过三十年的发展已经逐渐形成了包括证券交易所、商品交易所、期货交易所、产权交易所在内的多层次的金融交易体系，规模发展和规范建设都取得了长足进展。虽然我国交易所仅有 30 年的发展历史，但曾在短时间内成立了很多不合规的交易所，或者在合规交易所里进行违规交易，据不完全统计，在 2012 年底，我国交易所数量曾经达到 1 250 多家。很多地区为了推进权益和商品市场发展，以金融创新为名，陆续设立了一些从事产权交易、文化艺术品交易和大宗商品中远期交易等各种类型的交易所，交易品种超过数百种，涉及贵金属、艺术品、金融资产、股权、碳排放权等，甚至连农副产品、医药产品、名酒、药品等也成为交易标的。为防范金融风险和社会风险，国务院于 2011 年 11 月出台《关于清理整顿各类交易所切实防范金融风险的决定》，要求成立由证监会牵头的联席会议机制，统筹协调有关部门和省级人民政府清理整顿违法证券期货交易工作，督导建立对各类交易所和交易产品的规范管理制度。经过此次清理整顿，我国各类交易所以一种更加成熟、健康的形象展示在投资者面前，为投资者提供更为安全便利的投资场所。

目前，中国经国务院批准的国家级交易所有 8 家，分别是上海证券交易所、深圳证券交易所、上海期货交易所、中国金融期货交易所、郑州商品交易所、大连商品交易所、上海黄金交易所和全国中小企业股份转让系统。[①] 表 4-5 展示了 7 家国家级交易所的基本情况。图 4-2 展示了 2019 年度主要商品交易所衍生品成交量与成交金额占比数据。

表 4-5　　　　　　　　　　　中国国家级交易所概况

交易所名称	概况
上海证券交易所	成立于 1990 年，上海证券交易所拥有股票、债券、基金、衍生品四大类证券交易品种，截至 2019 年末，上海证券交易所共有上市公司 1 572 家，总市值 35.6 万亿元；2019 年全年股票累计成交金额 54.4 万亿元，日均成交 2 229 亿元，股市筹资总额 5 145 亿元；债券市场挂牌只数 15 368 只，托管量 10.1 万亿元，累计成交 221.79 万亿元；基金市场上市只数达 292 只，累计成交 6.9 万亿元；衍生品市场全年累计成交 3 389 亿元。上海证券交易所投资者开户数量已达 24 398 万户。

---

① 虽然全国中小企业股份转让系统是全国性的交易所，但成立至今的交易模式主要为场外交易。在本章第二节将对其进行详细介绍。

续表

交易所名称	概况
深圳证券交易所	成立于1990年,深圳证券交易所是实行自律管理的会员制法人,现有118家会员和3家特别会员。截至2019年12月底,深圳证券交易所共有上市公司2 205家,其中主板471家、中小板943家、创业板791家,总市值23.74万亿元;挂牌债券(含资产支持证券)5 998只,挂牌面值2.08万亿元;挂牌基金530只,资产净值1 933亿元。
中国金融期货交易所	成立于2006年9月8日,由上海期货交易所、郑州商品交易所、大连商品交易所、上海证券交易所和深圳证券交易所共同发起,是目前中国唯一一家公司制交易所,主要产品为股指期货和国债期货两类。2019年,中国金融期货交易所成交量6 649万手,成交金额69.62万亿元。
上海期货交易所	成立于1990年11月,目前已上市铜、铝、锌、铅、镍、锡、黄金、白银、螺纹钢、原油、燃料油等19个期货品种以及铜、天然橡胶、黄金、铝、锌5个期权合约。拥有上海上期商务服务有限公司、上海期货信息技术有限公司、上海期货与衍生品研究院有限责任公司和上海国际能源交易中心股份有限公司4家子公司。上海期货交易所现有会员198家,会员大会是其权力机构。2019年,成交量14.48亿手,成交金额112.52万亿元。
郑州商品交易所	成立于1990年10月,实行会员制,目前共有会员164家。目前上市交易普通小麦、优质强筋小麦、早籼稻、晚籼稻、粳稻、棉花等21个期货品种和白糖、棉花、PTA、甲醇、菜籽粕、动力煤6个期权品种,范围覆盖粮、棉、油、糖、果和能源、化工、纺织、冶金、建材等多个国民经济重要领域。2019年,郑州商品交易所成交量10.93亿手,成交金额39.55万亿元。
大连商品交易所	成立于1993年2月28日,目前已上市玉米、玉米淀粉、粳米、黄大豆1号、黄大豆2号、豆粕、豆油等20个期货品种和豆粕、玉米、铁矿石、液化石油气、聚丙烯、聚氯乙烯、线型低密度聚乙烯7个期权品种,并推出了17个期货品种和7个期权品种的夜盘交易。2019年,大连商品交易所期货年成交量和成交额分别达到13.31亿手(单边,下同)和68.92万亿元,期权年成交量和成交额分别达到2 493.33万手和98.60亿元。
上海黄金交易所	2002年10月正式运行,截至2019年底,上海黄金交易所会员总数270家,机构客户11 460户、个人客户1 010.8万户。2019年,上海黄金交易所成交金额28.76万亿元。

资料来源:根据各交易所网站公开资料整理。

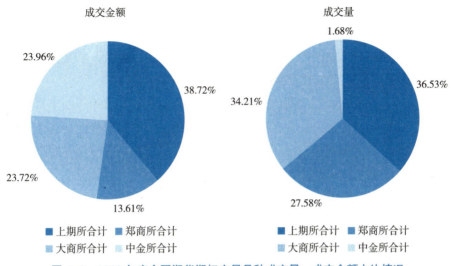

图 4-2 2019 年度全国期货期权交易品种成交量、成交金额占比情况

（资料来源：上海期货交易所 2019 年年报）

2. 中国交易所发展特点

（1）中国交易所国际化发展已见成效，但与国际主要交易所相比仍有较大差距。一是国内交易所与国际交易所的国际合作加强，除了建立初步联系交流外，已经开展了产品合作开发。如上海证券交易所与纽约证券交易所、纳斯达克市场等国际著名交易所建立了良好的协作关系，中国股票市场与香港、伦敦互联互通机制实施，上海黄金交易所与芝加哥商业交易所合作推出基于 COMEX 黄金期货亚洲现货价格的 T+N 合约和基于"上海金"基准价的上海金期货合约，等等。二是国内交易所逐步开展跨国收购，2017 年 1 月 20 日，由中国金融期货交易所、上海证券交易所、深圳证券交易所、中巴投资有限责任公司、巴基斯坦哈比银行组成的联合体与巴基斯坦证券交易所签署巴基斯坦证券交易所股权收购协议，中国三家交易所合计持股巴基斯坦交易所 30% 的股权。但与全球主要交易所国际化的进程相比，中国交易所的国际化进程显然较慢。

（2）交易系统较为先进。我国交易所普遍设立于 1990 年之后，因此在设立之初就配备了较好的硬件和电子化设施，交易所在后期发展中也将交易系统的改进作为重要的发展内容。如上海证券交易所在成立之初即采用电子交易方式，是亚洲第一家开业即实现电子交易方式的证券交易所。1992 年，上海证券交易所开发了以超级小型机为主机的第二代交易系统。2009 年，上海证券交易所又上线了新一代交易系统。此后，对交易系统不断升级改进，交易订单处理能力不断增强。

（3）交易所影响力逐渐增强。随着中国交易所产品体系不断丰富，交易制度和规则逐步完善，交易产品日趋多元化，国内交易所能够提供不同收益形态、不同投资期限及不同风险收益组合的产品，在国内外的影响力逐渐增强。不过，与国际主要交易所相比，中国交易所仍然存在产品和交易机制创新不足的问题，由于行政垄断的存在，交易所面临的竞争环境不足，目前仍主要服务国内客户。

（4）交易所竞争力有待加强。与国际交易所相比，中国交易所更多地依赖行政导致的垄断资源进行经营，竞争力不强。一是交易所产品和交易机制创新不足，交易所服务依靠产品和服务创造价值的动力不足。二是交易所企业治理不佳。目前中国交易所组织形式主要为会员制，仅中国金融期货交易所为公司制。而且我国交易所的会员制不同于一般意义上的会员制，会员并不享有决策权和控制权，由于特殊的历史背景，我国交易所的诞生和发展更多源自政府推动，具有浓厚的行政色彩，有些人称其为行政会员制。鉴于全球交易所的竞争趋势，境外主要的交易所多已实现公司化的转型并实现上市，我国交易所在治理结构现代化的课题上依然任重道远。

三、场内金融交易设施发展特点

总体上，场内金融交易设施发展特点可归纳为四条：（1）加速并购整合，交易所集团化运营；（2）从会员制到公司制，并实现上市交易；（3）交易产品日益多元化；（4）交易设备从有形到无形。下面将逐条展开介绍。

（一）加速并购整合，交易所集团化运营

发展规模上，交易所国内外横向并购整合加快。根据各国发展情况的不同，在规模化发展前期尤其是 2000 年以前，全球交易所的整合主要是在一国内部进行的，各交易所通过国内并购整合资源扩大规模，如 20 世纪

70 年代香港"四会"的合并、东京证券交易所和大阪证券交易所的合并、新加坡股票交易所和新加坡国际金融交易所合并成为新加坡交易所。在发展到一定阶段后，交易所的整合趋势逐渐开始跨越国界，尤其是进入 21 世纪，交易所之间的跨国并购在全球资本市场全面展开。我们在本章内容中列举的重要的国际交易所均已发展成为交易所集团。如 2000 年法国巴黎证券交易所、荷兰阿姆斯特丹证券交易所、比利时布鲁塞尔证券交易所合并成立泛欧交易所（Euronext）、泛欧交易所又于 2006 年与纽约交易所合并成立纽约—泛欧交易所。除了横向并购，交易所还开展了纵向并购整合，打通从交易、清算、结算的全流程的业务流程，如伦敦证券交易所集团和香港交易所集团都已经并购了清算公司，将清算业务纳入交易所集团化运营整体业务中。

（二）从会员制到公司制，并实现上市交易

组织结构上，交易所从会员制向公司制转化。世界交易所的公司化改革最早始于 1993 年，瑞典斯德哥尔摩证券交易所由会员制改为公司制。1998 年，澳大利亚证券交易所不但成功改制为公司制交易所，而且在自己的交易所公开上市，成为全球第一家公司制上市的交易所。在此后几年的时间内，伦敦、法兰克福、巴黎、新加坡、香港等世界主要的交易所纷纷改制并上市。中国金融期货交易所为中国首家也是目前唯一一家公司制的交易所，为中国交易所公司制改革迈出了重要的一步。我国其他主要交易所目前仍为特殊的行政会员制，这种组织形式名义上为会员制，但实际上会员对交易所的重大决策缺乏实际参与和决策，管理上也归属于监管机构，整体治理结构相对落后，但"半监管化"的交易所在维护市场稳定、保护投资者利益等方面也发挥着重要作用。不过，面对严峻的外部竞争形势，国内交易所也开始研究治理结构改革的可行性，以更好地适应全球发展格局。

（三）交易产品日益多元化

产品结构上，交易所能够提供的交易产品日益多元化。产品的多元化主要通过以下两种方式来开展：一是提供更多品种的产品系列，扩大产品线的宽度。为了吸引完成更多的买卖委托量，交易所不断完善产品线，提供不同投资期限、不同收益形态、不同投资标的的产品。交易所一方面依靠自身充分开发新产品，另一方面通过并购衍生品交易所或者开展跨交易

所合作完善产品结构。二是交易所不断拓宽产品线深度，如纳斯达克交易所在成立之初为主要面向新兴企业场外市场交易，但随着市场发展和业务变迁，单一业务模式已经不能满足交易所高速发展的需求，从 2006 年起，纳斯达克交易所将股票市场分为三个层次：纳斯达克全球精选市场、纳斯达克全球市场以及纳斯达克资本市场。我国"新三板"市场成立之初主要面向中小微企业，后来也逐步发展为拥有精选层、创新层和基础层的多层次交易场所。

（四）交易设备从有形到无形

早期的交易所主要采用人工交易的形式，即报价、价格撮合和结算都是通过人工完成的。在这个阶段，通讯技术的改善是提高信息报送速度最重要的技术革新。通讯方式从车马、火车、信鸽逐步发展到电报、电话，通讯的时间单位从天缩短至秒，信息传递速度的缩短对于提高交易效率至关重要。这时候的交易主要是在有形的交易场所——交易场完成的，交易所需要配备专门的交易大厅、电话间等硬件设施。

随着电子科技和计算机技术的发展，交易所逐步从有形市场发展到无形市场。无形市场不设交易大厅作为证券交易运作的组织中心，取而代之的是电脑主机。投资者通过经纪商与交易所的电脑联网系统，直接将买卖指令输入交易所的撮合系统进行成交，投资者的委托买卖、资金结算和交割，都通过交易所的电脑网络系统实现。电子交易能够同时处理多笔交易、不受物理场所限制、差错率低，极大地提高了交易效率，降低了交易成本。

全球大部分交易所已经完成从有形的交易大厅到无形的电子交易市场的转换，电子连续竞价已成为证券交易的主要形式。不仅如此，随着经济全球化和市场、国际化步伐的加快，市场竞争日益激烈。世界上各大交易所都持续致力于对其交易系统进行技术改造，力求在日益激烈的竞争中吸引流动性和客户。《美国金融市场规则》（NMS）修正案、《欧盟金融工具市场法规》（MiFID）等相关市场法案的颁布实施打破了欧美传统交易所的竞争格局。新法案要求证券公司选择交易快速、时延短、价格低的交易场所，为投资者提供最优的交易执行，这导致了全球各大证券交易所开始交易系统的竞争。例如，2016 年 6 月 6 日，深交所历时 4 年自主研发的基于分布式开放平台的"新一代核心交易系统"正式上线运行，在自主可控能力、市场规模、日处理交易容量、安全可靠性方面已达到国际领先水平。[①]

第二节　场外交易设施

与场内市场相比，场外市场没有统一的交易制度和场所，具有较为灵活的特征、交易产品较多，交易规模也较大。在本节，我们将介绍场外交易设施的内涵，选取中国场外债券、股票、外汇及美国场外股票市场进行介绍，并简述另类交易系统的发展现状，最后对场外交易设施的特点进行总结。

一、场外金融交易设施内涵

场外市场，全称为场外交易市场，简称 OTC 市场，通常是指店头交易市场或柜台交易市场。场外交易不像交易所那样有固定的集中场地，而是由很多各自独立经营的经纪人或交易主体分别进行，可以通过面谈、电话、电报、电传、电脑等方式，在任何时间、任何地点进行交易。在证券交易上，有些国家在柜台交易市场之外又形成了其他形式的场外交易市场，如第三市场、第四市场。第三市场是指在证券交易所场外专门买卖已在证券交易所上市证券的交易市场。实际上，第三市场是场外市场的一部分，但是由于近年来这部分市场发展很快，无论是证券的种类还是交易的规模增长都很快，所以很多人习惯将其作为一个独立的市场。第四市场指的是交易所外的、不使用经纪商的直接大宗交易市场，第四市场主要在大型机构间采用，利用计算机网络系统进行证券交易。机构选择第四市场，一是可以节省佣金费用，二是可以节约时间，三是不会对价格造成较大影响。

世界各国的场外交易市场并没有统一的发展模式，通常是由其历史、社会、经济、文化、技术、法律等多种因素综合决定的，这也充分体现了

---

① 深交所自主研发基于分布式开放平台的"新一代核心交易系统"投产，载《金融电子化》，2017（1）。

场外市场较为灵活的本质。以股票市场为例，目前世界上较为知名的场外股票交易市场有美国的场外柜台交易系统（OTC Bulletin Board，OTCBB）、粉单市场（Pink Sheets），法国的店头市场（CMF），加拿大的多伦多风投交易所（TSX-V）等。对中国的场外股票市场来说，关于全国中小企业股权转让系统（新三板）是否为场外市场存在争议，不过新三板在其发展历程中主要以做市商交易和报价为主，交易机制更接近于场外市场，因此，将其放于本节进行介绍。

除了股票和商品之外，大量的金融交易都是发生在场外的。场外市场是金融交易的重要场所，一般大宗交易、零售交易大多发生在场外市场，而且场外市场交易时间较为灵活，能够充分满足交易需求。场外市场是一个广泛的无形市场，能满足多层次证券发行的需要。

二、场外金融交易设施发展现状

我国场外金融交易虽然起步晚，但发展速度快，目前已形成一定规模。这里主要对我国场外金融交易设施发展情况给予介绍。

（一）中国场外债券交易设施

目前我国的债券二级市场交易有三种基本模式：一是交易所市场交易，二是银行间债券市场交易，三是商业银行柜台交易。其中，交易所市场是各类投资者，包括机构和个人进行债券买卖的场所。交易所市场是场内市场，投资人将买卖需求输入交易所的电子系统，由电子系统集中撮合完成交易。银行间债券市场是机构投资者进行大宗批发交易的场外市场，大部分记账式国债和全部政策性银行债券均在银行间债券市场发行、交易。银行间债券市场的债券交易依托于中央国债登记结算有限责任公司的债券簿记系统和全国银行间同业拆借中心的债券交易系统进行。商业银行柜台交易是指商业银行通过其营业网点，按照其挂出的债券买入价和卖出价，与投资者进行债券买卖并为其办理债券的托管和清算。

在交易所交易的债券占债券交易总量的比例极小，大多数债券都是在场外交易市场进行交易的。我国债券市场历来存在着"银行间市场为主、交易所市场为辅"的市场格局。在美国，几乎所有的联邦债券、联邦机构债券和市政债券以及大部分公司债都集中在场外交易市场交易，这主要是因为在场外交易市场上，无论是债券发行人的发行成本还是投资者的债券交易成本都低于证券交易所。此外，证券交易所较严的监管制度和准入条件也限制了债券的场内流通。

1. 银行间债券市场

全国银行间债券市场是指依托于中国外汇交易中心暨全国银行间同业拆借中心和中央国债登记结算有限责任公司，面向商业银行、农村信用合作联社、保险公司、证券公司等金融机构进行债券买卖和回购的市场。银行间市场是中国债券市场的主体，债券存量接近全市场的90%。该市场属于大宗交易市场（批发市场），参与者是各类机构投资者，实行双边谈判成交方式，主要实行"实时、全额、逐笔"的结算方式。中央结算公司为投资者开立债券账户，实行一级托管，并提供交易结算服务。银行间债券市场的交易双方可通过中国外汇交易中心的电子交易系统（CFETS系统）、传真、电话等手段进行自主询价，谈判并确定交易价格和其他交易要素，成交后，双方同意在CFETS系统中输入交易数据，生成成交单。

2020年7月19日，中国人民银行和证监会联合发布公告，同意银行间债券市场与交易所债券市场相关基础设施机构开展互联互通合作，这有利于引导银行资金流入交易所市场，提升交易所市场的整体深度，畅通两个市场的资金流动，也有利于建立统一监管规则，深化资本要素的市场化配置。

2. 债券柜台交易市场

商业银行柜台市场是银行间市场的延伸，也属于零售市场。柜台市场实行两级托管体制，其中，中央结算公司为一级托管机构，负责为开办银行开立债券自营账户和代理总账户，开办银行为二级托管机构，负责为投资者开立二级托管账户，中央结算公司与柜台投资者没有直接的权责关系。与交易所市场不同的是，开办银行日终需将余额变动数据传给中央结算公司，同时中央结算公司为柜台投资人提供余额复核查询服务，成为保护投资者权益的重要途径。

目前，柜台业务债券品种包括经发行人认可的已发行国债、地方政府债券、国家开发银行债券、政策性银行债券和发行对象包括柜台业务投资者的新发行债券，交易双方分别是柜台业务开办银行与个人及中小机构等柜台业务投资者。商业银行柜台交易市场交易量不大，以 2020 年 9 月为例，商业银行柜台交易总量为 208 万亿元，个人投资者数量为 2 368 万户。[1] 在柜台交易营业时间内，开办银行对债券进行连续双边报价，在其开办柜台交易的营业网点挂出全行统一的债券买卖价格及供投资人参考的到期收益率。投资人卖出债券，开办银行按公布价格买入；投资人买入债券，开办银行按公布价格卖出。柜台交易通过开办银行柜台交易业务处理系统进行，交易营业日为每周一至周五，法定节假日除外。投资人进行柜台交易前应以真实身份开立债券托管账户，按照开办银行的要求开立或指定与之对应的资金账户，在买卖债券时，应向开办银行提交书面的指令。柜台业务开办银行实时办理债券和资金交割结算，并于交易结束后向中央结算公司发送有关数据及结算指令，交易信息汇总至中国外汇交易中心进行备案。

（二）中国场外股票交易设施

我国场外股票市场 1986 年就已经出现，到 20 世纪 90 年代全国各地分别形成了成都红庙子市场、淄博自动报价系统、武汉证券交易中心、乐山产权交易中心、全国证券交易自动报价系统（STAQ）、NET 系统等场外交易市场（见表 4-6），但整体来看，这个阶段场外股票市场具有组织形式混乱、市场区域性强、监管制度缺失、信息透明度低等特点，还处于发展的初级阶段，但为场外市场的建设提供了宝贵的经验。

表 4-6   中国早期场外资本市场比较

模式	存在时间	规模	竞价方式	监管
成都红庙子市场	1992—1993 年	日交易额近千万元	自由或协商定价	市场自律
淄博自动报价系统	1993—1998 年	1997 年底股票市值超 50 亿元，挂牌企业 56 家	集合或连续竞价	有详尽的规章制度

---

① 数据来源于中国债券信息网（https://www.chinabond.com.cn/）。

续表

模式	存在时间	规模	竞价方式	监管
武汉证券交易中心	1992—1998 年	日交易额最高 5 000 万元，挂牌企业 26 家	试行报价商制度	有一些规章制度
乐山产权交易中心	1996—1998 年	日交易额近百万元，挂牌企业 14 家	集合且连续竞价	有一些规章制度
全国证券交易自动报价系统（STAQ）	1990—1998 年	1993 年 8 月，10 只股票交易额达到 17 亿元	做市商制度	严格的自律管理办法
NET 系统	1993—1998 年	7 只股票的法人股交易	做市商制度	严格的自律管理办法

资料来源：王骥，刘向明，项凯标 . 掘金场外市场——经济转型浪潮下的资本宴席［M］. 中国社会出版社，2013.

　　进入新世纪以来，尤其是 2010 年以后，随着三板市场的建立、改革、发展、完善以及场外机构间柜台市场的逐渐发展，中国场外股票市场取得了长足的进步，与场内市场一起构成了我国多层次股票市场。我国多层次资本市场主要包括沪深交易所主板市场和中小企业板市场（第一层次）、创业板市场（第二层次）、新老三板及其他场外交易市场（第三层次）。[①]如表 4-7 所示，2011 年底，中国的资本市场上市公司数量呈现典型的"倒金字塔"形，相比庞大的场内市场来说，场外市场还处于探索阶段。与美国"正金字塔"形的结构相比，我国资本市场当时存在的主要问题是场外市场发展太慢而无法起到孵化器和蓄水池作用。但发展至 2019 年底，新三板市场挂牌企业已经达到 8 953 家，在数量上实现超越，但新三板市场仍然存在流动性不足、影响力不够等问题。整体来看，资本市场层次结构上"底层"虽已实现数量超越，但从成交量、影响力和发挥的作用来看，仍然十分有限。证券公司柜台市场、场外机构间证券市场发展仍十分薄弱，健全的多层次资本市场改革发展仍任重道远。

---

① 王骥，刘向明，项凯标 . 掘金场外市场——经济转型浪潮下的资本宴席［M］. 北京：中国社会出版社，2013.

表 4-7   中国股票市场不同板块公司数量

单位：家

年份	主板含中小板	创业板	新三板
2011 年底	2 015	258	103
2019 年底	3 056	791	8 953

资料来源：2011 年数据来源于王骥、刘向明、项凯标：《掘金场外市场——经济转型浪潮下的资本宴席》，中国社会出版社，2013。2019 年数据来源于上海证券交易所、深圳证券交易所及全国中小企业股份转让系统网站数据。

1. 从老三板到新三板

三板市场于 2001 年 6 月 12 日正式设立，其正式名称为"代办股份转让系统"，一般称为"老三板"，其交易标的主要为原 STAQ、NET 系统挂牌公司[1]、主板退市公司等，为了解决退市股票流转的问题，主要担负完善中国退市机制，并探索建立多层次证券市场体系的历史任务。而新三板市场是专门为北京中关村科技园以及上海、天津、武汉等国家级高新技术产业园区等扩容后地区的非上市股份公司股份转让提供的平台。由于它不隶属于沪深证券市场的主板和中小企业板，为区别原来的"三板"市场，称其为"新三板"。

"新三板"全称为"全国中小企业股份转让系统"，2013 年 12 月 13 日，国务院发布《关于全国中小企业股份转让系统有关问题的决定》（国发〔2013〕49 号），巩固了全国股转系统作为全国性公开证券市场的法制基础，明确全国股转系统主要为创新型、创业型、成长型中小微企业发展服务，境内符合条件的股份公司均可通过主办券商申请挂牌，公开转让股份，进行股权融资、债权融资、资产重组等。

企业在新三板市场挂牌门槛较低，一般挂牌企业为目前还不符合主板或创业板上市要求的企业，希望借助资本市场实现股份流通。不同于主板市场上散户的重要作用，新三板市场的主要参与者是机构投资者，包括法人、信托、合伙企业等。新三板刚设立时为非上市股份公司转让提供报价服务，不撮合成交，双方协商达成转让意向的，委托证券公司办理系统成交确认后，

---

[1] STAQ、NET 系统是分别于 1992 年 7 月和 1993 年 4 月开始运行的法人股交易系统。在交易过程中出现多起违规事件，后于 1999 年 9 月停止交易。

再发送到证券登记结算机构和资金结算银行逐笔办理股份过户和资金交收，后引入集合竞价机制。

正是由于新三板成立之初存在以机构投资者和做市商制度为主、系统不撮合成交等特点，此时的新三板并不具备场内交易市场的功能。不过，随着新三板市场的不断发展、集合竞价和连续竞价机制的引入，逐渐发展为场内市场。截至 2019 年末，新三板挂牌公司为 8 953 家，总市值 2.94 万亿元（见表 4-8 和表 4-9）。2020 年 7 月 27 日，新三板精选层正式设立并开市交易，首批 32 家企业挂牌精选层。至此，新三板正式区分为精选层、创新层、基础层，而且精选层引入了连续竞价机制，因此可以说新三板逐渐具备了交易所交易的各项条件。

表 4-8　　　　　　　　　中小企业股份转让系统挂牌情况统计

项目	2019 年	2018 年	2017 年	2016 年
挂牌规模				
挂牌公司家数	8 953	10 691	11 630	10 163
总股本（亿股）	5 616.29	6 324.53	6 756.73	5 851.55
总市值（亿元）	29 399.60	34 487.26	49 404.56	40 558.11
股票发行				
发行次数	637	1 402	2 725	2 940
发行股数（亿股）	73.73	123.83	239.26	294.61
融资金额（亿元）	264.63	604.43	1 336.25	1 390.89

资料来源：全国中小企业股份转让系统 2019 年市场统计快报。

表 4-9　　　　　　　　　中小企业股份转让系统历年股票成交情况统计

年份	成交数量（亿股）	成交金额（亿元）	成交笔数（笔）	换手率（%）
2013	2.02	8.14	989	4.47
2014	22.82	130.36	9.27 万	19.67
2015	278.91	1 910.62	282.13 万	53.88
2016	363.63	1 912.29	308.81 万	20.74
2017	433.22	2 271.80	282.99 万	13.47
2018	236.29	888.01	150.84 万	5.31
2019	220.20	825.69	154.37 万	6.00

资料来源：全国中小企业股份转让系统 2019 年市场统计快报。

2. 区域性股权交易市场

区域性股权交易市场是为特定区域内的企业提供股权、债券的转让和融资服务的私募市场，是我国多层次资本市场的重要组成部分，亦是中国多层次资本市场建设中必不可少的部分。对于促进企业特别是中小微企业股权交易和融资、鼓励科技创新和激活民间资本、加强对实体经济薄弱环节的支持具有积极作用。截至 2019 年底，全国共有 34 家区域性股权交易市场，全国四板市场挂牌、展示企业数量突破 10 万家，其中挂牌企业 2 万家，展示企业 8 万家。

天津股权交易所是我国第一个全国性的 OTC 市场，即第一个全国性非上市公众公司股权交易、融资以及私募股权交易市场。它是经天津市政府批准，由天津产权交易中心、天津开创投资有限公司等机构于 2008 年 9 月共同发起组建的公司制交易所，主要业务是为成长型企业、中小企业、高新技术企业和私募基金提供股权融资和股权交易的平台。天津股权交易所采取以做市商双向报价为主、集合竞价和协商定价相结合的混合型交易制度。如表 4-10 所示，截至 2018 年 6 月，天交所投资人总数为 43 640 户，其中，自然人投资人 42 647 户，机构投资人 993 户。①

表 4-10   天津股权交易所基本情况

项目	数量
会员企业（家）	2 130
股权融资总额（亿元）	312.46
股权直接融资额（亿元）	97.08
股权间接融资额（亿元）	215.38
累计总成交量（亿股）	30.58
累计总成交金额（亿元）	68.42
市场总股本（亿股）	377.97
市场总市值（亿元）	1 016.70

---

① 资料来源于天津股权交易所市场统计月报，2018-06。

续表

项目	数量
注册投资人（户）	43 640
注册服务机构（家）	128

资料来源：天津股权交易所网站（http://www.tjsoc.com/Index/index.html）。

3. 场外机构间及证券公司柜台市场

场外机构间证券市场是以证券公司柜台市场为基础，以机构间私募产品报价与服务系统为核心组织者共同形成的。场外证券市场业务主要通过证券公司自建柜台和报价系统开展。2012 年 12 月 10 日，中国证监会同意中国证券业协会在遵循"限定私募、先行起步"基本原则的基础上，开展柜台业务试点工作。在中国证监会的统一部署下，中国证券业协会发布《证券公司柜台交易业务规范》《证券公司柜台市场管理办法（试行）》（见表 4–11），为证券公司探索柜台业务奠定了基础。

表 4–11　　　　　　　　　　　场外证券市场相关制度

年份	相关制度
2012	《证券公司柜台交易业务规范》
2013	《证券公司私募产品代码管理办法（试行）》
	《证券公司金融衍生品柜台交易业务规范》
	《证券公司私募产品备案管理指引》
2014	《证券公司柜台市场管理办法（试行）》
	《机构间私募产品报价与服务系统管理办法（试行）》
2015	《场外证券业务备案管理办法》
	《机构间私募产品报价与服务系统私募股权融资业务指引（试行）》
	《机构间私募产品报价与服务系统资产证券化业务指引（试行）》
2016	《机构间私募产品报价与服务系统发行与转让规则》
2017	《证券经营机构投资者适当性管理实施指引（试行）》
	《机构间私募产品报价与服务系统投资者适当性管理办法（试行）》
2018	《非上市公司股权估值指引》
	《关于进一步加强证券公司场外期权业务自律管理的通知》

续表

年份	相关制度
2019	《证券经营机构投资者教育工作指引》
	《非公开发行公司债券项目承接负面清单指引》

资料来源：中国证券业协会网站。

2012年证券公司柜台市场设立以来，已有了一定的发展。首先，证券公司自建柜台可销售和转让产品种类齐全，覆盖了中国证监会、中国证券业协会许可的私募产品。其次，由于能够提供转让业务，相比传统直销、代销渠道，柜台市场对私募产品尤其是私募基金更具有吸引力。证券公司针对产品引入、产品评估、产品销售、后续服务及风控等环节的制度流程也更加完善。

不同于场内市场以统一信息披露为核心，场外机构间证券市场更加注重投资者适当性管理下的弹性信息披露。经过探索，场外机构间证券市场逐步形成了以投资者适当性管理为基础的弹性信息披露制度。在一级非公开发行市场，通过区分不同产品合格投资者，明确发行条件，构建资产风险属性与投资者适当性门槛相适应的适当性管理机制，从发行端对交易资产的质量进行有效约束；同时通过定向发行的方式，将产品信息披露给合格投资者，在合格投资者范围内认购交易。在二级市场上，场外机构间证券市场同样遵循合格投资者制度，符合产品适当性管理的投资者可以进行转让等交易。场外机构间证券市场交易方式灵活多样，以协议转让为主。根据私募产品特性提供相应的交易方式，各类型产品可以通过询价报价交易、做市交易、拍卖或标购竞价、质押式协议回购交易等方式成交，具有灵活性和协商性。交易机制的设计不以简单追求高流动性为目标。[①]

2015年2月，原中证资本市场发展监测中心有限责任公司更名为中证机构间报价系统股份有限公司（以下简称中证报价），并作为场外机构市场逐步发展起来。中证报价以私募市场、机构间市场、互联互通市场、互

[①] 中证机构间报价系统课题组.场外机构间证券市场发展研究［J］.证券市场导报，2020（2）.

联网市场为基础定位，以为参与人提供私募产品报价、发行、转让及互联互通、登记结算、信息服务等为核心功能，以私募产品发行转让市场、私募股权发行转让市场、场外衍生品市场、大宗商品市场为主体架构，是多层次资本市场基础金融设施之一。目前，中证报价系统产品以收益凭证、衍生品市场为主。根据中证报价网页数据，截至 2020 年 7 月底，报价系统开户数为 9 176 103 个；累计成交金额 2.13 万亿元；累计产品数量 36 896 只，累计发行金额 19 624.37 亿元，其中收益凭证 35 798 只，占比达 97%。

（三）中国场外货币市场设施

货币市场属于场外交易市场，国内货币市场交易主要集中于银行间货币市场。银行间货币市场主要包括同业拆借、质押式回购、买断式回购三种交易，参与机构主要为商业银行、农村信用社等存款类金融机构和证券公司、保险公司等金融机构。同业拆借是指与全国银行间同业拆借中心联网的金融机构之间通过同业拆借中心的交易系统进行的无担保资金融通行为。质押式回购是交易双方进行的以债券为权利质押的一种短期资金融通业务，指资金融入方（正回购方）在将债券出质给资金融出方（逆回购方）融入资金的同时，双方约定在将来某一日期由正回购方按约定回购利率计算的资金额向逆回购方返还资金，逆回购解除出质债券上质权的融资行为。买断式回购指债券持有人（正回购方）将债券卖给债券购买方（逆回购方）的同时，交易双方约定在未来某一日期，正回购方再以约定价格从逆回购方买回相等数量同种债券的交易行为。货币市场是银行间市场交易量最大的市场，而质押式回购占货币市场交易量的八成。[1] 银行间货币市场的主要交易设施为中国外汇交易中心，中国外汇交易中心的本币交易系统覆盖多类型利率、信用等交易品种，支持询价、做市报价、请求报价、双边授信撮合等多种交易方式。同时，本币交易系统还为市场成员提供同业存单发行服务和常备借贷便利。

完成场外货币、债券、外汇交易还需要支付系统参与。大额实时支付

---

① 中国银行间市场主要数据（2019 年 6 月），载《金融市场研究》，2019（7）。

系统是人民银行支付系统中功能最强、覆盖面最广的支付系统。[①]2002 年 10 月 8 日，大额实时支付系统投产试运行，2005 年推广至全国，2013 年完成二代升级。大额实时支付系统能够实现逐笔发送、实时清算、金额无限制，其接入方式灵活、清算方式灵活，具有完善的流动性和风险管理功能。通过与相关系统连接，大额支付系统可办理债券交易资金结算、银行间同业拆借市场有关交易的人民币资金结算以及商业汇票等有关业务，是各银行连接同业拆借市场、债券市场和外汇市场的重要核心系统，是同业拆借市场、债券市场和外汇市场的重要基础设施。大额支付系统现设立两级处理中心，即国家处理中心（NPC）和城市处理中心（CCPC）；一般包括 CCPC（城市处理子系统）、TBS（国库会计核算子系统）、MBFE（商业银行前置机处理子系统）、ABS（中央银行会计集中核算子系统）四个子系统。

（四）中国场外外汇市场设施

外汇市场交易分为场内交易和场外交易，其中，外汇期货、外汇期权属于场内交易。外汇现货保证金交易、外汇即期交易属于场外交易。外汇市场交易主要是通过银行间外汇市场进行的。银行间外汇市场是指经国家外汇管理局批准可以经营外汇业务的境内金融机构（包括银行、非银行金融机构和外资金融机构）之间通过中国外汇交易中心进行人民币与外币之间交易的市场。银行间外汇市场由人民币外汇市场、外币对市场和外币拆借市场及相关衍生品市场组成，是机构之间进行外汇交易的市场，实行会员管理和做市商制度。中国银行间场外债券、货币及外汇市场都是通过中国外汇交易中心进行交易的。银行间市场实行分别报价、撮合成交的竞价交易方式。交易主体在中国外汇交易中心现场或通过远程终端报出买、卖价格，中国外汇交易中心的交易系统按照价格优先、时间优先的原则对外汇买入报价和卖出报价的顺序进行组合，按照最低卖出价和最高买入价的顺序撮合成交。

---

① 中国人民银行支付系统包含大额实时支付系统、小额批量支付系统、网上支付跨行清算系统、同城清算系统、境内外币支付系统、银行业金融机构行内支付系统、银行卡跨行支付系统、城市商业银行汇票处理系统和支付清算系统、农信银支付清算系统、人民币跨境支付系统、网联清算系统。

中国外汇交易中心于 2017 年推出了新一代交易平台，即 CFETS FX2017。CFETS FX2017 在借鉴国际外汇市场经验的基础上，完善了交易平台的相关功能，能够支持多种交易模式和多种外汇产品，分为三个交易子模块，分别为外汇即远掉交易模块、外汇衍生品及拆借交易模块和 C—Trade 交易模块。[1]

CSTP（CFETS Straight Through Process）是中国外汇交易中心为外汇市场提供的数据直通式处理接口服务。用户通过标准式接口将本方交易数据直接从中国外汇交易中心的服务器接收下来，根据需要对数据进行处理并导入中、后台系统。其基本功能包括交易数据实时接收和历史查询。目前，CSTP 能够支持中国外汇交易中心外汇交易系统支持的所有产品（人民币外汇、外币对及黄金询价交易）：外汇即期交易（FX Spot）、外汇远期交易（FX Forward）、外汇差额清算远期（FX NDF）、外汇掉期交易（FX Swap）、货币掉期交易（Cross Currency Swap）、外汇期权交易（FX Option）、黄金询价交易（Gold Bilateral）。

（五）美国场外股票交易设施

美国证券市场已经形成了一个具有宽厚塔基的正金字塔形多层次市场结构，涵盖场内和场外市场。按照美国证券交易委员会对证券市场层次的划分，美国证券市场包括注册交易所、另类交易系统（Alternative Trading System）、柜台市场（Over-the-Counter Market）以及非标权益市场和私募市场。场外交易市场有很多种，基本上可以分为三个层次：第一层是全国性的公开报价系统，包括粉单市场和场外柜台交易系统（OTCBB）；第二层是地方性柜台交易市场，有 1 万余家小型公司的股票仅在各州发行，并且通过当地的经纪人进行柜台交易；第三层是私募证券转让市场，又称为 PORTAL 市场，是限售期未满的私募证券流通市场，目前仅限合格机构投资者参与其中。以美国为主的发达国家多层次资本市场，是场外市场经过长期演进、由分散混乱无序状态到有序状态的制度化管理的百年演化的结果，是先场外后场内发展而来的。美国场外市场历史悠久，在 1904 年之前，

---

[1] 资料来源于中国外汇交易中心网站。

美国全国就分布着许多柜台交易市场，不过，彼此间信息隔绝，没有实行统一的管理和统计。

1. 粉单市场

1904 年，金融学家采用时事通讯（Newsletter）的方式，将证券市场上数量庞大的证券发行和报价信息系统化，并以月刊形式向市场发布。1911年，波士顿金融书籍出版商开始每天为 OTC 市场上的经纪商和投资商提供证券投资报价信息。由于巴布森和艾略特所开创的 OTC 市场报价服务业务互补性极强，1913 年 10 月，两人合并各自业务并组建国家报价局（National Quotation Bureau，NQB）。国家报价局将股票报价信息印在粉红色的纸上，所以一般称为粉单市场（Pink Sheets）。粉单市场的公司通常规模很小且公众持股量非常有限、流动性较差。同时，很多粉单市场的公司并不提供经过审计的财务报表，更没有进行任何公开的披露。20 世纪 70 年代以来，

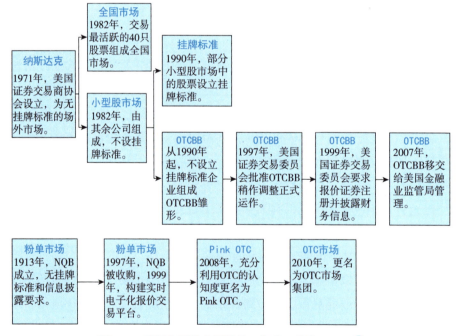

图 4-3　美国主要的全国性公开报价系统发展历程[1]

---

[1] 李丹，邢梅.美国场外市场发展最新趋势［R］.上证研报，2019（081）.

在电子化冲击下粉单市场份额不断萎缩。1997年，NQB被收购，并在1999年将粉单报价模式转变为实时电子化报价交易平台。2000年，NQB正式更名为粉单有限责任公司（Pink Sheets LLC）。2008年，粉单有限责任公司又更名为Pink OTC市场，为了消除"粉单"这个名字的负面影响，2010年11月，Pink OTC市场再次更名为OTC市场集团（OTC Markets Group）。

OTC市场集团电子报价系统在便捷性和有效性方面具有优势，因此，从2007年起，企业在OTC平台的报价数量开始稳步增长。目前，OTC市场集团在美国场外市场中一家独大。2018年，美国所有OTC市场挂牌证券数量为18 570只，其中，OTC Markets挂牌证券数量为10 465只，占比达56.4%；而OTCBB挂牌证券数量仅有40只，占比仅为0.2%。

美国场外交易集团为旗下OTC市场建立了一个分级制度，大致分为可信任市场（OTCQX）、注册市场（OTCQB）和粉单市场（OTC Pink），见图4-4。

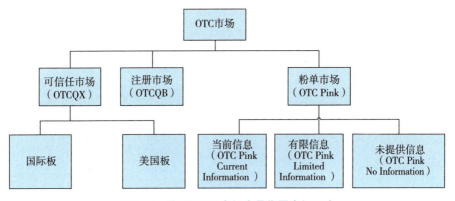

图4-4　美国OTC市场交易集团市场层次

可信任市场（OTCQX）是美国OTC市场集团交易股票的最高级，在可信任市场挂牌的企业需要具备以下条件：达到较高财务标准，遵循最佳公司治理实践，遵守美国证券法，能及时披露信息，并有专业的第三方保荐人保荐。廉价股、空壳公司和破产公司不能在OTCQX挂牌。OTCQX又分为国际板（OTCQX International）和美国板（OTCQX US）。其中，国际板主要为国际企业服务，美国板则主要是为其本土企业提供在OTC市场低成本交易证券的交易平台，美国板还专门下设面向美国社区银行的板块。

注册市场（OTCQB）是美国 OTC 集团中小规模板块，被称为风投阶段市场，专为中小规模公司或发展中公司设计。与可信任市场一样，在注册市场交易股票的公司也需要按照美国标准会计制度提交财务报表。

OTC 粉单市场主要是 OTC Link 另类交易系统中交易的不符合可信任市场和注册市场挂牌条件的证券。该市场能够容纳所有公司，包括违约、财务困难的公司。OTC 粉单市场又分为当前信息（OTC Pink Current Information）、有限信息（OTC Pink Limited Information）、未提供信息（OTC Pink No Information）三个层级市场。

OTC 市场集团利用 OTC Link 平台，提供证券报价与电子信息传输服务。OTC 市场集团采用做市商制度，约有 150 个做市商负责对近 1 万只 OTC 证券报价。截至 2019 年底，OTC 市场集团交易平台有 10 755 只证券可供交易，其中可信任市场（OTCQX）挂牌证券 489 只，占比为 4.55%；注册市场（OTCQB）挂牌证券 959 只，占比为 8.92%；粉单市场挂牌证券 9 307 只，占比为 86.54%（见图 4-5）。

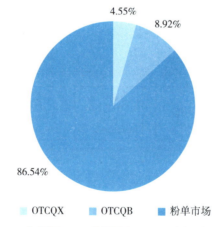

图 4-5   2019 年美国 OTC 集团市场不同层次挂牌企业数量占比

（资料来源：美国 OTC 集团网站）

2. 公告板市场

1938 年，美国证券交易商协会（NASD）成立，并向美国证券交易委员会注册成为交易所以外的自律组织，负责场外市场监管。1971 年，美国证券交易商协会建立纳斯达克（NASDAQ）。成立之初，纳斯达克为场外市场提供实时电子报价服务，并无撮合交易功能，交易通过证券商达成；不设立挂牌标准，只要有做市商愿意做市就可以挂牌出现在报价系统中。1982年，纳斯达克推出全国市场系统，成为一个具备交易功能的场外市场（OTC）。后来，纳斯达克将交易最活跃的40只股票组成全国市场，并制定"全国市场"板块的挂牌标准，这一部分及后来设立标准的部分小型股逐渐发展为纳斯达克场内市场交易。其余挂牌企业合称小型股市场，依旧不设立挂牌标准。"小型股市场"在1990年集中部分标的，并设立了挂牌标准，后续演变为纳斯达克资本市场板块。剩余仍不设挂牌标准的，成为现在的美国场外柜台交易系统，又称公告板市场。

1990年由美国证券交易商协会建立的电子报价服务平台公告板市场（OTCBB）开始试运行。1997年4月，美国证券交易委员会批准公告板市场稍作调整后正式运作。在公告板市场交易的证券通常是未在纳斯达克或其他全国性证券交易所上市或交易所交易的证券。1997年5月，直接参与计划（Direct Participation Programs，DDPs）成为公告板市场合法报价品种。1998年4月，所有在美国证券交易委员会登记注册的外国证券及美国存托凭证（ADRs）也成为公告板市场合法报价品种，公告板市场为其提供实时报价、最新成交价格和成交量等信息服务。因此，一般而言，任何未在纽约证券交易所、纳斯达克或其他全国性市场上市或登记的证券，包括在全国、地方、国外发行的股票、认股权证、证券组合、ADRs、DDPs等，都可以在公告板市场上报价交易。

最初，公告板市场没有财务方面的挂牌标准，企业不需要满足盈利、资本、流动性等任何要求，也不需要向美国证券交易委员会提交任何财务信息报告。其包容性迅速吸引公司挂牌。到1999年时，公告板市场上挂牌的证券数量超过6 000只，日均交易金额达2.5亿美元，成为美国场外市场的绝对主力。

1999年1月，为了提高市场透明度和减少市场欺诈行为，美国证券交易委员会通过《OTCBB报价资格规则》（*OTCBB Eligibility Rule*），要求所有在OTCBB报价的证券都应按《1934年证券交易法》的要求向美国证券交易委员会注册，并向美国证券交易委员会或对应的银行或保险监管机构提交其财务报告。因此，自 2000 年以后，粉单市场成为美国境内唯一不要求报价证券提交财务报告的公开交易市场。美国证券交易委员会的这一举措给 OTCBB 市场带来了重要的负面影响，超过 2 600 只证券选择退出 OTCBB 市场，转到粉单市场。

2007 年，美国证券交易委员会批准美国证券交易商协会与纽约证券交易所内部的会员监管、执行和仲裁部门合并成立美国金融业监管局(Financial Industry Regulatory Authority，FINRA)，OTCBB 也移交给 FINRA 管理。从 2007 年开始，FINRA 主动减少 OTCBB 交易平台上的挂牌证券数量，大量公司因各种原因被强制摘牌，再次引发公司从 OTCBB 向 OTC 市场的转移。目前，OTCBB 在美国场外市场中的占比已非常小。

三、另类交易系统（ATS）的发展

科技发展降低了对有形交易场所的依赖，建立交易系统的成本大大降低，这促进了另类交易系统的兴起。另类交易系统指的是非交易所的各种交易与撮合系统。其中，电子通信网络(ECN)是股票和货币的替代交易系统。

根据美国证券交易委员会的条例，替代交易系统指的是"任何组织、协会、个人，组成、维持或提供集市或设施的团体或系统，以汇集证券买卖双方，或以其他方式履行证券交易所通常履行的职能"。《欧盟金融工具市场法规》（MiFID）引入了 MTF（Multilateral Trading Facility），即多边交易设施模式。根据 MiFID 现在的定义，MTF 是"一家投资公司或市场运营者运作的多边系统，将多个第三方的买卖双方的价格聚集在系统中，让订单依据一定的规则进行交易从而成交"。MTF 系统中所有交易者处于一个绝对平等的状态，不存在任何优先级以及任何"区别对待"。MTF 是传统交易场所的一种替代模式，是一种由计算机系统构成的创新交易技术，它能将所有流动性提供者的订单聚合在一个区域，包括中央银行、投资银行、跨国企业、对冲基金、机构及个体交易者，客户发出订单后（买入及卖出），会通过此系统在该区域内与其他市场参与者进行撮合交易。区域汇集的均是真实的订单（市价单或者限价单），而非报价。如果交易所接收到订单的时候，价格已经跳过，系统会直接在交易所内将订单与下一个交易所中可成交的最好价格撮合，然后再同时将确认信息传达给银行和客户，这样

就节省了信息在银行和服务器之间反复来回花掉的时间。MTF 是匿名交易的，客户的交易对象为其他 MTF 参与者，所以并不会公开交易对象的身份。但受市场深度影响，执行完成度有限制。另类交易系统凭借低廉的运作成本、先进的技术系统、更为便利和定制化的服务，不断蚕食传统交易所的市场份额，有证据显示，另类交易系统可能侵蚀了纽约证券交易所和纳斯达克交易所四分之三以上的交易份额。①

"暗池交易"也是一种另类交易系统。所谓"暗池交易"，就是撮合未公开显示订单的交易平台。"暗池交易"最早源于券商（瑞银、高盛等）内部撮合自己客户订单的交易系统，进入券商内部撮合系统的订单可以先与券商的委托撮合，然后再外送到证券交易所。该平台具有不透明性，买卖订单完全通过券商的内部系统进行，交易的买卖价和成交价均不对外公开，运作起来像个"暗池"。就其实质而言，"暗池"是一个"非公开的流动池"或非公开的订单簿，是一个主要为机构投资者提供大宗交易服务的匿名的"批发市场"，其目的是为了防止机构投资者交易信息的泄露和减少订单的市场冲击。"暗池交易"必须遵守另类交易系统条例、注册成为券商并成为金融行业监管局的成员。

四、场外金融交易设施发展特点

不同于场内金融交易设施发展，场外金融交易设施发展存在其固有的特点，即多样产品，灵活交易；管理宽松，但逐渐严格。

（一）多样产品，灵活交易

场外市场是一个分散无形市场。它没有固定的、集中的交易场所，而是由许多各自独立经营的证券经营机构分别进行交易，并且主要依靠电话、电报、传真和计算机网络联系成交。场外市场交易对象种类繁多。场外市场准入门槛较低，因而在场外交易的证券种类比证券交易所种类丰富得多。除了在交易所交易的证券外，绝大部分债权及非标准化的金融产品都在场

---

① 刘逖. 平台的未来：移动互联时代交易所运营方法论［M］. 上海：格致出版社、上海人民出版社，2017.

外交易。另外，除证券和商品一般在交易所交易外，其他金融产品多在场外交易。场外市场的组织方式一般以做市商制度为主。场外交易市场与证券交易所的区别在于不采取经纪制，投资者直接与证券商进行交易。

场外交易市场是一个以议价方式进行证券交易的市场。在场外交易市场上，证券买卖采取一对一交易方式，对同一种证券的买卖不可能同时出现众多的买方和卖方，也就不存在公开的竞价机制。场外交易市场的价格决定机制不是公开竞价，而是买卖双方协商议价。具体地说，是证券公司对自己经营的证券同时挂出买入价和卖出价，并无条件地按买入价买入证券和按卖出价卖出证券，最终的成交价是在牌价基础上经双方协商决定的不含佣金的净价。券商可根据市场情况随时调整所挂的牌价。

（二）管理宽松，但逐渐严格

场外市场管理较为宽松。由于场外交易市场分散，缺乏统一的组织和章程，不易管理和监督，其交易效率也不及证券交易所。但是，美国纳斯达克市场借助计算机将分散于全国的场外交易市场联成网络，在管理和效率上都有很大提高。

随着场外市场的发展，对场外市场的监管规范逐步完善，监管部门逐步加强对另类交易系统、清算等的监管。场外市场交易日趋规范，风险控制和业务流程逐步体系化。

第三节　场内场外交易市场竞争与融合发展

场内、场外交易市场是相对而言的，并没有明确的界限。选择更能够提高交易效率、达成交易需求的交易场所是市场运行的必然结果。我们通常所指的场外市场仅是区别于传统意义的交易场所，但场外市场在交易体系上也同样受到制度的规范与约束。随着经济社会、金融市场和科学技术的发展，有些原来的场外市场逐步规范化甚至申请成为场内交易所市场，有些原先在场内交易的产品逐渐转移到场外交易，有些原来在场外交易的产品可能吸收到场内交易。严格区分场内场外交易越来越困难，在实务中意义并不大。随着交易所之间、不同的场外市场之间、场内外市场之间竞争加剧，能够提供更好的产品、更便捷的交易系统、更好的服务的交易市场设施才能脱颖而出、发展壮大。

一、场外交易市场过渡到场内交易市场

一些金融交易市场起源于场外市场，但最终在条件成熟之后逐步成长为交易所，突出的表现是美国的纳斯达克市场和中国的新三板市场。

纳斯达克市场在成立之初主要是为场外市场提供实时电子报价服务，并无撮合交易功能，而且不设立挂牌标准，只要有做市商愿意做市就可以挂牌出现在报价系统中。1982年，纳斯达克推出全国市场系统，才成为具备交易功能的场外市场（OTC）。后来，纳斯达克将交易最活跃的40只股票组成全国市场，并制定"全国市场"板块的挂牌标准；其余挂牌企业合称小型股市场，依旧不设立挂牌标准。"小型股市场"在1990年集中部分标的，并设了挂牌标准，后续演变为纳斯达克资本市场板块。不设挂牌标准的"小型股市场"发展为现代的公告板市场。目前，纳斯达克市场已经转化为交易所，并且是全球重要的交易所。

中国新三板市场成立之初虽定位为场内市场，但由于前期发展不成熟，从交易机制设计以及成交方式的特点来看，并不能称为完全的场内市场。因此，许多人对新三板到底是场内市场还是场外市场存在争议，可以说，在精选层设立之前，新三板市场不能称为完全的场内市场。2020年，新三板设立精选层之后，由于连续竞价机制的引入，才完全成为场内市场的交易设施。

二、从场外市场角度看，场外市场逐渐场内化运作

从场外市场的角度看，随着柜台交易市场的完善和成熟，为了有效降低风险，规模化、体系化和规范化的业务流程逐渐被应用于柜台交易的各个细节中，使柜台交易的风险得到有效控制，出现了场外市场"场内化"的趋势。场外市场在规范化、风险控制等方面逐渐向场内市场靠拢。

场外市场场内化主要表现在两个方面：一是对场外衍生品实施集中的清算安排。2010年7月，美国通过了《多德—弗兰克法案》，明确将场外衍生品纳入监管，并要求大部分衍生品在交易所内通过第三方清算进行交易。二是对"暗池交易"等另类交易系统进行监管规范。如美国2009年

10月出台的措施，降低了暗池交易信息披露的触发门槛，并要求通过暗池达成的交易及时披露成交信息和暗池名称，增强了市场透明度，加强了对场外交易系统的监管。①

三、从场内市场的角度看，充分创新服务和产品

从交易所的角度来看，2008年国际金融危机后，由场外市场的复杂及透明性较低引发的风险问题备受关注。对交易所来说，充分开发新产品，将原来场外交易的产品转移到场内，是一种重要的"进攻"发展战略。衍生产品从场外转移到场内就是一个典型的案例，如郑州商品交易所在2017年推出了场外期权交易，并不断拓展场外综合业务平台创新业务。不仅交易产品引入场内，而且一些交易所也充分运用传统场外交易的机制综合进行产品研发。上海黄金交易所的询价业务就是一种充分利用协商定价的机构间交易市场。

同时，为了防止场外市场尤其是另类交易系统对交易所交易份额的"侵占"，交易所也充分开发多元化的服务。比如交易所为满足大宗交易这一特殊的交易需求设立了楼上市场、盘后交易、冰山订单（Iceberg Order）②、保留订单等交易机制，楼上市场、冰山订单等机制可以使机构投资者隐瞒自己的订单数量，从而满足其交易需求。

本章要点

● 金融交易基础设施可理解为对金融交易水平或交易效率有直接或间接提高作用的经济项目。金融交易基础设施作为金融交易活动的载体，为金融交易活动的顺利开展奠定坚实的物质基础。

---

① 刘逖. 平台的未来：移动互联网时代交易所运营方法论［M］. 上海：格致出版社、上海人民出版社，2017：199–203.

② 冰山订单是指市场参与者能输入数量较大的订单但又不希望向市场显示全部委托数量。冰山订单的存在，一定程度上反映了发单人对市场情况的解读，保护了发单者的利益，但对于其他市场参与者来说却又变成了一种不公平的规则。

● 一般认为，在交易所内进行的交易称为场内交易。交易所的核心功能和本质是为买卖双方提供交易平台，实现双方的交易需求。交易所为交易活动提供场所和设施，不同的交易所为不同的金融交易提供场所和设施，保障场内金融交易的运行。

● 场外市场，全称为场外交易市场，简称OTC市场，通常是指店头交易市场或柜台交易市场。场外交易不像交易所那样有固定的集中场地，而是由很多各自独立经营的经纪人或交易主体分别进行，可以通过面谈、电话、电报、电传、电脑等各种方式，在任何时间和任何地点进行交易。

● 世界各国的场外交易市场并没有统一的发展模式。场外市场是金融交易的重要场所，一般大宗交易、零售交易大多发生在场外市场。另类交易系统凭借低廉的运作成本、先进的技术系统、更为便利和定制化的服务，不断蚕食传统交易所的市场份额。

● 场外市场是一个分散无形市场；场外市场管理较为宽松；随着柜台交易市场的完善和成熟，为了有效降低风险，规模化、体系化和规范化的业务流程逐渐被应用于柜台交易的各个细节中，使柜台交易的风险得到有效控制，出现了场外市场"场内化"的趋势。

 思 考 题

1.场内金融交易设施和场外金融交易设施的差异有哪些？

2.推进国内交易所治理结构现代化的措施有哪些？

3.简述我国构建多层次资本市场的重要意义。

4.如何理解场内外交易市场融合发展的趋势？

第五章 金融交易规则与交易机制

本章概要：金融交易是在商业活动发展到一定阶段而出现的。早期的金融交易普遍呈现零散发生、机制简单的特征，更多限于面对面的交易，追求契约精神，并且没有固定场所。而在金融交易由分散到集中、由简单到复杂的发展过程中，为了提升交易效率、降低交易成本，必然会将原有的一些约定俗成的交易方式、方法进行提炼规范，并逐步发展形成一套受到所有参与者普遍认可的规则和机制，构成了市场长久稳定运行的基础。本章首先对金融交易规则的基本要素进行介绍，从价格形成方式、订单、价格稳定机制等方面对交易规则进行全面的梳理分析。其次从核心的价格发现机制出发，深入分析指令驱动竞价市场和报价驱动的做市商市场的特征与类型，并比较二者间的区别。再次从事前、事中、事后的角度分阶段总结一般金融交易的流程。最后分析讨论各类金融交易机制的总体变化趋势，并阐述其下一步可能的演化融合方向及对我国金融市场的借鉴启示。

第一节 金融交易规则的基本要素

金融交易规则，顾名思义，是指金融交易过程中各交易主体需遵守的制度或章程。通常而言，一个金融市场的交易规则是由市场的组织者制定的，如上海证券交易所制定的《上海证券交易所交易规则》，部分场外市场也会由市场参与各方共同约定相关的规则制度，以自律的形式保障所有参与者的共同利益。

广义而言，在现代金融市场中，对整体市场结构、交易的主体、标的、组织形式、流程管理、风险控制等方方面面的规定，均可纳入交易规则的范畴之内。但狭义而言，交易规则仅指交易价格形成过程中的各项运行规范，包括订单的形式、撮合的规则、信息的披露以及价格监控保护机制等方面的内容。由于其他章节已对广义市场规则的各方面内容进行了介绍，本节主要从狭义的交易规则进行介绍。

一、交易价格形成机制

对于金融市场而言，其最核心的职能就是对金融产品价格的发现与确定，使买卖双方投资者能够以一个合意的价格达成市场的出清。因此，金融交易规则中必不可缺的就是对于价格形成机制的规定。市场参与者往往根据交易价格形成机制的不同将一个市场区分为不同的市场类型或市场模式，从目前全球金融市场的实践看，市场模式可依据不同的标准区分为以下几种形式。

一是根据成交的执行方式可将金融交易机制划分为订单驱动市场（Order-Driven）和报价驱动市场（Quote-Driven）两种形式，这也是最为常见的分类方式。订单驱动市场也称为竞价市场，竞价市场中交易价格是由买卖双方投资者的委托订单直接通过交易系统撮合形成，尽管一般会经过经纪商的委托程序，但本质上竞价交易投资者进行金融交易的对象是市场中的其他投资者。报价驱动市场通常也称为做市商市场，在一个典型的做市商市场中，金融交易由做市商在交易时间内连续提供买卖双边报价进行驱动，投资者之间并不直接成交，而是必须根据做市商的报价与其进行买入或卖出的交易。因此，与竞价市场相反，报价驱动的做市商市场中，交易价格的形成由做市商决定，投资者均只同做市商进行交易，而与其他投资者无关。

二是依据交易时间是否连续可将交易机制区分为间断性交易模式和连续性交易模式。间断性交易模式有时也称为定时召集模式，是指交易所等市场组织者仅在特定时间点对投资者买卖需求集中进行撮合成交的模式，这种定时召集模式的优点是有利于流动性的集中，使在这个时段内买卖双方更容易匹配成功。间断性交易模式最为典型的案例即为国债、政府债的公开竞拍，或部分股票交易所采取的开收盘集合竞价。连续性交易模式则是在交易开放时间中的任意时点均可对投资者买卖需求进行撮合，这种随到随撮合的模式为投资者进行择时和风险规避提供了更多的选择余地和机会，特别是随着电子交易平台的普及，世界上绝大多数金融市场均是以连续性交易模式为主。

三是依据交易自动化程度的不同可将交易模式分为人工交易和电子交易两种。人工交易主要是指交易大厅场内交易，如图 5-1 所示，场内的经纪商通过公开喊价（Open Outcry）的交易方式进行交易，但近年来，传统的场内人工交易已逐步退出历史舞台，仅有纽约证券交易所、伦敦金属交易所等市场依然保留有较大规模的场内人工交易。电子交易则主要是指交易员通过基于计算机信息系统的电子信息网络进行交易，市场转变为投资者无需面对面的无形市场，也因此快速实现了全球范围内的普及运用。1971 年成立的美国纳斯达克市场（Nasdaq）是世界上第一个全电子化的证券市场。

图 5-1　芝加哥商业交易所场内交易池

四是依据价格发现的独立性可将交易模式分为有价格确定机制的交易市场和自身无价格确定机制的交易市场。在自身无价格确定机制的交易市场，价格主要从其他市场引进，或引进其他市场的交易价格后适当进行优化。

此外，关于价格形成机制的规则，经常还包括某些特殊安排，如为了保障市场在开盘、收盘阶段的稳定运行和价格的合理性，我国的证券、期货市场普遍规定通过集合竞价的方式来确定开收盘价格，防止价格的异常波动。

二、订单的概念与形式

订单是指投资者直接或委托经纪商下达的买入或卖出金融产品的指令，也是体现投资者市场决策的直接载体。因此，金融交易规则也必须对投资者能够下达什么样的订单或如何下达订单进行明确的约定。

一个完备的订单一般包含四个基本要素，即价格、数量、时间和交易方向，订单的价格即投资者下达的买进或卖出的价格，数量是投资者希望买进或卖出的标的物的数量，时间是指该订单的有效时间，交易方向则指投资者下达的是买进指令还是卖出指令。

从价格要素角度看，订单可分解为是否指定价格（限价）和是否指定触发价格，并根据具体情况进一步细分为市价、限价、止损价、止盈价和市价转限价等多种情况。其中，市价订单仅指定交易数量，而不指定买卖价格；限价订单则限定买卖的价格，只能在事先设定好的价格范围内进行成交。市价订单和限价订单是最为基本的两种订单形式，所有其他价格形式的订单必须转化为市价订单或限价订单后才能在系统中进行撮合。而指定触发价格，则主要用于止损价订单和止盈价订单，投资者下达订单时，该订单并不立即显示和排队撮合，当市场价格达到投资者指定的止损或止盈价位时，将自动触发该订单，该订单立刻转为市价订单或限价订单参与撮合。

从时间要素角度看，订单一般可分解为即时、计时、定期和无期限四种情况。即时指订单到达市场后，如果不能立即成交则撤销；计时指订单到达市场后如果在一小段时间内（如30秒）仍不能成交，则自动撤销；定期指该订单仅在指定的开盘、收盘或有效日期内等特定时段有效；无期限订单则意味着该订单可以在交易所规定的最大期限内或投资者撤销该订单之前有效。

从数量要素的角度看，订单可分解为全额、非全额、最低数量、隐藏数量四种情况。全额指订单要么全部成交，要么撤销；非全额则不做特殊的数量要求，允许部分成交；最低数量指订单每次成交必须达到的数量，小于该数量的成交不予撮合；隐藏数量指订单的一部分或全部数量可不公开显示，最典型的如冰山订单。

同时，订单的上述要素之间可以进行组合使用，如常见的全额即时订单（Fill-or-Kill Order，FOK）和非全额即时订单（Fill-and-Kill Order，FAK）就是结合数量和时间两种要素的订单形式。FOK 订单要求以特定的价格（如五档市价）立即成交全部数量，否则撤销订单。FAK 则是要求立即以特定价格予以执行，否则撤销订单，FAK 订单允许部分成交，而将未成交部分立刻撤销。

总体而言，随着金融市场的深化发展和投资者需求的多样化，交易订单的多样性和复杂度也不断提高，各家交易所和市场专业机构都不遗余力地开发各种符合本地市场实际的订单来满足投资者的需要。尤其是对于竞价市场而言，其主要由订单驱动、价格变动频繁、交易决策复杂，往往有更多类型的订单形式可供使用，而做市商市场主要由做市商报价驱动，各种报价指令的类型就相对较少，形式呈现也较简单。

三、交易离散构件

在理论上，金融交易（包括交易时间、交易价格和交易数量）可以是连续的，但现实中并非如此。那些使交易价格和交易数量不能连续的规则被称为交易离散构件（Discreetness）。交易离散构件主要包括两个方面，即最小报价档位与最小交易单位。

最小报价档位也称最小价格变化或价格增量，其规定了买卖报价必须遵循的最小报价变化幅度（如 0.01 元、1/32 美元等），从而限制了价格的连续性。一般而言，最小报价档位的选择需要权衡以下两种因素：一是报价档位越大，对流动性提供者的激励就越强，如做市商和限价委托投资者；二是报价档位越大，买卖间的价差过宽，投资者的交易成本也越大。

最小交易单位通常也称为交易的整手数量，即订单不能低于该数量，全球股票市场普遍规定 1 手为 100 股的最小交易单位，其他如部分商品交易所则会根据所交易商品的特性规定其最小交易单位，最小交易单位的存在提升了交易的效率，但同时也限制了交易数量的连续性。

四、价格监控稳定机制

价格监控稳定机制也称为价格稳定机制，指金融交易规则中所规定的使市场波动平滑、价格稳定有序的一系列措施，最典型的如熔断措施、涨跌幅限制、最大报价档位等。价格稳定机制对于市场的流动性、稳定性和透明性等都具有重要影响。

稳定机制可通过减缓价格变化的速度来降低短期的波动性，在市场极度波动时，减缓价格变化可能对大部分市场参与者都有好处。举例而言，当非知情交易者之间的买卖委托失衡导致股价出现过度波动时，可通过某种稳定机制使市场暂停交易，从而有利于降低市场波动，并避免非知情交易者在市场无序状态下可能蒙受的损失。稳定机制还提供了时间让投资者处理保证金追缴及撤销止损委托等事宜，在市场极端波动时，如果投资者不能补足保证金的话，那么经纪商就会代其执行平仓操作，从而进一步加剧市场的失衡状态，而熔断等稳定机制能够为投资者提供喘息的机会，从而有助于降低临时波动性。

同时，稳定机制也并非没有成本。如果市场价格的波动是由基本面因素引起的，熔断或者涨跌停板等稳定机制不过是延长价格反映这些信息的时间罢了，价格风险没有得到充分的释放，反而进一步加剧了市场的恐慌情绪，造成踩踏效应。换言之，如果重大信息在暂停交易时段内到达，价格形成的过程便会受到拖延。

五、交易的支付机制

交易规则的一个基本要素是对交易的支付机制进行明确，即是全额支付的交易还是保证金交易。全额交易一般发生在股票、债券等现货市场中，买卖双方全额交易、钱货两讫。保证金交易则更多地应用于期货、期权等衍生品市场中，达成交易的买方或者卖方只需按照其所达成交易金额的一定比例缴纳保证金，作为其履约的财力担保即可。

目前，保证金交易制度已经广泛应用于各个交易所以及交易市场。一方面，保证金制度为那些没有足够资金进行大额交易的中小投资者提供了投资机会，他们可以用一小部分自有资金操作超过其资金数倍的交易，从而带来丰厚的回报，而且保证金也可以用来确保交易合约的履行，不至于因为合约无法履行而损害了一方的利益，这样可以有效保证证券市场交易的流动性，活跃市场。另一方面，保证金制度也有其自身的弊端，即其高杠杆特征所带来的投机性。当交易的一方出现损失时，往往损失会成倍出现，远远放大了交易给双方带来的损失，从而不利于市场的有效运行。

六、交易与交收的周期

不同于一般商品的交易，在金融产品的交易中，所有权的转移通常是以特定机构的登记或交收为标志的。因此，各金融市场制定的交易规则对于各个产品交易和交收的周期也要做出规定，主要包括实时、T+0 或 T+N 等不同的类型。

实时的交易或交收周期指买卖双方交易一经达成就立即完成所有权的转移，并可对所有权进行进一步处置的制度安排，多见于金融衍生品的交易中，资金和持仓头寸的处理可以实时快速地进行。

T+0 的交易周期机制习惯上也称日内交易，指当日买进的产品在当日卖出或当日卖空后当日再买进的交易行为，部分交易所还会对投资者进行日内交易的规模、次数等进行更详细的设定，或者是交易、交收的时间间隔上要弱于实时的标准。

T+N 的机制，即指金融交易后产品所有权的登记交收需要隔天或数天完成后，才能进行下一步的再交易或提取等操作。如我们所熟悉的上海证券交易所和深圳证券交易所的股票 T+1 交易机制，即要求当日买入的股票不能当日卖出，必须 T+1 日后方能进行交易操作。

七、信息披露

交易信息披露是金融市场交易的一个重要环节，也是形成公平、合理的价格不可少的一环。交易信息披露包括交易前披露和交易后披露两个方面，前者主要是订单和报价信息的披露，后者主要是已成交信息的披露。无论是交易前信息披露还是交易后信息披露，都有一个交易信息披露的数量和质量问题，即披露哪些信息、如何披露以及披露的速度等。

在交易前透明性方面，几乎所有市场都通过信息供应商向投资者提供成交量、最佳买卖价量或最佳三档、五档买卖价量等信息。市场参与者一般无法直接看到可能的交易对手的身份，但却可以看到整个限价委托簿，并输入委托。在交易后透明性方面，一般而言，交易系统在成交后会立即自动揭示交易细节，许多交易所会将包括买卖双方身份的交易细节立即传送给经纪商。然而，交易所在交易信息的披露速度上存在较大差异，一些交易所会延迟几个小时、一天甚至数个交易日，这主要发生在一些做市商报价驱动的市场上。

此外，各交易所在大宗交易成交信息的披露时间上存在较大差异。由于交易机制、市场结构、技术模式和投资者结构方面的差异，各金融市场规定的交易信息披露的种类、数量和程度存在一定差异。但近年来，随着机构投资者对市场流动性和交易执行成本的关注日益增加，各金融市场均纷纷提高委托信息的披露程度，使交易者可以看到更多的限价买卖报价和委托量，以期最大限度地吸引机构投资者的委托流量。

综合上述基本要素，不同的金融市场常常根据市场情况和投资者的需求对价格发现机制、支持的订单形式、是否带保证金或做空机制、最小交易单位和报价档位以及价格监控稳定措施等进行组合取舍，从而制定出更符合市场实际的交易规则，确保市场的稳定运行和可持续发展。

第二节　主要金融交易机制

在确定了交易规则之后，各类型的市场参与者在交易规则的约束下，根据各类信息对同一资产标的进行买卖交易，经过充分的博弈后形成该资产的价格，在这一过程中实现了金融市场最为核心的职能"发现价格"。正如我们在第一节中所指出的，根据价格发现机制的分类，目前全球金融市场中主要的交易模式有指令驱动的竞价撮合模式和报价驱动的做市商模式，我们在本节中将深入分析上述两种交易机制的特征。

一、竞价交易市场

（一）竞价交易的概念

竞价市场也称为订单驱动市场。在竞价交易中，买卖双方投资者直接进行下单，或将订单委托给各自的代理经纪商，由代理经纪商将投资者的订单转递到交易市场，在市场中对双方的买卖订单进行撮合达成交易。竞价交易的基本特征是标的物成交价格的形成由买卖双方直接决定，投资者金融交易的发生对象是其他投资者。

根据买卖参与方的人数多少，这种订单驱动的竞价交易又可分为以下三种基本形式。

（1）一对一交易。一对一交易是最简单的竞价交易形式，即一个卖方投资者与一个买方投资者进行交易的最原始方式。买入方和卖出方直接就某种金融产品的价格和数量进行磋商，在双方对交易的价格和数量都无异议后，即签订合同达成交易。一般而言，在现代金融市场中，一对一交易更多地运用于场外金融交易中，经常也被称为询价交易。当投资者基于自身对交易标的、期限、价格、数量等方面的个性化需求，询问市场上其他参与者能否提供相关产品或服务，这种一对一协商的形式往往能够更好地促成交易的达成。典型的如在银行间市场的外汇、债券的衍生品交易中，投资者对于交易工具和期限的需求往往个性化极强，需要一对一专门定制，交易双方对交易的各要素协商一致后提交给交易所或清算所等机构进行登记清算。

对于场内标准化产品而言，一对一交易则多运用于大宗交易。为保证某笔大额交易的及时成交，并避免对市场价格的冲击，投资者会通过场外协商一致后再登记到交易所或交易所提供的专有大宗交易系统等方式来达成交易。目前，上海证券交易所、深圳证券交易所均设有大宗交易平台，如上证所规定的 A 股大宗交易门槛为 30 万股或者不低于 200 万元人民币，投资者可在平台上寻求超过此规模的一对一交易。

（2）一对多的拍卖标购。所谓拍卖标购，是指一个卖方对众多买方或众多卖方对一个买方的交易方式。这类竞价交易方式的特点是，不仅有买卖双方间对价格的博弈，还存在着卖方与卖方或买方与买方之间的价格竞争。与一般常见的商品或艺术品拍卖类似，在一个卖方与多个买方的交易中，买方竞相出价、以求购某种出售的金融产品，当对标的物的最高报价出现后，双方即达成交易。拍卖的报价方式通常采取公开叫价，叫价的方式有两种，即普通拍卖和荷兰式拍卖。普通拍卖是指买方报价由低向高逐渐提高，荷兰式拍卖则是卖方由高向低逐渐报价直至成交的方式。

目前的金融市场中，最为典型的金融拍卖交易即为各国的国债发行拍卖，由于国债仅有政府一个发行方，而市场上的投资者往往有银行、货币基金、证券公司乃至外国主权基金等各种类型的买方投资者，形成了典型的一对多的拍卖机制。在这种拍卖机制下，国债拍卖经常使用的拍卖方式又可区分为多价格拍卖（美国式）、单一价格拍卖（荷兰式）和混合价格拍卖（西班牙式）。在多种价格拍卖中，中标者按照各自投标的价格或收益率中标，拍卖者从出价最高的投标人开始满足需求，直到所有的供应量用完为止。在单一价格拍卖中，依然从出价最高的投标人开始满足需求，但当总需求量等于或高于总供给量时即出现匹配的终止价格，所有中标者均按照这一价格进行支付。混合价格拍卖则是这两种拍卖方式的结合形式，全场加权平均利率为当期国债票面利率，低于或等于票面利率的投标均按票面利率中标，高于票面利率的投标则按各自报价利率中标。我国财政部自 1995 年恢复国债公开招标后，上述三种拍卖模式均进行过尝试，目前多采用混合价格拍卖方式进行招标。

（3）双边公开竞价（Double Auction）。顾名思义，双边公开竞价交易是由买卖双方投资者竞相出价，众多卖方面对众多买方，买方投资者间的订单互相竞争，卖方投资者间的订单也互相竞争，按价格优先、时间优先的原则进行排序，当买方订单的最高价高于或等于卖方订单的最低价时，买卖指令配对撮合成功。

根据经典经济学的理论，当买方和卖方的竞争更加充分时，更有利于达成价格的均衡。显然，相较于一对一的询价交易、一对多的拍卖，双边公开竞价更有助于不同类型的买卖双方投资者对于同一资产标的信息、看法进行充分的博弈消化。大多数研究学者认为双边公开竞价交易具备投资者类别更多样化、采用匿名竞价交易、采用杠杆交易等优势，使市场对事件和信息的消化更及时准确，因此形成的价格更公允有效，价格一旦形成对交易的指导性也更强（Rosenberg 和 Traub，2006）。

因此，特别是对于参与者众多、交易量巨大的股票和期货等场内标准化金融产品而言，在高度发达的交易技术的帮助下，双边公开竞价最有利于投资者低成本、高效便利地实现价格均衡。Hasbrouk（2003）等学者也研究证实了匿名交易、成交速度快的竞价市场更受到专业投资者等高度青睐，双边公开竞价交易机制已成为全球金融市场的主流交易机制。也正是由于这种普及程度，在金融领域内提及的竞价交易，目前一般已狭义特指双边公开竞价交易。[①]

（二）竞价交易的主要类型

根据周民源（2002）、Jones C.（1998）等学者的统计，从国际范围来看，在全球 56 个市场中，使用双边公开竞价交易机制的市场占 54%，特别是新兴经济体中建立的各类金融市场基本均采用了双边公开竞价机制。如我国各场内金融市场，不论是上海证券交易所、深圳证券交易所等证券交易所，还是上海期货交易所等商品交易所，也均采用双边公开竞价交易模式。根据竞价交易的时间间隔安排，一般主要分为连续竞价、集合竞价以及其他形式的竞价。

1. 连续竞价

连续竞价，是指基于订单驱动的交易在交易时段内各个时点连续不断进行的交易模式，因此也经常被称为连续交易或逐笔连续交易。在连续竞价交易中，某一时点上的价格是该时点市场内限价订单、市价订单等各类订单相互撮合成交的结果，反映了该时点上市场供需的均衡，而各个不同时点间的均衡价格连续波动则形成连续竞价的日内交易价格。

为了均衡价格的实现，需要在一定的规则下对各类订单进行撮合。在连续竞价交易时段，订单的撮合通常按照我们所熟悉的价格优先、时间优先的原则进行。价格优先通常为订单撮合的第一顺序原则，即较高的买进价格订单排序优先于较低的买进价格订单，较低的卖出价格订单排序优先于较高的卖出价格订单，成交价格通常为先到达订单簿的订单价格。时间优先通常为第二顺序原则，也称先进先出原则，即当存在若干相同价格的订单时，最早进入系统的订单排序优先于其后的订单。另外，还有一些市场规定如披露优先、客户优先等特殊的撮合原则，但这些原则的优先级一般是弱于价格优先、时间优先的。

在连续交易时，各种形式的订单将被转化成限价订单或市价订单两种形式之一进行撮合。系统首先按照价格优先、时间优先的原则对订单簿中的订单进行排序，然后对每一笔新到达的订单，立刻与订单簿中的已有订

---

① 在后文中，如无特殊标明，我们所称的竞价交易均为双边公开竞价交易。

单按前述价格优先、时间优先等原则进行比对，以检查其能否得到完全成交、部分成交或不成交。如图 5-2 所示，在连续竞价方式下，卖出方和买入方的订单在 501 元的价格上达成一致，形成最新的成交价，成交数量为 5 手，卖出方剩余的 2 手订单将继续保持在 501 元的限价订单簿等待新订单进行撮合。

2. 集合竞价

集合竞价是基于订单驱动的间断性交易模式。集合竞价的过程一般包括集合订单和价格确定两个阶段，在规定的订单集合时间段内，投资者下达订单委托后，并不按照价格优先、时间优先的原则立即进行撮合，而是将这一时间段内收到的全部订单集中起来，待进入价格确定阶段后再按一定的原则进行撮合匹配确定单一的成交价格，最终所有的成交订单均按这一价格进行成交。

从主要金融市场的实践来看，集合竞价模式通常使用成交量最大原则作为确定价格的第一原则，即在集合竞价的成交价格上，所能实现的成交量是最大的。而为了计算成交价格，集合竞价通常需要首先计算出每个价格上的买单和卖单的累计数量、再算出每个价位上可成交的数量，最后取可成交数量最大值的价位为成交价格。如图 5-2 所示的简单案例，在集合竞价方式下，愿以 500 元以下的价格卖出的订单累计有 18 手，愿以 500 元以上的价格买入的订单累计也有 18 手，双方订单在 500 元的价格达成了最大的成交量。而 501 元的价位上买入意愿不足，只能成交 5 手；499 元的价位上卖出意愿不足，只能成交 6 手。因此，根据最大成交量原则，所有成交的 18 手均以 500 元为成交价进行成交。

而一旦在集合竞价中，若根据最大成交量原则出现了两个以上的可行成交价格的话，一般还会根据成交后最小剩余量或市场压力最小等原则再次进行筛选，直到取得成交价。如我国证券市场的集合竞价采取：（1）最大成交量；（2）高于成交价格的买进申报与低于成交价格的卖出申报全部成交；（3）与成交价格相同的买方或卖方至少有一方全部成交；（4）若有两个以上价位符合以上所述条件，上证所取其中间价为成交价，深证所则取距前收盘价最近的价位为成交价。

● "集合竞价"方式

决定开盘价和收盘价、交易停止后最初的价格、特别行情显示时的价格

卖出累计	卖出数量	价格	买入数量	买入累计
32	11	502	2	2
21	3	501	3	5
18	12	500	13	18
6	5	499	8	26
1	1	498	6	32

以卖出委托和买入委托价格平衡时成交

● "连续竞价"方式

决定开盘价确定后到收盘价之间的价格

卖出数量	价格	买入数量
13	502	
13	501	5
	501	7
	499	13
	498	10

已经受理的委托和新受理的委托的价格一致时交易成立

图 5-2　集合竞价和连续竞价的撮合机制比较

相较于连续竞价，集合竞价有四方面的优势：一是由此确定的价格可使市场的成交量达到最大，能够起到集中流动性的效果；二是在最大成交量下以单一价格成交，能够在一定程度上防止成交价格偏离或被操纵的风险；三是结算手续简便，交易成本也较低；四是可以一定程度上防止乌龙指等操作错误，保护投资者。因此，集合竞价的这些优势使许多金融市场每日交易的开盘价和收盘价都是由集合竞价决定，另外还有泛欧交易所、法兰克福交易所等一些市场也采取集合竞价的方式对市场中因流动性较差而不足以开展连续竞价交易的品种进行交易定价。

（三）其他竞价类型

除了上述的连续竞价和集合竞价外，市场上还有一些其他的竞价制度，但它们本质上都可以看作是连续竞价或集合竞价某种形式的变化，或是二者某种程度上的混合。

例如，上海黄金交易所借鉴伦敦金银市场协会的伦敦金定盘价机制（London Gold Fixing），于 2016 年 4 月 19 日推出了"上海金"人民币黄金集中定价交易。上海金集中定价交易是指市场参与者在上金所平台上，按照以价询量、数量撮合的集中交易方式，在达到市场量价相对平衡后，最终形成上海金人民币基准价的交易，其本质上是集合竞价的一种变形。

上海金定价交易中，首先由定价成员和参考价成员共同报价生成一个初始参考价，市场参与者根据这个价格自由提出买卖的量。如果买卖的量没有均衡，假设买量比卖量多，则交易系统根据表 5-1 中设定的调价步长自动对价格进行上调，反之则报一个更低的价。随后，投资者根据新调整的价格再进行报量，如此反复以最终使双边量差达到 ≤ 400 千克的基本均衡状态，并将量差在所有定价成员范围内进行分摊。这种交易机制也具有集合竞价的单一成交价格、集中流动性等好处，同时市场参与者不进行出价，进一步降低了市场操纵的风险。但是，在市场价格激烈波动时，也存在着定价效率较低，可能需要多轮次才能实现市场真实供需意愿的情况。

表 5-1　　　　　上海金定价合约（SHAU）申报量差与调价步长关系表

买、卖申报量对比情况与上轮保持一致时本轮量差与下轮调价步长关系		买、卖申报量对比情况与上轮相反时，本轮量差与下轮调价步长关系
市场申报量差（千克）	调价幅度	
量差 ≤ 400	成交	—
400 ＜量差＜ 3 500	0.1 元 / 克	回撤本轮调价步长的 50%
3 500 ≤量差＜ 6 000	0.2 元 / 克	
6 000 ≤量差＜ 10 000	0.3 元 / 克	
量差 ≥ 10 000	0.4 元 / 克	

类似于上述的定价交易机制，流行于日本期货市场的一节一价制也是集合竞价机制的一类变形。一节一价制把每个交易日分为若干节，每节交易中一种合约只有一个价格。每节交易先由主持人叫价，场内交易员根据其叫价申报买卖数量，若买量比卖量多，则主持人另报一个更高的价；若卖量比买量多，则主持人将报出一个更低的价，直至买卖双方在某一价格上所报的数量均衡成交为止。

二、报价市场与做市商

（一）做市商的概念与发展

如我们已多次论述的，对应于由订单驱动的竞价市场，另一大类别的交易机制是由报价驱动的做市商市场。在此类交易机制中，市场上的所有流动性均是由做市商的买卖报价所提供的，任何进入市场的投资者均与做市商进行成交，投资者相互不直接发生成交。

所谓的做市商制度，是指在金融市场上，由具备一定实力和信誉的机构投资者作为特许交易商，不断地对某些金融产品进行买卖报价，并在报出的价位上接受公众投资者的买卖请求，以其自有资金、持仓或库存与投资者进行金融交易的机制安排。在报价市场中，做市商通过这种不断的双边买卖报价来为市场提供流动性，那么买卖报价之间适当的价差就成为做市商的利润来源。

历史上，纽约证券交易所推行的"专家交易员"（Specialists）制度被认为具有一定的做市商职能，当市场缺乏价格深度和连续性时，专家交易员有义务以自营账户进行逆势买卖来提供市场流动性，帮助其他投资者更方便及时成交。但由于专家交易员不是专职的做市商，他同时持有其他经纪订单，为避免利益冲突，专家交易员所承担的做市职能也是受到严格限制的，必须是"有助于在合理的深度上维持价格连续性"的情况下才能进行自营买卖，且必须优先保证客户订单的执行。

真正完全意义上的做市商制度起源于美国纳斯达克市场。纳斯达克市场建立前，美国柜台证券交易市场主要由批发商、零售商和同时经营批发、零售业务的综合类证券公司组成。零售商一般发挥经纪商的作用，批发商则对其主营的证券持续报价，满足零售商等其他投资者随时交易该证券的需要，已经具备做市商的雏形。而纳斯达克市场的建立，特别是1971年2月纳斯达克市场系统主机正式启用，全美有500多家证券经纪自营商登记为纳斯达克市场做市商，并通过纳斯达克系统发布自己的报价信息，标志着规范的、具有现代意义的做市商制度初步形成。而做市商制度之所以最先被纳斯达克市场引入，是由于其从场外柜台市场转型而来，该市场中存在着大量小市值公司，常常出现流动性不足甚至无人报价的情况，而做市商制度能够提高这些股票的流动性，保障投资者的交易能够顺利进行。

伴随着纳斯达克市场的发展和大获成功，做市商制度也日益完善，并为全球各金融市场所效仿，也被从证券市场中移植到期货、期权乃至柜台交易等市场中。如香港交易所的指数期货和利率期货、芝加哥商品交易所的活牛期货和天气期货、纽约商业交易所的天然气期货等均采取了做市商制度。我国各类金融市场中也逐步建立起了做市商制度，如商业银行的账户金、账户铜等柜台交易业务即为典型的做市商报价业务，投资者点击商业银行的买卖双边报价进行交易，买卖价差即为商业银行的主要收入来源。上海黄金交易所以及上海期货交易所、郑州商品交易所、大连商品交易所等交易所近年也陆续引入了做市商制度，作为竞价机制的有效补充，并主要在部分不活跃的合约、品种上进行了试点，均取得了较好成效。

（二）做市商报价的主要职责与分类

1. 做市商的职责与权利

根据做市商报价市场的特点，我们可以清楚地看到，任何金融市场中的做市商最核心的职责就是在交易时段内持续不断地提供买卖报价，报价应是贴近市场合理价格且真实可执行的，并在与投资者达成交易后及时向市场公众发布相关成交信息，以便所有投资者能够了解市场当时的真实情况。

如纳斯达克市场要求其市场内挂牌的每一家公司必须至少有 2 至 4 名做市商，这些做市商应在上午 9 点 30 分至下午 16 点的交易时段内，持续不断地提供双边买卖报价，且真实报价数量必须至少达到 100 股（1 手），其中 80% 的股票最低报价数量为 1 000 股，也就是对于做市商报出的价格，投资者一旦按此价格下达订单，则做市商在其挂出的数量范围内必须执行成交。

除了上述最核心、最基本的职能之外，做市商的报价还必须严格依据最佳执行义务、客户优先处理、合理买卖价差等市场规则执行。如部分市场规定，除市场极端波动等特殊情况外，做市商不得以差于市场最优报价的价格与客户订单成交，甚至部分市场通过系统仅显示当时市场上最优的做市商报价，以推动做市商的报价更贴近合理价格。同时，许多做市商还身兼经纪商的身份，为了避免可能的利益冲突，如纳斯达克等市场直接规定，如果做市商手中持有经纪客户的限价订单，则它不能以等于或低于（高于）客户限价买（卖）单的价格购买（卖出）股票。这些规则的限制，为做市商制度的运行套上了层层枷锁，规范了做市商在市场中的行为，从而确保了市场的正常有序运行，更好地保护了投资者权益。

针对做市商承担的职能和义务，其必然也要享有相应的权利。一是手续费的减免和返还，做市商交易频繁，同时承担买进卖出的双边交易，在买卖差价中赚取利润。因此，通常交易所会减免做市商的手续费成本，并根据做市商提供报价服务的表现情况给予一定比例的返还补贴。二是市场信息方面，做市商能够全面掌握其他交易者的买卖记录，以便及时了解市场压力预兆，部分市场还允许做市商在一定规则内利用所掌握的交易信息进行投机获利。三是融资融券的优先权。为维护市场的流动性，做市商必须拥有一定的资金和持仓储备，但通常这一比例不会过高以避免高企的成本，因此当面对大额交易时，做市商必须有优先进行低成本融资融券的渠道。四是一定条件下的做空机制。当市场上大多数投资者做多时，做市商手中筹码有限，必然要求享有一定比例的做空交易，以维持交易的连续。

2. 做市商的主要类型

正因为做市商制度具有上述功能及调节买卖盘不均衡状况、随时保证提供买卖双向价格的特点，对做市商也提出了较高的要求，只有那些运营规范、资本实力雄厚、规模较大、熟悉市场运作，而且风险自控能力较强的交易商才能担当。如在纳斯达克市场上的做市商主要包括高盛、摩根士丹利、美国银行等世界顶尖级的投资银行。上海黄金交易所近年引入的做市商则主要包括中国银行、浦发银行等大型商业银行以及国际领先的程序化交易商，能够为投资者提供良好服务，促进市场深化发展。

做市商的分类相对比较简单，一般可以按照是否具备竞争性的特点，区分为垄断型做市商和竞争型做市商；或者根据服务范围或对象的不同进行区分。

垄断型做市商，即每只证券或每个产品有且仅有一个做市商，该做市商是唯一的提供双边报价并享受相应权利的交易商。垄断型做市商对其负责的产品具有高度责任，必须具有很强的信息综合和报价能力，也常常因其垄断性能够获得较高的利润。这种类型的做市商责任明确，便于交易所对其做市情况进行监督考核，但缺点是缺乏竞争性，买卖价差较大，不利于价格发现。竞争型做市商，即每个产品上有多个做市商，且允许符合条件的做市商自由进入或退出，通过做市商之间的竞争，能够减小买卖价差，降低交易成本，也会使定价效率更高，但多个做市商拥有的信息量相对分散，可能降低做市商对于市场的掌握程度，同时也降低了承受风险的能力。

根据服务范围和内容划分，一些交易所又将做市商分为批发做市商、零售做市商或指定做市商、一般做市商等类型。如纳斯达克的批发做市商主要服务机构客户和其他经纪商，零售做市商主要服务中小投资者。芝加哥期权交易所（CBOE）则区分为一般做市商和指定做市商，一般做市商是个人或公司，只能自营，不能代理，没有优先权；指定做市商则都是交易所会员，能同时开展自营和代理业务，还对指定证券的报价工作进行管理。

3. 做市商的风险管理

在做市商进行做市的过程中，需要不断进行双边买卖报价，那么其必然会面临各类市场风险，主要包括存货风险和信息不对称风险等，需要做市商具备较强的风险管控能力。

（1）存货风险

做市商在履行做市义务的过程中，其最为理想的情况是双边报价成交恰好相等，从而能够取得无风险的价差收益。然而现实中总是会出现单边成交或者双边成交数量不等的情况，做市商就会产生一定的单边敞口，从而面临价格波动引致的头寸价值变动风险。要应对这种风险，做市商通常要做好以下几点：①始终保持一定数量的头寸规模；②合理运用融资融券等信用机制降低成本；③组合投资、套期保值等措施锁定对冲风险。由此，做市商往往在综合考虑标的价格变动趋势、本身的自有资本情况、融资能力、市场参与者数量与结构等因素基础上确定做市品种的持仓存货量。

（2）信息不对称风险

做市商进行报价做市，则意味着做市商承担在报出的价位上成交的义务，然而由于金融市场信息不对称的特性，做市商有可能被那些掌握更多更新信息的交易者所利用。例如，某一内幕交易者掌握了可以促使市场真实价格上涨的不公开信息，而做市商却依然按相对较低的报价卖出证券，那么做市商就可能由于信息不对称的风险而承担一定的损失。要降低信息不对称带来的可能损失，做市商通常会扩大其报出的买卖价差进行防御，而这又会降低市场的流动性，同时也会降低做市商的收入。特别是新兴经济体的金融市场，其成熟度、政策健全性以及交易者的自律意识相对不健全，信息不对称的风险较大，需要建立健全更有效的信息披露制度，从根本上降低信息不对称带来的风险。

三、竞价交易与做市商交易的比较

从我们在本节的梳理分析可以看出，由报价驱动的做市商市场具备提高市场流动性、促进市场平衡稳定、有效发现价格等功能特点。部分学者也从理论角度论证了做市商报价市场是一种成熟的金融交易机制，能与竞价市场一样在一定条件下实现市场的瓦尔拉斯均衡。如马德哈万[1]（1992）证明了做市商报价机制下价格均衡的存在及存在的条件，穆什（Munshi，1996）则论证了做市商市场中，大量的没有串通的做市商通过相互之间的竞争实现了均衡价格的发现和市场流动性的提供。

竞价与报价作为金融市场交易机制的两种主要模式，根本的差别在于订单驱动和报价驱动这两种价格形成方式的不同。但除此之外，竞价与报价机制还在市场的流动性、波动性、透明度以及交易成本方面存在着一定的差别。总体而言，做市商报价市场在交易流动性、大宗交易能力以及价格稳定性方面具有优势，而竞价市场在交易成本、透明性等方面更胜一筹。

一是流动性方面。研究发现，在正常市场状态和普通交易标的情况下，做市商报价在流动性方面差异较小。但在市场剧烈波动时，做市商往往可能降低报价频率、扩大买卖价差，此时竞价市场的流动性往往好于做市商市场。而对不活跃交易品种来说，在竞价制度下往往无人问津，投资者订单长时间难以成交，此时做市商制度的流动性显著好于竞价市场。

二是交易成本方面。在竞价市场中，金融产品的价格是单一的，投资者的交易成本仅仅是付给经纪商的手续费。在报价驱动市场中，在手续费之外，投资者还需额外负担做市商报价的买卖价差这一额外成本。因此，做市商报价市场的平均成本高于竞价市场。

三是波动性方面。做市商通常能够较好地维持市场稳定有序运行，并及时处理大额交易指令，做市商报价市场的波动性通常较低。而在投资者指令驱动的竞价交易中，订单随机到达，且可能发生乌龙指或单笔大额交易指令将反向订单簿"打穿"的情况，竞价市场的波动性往往较大。

四是透明度方面。不论是集合竞价还是连续竞价交易，其订单流量的信息总能较快传导到市场中，市场透明度较高。而在报价交易中，价格由分散的做市商报出，甚至可能没有汇总显示买卖订单的机制，投资者可能无法了解市场供需的基本情况，透明度较低。

通过以上对比，我们可以发现两种机制互有优劣之处，但需要强调的是，竞价和报价这两种机制并不是对立和不相容的。在全球金融市场的发展过程中，均体现了二者不断吸取对方的优点而逐步走向融合的趋势。如纳斯达克市场在1997年引入电子交易系统后，已由单纯的做市商报价驱动走向"报价与指令"混合驱动，我国上海黄金交易所和各期货交易所等市场也在原有连续竞价为主的市场中引入了做市商制度，使两种机制互相融合补充，共同促进市场更好发展。

第三节 金融交易的基本流程

在全球金融市场迅猛发展的当今，各类金融产品和不同交易场所都建立了符合各自市场需求的纷繁复杂的交易规则和制度，而在了解金融市场的交易规则和机制确定之后，投资者还必须熟悉掌握交易的基本流程，这样才能真正地参与市场交易，确保交易的正常进行。

一、交易前的准备

金融市场的快速发展，各类金融产品推陈出新，给广大投资者提供了丰富的金融工具。然而，由于金融商品种类繁多，不同的金融产品在结构和内容上从简单到复杂、从低风险到高风险，相互差异悬殊，金融产品的独特属性和风险特征要求交易者具备较强的专业知识、专业投资能力和风险承受能力。而投资者的经济实力、专业水平、风险偏好等方面的情况迥异，因此并非所有金融产品对于投资而言都是合适的选择。

在这种情况下，任何一名投资者在正式参与金融交易之前，必须了解自身参与投资的市场和产品的特性，审慎地评估自身的风险承受能力，要适当地匹配所参与交易的风险等级，避免盲目入市交易带来意外损失。金融市场组织者和金融机构作为金融产品和服务的供给方，其更了解金融产品和服务的特性及风险情况，应当将合适的产品和服务推荐给合适的投资者，这样才能保证投资者合法权益不受到侵害，维护金融市场的平稳运行和健康发展。

　　上述这种由适当的投资者参与适当的金融产品和服务的原则，即是投资者适当性原则，是指金融机构应尽职调查金融产品的风险收益特征和客户的投资状况，向投资者推荐符合其最大利益的金融产品或投资策略。投资者适当性原则肇始于美国，最早出现在美国证券交易委员会（Securities and Exchange Commission，SEC）监管规则以及美国证券交易商协会（National Association of Securities Dealers，NASD）等自律性组织的自律规范当中，用来规范证券从业机构向顾客推荐有价证券时的行为。后来逐渐发展成为各国监管机构调整金融机构和投资者之间权利义务关系、维护金融体系安全稳定和保护投资者利益的重要规则。尤其在次贷危机发生后，很多国家和地区进一步认识到其重要性，都强化了投资者适当性原则。

　　具体而言，交易者适当性管理办法的核心内容一般包括以下几个方面：（1）参与金融交易的客户应具有一定的资金水平。资金水平在一定程度上可以体现交易者的风险承受能力。（2）应对参与金融交易的客户进行培训和知识测试。金融交易策略复杂多样，为保证交易者在入市前掌握一定的专业知识和交易技术，金融中介机构需围绕适当性对交易者大力开展教育培训工作。通过测试交易者的知识水平和交易能力，更好地考量交易者的参与适当性。（3）交易者在参与金融交易前应具有一定的仿真交易成交及行权记录。交易者入市前可进行仿真交易，以熟悉金融市场和金融交易。（4）对参与金融交易的人员进行风险揭示。比如，期权买卖双方权利义务不对等，相应地所承担的风险也不一样。在交易者意欲参与期权交易前，金融中介机构及其工作人员必须清楚明白地向交易者揭示期权买卖双方有可能面临的风险，以提高交易者的风险意识，提示交易者审慎决定参与期权交易，并遵守"买卖自负"原则，防止盲目入市。交易者需秉承适当性理念，参与与自身适当的交易，拒绝参与不适当的交易。同时，需要认识到，金融市场状况及交易者适当性水平都在不断变化，需以发展的眼光使交易者适当性原则充分发挥。大力倡导交易者明晰风险、理性投资，积极做好交易者教育工作，改善交易者在风险意识、交易知识与经验以及信息获取能力等方面的弱势地位，降低交易者在参与金融市场交易时面临的风险，从根本上服务好、保护好交易者，使金融产品更好地发挥功能、服务社会。

二、交易中的程序

金融交易程序是指交易者在金融市场买进或卖出交易产品的过程。在目前电子化交易的情况下，金融交易的基本过程总体上包括开户、委托、成交、清算和交割五个阶段，具体见图5-3。

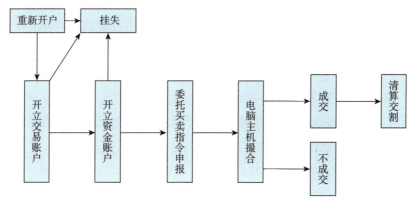

图 5-3　金融交易基本过程

（一）开户

开户是指投资者在经纪商处开立交易账户。目前，世界大多数金融交易场所都已实现无纸化交易，金融交易通常不再采取一手交钱一手交货的实物形式，金融产品和资金都记录在账户中，交易则以转账的方式完成，如甲投资者卖出某产品，乙投资者买入某产品，成交后产品从甲投资者的交易账户转入乙投资者的账户，相应地，资金从乙投资者的资金账户转入甲投资者的资金账户。

以典型的证券市场为例，投资者买卖证券，必须首先开设证券账户和资金账户。证券账户通常由证券登记机构为投资者设立，用于准确记载投资者持有的证券种类、名称、数量及相应权益和变动情况。

开立证券账户后，普通投资者还难以直接参与交易，而是必须通过证券经纪商等交易所的会员机构开立资金账户，并委托其代理买卖。资金账户则主要用来存放投资者买入证券所需的资金和卖出证券取得的价款，记录证券交易资金的币种、余额和变动等情况。

（二）委托

如上所述，一般投资者不能直接进入交易所的交易系统，而必须通过交易所的会员办理交易，投资者向经纪商下达买进或卖出的指令，称为委托。经纪商在没有收到明确的委托指令时，不得动用投资者的资金和账户进行交易。

经纪商在确认委托者身份的真实性与合法性并接受委托后，随即将客户委托通过各种方式传送到交易所撮合主机，这一过程称为委托的执行，也称为申报或报盘。目前投资者最常见的委托方式是远程终端委托的方式，投资者通过与经纪商柜台系统联网的远程终端或互联网下达买进或卖出指令，经纪商的电脑系统会自动将委托传送给交易所电脑主机。如果经纪商采用有形席位进行交易，则需要柜台工作人员通过电话将委托口述给场内出市代表，由出市代表利用场内席位终端将委托输入撮合主机。

在委托有效期限内，委托人有权提出变更或撤销委托的要求，但只能在没有成交之前提出变更或撤销、委托人变更委托，可以看成是更新办理一个新的委托。

（三）成交

交易所的撮合主机在收到交易商或经纪商报送的委托指令之后，即根据交易规则中规定的撮合机制进行撮合。

在竞价市场中，买卖双方的委托由经纪商直接呈交到交易市场，市场的撮合中心按照"价格优先、时间优先"或"最大成交量"等连续竞价交易或集合竞价交易的规则进行撮合，在买卖委托匹配后即可达成交易。

在做市商市场，证券交易的价格由做市商报出，投资者接受做市商的报价后，可与做市商进行买卖，完成交易。

三、交易后的流程

交易达成成交后，还并不意味着一笔交易的正式完成，还需要对买卖双方应收应付的标的物和价款进行核定计算，并完成所有权由卖方向买方的转移和相对应的资金由买方向卖方的转移，这一过程称为交易的清算与交割。

交易的清算与交割是一笔交易达成后的后续处理，是价款结算和证券交收的过程。清算和交割统称交易的结算，是交易中的关键一环，它关系到买卖达成后交易双方责权利的了结，直接影响到交易的顺利进行，是市场交易持续进行的基础和保证。交易的结算方式有逐笔结算和净额结算两种。逐笔结算是指买卖双方在每一笔交易达成后对应收应付的金融产品和资金进行一次交收，可以通过结算机构进行，也可以由买卖双方直接进行，比较适合以大宗交易为主、成交笔数少的产品市场和交易方式。例如塞德尔（Centrale de Livraison de Valeurs Mobilieres，CEDEL）国际清算中心就采用此方式[①]。净额结算是指买卖双方在约定的期限内将已达成的交易进行清算，按资金和产品的净额进行交收。该方式比较适合于投资者较为分散、交易次数频繁、每笔成交量较小的产品市场和交易方式。净额结算通常需要经过两次结算，即首先由交易所的清算中心与经纪商之间进行结算，称为一级结算；然后由经纪商与投资者之间进行结算，称为二级结算。

产品结算的时间安排，在不同的交易所因其传统和交易方式的不同而不同。在交收目的安排上可分为两种。一是会计日交收，是指在一个时期内发生的所有交易在交易所规定的日期交收，如按周为期限对本周内发生的交易进行统一的交收结算。二是滚动交收，是指所有的交易安排于交易日后固定天数内完成，较为常见的为 T+1 至 T+4 交收，即规定在成交日后的第一个至第四个交易日的期限内进行交收，如在我国的证券市场上，A 股、基金、债券等品种实施 T+1 滚动交收，而 B 股则实施的是 T+3 滚动交收。由于尽早完成交收对提高市场效率、防止发生结算风险有重要意义，目前国际主流金融市场大多采用滚动交收方式，并向着缩短交收期的方向不断发展。

交割分为实物交割与现金交割两种方式。实物交割是指为履行交易合约，按照交易所的规则和程序进行的相应实物所有权转移的行为。现金交割（又称现金结算）是指按照交易所的规则和程序，以规定的结算价格进行现金差额结算，了结交易合约的行为。

[①] 塞德尔（CEDEL）和欧洲清算系统（EUROCLEAR）是两大国际证券结算机构。它们充分利用各国现有的证券结算机构作为其代理，使客户可在 24 小时内投资于不同国家的证券市场，极大地方便了国际间的证券交易。

过户方面，目前各类金融交易所的产品已基本实行所谓的"无纸化交易"，对于交易过户而言，结算的完成即实现了过户，所有的过户手续都由交易所的电脑自动过户系统一次完成，无需投资者另外办理过户手续。

第四节　金融交易规则与机制的演变趋势

我们在本章中已梳理了金融交易机制的起源与发展脉络，并深入分析了当前主流的竞价和报价两类交易机制的特点与运用情况。而随着全球金融市场的进一步深化，交易所、投资者的全球化特征越来越明显，交易技术系统的复杂度越来越高，这些趋势都推动着各类金融交易机制的进一步演化和融合。

一、交易机制的总体变化趋势

电子交易技术的运用和互联网信息技术的出现，深刻改变了金融市场的交易机制和市场结构，现阶段的市场形态与 20 世纪七八十年代电子交易技术刚出现时已完全不可同日而语，高频交易、中央对手方等新理念更是近 10 年才兴起的趋势。但观察全球金融交易机制的发展变迁，总体上呈现以下发展演变趋势：

一是交易机制混合化。全球化的发展和交易所之间的合作与并购，使交易所间的联系越来越紧密，各种交易模式的混合化也已成为全球金融市场发展的重要趋势之一。全球各主要交易所在市场、产品和订单簿的层面上，探索推进价格形成机制不断调整融合。部分交易所采取对不同产品板块采用不同交易机制的混合模式，如伦敦证券交易所对不同细分市场的股票和债券分别采取纯竞价和纯做市商交易模式。更多的交易所则是在产品层面进行混合，如国内各期货交易所对交易活跃的品种采取纯竞价交易模式，但在交易不太活跃、流动性较差的品种上引入做市商提供补充报价。纽约证券交易所等个别交易所进一步直接对同一个产品设立两个订单簿，其中一个订单采取竞价交易模式，另一个由做市商负责撮合成交。

二是订单形式和交易技术的多样化。随着产品的丰富程度和投资者多样性的不断拓展，市场中也诞生了更多元化的需求。投资者在交易中对于订单报价形式、成交方式和时间等也提出了更高的要求，冰山订单、结算价订单等创新订单类型被越来越多的交易所接受。同时，计算机信息技术的发展，催生了算法交易、高频交易等新的交易技术和策略，希望降低交易成本，获取高额收益。而为了满足投资者的需求，各交易所不断简化交易的中间流程，并持续改革创新技术系统环境来响应这种变化。

三是流动性的集中化。金融市场和金融交易的全球化和信息化发展，打破了原有互相分割的市场格局，各交易所间也频繁开展多种多样的合作和重组。这些因素推动金融市场的流动性呈现不断向头部集中的趋势，在市场层面表现为部分中小交易所被不断边缘化或直接被收购，而如纽约证券交易所、芝加哥商品交易所等主要交易所则吸引着全球各地的投资者前往交易。在产品层面则表现为活跃品种吸引投资者的流动性不断集中，而大量的中小产品交易量萎缩，甚至被摘牌。如纳斯达克市场大量的流动性和成交量都集中在FAANG[脸书（Facebook）、苹果（AAPL）、亚马逊（AMZN）、奈飞（Netflix）和谷歌（GOOGL）]等科技巨头股票上，另外大量的1美元以下的股票则长期无人问津。

四是场外交易场内化。金融市场监管的不断增强，推动着场外市场越来越规范，各种场外市场不论是在产品、交易、清算等环节的设计，还是风控、投资者管理等方面，均已成为与交易所相似的市场，呈现高度场内化的趋势。尤其是2008年国际金融危机后，全球各国的监管机构对于场外衍生品市场在合规性、透明度等方面新增了许多监管要求，中央对手方、投资者适当性等理念不断落实，场外产品交易的自动化、标准化和透明化程度持续深化发展。

二、成熟市场与新兴市场的比较

在上述总体变化趋势中，由于特定历史渊源、法律制度环境、发展路径和交易传统等因素的影响，成熟经济体和新兴经济体的金融市场又体现着各自结构性的特征。

一方面，成熟经济体金融市场经过上百年的发展，已形成了一套较成熟、完善的交易机制。机构投资者在成熟市场各类别产品中均占主导地位，个人投资者直接参与金融市场投资的比例基本仅为10%~20%的水平，如根据统计，加拿大仅有 9% 的个人投资者直接持有股票，而退休基金、保险资管等机构投资者在纽约证券交易所的交易额占到全市场的四分之三以上。机构投资者占主导地位的市场特征，必然要求差异化的交易机制和订单形式满足其多样化的投资策略，并更多地通过集合竞价、大宗交易等方式来消化机构投资者的大额交易。同时，机构投资者专业化水平较高，纷纷开展跨市交易、算法交易、高频交易等创新业务，对成熟市场的系统建设、交易流程、风控安排也提出了更高的要求，普遍采取延长交易时间、多样化价格监控措施等机制来应对市场的变化趋势。

另一方面，自 20 世纪 80 年代以来，各新兴经济体发展迅速，新兴经济体的金融市场也成为全球金融市场重要组成部分。总体上，新兴市场普遍有起步时间较晚，制度体系尚未成熟，机构投资者发展较慢、个人投资者比重很大，市场投机色彩较浓厚，流动性相对较差等特征。而这些特征也决定了新兴市场交易机制的一些基本特点。第一，新兴市场由于起步较晚，有成熟经验借鉴，因而其交易技术起点较高，普遍采用电子化连续自动交易，适合其个人投资者较多、单笔规模较小的市场特点。第二，新兴市场的投资者结构以个人投资者为主，交易策略和方法通常较为简单，因此各交易所也普遍运用较简单的订单驱动竞价机制，且订单形式以简单的市价、限价订单为主。第三，新兴市场的投机色彩相对浓厚、价格波动较大，大多数新兴市场均采取较为严格的价格监控措施，如我国不论是证券市场还是期货市场均采用较严格的涨跌停板等制度，保障市场稳定运行。

比较成熟经济体和新兴经济体的金融市场交易机制，我们可以看到，尽管新兴经济体各有特点，但总体上仍是借鉴了成熟经济体的思路和经验，相关机制安排的框架也沿袭了成熟经济体的发展路径。因此，在可预见的未来，随着全球经济和金融市场的进一步融合，以及交易所间的合作重组愈发频繁，成熟市场和新兴市场间金融交易机制的趋同化将更加明显。

三、对我国市场未来发展方向的借鉴

目前，我国各金融市场经过数十年的发展，在股票、债券、黄金、商品期货等各领域均取得了长足的进步，各市场的规模快速增长，都已接近世界前列水平，甚至个别品种达到全球领先，国际影响力持续扩大，不断助力上海国际金融中心建设和人民币国际化等重大战略等实施。但相较于国际主要金融市场，我国各市场产品结构仍相对简单，投资者结构中个人投资者还占很大比重等特点，也使我国各金融市场在交易机制的差异化、订单形式的多样化等方面与发达国家市场仍有一定的差距。同时，相较于国际一流市场而言，我国各类交易所等市场组织者总体来说权限还较小，对于交易机制的任何改革创新往往还要监管部门的审批，改革创新的力度和效率也受限于这种整体的政策环境影响。

金融交易机制的改革创新是整体市场竞争力的综合体现，而随着我国金融市场产品功能的完善、投资者结构的优化和各类法律制度环境的健全，我国各金融市场的金融交易机制也必定会借鉴成熟市场的先进经验做法，进一步改革创新，不断全面深化发展。

一是交易机制和订单形式进一步丰富多元化。目前，境内各金融市场的交易机制和订单形式普遍较为单一，如上海证券交易所、深圳证券交易所在股票、债券、ETF 基金、期权等全品种类别均主要采取连续竞价模式，订单也仍仅限于简单的市价和限价订单形式，难以更好地满足投资者日益多样化的投资需求。具体而言，对于部分流动性较差的股票、债券品种，或是非活跃期间的期权衍生品等，可以考虑采用做市商报价的交易机制，进一步激发市场活力；对于业绩稳定、市值较大、波动性低的品种，可以考虑逐步放开 T+0 日内回转交易，并配合止损、止盈、结算价、冰山等更多种形式的订单，能够更好地满足投资者的需求，增强市场交易策略的多样性，提升市场活跃度。

二是交易范围不断拓展。借鉴成熟市场的先进经验，随着创新力度的增大和市场竞争的加剧，境内各金融市场交易产品的品类必然会进一步拓展，不仅是股票、债券或黄金、期货等基础产品，而且是基于各类基础产品之上，相互交叉、相互融合的复杂产品、措施也会出现，如上海黄金交易所推出的投资者以其持有的登记在中央结算公司的国债充抵黄金交易的保证金业务，就涉及跨品种、跨交易所的交易、清算、交割等一系列环节的处理，今后需要在多后台的交易手段和交易机制方面进行探索支持。

三是交易时间延长。境外投资者在我国金融市场中的参与度和活跃度越来越高，其必然面临着跨时区、跨市场交易的种种问题，上海黄金交易所、上海期货交易所、中国外汇交易中心等金融市场已经逐步延长交易时间来适应这种全球化的发展趋势，但各金融市场特别是证券市场的总体交易时段相较于国际主要市场还有较大差距。面对这种趋势和差距，合理地进一步延长交易时间，特别是如何借鉴国际主流市场已普遍采取的准 24 小时交易机制，对于国内各市场的交易机制、业务框架、技术系统都会提出一系列的冲击与挑战。

四是推进场外交易场内化。2008 年国际金融危机之后，对于场外金融交易特别是衍生品交易的监管和要求层层加码，我国近几年开展防范金融风险重点工作，也对于场外的非标资产、通道交易等业务进行了大量的规范和清理工作，不论是监管部门还是投资者对于产品的合规性和透明度等方面都提出了更高的要求。因此，我国场外市场金融交易也将符合全球的发展趋势，逐步向场内化发展方向转变，投资者愿意更多地以场内标准化产品的形式来交易或构建相关结构化产品，并通过中央对手方等机制进行集中交易、清算、交割，这将带来更高的透明度、便利性，交易合规成本也更低。

五是借助新技术、新环境探索跨越式发展成为可能。金融市场和交易领域长期以来就属于技术密集型的行业，对于电子计算机、互联网信息技术等新技术的大规模运用也始终走在时代前列。过去，我国金融市场更多的是从产品、交易机制、风控措施等各方面借鉴成熟经济体的做法，并且这一过程还将持续一个阶段。但是近几年来，金融科技的概念方兴未艾，金融工程、程序化交易等发达经济体投资者采用的新策略、新方法向我国市场传递的速度越来越快。而随着我国经济的高质量发展，在部分技术领域已能达到接近国际前沿甚至领先的水平，如云计算、大数据、区块链、数字货币、人工智能、量子计算等新一代的高新技术，在我国的进展阶段基本与发达经济体处于齐头并进的态势。部分技术也率先在金融市场和金融交易中得到了局部应用，如我国部分金融机构和金融基础设施已探索尝试将区块链技术运用到供应链金融和票据交易等领域，利用其不可篡改和全网记账等特性进行资金、票据流的追踪和留痕等业务。这些新技术趋势和新市场环境的助力，能否帮助我国金融市场在交易机制方面进行跨越式发展，值得我国广大研究者和实践者进一步思考和探索。

 **本章要点**

● 金融交易规则是指金融交易过程中各交易主体必须遵守的制度或章程。在现代金融市场中，对整体市场结构、交易的主体、标的、组织形式、流程管理、风险控制等方面的规定，均可纳入交易规则的范畴之内。但狭义而言，交易规则仅指交易价格形成过程中的各项运行规范，包括订单的形式、撮合的规则、信息的披露以及价格监控保护机制等方面的内容。

● 金融市场最核心的职能就是对金融产品价格的发现与确定。根据交易价格形成机制的不同，可将一个市场区分为不同的市场类型或市场模式。目前全球金融市场中主要的交易模式有指令驱动的竞价撮合模式和报价驱动的做市商模式。

● 金融交易的流程包括事前、事中、事后环节，事前阶段主要包括投资者适当性管理、了解相关制度规则等内容，事中阶段包括开户、委托、成交等环节，事后阶段主要包括清算和交割等环节。

● 随着全球金融市场的进一步深化以及程序化交易、高频交易等技术的出现，各类交易机制混合化、订单形式和交易技术的多样化、流动性的集中化、场外交易场内化等趋势愈发显著，不断推动着各类金融交易规则和机制的进一步演化和融合。

思考题

1. 金融交易规则的基本要素有哪些？
2. 目前主流的金融交易价格形成机制有哪些？分别有什么特征？
3. 投资者适当性原则主要包括哪些原则与要求？

第六章　金融交易产品

本章摘要：金融交易产品是金融交易体系中不可或缺的重要组成要素。了解金融交易产品对掌握金融交易具有重要作用。为此，本章首先根据不同分类标准对金融交易产品进行简单介绍；其次依据交易标的分类的方式，详细介绍货币类、债券、股票、外汇、黄金等基础类金融交易产品；最后介绍远期、期货、期权及互换等衍生类产品以及金融另类产品的基本概念和特点。

第一节　金融交易产品分类

基于不同的视角，金融产品所关注的特性有所不同。据此，我们可以将金融交易产品概括为不同类别，进而将整个金融交易产品集合划分为多个子集。丰富的交易产品种类满足了市场投资者不同需求偏好，产品多样化有利于构建一个完备的金融交易体系。由于金融交易体系是一个大系统，交易品种繁多，它们之间相互独立又相互联系，用不同的标准可以划分为不同的形式。本节将按照交易标的物、中介特征、交割方式等性质对金融交易产品进行简单介绍。

一、按交易标的物划分

标的物指的是金融交易对象。按照交易对象的差异性可以把金融交易产品划分为货币类、债券、股票、外汇和黄金等产品。

货币类交易产品也可以被称为短期金融交易产品或短期资金产品。由于货币类产品的期限一般在一年以内，主要用于货币资金短期融通，缓解企业、政府等机构的短期资金需求，具有流动性强、变现能力高、风险相对较小的特点。这些特性可以满足市场参与者对金融工具流动性需求的偏好，市场参与者以机构投资人为主。货币类产品的主要功能是保持金融资产的流动性，为市场参与者调剂短期资金余缺，因此，货币类产品主要包括同业拆借、短期信贷、短期证券等。一般而言，货币类产品并没有正式的交易场所，大多数交易是利用网络通信设备进行交易。

资本类产品属于长期资金融通类产品，期限相对较长，一般都在一年以上。资本类产品主要由银行长期借贷和长期证券两大类组成。长期借贷主要指的是银行对个人提供的消费信贷产品，而长期证券类产品主要包括股票、长期债券、基金市场等，其中长期借贷属于间接融资类产品。通过资本类产品融通的资金大多用于企业扩大再生产，而政府则利用此类产品保持财政收支平衡、实现宏观经济政策调控。

外汇类产品是指用外币或以外币表示的支付凭证，外汇主要功能是进行国际结算与支付、清偿国际债务债权、调剂国际资金余缺、实现国际资本流动以及规避汇率波动风险。外汇市场有狭义和广义两个层面。狭义的外汇市场指的是各银行间的外汇交易市场，通常称为批发外汇市场。广义的外汇市场是指由各国中央银行、外汇银行、外汇经纪人以及客户组成的外汇买卖、经营活动的总和，包括上述批发市场和银行与客户（企业、个人）之间买卖外汇的零售市场。随着国际经济联系日益密切，外汇市场已是金融市场不可或缺的重要组成部分。

因避险需求及金价本身的潜力等因素影响，黄金投资需求旺盛。参与黄金类金融产品交易主体包括出售黄金的企业和个人需要黄金作为原料的企业、各商业银行和中央银行，为保值和投机而进行黄金买卖的个人和机构以及一些国际金融机构。黄金交易分为现货交易和期货交易，它既是调解国际储备的重要工具，也是居民调整个人财富储藏形式的一种方式。虽然自布雷顿森林体系解体之后，各国货币已与黄金脱钩，黄金非货币化趋势明显，但由于黄金具有特殊属性，黄金仍是重要的国际储备工具之一，在国际结算中依旧占据重要地位，因此，黄金类产品仍被视为金融交易的重要组成部分。

二、按中介特征划分

按照中介特征可将金融交易产品划分为直接融资类产品和间接融资类产品。前者对标的产品是指资金需求者直接获得资金供给方融资的产品。后者则表示的是资金的供需双方借助银行等第三方金融媒介进行资金融通的产品。显然，中介机构在融资过程中承担的角色与作用是区别两类产品的根本。虽然直接金融融资活动也有中介机构参与，但这类中介机构不是作为资金融通的中介，只是充当信息中介和服务中介为资金需求方和供给方提供信息服务。典型直接融资类产品是股票、债券等有价证券，银行存贷款是最典型的间接融资类产品。

三、按交割方式划分

按金融交易的交割时间划分，金融产品可以区分为现货交易和期货交易两大类。

现货交易也被称为即期交易，是指市场上的买卖双方成交后须在若干个交易日内办理交割的金融交易，实现银货两讫。这种交易模式一般在成交后的几个交易日内付款交割完成。

期货交易是指交易双方达成协议后并不立即进行交割，而是在未来某个时间节点进行交割。在期货市场上，交割是在成交日之后规定的日期进行，且交割要按成交时的协议价格进行，因此期货价格的升或降就可能使交易者获得利润或蒙受损失。在市场上，较多采用期货形式交易的产品包括证券、外汇、黄金。由于金融期货交易形式多样化，目前全球期货交易规模远大于现货交易规模。

四、按交易期限划分

按偿还期限的差别，可将金融交易产品分为短期资金类产品和长期资金类产品。

短期资金类产品是进行短期资金融通的金融产品，一般融资期限在一年以内，其资金主要用于短期周转，解决市场主体的临时性资金需求。这类金融产品偿还期短、流动性较高、风险较小，通常在流通领域起到货币的作用，于是短期资金类产品也被称为货币类产品。

长期资金类产品是进行长期资金融通的金融产品，一般融资期限在一年以上，有些产品的期限甚至长达数十年。长期资金类产品目的在于促进社会再生产，主要是为了满足企业固定投资需要和政府对长期资本的需求。这类金融资产的偿还期限长、流动性较低、风险较大。

五、按交易机制划分

按交易机制划分，金融产品可分为拍卖类产品和场外交易类产品。拍卖类产品的买卖双方通过公开竞争叫价的方式确定金融产品的价格，一般来说，出价最高的购买者和出价最低的出售者将在交易中取胜。在场外交易中，金融工具的买卖双方通过证券公司进行交易，证券公司对所经营的证券公布其买卖价，金融产品的卖者只能按照证券公司公布的买入价出售其拥有的证券，其买者亦只能按照公布的卖出价购买该种证券，证券公司一旦报价，就必须以此价格买卖，如有风险，由公司自行承担。因此，在拍卖市场中，市场的组织者，如股票交易所和商品交易所起的只是中介人的作用；而在场外交易市场中，证券公司是交易的直接参与者。

第二节　金融基础类产品

本节将从梳理金融交易基础类产品相关概念着手，逐一对货币市场、资本市场（股票市场和债券市场）、外汇市场和黄金市场进行介绍。通过本节的学习，有助于掌握各金融基础类市场的定义、特征和功能，能够增强对各类金融市场的了解。

一、货币类产品

（一）货币类产品的基本概念与特征

1. 货币类产品的界定

根据交易标的期限的不同，金融基础类产品主要可分为货币类产品和资本类产品。其中，货币类产品交易期限一般在一年或一年以内，资本类产品交易期限通常在一年以上。不过随着金融产品的创新与发展，短期资金和长期资金能够实现大规模快速转化，两大类产品间的期限边界也日益模糊，这两类产品主要功能的差别在于，货币类产品更加侧重弥补参与者短期头寸和流动性不足，而债券、股票等资本类产品更侧重于将储蓄转化为投资。货币类产品通过短期信用工具为交易对象完成短期货币资金融通。

2. 货币类产品的特征

货币类产品主要具有以下两个特征。

第一，货币类产品具有交易期限短、流动性强、风险低、收益低的特点。首先，货币类产品期限一般在一年或一年以下，最短周期仅为隔夜，期限风险较小；其次，货币类产品通常由高信誉机构发行，违约风险较小；最后，货币类产品大多存在发达的二级市场，信息流动迅速，市场参与者众多，市场容量巨大，交易活跃且持续，投资者可以进行迅速快捷的买卖交易，流动性风险较小。

第二，货币类产品的交易市场是一个无形市场。货币类产品一般没有固定、集中的交易场所，市场参与者通过遍及全国乃至全球的计算机系统等发达信息通讯设备安排交易。另外，货币类产品是大宗买卖的批发类产品。货币类产品的大多数交易在机构之间进行，资金数额巨大。这种巨额交易有效降低了交易费用，不过也使个人投资者难以直接参与货币市场交易，个人投资者只能通过购买货币市场基金等方式间接参与货币类产品投资。

3. 货币类产品的功能

货币收支不平衡是催生货币类产品及交易市场出现的重要原因。现金短缺者作为需求方在市场寻找短期资金来源，现金持有者则作为供给方寻找短期资金投资机会。因此，货币类产品的出现不管从微观层面还是宏观层面来说，对整个金融交易体系具有重要作用。

在微观层面。调剂头寸、融通资金是货币类产品最核心的功能。短期临时性资金需求是微观主体对资金最基本的需求，货币类产品通过提供利率、期限、交易方式各异的金融工具实现资金余缺调剂，满足微观主体的短期资金需求。另外，货币类产品的出现还有利于提高微观主体的经营管理效率。

在宏观层面。货币类产品在货币政策传导过程中扮演了关键角色，发挥了基础性作用。具体来看，中央银行三大一般性常规性货币政策工具是公开市场操作、存款准备金、再贴现。其中，短期债券方面的金融工具是中央银行公开市场操作的主要手段，同业拆借市场利率和商业银行存款准备金规模是传导存款准备金率变动的主要途径，票据类产品则为再贴现率的调整提供了传导方式。因此可以说，货币类产品是货币政策传导的重要媒介。

（二）货币类产品介绍

在我国，货币类交易产品主要有同业拆借、回购协议、短期国债、央行票据、商业票据、短期融资券、货币市场基金、大额可转让定期存单等。

同业拆借。同业拆借是商业银行等金融机构以无担保信用进行的短期融资交易行为，所获资金主要用于弥补短期资金不足、票据清算差额以及解决临时性资金短缺。在短期融资方式中，同业拆借效率最高。

回购协议。回购协议是指证券持有人在卖出证券给证券购买人时，交易双方约定在将来某一日期以约定的价格，由卖方向买方买回相等数量的同品种证券所签署的协议。按标的证券所有权是否转移，回购协议可分为质押式和买断式两种类型。本质上，回购协议是一种以证券为抵押物的抵押贷款，风险比无担保信用拆借低，利率也相应较低。在我国，货币市场回购协议的标的主体为短期国债和商业票据。

短期国债。短期国债也称国库券，是财政部代表中央政府发行的有价证券。是期限在一年以内的短期债务凭证，其发行目的主要是弥补当期财政赤字和偿还到期政府债务。

央行票据一般指的是中央银行票据。在我国是指人民银行为了调节基础货币而在银行间市场向金融机构发行的票据，是货币政策日常操作的重要工具之一。我国央行票据发行面值为100元，产品期限有3个月、6个月、1年、3年四个品种，其中1年期央行票据占据主要地位。

商业票据。商业票据是出票人依法签发、由自己或指示他人无条件支付一定金额给收款人或持票人的有价证券，以支付金钱为目的，可以替代现金流通。商业票据可以分为汇票、支票和本票三类。

短期融资券。短期融资券是企业筹措短期（一年以内）资金的直接融资方式。短期融资券的发行面值为100元，期限有3个月、6个月、9个月、12个月等。

货币市场基金也称货币市场共同基金、货币市场互助基金，聚集广大个体投资者的小额资金投资于货币市场证券，并将投资收益分给个体投资者。由于货币市场是大额批发市场，个体投资者无法直接投资，货币市场基金的出现满足了个体投资者的投资需求。

大额可转让定期存单。大额可转让定期存单是一种固定面额、固定期限、可以流通转让、自由买卖的大额存单定期储蓄凭证。

二、债券

（一）债券的基本概念与特征

1.债券的基本概念

债券是政府、金融机构、实体企业等机构在直接向社会筹集资金时，向投资者发行并承诺按一定利率支付利息并按约定条件偿还本金的债权债务凭证。它是一种金融契约凭证，具有法律效力，其中债务人和债权人分别是债券发行人和债券购买者。也就是说债券是发行人依照法定程序发行，并约定在一定期限内向债券持有人或投资者还本付息的有价证券。债券是一种债务凭证，反映了发行人与购买者之间的债权债务关系。尽管债券种类呈现多样化特征，但就具体基本要素而言，以下内容是发行债券必须涵盖的信息。

（1）债券面值。债券面值是指债券的票面价值，它是债券发行人（债务人）对债券购买者（债权人）在债券到期后应偿还的金额，是发行人向债权人按期支付利息的基础。需要说明的是，债券面值与债券实际发行价格可能不同，当债券实际发行价格大于债券面值时被称为溢价发行，当债券实际发行价格小于债券面值时被称为折价发行。

（2）票面利率。债券票面利率是指债券利息与债券面值的比值，是发行人承诺未来一段期限内支付给债券持有人债券所得的计算依据。债券票面利率主要受市场利率、发行主体资信状况、偿还期限等因素影响。

（3）付息期。债券的付息期是指债券发行人在债券发行后的利息支付时间。付息期主要包括季度、半年、一年以及到期一次支付等。考虑货币的时间价值与通货膨胀等因素，付息期的不同对债券的实际收益影响较大，如果付息期为到期一次支付，那么这类债券的利息一般是按照单利方式计算；如果是按照季度、半年等年内分期付息，债券的利息则是按复利形式计算。

（4）偿还期。债券的偿还期是指债券上标明的偿还债券本金的具体期限。它的时间跨度为债券发行日与债券到期日之间的时间间隔。

2. 债券的特征

债券是一种债权债务的金融契约凭证。作为一种重要的融资手段和金融工具，债券具有以下特征：

（1）偿还性。债券一般都规定了偿还期限。当约定期限到期时，债券发行人必须按照约定条件偿还本金并支付利息。

（2）流通性。债券一般都可以在流通市场上自由转让。债券流通市场称为债券交易场所，其主要包括场内交易和场外交易。场内交易即为交易所交易，其所有供求方集中在交易所进行竞价交易。场外交易表示的是在交易所之外的交易，包括柜台、口头协议、电子通信委托或者经纪人达成的交易，组织形式相对松散。在我国，场内交易场所包括上海证券交易所和深圳证券交易所，场外交易所包括由全国银行间同业拆借中心组织的银行间市场以及柜台交易。

（3）安全性。债券一般都规定了固定的利率，与发行主体资信、运营状况没有直接关联，因此债券的收益率相对稳定，风险也相对较低。并且，当债券发行人破产时，相较于持有股票而言，持有债券拥有对其剩余资产的优先索取权，因此安全性也高。

（4）收益性。持有债券收益的主要来源包括两个方面：一方面是债券持有者获得的利息收入，另一方面是债券持有者通过买卖债券获取债券价格波动的差额收入。

3. 债券融资的特点

（1）债券融资的优点

第一，融资成本低。一方面，由于债券的利息可以税前列支，具有抵税的功能；另一方面，债券投资比股票投资的风险较低，它要求的报酬率也较低。所以，筹集资金者通过债券获得资金的成本比通过发行股票方式获得资金的成本低。

第二，财务杠杆作用。债券持有者不能享有净利润分配，仅能获得债券利息。因此对债券发行人来说，债券利息费用是固定的，如果息税前利润增加，股东的收益将以更快的速度增加，即通过发行债券筹集资金具有较好的财务杠杆作用。

第三，资金持有期长。以发行债券筹集的资金一般期限都在一年以上，属于长期资金，这就为债券发行人提供了有力的资金支持。

第四，筹资范围广。债券筹资既可以向各类银行或非银行金融机构筹资，也可以向其他法人单位、个人筹资，因此筹资目标群体十分广泛且比较容易获得资金。

（2）债券融资的缺点

第一，财务风险大。债券有固定的到期日和约定的利息支出，因此通过发行债券的形式筹集资金，必须考虑筹集资金开展投资项目未来收益情况，避免资金周转困难，陷入财务困境。

第二，限制性条款多，资金使用缺乏灵活性。为了保障债权人债权的安全，债券合同中通常包含各种限制性条款，这些条款对筹集资金的使用用途有所限制，影响资金的使用灵活性。

（二）债券的分类

1. 根据是否约定利息分类

根据是否约定利息可将债券分为零息债券、附息债券和息票累积债券。

零息债券是指以贴现方式发行，不附息票，于到期日按面值一次性支付本利的债券。

附息债券是指在债券券面上附有息票的债券，或是按照债券票面载明的利率及支付方式支付利息的债券。

息票累积债券与附息债券相似，也规定了票面利率，但是债券持有人必须在债券到期时一次性获得本息，存续期间不支付利息。

2. 根据债券券面形态分类

根据债券券面形态可将债券划分为不记名债券、凭证式债券和记账式债券。

不记名债券，又称实物债券，是一种具有标准格式实物券面的债券。在券面上，一般标明了债券面额、债券利率、债券期限、债券发行人全称、还本付息方式等各种债券票面要素，这类债券优点在于流动性强，缺点是因为不记名、不可挂失，安全性差。我国早期发行的国库券就是一种不记名债券。

凭证式债券是债权人认购债券的一种收款凭证，而不是债券发行人制定的标准格式的债券。

记账式债券是无实物形态的债券，利用账户通过信息系统完成债券发行和交易及其兑付的全过程，我国从1994年开始发行记账式债券。记账式债券可记名、可挂失、可上市流通，安全性好。

3. 根据发行主体分类

根据发行主体的不同可将债券分为政府债券、金融债券和公司债券。

政府债券是指国家为筹集资金而向出资者出具，并承诺在一定时期支付利息和偿还本金的债务凭证，具体包括国家债券即中央政府债券、地方政府债券和政府担保债券等。从形式上看，政府债券是一种有价证券，它具有债券的一般性质。政府债券本身有面额，投资者投资于政府债券可以取得利息，因此，政府债券具备债券的一般特征。从功能上看，政府债券最初仅是政府弥补赤字的手段，但在现代商品经济条件下，政府债券已成为政府筹集资金、扩大公共开支的重要手段，并且随着金融市场的发展，逐渐具备了金融商品和信用工具的职能，它已成为国家实施宏观经济政策、进行宏观调控的工具。总体而言，政府债券具有安全性高、流通性强、收益稳定、收益免税等特征，被认为是最安全的投资工具。

金融债券是指银行及其他金融机构发行的债券。金融债券期限一般为3~5年，其利率略高于同期存款利率。金融债券由于其发行者为金融机构，资信等级相对较高，多为信用债券。中国金融债券的发行最早出现于北洋政府时期，后来，国民党政府时期也曾多次发行过"金融公债""金融长期公债"和"金融短期公债"。新中国成立之后的金融债券发行始于1982年。该年，中国国际信托投资公司率先在日本东京证券市场发行了外国金融债券。

公司债券是指由公司依照法定程序发行、约定在一定时期还本付息的有价证券。对债券持有人来说，它只是向公司提供贷款的证书，所反映的只是一种普通的债权债务关系。债券持有人虽无权参与股份公司的管理活动，但每年可根据票面的规定向公司收取固定的利息，而且获得利息的顺序先于股东分红。在股份公司破产清理时亦可优先收回本金。公司债券期限一般较长，债券一旦到期，股份公司必须偿还本金，赎回债券。

4. 根据债券是否可转换为公司股票分类

根据债券是否可转换为公司股票可将债券划分为可转换债券和不可转换债券。

可转换债券是指债券持有人可按照发行时约定的价格将债券转换成公司的普通股票的债券。如果债券持有人不想转换，则可以继续持有债券，直到偿还期满时收取本金和利息，或者在流通市场出售变现。如果持有人看好发债公司股票增值潜力，便可以行使转换权，按照预定转换价格将债券转换成股票，发债公司不得拒绝。该债券利率一般低于普通公司的债券利率，企业发行可转换债券可以降低筹资成本。可转换债券持有人还享有在一定条件下将债券回售给发行人的权利，发行人在一定条件下拥有强制赎回债券的权利。

不可转换债券，又称普通债券，是指不能转换为普通股的债券。

5. 根据是否有财产担保分类

根据是否有财产担保可将债券分为抵押债券和信用债券。

抵押债券是指债券发行人在发行一笔债券时，通过法律上的适当手续将债券发行人的部分财产作为抵押的债券，一旦债券发行人出现偿债困难，则卖出这部分财产以清偿债务。在这一法律关系中有债券和信托协议两个凭证，涉及债券发行人、债券持有人和债券信托人三方面的关系。债券信托人代表债券持有人保管抵押品或留置品。债券发行人到期无力偿还本息时，债券持有人通过其信托人行使对抵押品或留置品的处理权。

信用债券是指不以任何公司财产作为担保、完全凭信用发行的债券。债券持有人只对公司的非抵押资产具有追索权，企业的盈利能力是这些债券投资人的主要担保。信用债券没有财产担保，因此在债券契约中都要加入保护性条款。

6. 根据是否有固定利率分类

根据发行债券时利率是否固定可将债券划分为固定利率债券和浮动利率债券。

固定利率债券是指在发行时规定利率在整个偿还期内不变的债券。它不考虑市场变化因素，因而其筹资成本和投资收益可以事先控制，不确定性较小。但债券发行人和投资者仍然必须承担市场利率波动的风险。如果未来市场利率下降，发行人能以更低的利率发行新债券，则原来发行的债券成本就显得相对高昂，而投资者则获得了相对现行市场利率更高的报酬；反之，如果未来市场利率上升，新发行债券的成本增大，则原来发行的债券成本就显得相对较低，而投资者的报酬则低于购买新债券的收益。

浮动利率债券是指债券利率随市场利率变动而调整的债券。因为浮动利率债券的利率同当前市场利率挂钩，而当前利率又与通货膨胀率有很强的关联性，因此，浮动利率债券可以较好地抵御通货膨胀风险。

7. 根据偿还期限差别分类

根据偿还期限可将债券分为一次性到期债券和分期还本债券。

一次性到期债券是指发行人在债券到期日一次偿还全部债券本金的债券。

分期还本债券是一种分批多次偿还本金的债券。在债券发行的当时就规定有不同到期日。

8. 根据是否能够提前赎回分类

根据能否提前赎回可将债券分为可赎回债券和不可赎回债券。

可赎回债券是指债券到期前发行人可以按事先约定的赎回价格收回的债券。

不可赎回债券是指不能在债券到期前收回的债券。

（三）债券主要产品介绍

1. 国债

国债是中央政府为筹集财政资金而发行的一种政府债券。国债以国家信用为基础，风险较小，因此也被称为金边债券。发行国债筹集的资金一般用于平衡财政收支、进行公共基础设施建设等方面。国债是我国债券市场早期阶段最主要的品种。

2. 地方政府债

地方政府债是地方政府发行的债券，也被称为市政债券。发行债券的资金一般用于地方性公共基础设施建设。地方政府债券通常按照资金的用途和偿还资金的来源分为一般责任债券和专项债券。专项债券是发行债券收入用于某一市政工程建设，如高速公路、桥梁、水电系统等。我国地方政府债券经历了禁止发行、代发代收、自发代还和自发自还四个阶段。

从地方政府债存量期限情况来看，5 年期占比最大。1 年期以下的地方政府债较少，目前暂没有 10 年期以上品种，其余 3 年期、5 年期、7 年期和 10 年期占比均在 20% 以上。地方政府债主要通过质押式回购为主。地方政府债可以在银行间市场和交易所交易。

3. 政策性银行债

政策性银行债，也称政策性金融债。它是国家开发银行、中国农业发展银行、中国进出口银行为筹集信贷资金而发行的债券。1994 年 4 月，国家开发银行通过派购发行的方式首次发行政策性银行债，而以市场化方式发行则最早于 1998 年由国家开发银行推出。随后，中国进出口银行和中国农业发展银行相继发行政策性银行债。

4. 央行票据

央行票据是中国人民银行在银行间市场发行的短期债券，期限为 3 个月到 3 年。发行目的是调节商业银行的超额准备金。它是中国人民银行调节基础货币的货币政策工具之一。央行票据在 20 世纪 90 年代就开始作为货币政策工具使用。

5. 企业债

企业债指的是具有法人资格的企业发行的债券。企业债的发行，经历了扩张、调整和再次发展等多个阶段。我国企业债的出现始于 20 世纪 80 年代。具体而言，《企业债券管理暂行条例》于 1987 年颁布施行，对企业债实行集中管理分级审批。随后由于经济过热，债券融资需求增加，企业债发行存在失控的隐患，可能对企业形成冲击，于是 1993 年 8 月《企业债券管理条例》出台，企业债发行受到约束。1998 年，中国人民银行提出了调整企业管理制度的建议并得到国务院同意，企业债开始再次发展，发行主体集中在大型企业。2011 年，国务院对《企业债券管理条例》进行了修订。2014 年 9 月，国务院发布《关于加强地方政府性债务管理的意见》，明确指出不允许政府以直接、间接形式为融资平台公司提供担保。2015 年 10 月，国家发展改革委出台《关于进一步推进企业债券市场化方向改革有关工作的意见》，简化了审批流程。根据发行主体是否属于城投平台类公司，企业债可以细分为城投债和产业债。根据发行企业隶属关系分类，企业债分为中央企业债券和地方企业债券两类，中央企业债发行人为隶属于中央政府的重点企业，地方企业债发行人为隶属于地方政府的工商企业及金融性质投资公司。

6. 公司债

公司债指的是有限责任公司和股份有限公司发行的债券。公司债根据其发行对象的不同，分为公募公司债和私募公司债。其中，公募债又可以分为大公募和小公募。大公募公司债面向公众投资者，而小公募和私募公司仅面向合格投资者。2007 年 8 月，中国证监会发布了《公司债券发行试点办法》，规范管理公司债的发行。后来，为适应债券市场改革发展的新趋势，中国证监会对《公司债券发行试点办法》进行修订。2015 年 1 月，《公司债券发行与交易管理办法》发布，公司债发行主体由上市公司扩大至所有公司制法人（除地方融资平台），公开发行采用核准制，非公开发行实行备案制，发行条件放宽，发行规模快速扩张。

7. 短期融资券和中期票据

短期融资券（包括一般短期融资券和超短期融资券）和中期票据都是具有法人资格的非金融企业在银行间债券市场发行并约定在一定期限内还本付息的债务融资工具。广义基金和商业银行是它们最主要的投资者。短融的期限为 1 年以内，中期期限为 1 年以上，以 3~5 年为主，7~15 年的相对较少。

三、股票

（一）股票的概念与特征

1. 股票的概念

股票是投资者向股份有限公司投资入股提供资金的权益凭证，每股股票都代表股东对企业拥有一个基本单位的所有权，它是一种综合权利，包括获取股息与红利、参与公司重大决策等权利。股票可以作为流通交易对象进行买卖与抵押，是金融市场上最主要的长期信用工具之一。

票面价值又称股票票值或票面价格，是股份公司在发行股票的票面上标明的具体金额，用于表示每一张股票所包含的资本数额。当股票进入流通市场，股票票面价值与股票实际价格就无任何关系，即无论价格变化如何，票面价值都不会发生变化。

账面价值又称股票净值或每股净资产，它是每股股票所代表的实际资产的价值，是衡量股票是否存在投资价值的重要依据。每股账面价值为公司净资产减去优先股账面价值后除以发行在外的普通股票的股数。

2. 股票的特征

（1）参与性

股票的持有者就是股份有限公司的股东，具有出席股东大会、选举公司董事会、通过投票方式参与公司重大决策的权利。股东所持有的股份份额将决定其参与公司决策的权力大小。

（2）无返还性

股票是一种无期限的法律凭证。投资股票后，任何投资者都不能向公司要求退还股本，因为股权反映的是所有权关系而不是债务关系。

（3）流通性

股票的流通性是指股票在不同投资者之间的可交易性。在金融市场中，其持有者可以将股票按照股票的市场价格转让给第三者，也可以进行抵押融资。流通性通常以可流通的股票数量、股票成交量以及股价对交易量的敏感程度来衡量。可流通股数越多，成交量越大，价格对成交量越不敏感，股票的流通性就越好，反之就越差。股票的流通使投资者可以在市场卖出所持有的股票，以获得现金。通过股票的流通和股价的变动，可以看出人们对于相关行业和上市公司发展前景与盈利潜力的判断。那些在流通市场上吸引大量消费者、股价不断上涨的行业和公司，可以通过增发股票，不断吸收大量资本进入生产经营活动，进而收到优化资源配置的效果。

（4）收益性

股票的收益性主要表现在所有股票的持有人都可以按照股份有限公司的章程从公司领取股息红利，获取投资的经济利益。此外，股票的收益还可以通过低价买入、高价卖出的方式赚取。在通货膨胀时期，股票价格往往会随着公司原有重置价格的上升而上涨，从而实现资产保值增值。

（5）风险性

由于股票的价格受到公司经营状况、经济周期、金融政策、政府财政及国际形势等多方面因素的影响，价格波动具有很大的不确定性。在公司经营不善甚至破产的不利条件下，股票持有者往往不能获得预期回报，甚至造成资本金的损失，也会由于系统风险因素使二级市场的投资者因波动而造成投资损失。

（二）股票的分类

1. 根据股东权利进行分类

（1）普通股

普通股指的是在公司的经营管理和盈利及财产的分配上享有普通权利的股份。普通股是公司资本中最基础、最重要的组成部分。普通股也是风险最大的股票，其股利分配不固定，而且每股净资产会随着公司经营状况的变化而发生变化。普通股股东享有以下权利：

第一，经营决策投票权。普通股股东具有参加股东大会的权利，以及享有建议权、表决权和选举权，也可以委托其他人代为行使股东拥有的权利。

第二，利润分配权。普通股股东有权从公司利润中分配得到股息。由于公司盈利状况及其分配政策具有不确定性，普通股的股息不固定。另外，需要说明的是，普通股股东获得的股息需在优先股股东分配之后再从公司的净利润中获取。

第三，优先认股权。它是指公司在增发新股时会给予普通股股东优先认股权。因此，普通股持有人有权按其持股比例，以低于市价的某一价格优先购买一定数量新发行的股票。如果股东不愿意购买新股，也可以将优先认股权转卖给他人。

第四，剩余资产分配权。当公司出现破产或清算情况，公司资产满足债权人的清偿和优先股股东剩余财产分配后，普通股股东可以对公司剩余财产进行分配。

（2）优先股

优先股本质上是一种兼具普通股和债券性质的混合型有价证券。优先股与债券类似，优先股具有不受公司经营状况影响的固定股息，它比普通股优先领取股息。当公司出现破产或清算情况时，优先股股东对公司剩余财产的要求权排在债权人之后，但要优先于普通股股东。同普通股一样，优先股代表了公司的所有权，不过它一般不参加公司的红利分配。而且一般情况下，优先股也不具备表决权，对公司的经营决策不起实际影响。

（3）后配股

后配股是指在红利及剩余财产分配时比普通股处于劣势的股票，一般是在普通股分配后，对剩余利益进行再分配。如果公司的盈利巨大，后配股的发行数量又很有限，则购买后配股的股东可以取得很高的收益。发行后配股，一般所筹措的资金不能立即产生收益，投资者的范围又受限制，因此利用率不高。以下情况一般会发行后配股：其一，公司为筹措扩充设备资金而发行新股票时，为了不减少对旧股的分红，在新设备正式投用前，将股票作后配股发行；其二，企业兼并时，为调整合并比例，向被兼并企业的股东交付一部分后配股；其三，在有政府投资的公司里，私人持有的股票股息达到一定水平之前，把政府持有的股票作为后配股。

2. 其他分类形式

（1）根据股票是否记载了股东姓名进行分类

记名股票，是指在股票上记载股东姓名或名称的股票。此类股票有利于公司了解、掌握股东的人数及股票的流向，便于公司控制。但记名股票的发行和流通手续相对复杂，如需转让，必须经公司办理过户手续。

不记名股票，是指股票票面不记载股东姓名的股票。不记名股票只凭股票所附息票领取股息，可以自由转让，不需办理过户手续。如需转让，只需交付就可生效。

（2）根据股票是否有票面价值进行分类

有票面价值股票是指股份公司在所发行的股票票面上标明票面金额，其作用是用来表明每一张股票所包含的资本数额。

无票面价值股票只标明股票和公司资本总额，或每股占公司资本的总额比例。

四、外汇

（一）外汇与汇率的基本概念

1. 外汇的定义

外汇是"国际汇兑"的简称，它有动态和静态两种含义。其中，静态的含义是指可用于国际结算的外国货币及以外币表示的资产；动态的含义则是把一国货币兑换为另一国货币，借以清偿国际债权债务关系的一种专门的经营活动。简单而言，外汇是货币行政当局以银行存款、财政部库券、长短期政府证券等形式所保有的在国际收支逆差时可使用的债权。因此，外汇包含以下几层含义。

第一，外汇必须以外币表示。任何以本币表示的信用工具、支付手段、有价证券等对本国人而言都不能称为外汇。

第二，外汇不仅包括外币，还包括其他信用工具和有价证券。《中华人民共和国外汇管理条例》中的外汇涵盖外币现钞，包括纸币、铸币；外币有价证券，包括债券、股票等；外汇支付凭证或者支付工具，包括票据、银行存款凭证、银行卡等；特别提款权；其他外汇资产。

第三，外汇必须是可以自由兑换为其他形式或以其他货币表示的资产。

第四，外汇应具有普遍接受性，即在国际经济往来中被各国普遍接受和使用，是能够在国外获得补偿的债权。

2. 汇率的定义与标价方法

汇率也称汇价，它表示两种不同货币之间的比价，即以一种货币表示另一种货币的价格。外汇是可以在国际上自由兑换、自由买卖的资产，也是一种特殊商品，汇率就是这种特殊商品的"特殊价格"。不同的货币可以相互表示对方的价格，由此产生两种基本的汇率标价方法。

（1）直接标价法

直接标价法是指以一定单位的外国货币为标准，来计算折合若干单位本国货币的汇率标价的方法。例如，2020年11月4日，中国公布的人民币兑美元的基准汇率为100美元兑换人民币中间价为669.57元。目前包括中国在内世界上绝大多数国家都采用直接标价法。

（2）间接标价法

间接标价法是指以一定单位的本国货币为标准，来计算折合若干单位的外国货币的汇率标价的方法。采用这种标价法的国家相对较少，主要国家包括英国和美国。

在直接标价法下，当一定数量的外币折合本币的数量增加时，则为本币贬值，外币升值。反之，当折合本币的数量减少时，则为本币升值，外币贬值。在间接标价法下，情况正好与直接标价法相反。

3. 汇率的种类

（1）按制定汇率的不同方法可分为基本汇率和套算汇率

基本汇率是本国货币与关键货币之间的比价。与本国有关的外国货币往往有许多种，难以逐个确定汇率，所以往往选择在本国国际收支中使用最多、外汇储备中所占比重最大，同时又是在国际上普遍接受、可以自由兑换的关键货币作为本国与其他货币之间汇率的制定基准。目前，美元在国际贸易与金融领域占据主要地位，是国际支付中使用最多的货币，因此许多国家将本币对美元的汇率定为基本汇率。

套算汇率是在基本汇率的基础上套算出的本币与其他货币之间的汇率。例如，某日人民币对美元的汇率为6.12，伦敦外汇市场是1英镑等于1.5美元，则人民币对英镑的汇率可按此套算为：$6.12 \times 1.5 = 9.18$ 元，意味着1英镑可以兑换9.18元人民币。

（2）按外汇买卖成交后交割时间的长短可分为即期汇率和远期汇率

即期汇率是外汇现货交易时使用的汇率。这一汇率一般就是现时外汇市场上的汇率水平。

远期汇率也称期汇率，是交易双方达成外汇买卖协议，约定在将来某一时间进行外汇实际交割所使用的汇率，这一汇率是双方以即期汇率为基础约定的，但往往因利率差异、供求关系、汇率预期等因素而与即期汇率有一定的差价，其差价称为升水（高于即期汇率）或贴水（低于即期汇率）。

（3）从银行买卖外汇的角度可分为买入汇率和卖出汇率

买入汇率，也称买入价，是银行向同业或客户买入外汇时使用的汇率。采用直接标价法时，以外币折合本币较少的汇率为买入价。

卖出汇率，也称卖出价，是银行向同业或客户卖出外汇时使用的汇率。采用直接标价法时，以外币折合本币较多的汇率为卖出价。

银行买卖外汇的差价是其获得的收益，一般约为千分之一到千分之五。

（4）按国际汇率制度的不同可分为固定汇率和浮动汇率

固定汇率是指政府用行政或法律手段选择基本参照物，并确定、公布和维持本国货币与该单位参照物的固定比价。充当参照物的可以是黄金，也可以是某一种货币或某一组货币。固定汇率并非固定不变，在纸币流通的条件下，当经济形势发生较大变化时，就需要政府对汇率水平进行调整。

因此，纸币流通条件下的固定汇率制度实际上是一种可调整的固定汇率制度。

浮动汇率是指汇率水平完全由外汇市场上供求决定，政府不加干预的汇率制度。在现实中，各国政府或多或少地都对汇率水平进行干预和指导。有干预和指导的浮动汇率被称为管理浮动汇率。在可调整的固定汇率制度与管理浮动汇率制度之间，又有许多形形色色的折中的汇率制度。

（5）按汇率是否经过通货膨胀调整可分为名义汇率和实际汇率

名义汇率是由官方公布的，或在市场上通行的、没有剔除通货膨胀因素的汇率。

实际汇率是在名义汇率的基础上剔除通货膨胀影响的汇率。

4. 汇率决定的基础

汇率的决定受到多种因素的影响，是一个极其复杂的过程，但决定汇率的基础是两国货币所具有或所代表的价值量之比。在不同的货币制度下，各国货币所具有或所代表的价值不同，汇率决定的基础也不同。

（1）金币本位制度下汇率决定的基础

在金币本位制度下，各国都规定每一单位金铸币所包含的黄金重量与成色，即法定含金量。两国货币间的比价是由它们各自的含金量对比来决定的，这种以两种金融铸币含金量之比得到的汇价被称为铸币平价。在金币本位制度下，汇率决定的基础就是铸币平价，实际汇率则随两种货币供求关系的变化而围绕铸币平价上下波动，但其波动幅度受制于黄金输送点。这是因为在金币本位制度下，国际结算可以采用汇票支付和直接运送黄金两种方式，若汇率的波动使采用结汇的方法较为不利时，人们便可选择直接运送黄金的方式进行清算，从而制约了汇率波动的幅度。

由此可见，在金币本位制度下，汇率的波动是以黄金输出点为上限，以黄金输入点为下限，围绕铸币平价上下波动，所以汇率波动幅度较小，基本是稳定的。

（2）金块本位和金汇兑本位制度下汇率决定的基础

在金块本位制度下，黄金已很少充当流通手段和支付手段，金块绝大部分为政府所掌握，其自由输出入受到限制。同样，在金汇兑本位制度下，黄金储备集中于政府手中，在日常生活中，黄金不再具有流通手段的职能，输出入受到极大限制。在上述两种货币制度下，汇率由两种纸币所代表的含金量之比决定，即汇率决定的基础为法定平价。实际汇率随供求关系围绕法定平价上下波动，但由于黄金的输出入受到限制，汇率波动的幅度已不再受制于黄金输送点，与金币本位制度相比，汇率的稳定程度较低。政府通过设立外汇平准基金来维护汇率稳定。

（3）纸币制度下汇率决定的基础

纸币是价值的符号，在与黄金脱钩了的纸币制度下，两国纸币各自所代表的价值量或购买力是汇率决定的基础。

5. 影响汇率变动的主要因素

汇率作为一国货币对外价格的表示形式受到很多因素的影响，这些因素既包括经济因素又包括政治和社会因素，下文仅选择几个较为重要的因素加以分析。

（1）国际收支

一国的国际收支状况会影响外汇供求状况，从而引起汇率的变化，其中，贸易收支差额又是影响汇率变化最重要的因素。当国际收支出现逆差时，对外汇的需求大于外汇的供给，外汇汇率上升。反之，当出现国际收支顺差时，外汇的供给大于需求，外汇汇率下降。20世纪80年代中期，日本对美国持续大量的贸易顺差是导致美元兑日元不断贬值的重要原因。必须指出的是，国际收支状况并非一定会影响汇率，这主要看国际收支差额的性质。短期、临时、小规模的国际收支差额，会轻易地被国际资金流动、相对利率和通货膨胀率、政府在外汇市场上的干预和其他因素所抵销。而长期巨额的国际收支顺差或逆差的存在，一般会引起本币升值或贬值，从而引起汇率的波动。

（2）国民经济发展状况

国民经济的发展状况对国际收支的影响具有长期性和持久性。如果一国的劳动生产率长期高于别国，经济增长率较高，经济结构较合理，国民经济健康发展，从长远的角度看，将使本国货币在国际外汇市场上保持较强的地位。

（3）相对通货膨胀率

在纸币制度下，几乎所有国家都发生不同程度的通货膨胀。当一国发生通货膨胀时，该国货币购买力下降，纸币对内贬值。一般而言，相对通货膨胀率较高的国家，其货币的国内价值下降相对较快，其货币汇率也随之下降。

（4）相对利率

利率作为使用资金的代价，其变动必然会影响该国资金的流动，进而影响该国货币的汇率。若一国相对利率较高，使用本国货币资金成本上升，在外汇市场上本国货币的供应相对减少；同时，还会吸引外资内流，从而一起推动本国货币汇率的上升。

利率对长期汇率的影响是十分有限的，其对汇率的影响一般都是短期的，会随着时间的延长而逐渐减弱。

（5）宏观经济政策

一般来说，扩张性财政政策、货币政策会带来财政赤字和通货膨胀，从而使本币贬值。而紧缩性财政政策、货币政策的影响与之相反。但这种影响是相对短期的、宏观经济政策对汇率的长期影响要视这些政策对经济实力和长期国际收支状况的影响而定。

（6）国际储备

较多的国际储备说明政府干预外汇市场、稳定货币汇率的能力较强，因此，国际储备增加能加强外汇市场对本国货币的信心，从而有助于本国货币汇率的上升。相反，国际储备的减少则可能引起本国货币汇率的下降。

（7）心理预期

心理预期包括经济、政治和社会等许多方面，有时能对汇率产生重大的影响。就经济方面而言，主要包括对汇率本身的预期和对影响汇率变化的各类经济因素变化的预期。心理预期常因各类信息的传播而改变，是短期内影响汇率变动的主要因素之一。

（8）政治事件

国际上的重大政治事件，如一国政局不稳、持不同政见的国家领导人的更迭、战争爆发等，都会导致汇率暂时或长期的变动。其原因在于，这些因素一旦发生变化，都会不同程度地影响有关国家的经济政策、经济秩序和经济前景，从而影响人们的心理预期，最终导致汇率的波动。

五、黄金

（一）黄金的金融属性

从 20 世纪 70 年代开始，美国出现新一波金融创新浪潮，在黄金现货交易基础上，逐渐衍生出黄金期货、期权、借贷、租赁、账户黄金、黄金ETF 等投资品种，黄金在金融投资组合中的重要性日益凸显。黄金的金融投资属性衍生出了黄金的保值增值功能，当前，黄金资产逐渐演变成为一种公司理财、居民投资理财的重要工具。

1. 黄金作为投资品的属性

黄金和股票、期货、债券、外汇同属金融市场的重要投资品种，是金融市场的投资工具之一。在动荡的世界政治、经济形势下，黄金以其显著的保值避险特点，日益受到众多投资者的青睐，成为低利率时代不可或缺的投资工具。

从安全性来看，黄金具有稳定的物理属性，是历史最悠久的金融产品之一，而且是规避通货膨胀风险的最佳选择。近几十年来通货膨胀导致各国货币贬值的情况十分普遍。通货膨胀达到一定程度时，民众避险情绪显著，任何政治波动甚至传言，都会引起人们抢购高价值物品如黄金、宝石等，以此对抗信用货币可能产生的风险。

从流动性来看，较一般商品而言，黄金的变现能力更强。投资者可根据黄金价格的波动进行买卖，进出场均无时间限制，依据个人资金情况随时入市和出市，具备变现性和灵活性。即使是非标准黄金产品（如金制首饰），在急需资金时的融资能力也强于房地产等固定资产，可通过典当或抵押贷款等形式作为抵押物快速获得资金。

从盈利性来看，把握国际政治、经济形势的长期发展脉络，投资黄金的长期收益较为可观。黄金作为金融投资品种，与其他投资资产一样，价格具有一定的波动性，黄金的价格波动幅度通常小于股票等金融资产。黄金长期投资收益具有优势，过去的数十年黄金是最好的投资资产之一，持有黄金的长期收益率通常会高于同期的银行存款利率。

2. 黄金理财工具

按照交易类型和交易方式的不同可分为黄金现货交易市场和黄金衍生

品交易市场。黄金现货交易基本上是即期交易，在成交后即交割或者两天内交割，交易标的主要是金条、金锭和金币，珠宝首饰等也包含其中。黄金衍生品交易主要目的是套期保值和投机套利，是现货交易的补充，成交后不久即交割，而由交易双方签订合同，交付押金，在预定的日期再进行交割。

按照交易所划分，黄金理财工具可分为场内交易工具和场外交易工具。

（1）黄金场内交易工具

黄金场内交易是指在交易所提供的场所以及由此延伸出来的电子交易平台之上，交易者平等参与，按照"价格优先、时间优先"的原则达成交易。如美国芝加哥商业交易所（CME）、上海黄金交易所、印度多种商品交易所、迪拜商品交易所、东京商品交易所（TOCOM）等都是由场内交易决定黄金即时价格。

目前，我国黄金场内交易主要通过上海黄金交易所、上海期货交易所、上海证券交易所和深圳证券交易所挂牌合约完成，具体包括：

黄金现货。它主要通过上海黄金交易所挂牌的现货合约完成。根据交易模式的不同，交易所的现货合约分为竞价交易合约、集中定价交易合约以及其他经中国人民银行批准的合约等。

黄金期货和黄金期权。黄金期货是指以黄金市场未来某时点的黄金价格为交易标的的标准化合约，黄金期权是投资者依据事先约定的价格、期限购买一定数量标准化黄金的权利，两者属于黄金衍生品，主要功能体现在套期保值和风险管理上。我国黄金期货和黄金期权是上海期货交易所挂牌交易的。

黄金ETF。它是将大部分基金资产投资于上海黄金交易所挂牌交易的黄金品种，紧密跟踪黄金价格，使用黄金品种组合或基金合同约定的方式进行申购赎回，并在证券交易所上市交易的开放式基金。

（2）黄金场外交易工具

黄金场外市场是指黄金企业和商业银行之间存在的无形交易市场。交易通过电话或网络、做市商报价完成，具体包括：

询价业务，指在交易所指定询价交易平台达成的询价交易业务，或交易双方通过其他方式达成询价交易后，在交易所进行的询价登记，以及其在交易所开展的结算、交割等业务。

租借业务，指黄金市场中的一方（出租方）以租赁的方式按一定期限向另一方（承租方）出租实物黄金，到期后收回等量实物黄金，并以合同约定方式收取租借费的业务模式。

账户黄金，又称"纸黄金"业务，是商业银行向个人客户提供的，采用账户记载形式，以人民币或美元买卖黄金份额的投资交易产品。商业银行提供买卖双方报价，客户可根据需要，在柜面按照相关报价转换为品牌黄金并提取实物。

黄金积存，又称黄金定投业务，是指客户在商业银行开立黄金积存账户，按商业银行标的黄金产品的固定重量或固定金额进行积存，银行根据客户的申请周期自动在其账户上扣除相应款项。

（二）影响黄金价格波动的因素

20世纪70年代布雷顿森林体系解体以后，国际黄金市场取消官方定价，黄金非货币化和价格市场化进程逐渐开启。伴随着全球黄金市场和黄金行业的发展，影响黄金价格变动的因素逐渐增多，黄金价格的形成机制日益复杂。总体而言，影响黄金价格波动的因素主要包括以下几方面。

1. 供给因素

一般来说，黄金供需的基本情况在中长期内会影响黄金的价格。全球黄金的供应主要来自矿产金、生产者套期净头寸、官方机构售金、再生金和进口黄金。黄金矿产资源的开采是黄金供应最主要的来源，全世界每年金矿产量为3 000吨左右，且每年产量平稳。生产者套期净头寸是生产者为了规避价格风险，卖出和买入的期货等衍生品数量之差。官方机构售金是指持有黄金储备的国家为发展对外贸易和进口的需要而出售黄金储备换取外汇资产。再生金主要来自旧首饰、报废的计算机零件、电子设备、义齿以及其他黄金制品的回收熔化，再生金受价格影响较大。

2. 需求因素

黄金兼具商品属性和金融属性，因此，黄金需求主要分为商品制造消费需求和市场投资需求。具体而言，黄金的需求主要来自制造业、实物零售和金融投资等方面。

制造业需求。制造业需求包括首饰用金和工业用金两部分，其中首饰用金多于工业用金，主要原因在于黄金非货币化后，社会的首饰用金需求激增，黄金制品的装饰用途迅速扩大。传统金饰消费大国为印度、中国、沙特阿拉伯、阿联酋、土耳其等。首饰用金需求对黄金价格的影响较大，呈现季节性与周期性，通常第一季度及第四季度首饰金需求增长明显。而工业用金受行业发展形势影响，需求相对平稳，对金价影响较小。

实物零售需求。实物零售需求主要体现在投资金条、金币和金章等金制品的投资需求上。投资金条是在标准金锭的基础上再加工成的面向一般民众的实金投资小金条，同时，标准金锭也可以作为投资金条。我国黄金市场开发以来，投资金条的需求量呈现持续增长状态。金币分为流通性金币和纪念性金币，是一种实物金投资产品，随着金币产品日益丰富，越来越多的民众认可并购买投资产品。

金融投资需求。随着黄金市场功能日益丰富和多元化，黄金投资品种日益增多，黄金投资需求构成更加复杂，黄金产业链的上下游企业、商业银行及社会各类投资者均有黄金投融资需求。黄金市场的产品体系伴随着市场需求逐步完善，涵盖黄金现货、黄金延期、询价业务、黄金租借、黄金ETF、账户黄金、积存金、黄金期货等业务种类。

3. 美元汇率

当前国际黄金市场上，黄金的价格主要是以美元进行标价，并且黄金也是美元资产的替代投资工具。当美元等信用货币出现贬值时，由于黄金作为硬通货的价值较为稳定，黄金价格相对贬值的美元来说属于上涨趋势，这也是黄金抗通胀功能的原理。

4. 通货膨胀率和利率水平

通货膨胀实质上反映的是宏观经济的变化，美国、欧盟等经济体宏观经济疲软时，多以通货膨胀率的升高为信号。此时，美联储、欧洲央行等货币政策的制定者就会在是否加息上进行利率决策。如果市场有加息和通胀的预期，在金融市场上，特别是股票市场上的资金就会寻找避险港湾而流向黄金市场，黄金价格随之上涨。

黄金价格与通货膨胀的相关性，正是黄金货币属性和金融属性的重要表现。一方面，黄金作为经济颓势背景下的硬通货，其货币属性得到进一步发挥，黄金价格随着通货膨胀的升高而上升；另一方面，黄金作为商品，其价格是价值的体现，在面临通货膨胀时，黄金作为商品的价格呈现上升趋势。

5. 石油价格

工业革命以来，黄金扮演着硬通货的角色，而有着"黑金"之称的石油则是工业文明的血液。黄金价格与石油价格的关系十分紧密，通常两者呈正相关关系，但历史上也发生过例外的情况。

石油价格的上涨，带来投资者对商品价格普遍上涨的预期，即通货膨胀预期，此时黄金作为硬通货的保值避险功能凸显，黄金价格随之上涨。但这一同向运动的关系并非立竿见影，由于美国等主要资本主义国家建立了石油等战略物资的储备，短期的油价高涨可能会被储备油的释放缓冲，因此，石油价格与黄金的同向关系在短期内并不十分显著。此外，石油的主要产出国集中在中东地区，中东地区将石油售出后，所持有的美元也随之增加。这部分石油美元又以投资美国的股票、债券等形式回流进入美国，刺激美国经济的增长从而带动美元升值，可能使以美元标价的黄金价格下降。

6. 全球地缘政治局势

黄金、白银等贵金属的价格之所以会受到国际地缘政治的影响，是由全球各个利益主体对于资源的争夺以及黄金、白银等贵金属的保值避险功能共同决定的。美国等发达国家是石油能源消费的主要国家，而中东是石油等能源的主产区，围绕能源资源的争夺，中东地区先后发生多次战争，局势一旦发生动荡，黄金作为硬通货的避险保值功能也会凸显，黄金价格将飙升。据统计，1973 年 10 月第四次中东战争爆发以后，黄金价格连续上涨 9 个月，涨幅达 88%。除此之外，苏联入侵阿富汗、伊拉克入侵科威特、两次海湾战争、"9·11"事件、两伊战争、伊拉克战争等事件发生后，黄金价格都出现不同程度的上涨。

第三节　金融衍生类产品

金融衍生类产品是依赖于基础金融标的、资产的创新类产品，主要包括远期、期货、期权、互换等。衍生类金融产品在投融资、价格发现、套期保值等方面发挥巨大的作用。本节主要介绍金融衍生类产品的基本概念及其特征。

一、金融衍生类产品概要

（一）金融衍生类产品的基本概念

金融衍生类产品是指在金融基础类产品之上派生出来的金融工具，其形式是载明买卖双方交易品种、价格、数量、交割时间和地点等内容的规范化或标准化合约与证券。一般而言，金融衍生类产品具体是指远期、期货、期权、互换等以标准化合约形式存在的金融工具，交易双方买到或卖出的只是一张标准化的合同，交易受有关法律和交易所制度规则的保护。金融衍生类产品的内核是合约，其基本要素包括合约标的物、约定的执行价格、标的物数量和单位、交割的具体方式、交易双方的权利和义务等。

1. 期货与远期合约

期货，又称期货合约，是指交易的买卖对象或标的物由有组织的期货交易所统一制定，规定了某一特定的时间和地点交割一定数量和质量的商品、金融产品或其他标的物的标准化合约。根据具体标的物的不同，期货一般可分为商品类期货、金融类期货和其他类期货。

远期合约是指合约双方承诺以当前约定的条件在未来规定的日期交易商品或金融工具的合约，它规定了明确的交易商品或金融工具类型、价格及交割结算的日期。远期合约是必须履行的协议，其合约条件是为交易双方量身定制的，合约条款因合约双方的需要不同而不同，通过场外交易达成。远期合约种类主要有远期利率合约、远期外汇合约、远期股票合约等。

2. 期权与权证

期权是指在未来一定时期可以买卖某种商品或资产的权利。作为衍生类产品，期权是一种标准化合约，合约的持有人向签发人支付一定数额的权利金后拥有在未来某一段时间内（美式期权）或未来某一特定时期（欧式期权），以事先约定的执行价格，向合约签发人购买或出售一定数量的标的物的权利，也可以放弃执行这种权利。合约的签发人是合约的卖方，获得期权费收入，但在合约的执行日只能被动卖出或买入合约标的物，承受比较大的价格波动风险。期权合约赋予持有人的权利为是否履约，而没有必须履约的义务，期权合约的持有人是合约的购买者，拥有的权利可能是买权，称为看涨期权；也可能是卖权，称为看跌期权。双重期权是指期权买方在一定时期内有权选择以预先确定的价格买进，也有权选择以该价格卖出约定数量标的物的期权合约。期权一般在有组织的交易所或银行柜台交易。

权证是由上市公司发行，赋予持有人能够按照特定的价格在特定的时间内购买或出售一定数量该上市公司普通股票的选择权凭证，简称权证。它赋予持有人的是一种权利而不是义务。上市公司常常把权证作为新股配售的一部分，用权证来吸引投资者认购新股。如果权证标的股票的价值能随时间增加，那么权证也能增强股东的信心。权证按照持有人的买卖权利分为认购权证和认沽权证。权证持有人能够在特定的时间内以特定的价格从发行人处购买一定数量标的证券的权证为认购权证，也称看涨权证；相反，权证持有人能够在特定的时间内以特定的价格向发行人出售一定数量标的证券的权证为认沽权证，或称看跌权证。权证按行权时间分为美式权证、欧式权证和百慕大式权证。美式权证持有人在权证到期日以前的任何时间均可对权证进行行权；欧式权证持有人只有在权证到期日当天才可以对权证进行行权；百慕大式权证的行权时间介于二者之间，一般是到期前的某几天可以行权。

3. 互换

互换是交易双方通过签订合约的形式在规定的时间调换货币或利率，或者货币与利率同时交换，达到规避管制、降低融资成本的目的。互换交易主要是指对相同货币的债务和不同货币的债务通过金融中介进行调换的行为。互换交易是 20 世纪 80 年代初出现的重要的金融创新业务。目前，互换交易已经从量向质的方面发展，比如，出现了互换同业交易市场。在这个市场上，互换交易的一方当事人提出一定的互换条件，另一方就能立即以相应的条件承接下来。互换最初只在融资领域进行，后来拓展到商品互换、期权互换、信用互换、天气互换、互换期权等。

（二）金融衍生类产品的特征

金融衍生类产品一般具有以下四个基本特征。

1. 跨期或掉期交易

金融衍生类产品是为规避或防范未来价格、利率、汇率等变化风险而创设的合约，合约标的物的实际交割、交收或清算都是在未来约定的时间进行，因此，金融衍生类产品所载明标的物的交易是跨期交易。跨期交易也称为掉期交易，可以是即期与远期的跨期，也可以是远期与远期的跨期。

2. 杠杆效应

金融衍生类产品具有以小博大的功能，交易者可以借助合约标的物市场价值 5%~10% 的保证金，或者支付一定比例的权益费而获得一定数量合约标的物在未来时间交易的权利。无论是保证金还是权益费，与合约标的物价值相比都是很小的数目，衍生工具交易相当于以 0.5~1 折买商品或金融资产，具有交易的放大效应。

3. 高风险性

金融衍生类产品的价格变化具有显著的不确定性，由此给金融衍生类产品的交易者带来很高的风险。无论是买方还是卖方，都要承受未来价格、利率、汇率等波动造成的风险。由于杠杆效应的存在，金融衍生类产品的价格变化有可能给交易的一方造成重大损失，而另一方获得收益。通常情况下，期货、期权交易的风险要比互换交易的风险大；复杂金融衍生类产品的风险比一般衍生类产品的风险大。

4. 合约存续的短期性

金融衍生类产品的合约都有期限，从签署生效到失效的这段时间为存续期。与股票、有价证券的期限不同，金融衍生类产品的存续期限较短，一般不超过一年，因为未来可预测性较强，预测长期更难。大部分金融衍生类产品合约期限按照月份周期来设定，或者按照季度周期来设定。场外交易的金融衍生类产品期限则可由交易双方协商确定。

（三）金融衍生类产品的功能

1. 套期保值

套期保值是衍生类产品为交易者提供的最主要功能，也是衍生类产品产生的根本原因。最早出现的远期合约，就是为适应农产品的交易双方出于规避价格波动风险的需要而设计的。现货供应商和采购商通过远期合约将未来的价格事先确定下来，这一合约对交易的货物发挥了套期保值的功能。其他衍生工具也是通过事先约定价格实现标的物的保值目的。

2. 价格发现

对千变万化的市场价格进行预测是十分困难的事情。但是，金融衍生类产品具有预测价格的功能。衍生产品的交易价格是对合约标的物未来价格的事先确定，如果市场竞争是充分和有效的，衍生产品的价格就是对标的物未来价格的事先发现。现货市场价格只是一个即时价格，而衍生工具交易所发现的价格是未来的价格，由于大部分衍生工具交易集中在有组织的交易所内进行，市场参与主体比较多，通过竞价方式形成市场价格，能够相对准确地反映交易对标的物未来价格的预期。

3. 投资套利

只要商品或资产存在价格波动就有投机与套利空间。金融衍生类产品交易采用现金清算，而不强制实行实物交割。金融衍生类产品将大宗商品细化为标准化的可交易合约，使交易双方买卖更加便利。金融衍生类产品都是跨期交易，存在一个期限，相同期限的不同衍生品、同一衍生品的不同期限之间往往存在套利的可能。

二、金融衍生类产品的分类

同一种衍生产品按照不同的分类标准可以归入不同的集合。一般而言，金融衍生类产品可以有以下几种分类。

（一）按照金融衍生类产品的法律形式划分

金融衍生类产品的本质是合约，依据相关的法律和法规设计。按照金融衍生类产品的法律形式可以将其划分为契约型衍生产品和证券型衍生产品。

契约型衍生产品是以标准合约的方式存在，交易双方约定了合约标的物的执行价格、交割方式、交割时间与地点等，远期、期货、期权、互换等都属于此类。

证券型衍生产品是以证券的形式存在，如权证、以抵押贷款为基础发行的债券（ABS）等。从形式上看，这些衍生产品是标准的有价证券，但是它们都隐含着一定的权利。

（二）按风险—收益的对标性划分

衍生产品从签发生效到期末失效期间带给不同交易主体的风险和收益

结果是不同的，按照风险和收益是否对称可以将衍生产品划分为风险—收益对称型衍生产品和风险—收益不对称型衍生产品。

风险—收益对称型衍生产品交易是"零和游戏"，不考虑交易手续费成本，交易双方一方的收益等于另一方的损失。远期、期货、互换等属于此类衍生产品。

风险—收益不对称型衍生产品交易带给合约双方的收益和损失不对称。期权、权证等属于此类衍生产品。期权的签发人一般要承受比较大的风险，而持有人只承受损失期权费的风险。

（三）按照衍生产品是否赋予持有人选择权划分

按照衍生产品是否赋予持有人选择权划分为期货型衍生产品和期权型衍生产品。

期货型衍生产品对持有人来说没有履约与不履约的选择权，无论是买方还是卖方，合约到期前对冲平仓，现金结算，或者交割履约。

期权型衍生产品对持有人来说有执行或放弃的选择权。期权型衍生产品对于签发人来说是没有选择权的，只能被动接受。持有人则依据标的物价格是否对自己有利而作出执行或放弃行权的选择。

三、金融衍生类产品介绍

金融衍生类产品虽然发展的历史时间较短，但却因其在融资、投资、套期保值和套利行为中的巨大作用而获得了飞速发展。下文介绍远期、期货、期权和互换等常见的金融衍生类产品。

（一）远期

1. 远期外汇交易

远期外汇交易（Forward Exchange Transaction）又称期汇交易，是指交易双方在成交后并不立即办理交割，而是约定币种、金额、汇率、交割时间等交易条件，到期进行实际交割的外汇交易。远期外汇交易规模较大，交易目的主要是保值，避免汇率波动的风险，外汇银行与客户签订的合同须经外汇经纪人担保。此外，客户还应缴存一定数量的押金或抵押品。当汇率变化不大时，银行应通知客户加存押金或抵押品，否则合同无效。客户所存的押金，银行视其为存款予以计息。

汇率变动是经常性的。在商品贸易往来中，时间越长，由汇率变动所带来的风险也就越大，而进出口商从签订买卖合同到交货、付款又往往需要一段较长的时间（通常为30~90天，有的更长），因此，有可能因汇率变动而遭受损失。进口商为避免汇率波动带来的风险，利用远期外汇交易，在收取后支付款项时，按成交时的汇率办理交割。

远期外汇持有额就是外汇头寸（Forward Exchange Position）。进出口商为避免外汇风险而进行期汇交易，实质上是把汇率变动的风险转嫁给外汇银行。外汇银行持有的外汇头寸就处于汇率变动的风险之中。为此，外汇银行就设法将外汇头寸予以平衡，对不同期限不同货币头寸的余缺进行抛售或补进，由此求得期汇头寸的平衡。具体买卖时需要考虑现汇汇率的变动，以及现汇汇率与远期汇率差额的大小。

2. 远期利率协议

远期利率协议（Forward Rate Agreement，FRA）是一种远期合约，合约的买卖双方约定未来一段时间作为利息起算日，约定某期限的协议利率、市场参照利率和计息名义本金数额，在利息起算日，双方按规定的协议利率、期限和名义本金额，由一方向另一方支付协议利率与参照利率之间的利息差额的贴现值。

（二）期货交易

期货交易（Futures Trading）是在现货交易和远期合约交易的基础上发展起来的，是交易双方通过在期货交易所买卖标准化的期货合约而进行的一种有组织的交易。期货市场交易主体大部分是公司、机构，买卖期货合约的目的是规避现货价格波动的风险，属于套期保值；而个人参与者、投资基金等一般是为了博取价格波动的差额，属于市场投机者。无论是套期保值者，还是投机者，很少有人愿意参与商品的最终实物交割，在合约到期前都以对冲的形式了结，结算差价。对冲是指买进期货合约的人，在合约到期前将合约卖掉；而卖出期货合约的人，在合约到期前买进合约来平仓。

1. 期货交易的特点

首先，期货交易是一种双向交易，市场的参与者在交易过程中既可以先买入后卖出，也可以先卖出后买入，双向交易都可以获利。只要价格有波动，涨跌都有交易获利空间。在期货交易中实行的是 T+0 的交易制度，即买入的合约可以在当日平仓，交易可以在当日利润大的时候先落袋为安，也可以在短期风险大的时候及时撤出。其次，期货交易一般需要缴纳交易保证金，交易保证金占合约价值的比重通常为 5%~20%，交易杠杆比率为 5~20 倍，"以小博大"的特征非常明显。最后，期货交易实行每日无负债结算制度，对交易者持有的未平仓合约，结算所会以每日的结算价（合约的当日均值或收盘价）计算客户的持仓合约盈亏和权益状况，当客户权益低于最低保证金水平时，期货经纪公司会向客户下达追加保证金通知。如果客户在规定的时间（一般为下一交易日开盘前）未能将保证金存入账户，经纪公司有权将客户持有的合约部分或全部强制平仓，以控制风险。

2. 期货合约规格和期货报价

期货合约规格是指对交易品种的质量、数量、最小单位、合约月份、交易时间、交易结算日、交割方式、保证金等内容作出的详细规定。

期货合约的报价形式与外汇报价基本相同，分为买入价和卖出价。交易过程还会产生一个结算价，一般为当日成交合约的加权平均价，或者直接采用收盘价作为结算价。

（三）期权

期权交易是从期货交易发展来的，也是出于规避价格、利率、汇率等风险的需要而开发设计的衍生工具，比期货更灵活、方便。

1. 期权交易的要素

期权交易过程涉及买卖双方、价格、行权规定等要素。期权的买方是指购买期权的一方，拥有期权载明的权利；卖方是指出售权利的一方，或是期权的签发人；价格称为期权费或期权价，是指买方向卖方支付的费用，相当于保险费；合约价格或执行价格是交易双方约定的未来执行期权时合约标的物的价格；通知日指期权买方要求执行合约时必须在预先确定的交割日前通知卖方的某一天，也称"声明日"；到期日，是指预先确定的合约执行日，它是期权合同有效期的终点。

2. 期权合约的种类

期权合约按照标的物的不同，有商品期权，如石油期权、天然气期权等，有金融期权，如外汇期权、利率期权、股票期权等。

3. 奇异期权

奇异期权是金融机构为满足客户的特殊需要而开发的，它通常在场外交易。奇异期权种类繁多，目前较常见的有以下几种：

打包期权。它是由标准化欧式期权与远期合约、现金和（或）标的资产构成的组合。

非标准美式期权。它在有效期内的任何时间均可行使期权，而不像标准美式期权那样只限于有效期内的特定日期行使期权。实际上，大多数认股权证都是非标准美式期权。有的认股权证甚至规定协议价格随执行日期的推迟而提高。

远期期权。它是指期权费在现在支付，而有效期在未来某时刻开始的期权。

任选期权。它是指在一定期限内可由持有人选择期权为看涨期权还是看跌期权的期权。

两值期权。它是具有不连续收益的期权，当到期日标的资产价格低于协议价格时，该期权作废，而当到期日标的资产价格高于协议价格时，期权持有者将得到一个固定的金额。

回溯期权。它的收益依赖于期权有效期内标的资产的最高或最低价格，回溯看涨期权的持有者可按期权有效期内的最低价格购买标的资产。回溯看跌期权的持有者可按期权有效期内的最高价格出售标的资产。

资产交换期权。它是指期权买者有权在一定时期内按一定比率把一种资产换成另一种资产。

（四）互换

互换是交易双方按照约定条件，在约定的时间内交换一系列现金流的合约。远期合约可以被看作仅交换一次现金流的互换，多次交换的互换合约则可以看作一系列远期的组合。金融互换虽然历史较短，但品种创新却日新月异。具体互换产品包括以下几类：

1. 利率互换

利率互换是指双方同意在未来一定时期内根据同种货币的同样的名义本金交换现金流，其中一方的现金流按照浮动利率计算，而另一方的现金流按照固定利率计算。利率互换只交换利息差额，因此信用风险相对较小。

2. 货币互换

货币互换是将一种货币的本金和固定利息与另一种货币的等价本金和固定利息进行交换。

3. 其他互换

交叉货币利率互换。交叉货币利率互换是利率互换和货币互换的结合，它是以一种货币的固定利率交换另一种货币的浮动汇率。

基点互换。在普通的利率互换中，互换一方是固定利率，另一方是浮动利率。而在基点互换中，双方都是浮动利率，只是浮动利率的参照利率不同。

可延长互换和可赎回互换。在标准的互换中，期限是固定的。而可延长互换的一方有权在一定限度内延长互换期限。可赎回互换的一方则有权提前中止互换。

零息互换。零息互换是指固定利息的多次支付流量被一次性的支付所取代。该一次性支付既可以发生在互换期限初也可在互换期限末。

后期确定互换。在普通的涉及浮动利率的互换中，每次浮动利率都是在该计息开始之前确定的。后期确定互换的浮动汇率则是每次计息期结束之后确定的。

差额互换。差额互换是对两种货币的浮动汇率的现金流量进行交换，只是两种利息现金流量均按同种货币的相同名义本金计算。

远期互换。远期互换是指互换生效日是在未来某一确定时间开始的互换。

互换期权。互换期权从本质上属于期权而不是互换，该期权的标的物为互换。

股票互换。股票互换是以股票指数产生的红利和资本利得与固定利率或浮动利率交换。

第四节　金融另类产品

金融另类产品并非新鲜事物，只不过属于非主流的投资方式，主要指公开交易平台以外的投资方式。本节重点介绍近年来备受关注且又相对常见的产品。

一、金融另类的基本概念与特征

与投资钱币、邮票、红酒等实物另类投资不同，金融另类产品投资因具有相对较好的流动性且无须存储等优势，更受投资者青睐，金融另类产品主要包括私募股权、风险投资、杠杆并购等。金融另类产品的运营理念是，市场发现价格功能不足，许多企业和项目的价格并没有体现在其内在价格中，造成价格和价值之间产生偏差。金融另类产品的主要特点是与传统投资产品的相关性不强，不在公共交易平台上交易，交易成本较高。一般而言，金融另类产品从买入到最终套现需要数年。

二、金融另类产品介绍

（一）资产支持证券

资产支持证券（Asset-backed Security，ABS）是一种债券性质的金融另类产品。它向投资者支付的本息来自基础资产池产生的现金流或剩余权益。与股票和一般债券不同，资产支持证券不是对某经营实体的利益要求权，而是对基础资产池所产生的现金流和剩余权益的要求权，是一种以资产信用为支持的证券。我国于 2005 年 3 月出台《信贷资产证券化试点管理办法》，标志着我国正式开展资产支持证券业务试点。同年 5 月，国家开发银行和中国建设银行在银行间市场发行了首批资产支持证券。

（二）担保债务凭证

担保债务凭证（Collateralized Debt Obligation，CDO）是一种固定收益的资产证券化产品，结构化的产品设计使其能够满足多元化的投资需求。传统 ABS 的资产池可能为信用卡应收账款、租赁租金、汽车贷款债权、住宅抵押贷款债权等，而 CDO 背后的支撑则是一些债务工具，如高收益的债券、新兴市场公司债或国家债券，亦可包含传统的 ABS、住宅抵押贷款证券及商用不动产抵押贷款证券等资产证券化产品。

（三）信用违约互换

信用违约互换（Credit Default Swap，CDS）是国外债券市场中最常见的信用衍生产品。在信用违约互换交易中，违约互换购买者将定期向违约互换出售者支付一定的费用，当出现信用风险时，违约互换出售者将向购买者赔付以覆盖购买者的损失，从而使违约互换购买者能有效规避债券的信用风险。

（四）私募股权

私募股权（Private Equity，PE）是通过定向私募方式从机构投资者或者富裕的个人投资者筹集资金，投资非上市公司的股权，或上市公司的非公开交易股权的投资方式。私募股权投资有狭义和广义之分。狭义的私募股权投资主要是指对创业阶段后期，处于发展或者成熟阶段，已经形成一定规模并有着稳定现金流的企业投资，在这一阶段投资的私募股权投资一般都是以首次公开发行股票为主要退出手段。广义的私募股权投资涵盖企业首次公开发行股票之前，包括种子期、初创期、发展期、扩展期、成熟期各阶段的权益性投资。

（五）房地产投资信托基金

房地产投资信托基金（Real Estate Investment Trusts，REITs）是以发行收益凭证的方式公开或非公开汇集特定多数投资者的资金，交由专门投资机构进行投资经营管理，并将投资综合收益按比例分配给投资者的一种金融投资产品。房地产投资信托基金是不动产金融投资产品的一种，本质上是将成熟或者存量不动产在资本市场进行证券化，投资者可以交易转让。因此，它既有金融属性，又有不动产属性。在国际资本市场，房地产投资信托基金具有公开募集、流动性好、税收中性、财务稳健和分红稳定等特点。房地产投资信托基金起源于20世纪60年代的美国，目前在全球40多个国家和地区得到发展，截至2019年底，房地产投资信托基金全球总市值超过2万亿美元，资产具体范围包括写字楼、商场、公寓、酒店等商业设施，以及公路、机场、港口、水电气供应、数据中心等基础设施。私募类房地产投资信托基金在我国已有发展，主要以资产支持证券的形态出现，基础资产类型包括写字楼、购物中心、零售门店、酒店等。由于法规、税收等原因，公开募集并上市交易的标准化房地产投资信托基金产品在我国还未正式起步。2020年4月，中国证监会、国家发展改革委印发《关于推进基础设施领域不动产投资信托基金试点相关工作的通知》。经公开征求意见等程序，同年8月，中国证监会正式公布《公开募集基础设施证券投资基金指引（试行）》。同期，国家发展改革委发布《关于做好基础设施领域不动产投资信托基金（REITs）试点项目申报工作的通知》，标志着我国公募基础设施 REITs 试点工作正式启动。

（六）风险投资

风险投资（Venture Capital，VC）是指向初创企业提供资金支持并获得公司股份的一种融资方式，是私人股权投资的一种形式，主要投资于私人创业公司，尤其是那些正在开发新方案、新产品和流程并具有迅速成长潜力的公司。风险投资一般投资于拥有高新技术的初创企业，这些企业往往具有很强的技术专长，但在公司运营方面缺乏管理经验，导致投资这类产品具有较高的不确定性。

（七）碳金融交易产品

近年来，随着气候变化加剧和各类气候协定的签署，绿色金融已成为金融领域的重要发展方向之一。碳金融是当前全球实现气候目标的关键依托领域之一，也是全球绿色金融发展的重要环节。碳金融泛指一切与限制温室气体排放相关联的金融活动。狭义的碳金融交易产品是指以碳排放权为标的的金融现货、期货、期权等交易产品。广义的碳金融交易产品则泛指所有服务于减少温室气体排放的各种金融交易产品。目前我国碳金融交易中碳现货交易占据主导，主要产品包括碳排放权配额、国家核证自愿减排量（China Certified Emission Reduction）以及部分试点地区结合当地资源禀赋开发的创新性交易品种。

📋 **本章要点**

- 金融交易产品主要包括基础类交易产品、衍生类交易产品和另类交易产品。

- 根据标的对象的不同，可以将金融基础类交易产品划分为货币类产品、债券、股票、外汇、黄金等。

- 依托基础类交易的金融衍生类产品主要创新形式包括远期、期货、期权和互换。

- 金融另类产品是投资于股票、债券等传统金融资产类别之外，满足不同投资需求的非主流投资产品。

1.金融交易产品按照交易标的可划分为哪几类产品?

2.试论述货币类产品的特征与功能。

3.根据股东权利可将股票划分为哪几类?它们具有哪些不同点?

4.不同货币制度下汇率决定的基础是什么?

5.影响汇率变动的主要因素有哪些?

6.影响黄金价格波动的因素有哪些?

7.简述金融衍生类产品的特征及其产品功能。

8.简述一种金融另类产品。

第七章 金融交易清算与交割

本章概要: 通常而言, 金融交易的达成依赖于交易所或是其他交易设施, 交易所提供标准化的产品, 降低信息获取成本, 增强价格发现功能, 提高金融交易市场的流动性和透明性。但交易达成后的履约则需要通过清算及交割最终完成, 为了保证金融交易的顺利履约, 通过有效的清算、交割制度可以缓释金融交易的违约风险。本章主要介绍交易清算制度的发展及功能、中央对手方清算机制以及交割的基本流程和功能, 其中, 中央对手方清算机制在2008年国际金融危机后被认为具有特殊的风险管理功能和作用, 在金融交易中的作用越来越重要。

第一节 清算制度发展及功能

清算对于金融交易的意义不断凸显, 尤其是在场外金融衍生品迅速发展的今天, 清算的概念早已超越了简单的"计算"以及"债权债务关系的了结"的内涵, 不断发展与衍生出更丰富的含义。

一、清算的起源与演进

本书中的清算是指金融交易达成后, 在指定时间内对交易结果进行计算并完成资金划转的过程。清算的概念来自古时罗马商法的"抵销"(Compensatio)原则, 意思是当原告向被告提出(支付)请求时, 被告可以要求原告在尚欠被诉者的债务范围内抵销相应请求。[1] 这也是现代净额轧

---

[1] BA Garner. 布莱克法律词典, 第 7 版 [M]. 圣保罗明尼苏达: 西部集团, 1999.

差（Netting）和抵销（Set-off）的起源。尽管清算本质上还是离不开最初的内涵，但其功能已经在不断演化和发展，应用范围也逐渐扩大到新的金融交易领域。中央对手方清算之所以备受推崇，也是因其脱离了简单的计算和资金的交换、被动地为生产要素的凝聚和分配提供途径，而是主动地对各类风险进行化解和处置，以防范系统性金融风险为底线，科学防范，早识别、早预警、早发现、早处置，防患于未然。

（一）清算的法律概念

1. 国际监管标准中的定义

在国际支付结算体系委员会（CPSS）发布的《支付结算体系术语表》中，"清算"（Clearing）指在结算（Settlement）[①] 之前，对支付指令或证券交易指令进行传送、匹配、在某些情况下确认的过程，也可能包含着指令净额结算以及最终结算持仓的建立。国际经济金融领域中通常将支付意向或金融交易达成之后、权责履行之前的所有活动均视为清算，这与国际支付结算体系委员会中的清算定义一致。[②] 在此基础上，既有更加狭义的解释，即仅指债权债务计算[③]，也有更加广义的解释，即还包含着对结算资源的查验[④]。

---

① 债权债务的实际履行。"an act that discharges obligations in respect of funds or securities transfers between two or more parties"，国际支付结算体系委员会，A Glossary of Terms Used in Payments and Settlement Systems，2003。

② 例如，2010 年国际货币基金组织发布的 Global Financial Stability Report：Meeting New Challenges to Stability and Building a Safer System 中指出，"Clearing is what takes place between the execution of a trade（when two counterparties agree to fulfill specific obligations over the life of the contract）and settlement（when all of the contract's legal obligations have been fulfilled）[清算即交易达成（交易双方同意在合约期间履行特定权责）和结算（合约所有的法律权责履行完毕）之间的活动]"。

③ "It may mean the process of calculating the mutual obligations of market participants，usually on a net basis，for the exchange of securities and money"，Recommendations for Securities Settlement Systems，国际支付结算体系委员会和国际证监会组织，2001。

④ "The process of establishing settlement positions，possibly including the calculation of net positions，and the process of checking that securities，cash or both are available"，Commission Services Working Document on Definitions of Post-Trading Activities，2005。

2. 国内法中相关定义

清算通常在两类语境中出现，一是资金支付领域，二是金融交易领域。在中国的资金支付领域，"清算"常与"支付"（Payment）一词结对出现，直接围绕资金转移进行定义，是一种必须接受人民银行监管的特许经营业务[1]，这一概念的核心是对支付指令的"交换和计算"。金融交易领域的"清算"活动不是围绕支付指令，而是围绕金融交易展开的，包含着对金融交易整个流程（或称生命周期）的处理：交易信息的接收和确认、对手方风险评估、担保品计算、抵押品管理、待结算的资金和证券净额结算、所有者或债权人权益管理、信息报告以及其他可能影响风险管理和结算安排的例外事件处理等。

（二）清算与结算的区别

这两个概念在国内法律规定以及交易规则上存在不同的含义。《期货交易管理条例》第八十一条规定，结算是指根据期货交易所公布的结算价格对交易双方的交易结果进行的资金清算和划转。这里的"结算"包含了清算的概念，这里的"清算"即是对资金的计算，结算则表示完成了资金的划转。国内几家期货交易所也使用了相同的概念。与此存在差别的是，上海清算所相关规则中认为清算的处理过程包括但不限于：要素匹配、清算确认、计算清算参与者债权债务、发送结算指令、清讫债权债务、风险管理和存续期管理等。可见，上海清算所的清算的概念包括债权债务的了结过程。观察域外的相关规则，例如芝加哥商品交易所使用 Clearing 和 Settlement 分别表示计算保证金、清算基金等资金和资金的划转。综上所述，更为通行的理解是，清算有广义的清算和狭义的清算，例如使用中央对手方清算时，包含所有的流程，但狭义的清算不包含结算，即只表示相应资金的计算，不包括最后的资金划转。

二、清算的基本类型及流程

按照不同的分类方式，清算的方式被分为不同的类型，本节根据清算

---

[1] 2010 年 6 月 21 日，中国人民银行出台的《非金融机构支付服务管理办法》。

机构与交易机构的关系以及参与方构成不同对其进行划分。

（一）垂直清算与平行清算

根据清算机构与交易所之间的关系不同，主要可以分为垂直清算与平行清算两种模式。平行清算模式是指清算机构采取独立运营模式，不隶属于任何一家交易所，其优点是可以促进交易所之间的竞争，不同交易所如果选择同一清算机构，可以提高投资者的资金利用效率；其缺点是如果清算非同质化合约，可能导致效率降低、创新受阻。垂直清算模式下，清算机构是交易所的一个部门或者是交易所完全控股的子公司，其优点是能够提高结算效率，满足合约异质化特点，降低管理成本，提高交易所的整体竞争力。

（二）双边清算、多边净额清算、中央对手方清算

1. 双边清算

从清算发展的基本过程来看，最基本的清算模式就是双边清算，是指金融交易双方不通过其他清算机构直接完成资金的计算和交付。双边清算在标准化的清算情况下通常使用净额轧差，但并不能消除交易双方的信用风险敞口。鉴于场外衍生品的多样性，还有一些实物交割的情况发生，双边清算也会有全额清算的情况。从历史上来看，场外衍生品采取双边清算的模式是主流。

2. 多边净额清算（环形清算）

在标准化的双边清算基础上，加入更多的清算参与者后，互相交换对手方，由此减少一系列交易结算所需支付或交割的数量和金额，并按照"轧差"得到的净额进行金融资产划付，形成环形清算。环形清算提高了双边清算的效率，降低了清算成本，降低了双边清算的风险，但多边净额清算的风险点在于当集中度较高的参与者出现违约时，可能造成风险传导至整个清算环。在尚未构建中央对手方清算之前，多边净额清算是主流的清算方式，交易所清算通常采取此种方式。

3. 中央对手方清算

中央对手方清算是指在清算过程中，中央对手方介入金融交易双方，充当所有"买方的卖方"和"卖方的买方"并保证交易履约的机构。中央对手方通过合约替代、公开报价系统或具有法律约束力的机制安排成为市

场参与者的交易对手，采用多边净额轧差的方式，并且通过保证金制度、逐日盯市、损失分担等风控措施来降低市场的系统性风险。

（三）清算的主要环节

金融交易领域的"清算"活动不同于支付领域的清算，其主要目的是确保金融交易安全有序地完成。完整的金融交易清算流程包含从金融交易达成到金融交易履行完毕之间的全部处理环节，具体包括：已达成交易的信息确认（以场外衍生品为例，对于达成交易信息确认，一般由清算机构前台部门通过双边询价或经纪商撮合，达成交易；再由中台部门审核后，交后台部门进行交易确认）、评估交易对手的信用风险、盯市计收或计付担保品、管理担保品确保其价值符合约定、待结算的资金和变动保证金的净额结算、信用事件的信息报告以及其他可能影响风险管理和结算安排的风险事件处理等。

金融机构的清算部门和独立的清算机构在完成上述内部业务环节之后，还需要协同其他的金融市场基础设施完成金融交易的最终履行，一是向资金支付结算系统发出资金划转的指令，二是向有关证券登记托管系统发出证券交割的指令。

对传统现货产品来说，清算全部流程通常只会持续几天（例如债券交易当天结算、股票交易 T+1 日结算）。即使是场内期货期权，清算环节最多需要几个月。而对场外市场金融衍生产品来说，清算过程的时间跨度往往会持续几年甚至几十年。

三、清算的基本功能

清算的流程也是一个发展的过程，但并非所有清算都涉及上述全部环节，这也是由其功能决定的，最初始的清算只是对交易双方债务的计算和了结，是为了交易的达成。随着金融市场的不断发展，产品和交易方式的丰富，清算的功能也在不断演化。

（一）场内金融交易清算功能

通过场内市场交易的金融产品通常是标准化合约，并且集中竞价的市场中合约的流动性充裕，交易活跃。对于场内交易而言，清算的功能主要体现在其帮助金融交易标准化、简化操作流程以及最终完成交易。衍生产品合约的履行期限较长、以向交易所交纳担保品作为履约保证且产品流动性较强,因此交易所通常会加强对担保品价值管理和持仓风险敞口的管理,确保合约不会因持仓价值变化导致收取的担保品过低或过高,从而影响合约的履行,甚至影响整个市场安全高效运行。为了统一有序地管理上述事项,交易所通过优化清算制度更好地实现上述功能。在场内金融交易时,清算制度与交易环节的竞价撮合制度相互独立,在后续发展中清算部门往往逐步成为独立的机构。

(二)场外金融交易清算功能

在场外衍生产品交易市场中,每一个市场参与者都承担所有交易对手的信用风险,大型金融机构往往需要独立管理几乎全市场的信用风险。在2008年国际金融危机后的全球金融监管改革之前,双边清算是场外衍生品交易清算比较初期的形式,市场参与者通过双边授信、盯市制度、担保品等制度对场外交易和清算进行风险管理。其主要的特点在于,参与场外金融交易的双方没有过多的标准约束,可以根据双方的具体情况灵活清算,在某种程度上提高了清算效率。但随着监管机构对于场外金融衍生品交易风险的认识加深,监管机构也明确提出对非中央对手方清算的场外衍生品交易采取保证金要求的监管标准建议,包括适用机构范围、变动保证金和最低保证金的双边保证金计算要求、实施时点,目前也形成了对于场外衍生品双边清算的一整套监管措施。

场外金融交易的双边清算有其存在的需求,但由于场外衍生产品存续期限长、产品定价复杂且不透明等,容易造成对手方信用风险管理的不完善、风险敞口的不透明和违约风险的传染,均为引发金融市场系统性风险的重要诱因,直接威胁金融体系的稳定。所以,对于一些场外衍生品交易,仅依赖对双边清算的管理已经不能满足对维护金融系统安全和稳健运行的要求,监管机构将其逐步纳入中央对手方清算,这点将在第二节重点介绍。需要注意的是,与场内金融交易的清算相比,场外金融交易通过中央对手方清算有以下好处:一是中央对手方能够降低金融市场的关联性,从而减轻因单个或部分市场参与者破产对金融市场产生的冲击;二是从监管者的角度来说,中央对手方清算制度能够提高市场透明度,增强监管效力。

第二节　中央对手方清算

中央对手方清算制度是为了抵消商品期货交易中的对手方风险而发展起来的，它破土萌芽于日本，发展成型于欧洲，改革创新于美国，并以美国模式为当今世界的主流模式。现代意义上的中央对手方机制主要指美国模式。一般认为，中央对手方清算制度是指清算机构介入金融合约交易的对手方之间，成为买方的卖方、卖方的买方，从而使合约买卖双方的对手都被替换成了承担中央对手方职能的清算机构。[①]中央对手方主要有四个功能：重新分配合约对手方风险，防止多边净额结算失败；降低结算参与人的风险；提高结算效率和资金使用效率；提高市场流动性。

一、中央对手方清算的发展历史及现状

（一）适应金融交易风险管理的需求

最初，对于金融交易的清算并未有特定的机构和制度来完成，交易所也只提供标准化的产品、交易的系统、交易的规则等，清算通常通过双边或是多边净额清算的方式来完成。但随着交易的参与者增多、合约的复杂性增加，交易所开始通过设定相应的制度来避免交易后的清算风险，比如保证金制度、净额轧差等。1883 年结算协会成立，为芝加哥期货交易所的会员提供对冲工具，但结算协会当时还算不上是规范严密的组织，直到 19世纪 20 年代，芝加哥期货交易所结算公司成立以后，芝加哥期货交易所的所有交易都要进入结算公司结算，现代意义上的结算机构才出现。结算公司为每个卖方充当买方，并为每个买方充当卖方，根据相关法律、协议和业务规则向所有清算参与者收取担保品和清算基金。当清算参与者出现清算所规定的违约事件时，清算所有权立即提前终止清算参与者全部已纳入中央对手方清算但未履行完成的金融衍生产品合约。在终止上述合约后，清算所将按照规定方式计算每笔交易的终止金额即盈亏金额，然后将所有

---

① 实践中，承担中央对手方职能的机构并非都是独立的清算机构。

盈亏持仓进行净额结算，求得一个最终的净余额。

此后，中央对手方清算在交易所市场获得广泛应用，而场外中央对手方清算是在 2008 年国际金融危机后，在监管部门的推动下才开始快速发展。

（二）规范与重视

随着金融市场的发展，衍生品交易已成为现代金融活动的核心部分之一。金融衍生产品是以杠杆或信用交易为特征，在传统的金融产品如货币、债券、股票等的基础上派生出来的具有新价值的金融工具。金融衍生品一方面通过与基础证券的内在联系增加了金融衍生市场的有效性，提高了市场效率，发挥着风险转移、价格发现和增强市场流动性的作用，但同时金融衍生品价格的高波动性、金融风险的快速传导性和监管措施滞后等因素也使金融衍生品市场存在较大的风险，给经济发展带来不确定性和不稳定的隐患。① 纵观金融市场发展的历史，尤其是 2008 年的国际金融危机，可以深刻感受到，场外衍生品交易的风险控制失败引发的系统性危机可能就发生在顷刻之间。此外，从事金融衍生品交易的机构往往存在集中度较高的特点，潜在的风险暴露会导致其交易对手以及交易对手的对手也发生债务危机或破产倒闭，从而可能给整个金融市场、一国的经济甚至世界范围内的经济活动造成震荡，出现系统性风险。为了有效控制衍生品交易风险，避免引发市场系统风险，中央对手方清算机制被重视和规范起来。

究其动因，一方面，监管当局意识到场外衍生品风险对系统性安全的威胁；另一方面，作为中央对手方自身以及其参与者也在寻求更为优化的风险管理工具，以及有利于其稳健发展的架构安排。因此，中央对手方清算的出现并非完全是监管当局一方面的强制性的要求，各市场参与者也有动力建立起更加安全的清算制度。从经济动因来看，国际监管规则对于合格中央对手方给予了资本计提的优惠，这也为各国落实相关要求提供了充足的经济激励。

（三）现状与特点

中央对手方在场外衍生品交易市场发挥的风险管理作用在 2008 年国

---

① 焦瑾璞. 中国金融基础设施功能与建设研究 [M]. 北京：社会科学文献出版社，2019.

际金融危机后得到充分肯定，全球重要金融市场参与者在提高场外衍生品市场中中央对手方数量上取得了卓越成效。2019 年金融稳定理事会在其发布的场外市场进展报告中统计了提供不同类型产品中央对手方清算机构的数量。

观察中央对手方清算制度的发展与现状，可以看出其具有以下几个特点：

一是越来越多的国家通过法律法规将场外衍生品纳入中央对手方清算。2009 年 9 月在美国召开的二十国集团匹兹堡峰会上，成员国达成一致意见：即各自在 2012 年底之前实现标准化衍生品都通过交易所或电子交易平台进行交易，并通过中央对手方进行结算的目标。同年 6 月，美国财政部提议改革场外衍生品市场，包括对部分场外衍生品实施中央对手方机制和强制场内清算的规定，最终促使《多德—弗兰克法案》于 2010 年 7 月正式获得通过。2013 年 1 月，欧盟出台了《欧洲市场基础设施法规》，并先后修改了《金融市场工具指引》和《资本要求指令》等法律制度，要求所有标准化场外衍生品合约均要通过中央对手方进行结算，对不同结算方式的衍生品交易规定了不同的资本充足率要求，并加强了对衍生品市场交易平台、结算和信息披露的监管。

二是不同区域内的中央对手方之间协作以及互联互通在增强。随着衍生品交易的发展，不同市场主体都认识到中央对手方的整合对提高市场效率和加强风险防范有很重要的作用。美国用了十年左右时间对证券清算机构进行整合，形成了证券交易所市场主要有美国证券清算公司（NSCC）提供中央对手方结算服务的格局。同时，为了提高跨市场的清算与结算效率，降低流通在外的衍生品头寸和抵押成本，各国的中央对手方清算组织越来越强调建立与其他机构的互联互通体系，这种联系不仅包括与同一清算集团的其他中央对手方的联系，还包括与其他机构的联系，如伦敦清算所（LCH）和芝加哥商品交易所（CME）等，主要通过跨市场保证金协议来实现。

三是对中央对手方的监管日趋完善。中央对手方集中了衍生产品市场的对手方风险，一旦无法承担违约损失，就会带来连锁反应，导致整个金融市场的动荡，在金融体系中的关键地位决定了中央对手方很可能会出现"太过关联而不能倒"的问题，从而引发新的系统性金融风险。因此，对于中央对手方运行的监管重要性被逐渐认识，各国也在逐步完善相应的监管工具，构建更加安全的金融市场环境。

二、中央对手方清算运行机制与功能

中央对手方同其他基础设施一样，具有为金融交易提供服务、提高市场效率以及风险管理的功能。本书重点论述其如何发挥风险管理的功能，这也是中央对手方运作的基本机制。

（一）合约替代

合约替代不是中央对手方清算的必要条件，但通常在交易所与清算所相互独立的情况下，合约替代是交易方进行中央对手方清算的必经程序。合约替代是指清算机构在对交易双方提交的交易合约进行合规性检查后，将符合条件的交易合约纳入中央对手方清算。在法律关系上，清算机构成为该交易合约卖方的买方、买方的卖方，即中央对手方；该交易合约的双方不再存在任何权利义务关系。如果该交易合约为场外金融衍生品交易（如人民币利率互换），则该合约不再适用交易双方签署的中国银行间市场金融衍生产品交易主协议（NAFM Ⅱ 主协议），而是适用交易双方各自与清算机构签署的清算协议。

（二）会员分级清算制度

会员分级清算机制是指交易所赋予较高信用等级会员直接参与中央对手方清算的资格，不具有清算资格的间接参与者通过具有相应清算资格的会员参与清算。所有会员均可直接参与中央对手方清算的称为全员清算。

1. 境外实践概览

境外重要交易所通过提高清算会员的资质分散风险，根据权限不同设置差异化的准入门槛，一般来说，对全面结算会员的资本金要求较高。[①] 交

---

① 对承担场内和场外产品清算的会员，中央对手方也制定了不同的资本金要求。以 CME 集团为例，除须满足美国商品期货委员会规定的最低要求之外，若清算场内产品，非银行类清算会员的最低资本要求是净资本必须高于 500 万美元，对银行类清算会员的最低资本要求是核心资本必须高于 50 亿美元；结算场外衍生品时，对非银行类和银行类清算会员的最低资本要求都是必须高于 5 000 万美元或者都必须高于会员所有利率互换的持仓保证金的 20%。以上规定清算会员须按照孰高原则遵守，CME 清算部风险委员会有权提高或豁免部分最低资本金要求。

易所通常有完备的瀑布式风险准备资源，其中清算会员缴纳的违约基金构筑了重要的基础，用来弥补可能造成的清算风险。

芝加哥交易所集团（CME 集团）实行会员分级清算机制。CME 集团拥有多家交易所，其中芝加哥商品交易所内设独立的清算所，为集团内外的多个交易平台提供清算服务。CME 区分交易会员和清算会员，两者在资格申请等标准上完全独立，但业务紧密相关。清算会员又根据可清算的产品合约分为 A、B、C、D 四类会员，目前有 120 家左右，其中 A 类会员可以清算 CME 集团所有合约。CME 清算所只对清算会员进行管理，对清算会员代理的客户进行实时市场监察，发现异常会通知会员采取相应的措施。清算会员对其代理的非清算会员在风险管理上有一定的自主权。

欧洲期货交易所（EUREX）设立了全资子公司 EUREX 清算股份公司（EUREX Clearing AG）作为其交易的清算机构。全面清算会员可以完成其自营交易、客户交易及其代理会员的交易与 EUREX 清算股份公司之间的清算；直接清算会员可以完成其自营交易、客户交易及其附属公司交易与 EUREX 清算股份公司之间的清算。不具备清算资格的交易会员必须通过具备清算资格的会员代理清算。

此外，新加坡交易所、香港交易所、台湾交易所采取会员分级清算制度。域外主流交易所均采取会员分级清算，且清算会员的数量相对较少，大多数是银行、国际知名经纪公司等信用资质较高的机构，具有较高的风险承受能力和风险管理能力。

2. 中国的实践

中国金融期货交易所会员分级清算机制。中国金融期货交易所会员分为交易结算会员（89 家）、全面结算会员（27 家）、特别结算会员（无）和交易会员（31 家）。[①] 每类会员设有相应的财务指标、业务管理制度、风险管理制度、技术系统制度等准入标准。结算会员缴纳结算担保金共担风险。

交易结算会员具有在交易所进行交易的资格，只能为其自身或其受托

---

① 数据更新至 2020 年 3 月。

客户办理结算、交割业务。全面结算会员具有在交易所进行交易的资格，既可以为其自身或其受托客户办理结算、交割业务，也可以为与其签订结算协议的交易会员办理结算、交割业务。特别结算会员只能为与其签订结算协议的交易会员办理结算、交割业务。[①] 交易会员可以在交易所进行期货交易，不具有与交易所进行结算的资格。非期货公司交易会员不得接受客户委托为其在交易所进行期货交易。

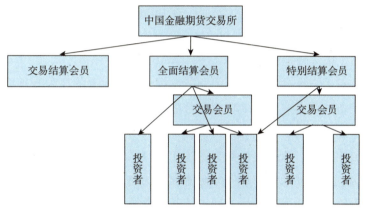

图 7-1　中国金融期货交易所会员结构

其他期货交易所实行全员清算。除中国金融期货交易所外的国内期货交易所采取全员清算模式，所有交易会员均为结算会员。结算会员按其性质划分为经纪会员和非经纪会员，经纪会员的清算部门负责会员与交易所、会员与客户之间的清算工作；非经纪会员清算部门负责会员与交易所之间的清算工作。

（三）保证金制度

考虑到中央对手方在金融市场中的核心地位，具有有效的风险控制体系和足够的金融资源至关重要。其中最明显和最重要的手段就是收取担保品和违约基金来担保所清算交易的市场风险。中央对手方的担保品要求通

---

① 非期货公司交易结算会员和非期货公司全面结算会员，不得接受客户委托为其在交易所进行期货交易，也不得接受客户委托为其在交易所办理结算、交割业务。

常比双边金融衍生产品市场更为严格，特别是变动保证金必须每日甚至日内交付，而且通常必须是金钱。初始保证金要求也会随着市场条件的变化而不断增减，且只接受金钱或高流动性资产（如国债）。保证金通常分为初始保证金与变动保证金，初始保证金是担保某笔交易或投资组合最大预期损失的附加担保品。中央对手方清算与双边清算相比最重要的区别在于初始保证金的不同。大多数的双边清算安排只要求提供变动保证金，而中央对手方清算市场还要求缴纳初始保证金。当中央对手方的某一清算会员发生违约事件时，初始保证金将为中央对手方的可能损失提供第一道保障。变动保证金从理论来说是指定期根据相关持仓盯市价值的变动进行调整的担保品。

（四）损失分担机制

中央对手方主动管理风险的职能发挥依赖于完善的风险管理框架，构建稳健完备的瀑布式违约处置流程是中央对手方风险管理的核心，其中中央对手方和清算会员的损失分担则是抵御风险的最后防线。为降低中央对手方的道德风险，鼓励市场参与者共同参与风险管理，中央对手方应实行风险分担，设置标准化的损失分担流程以及高公允度的损失分担方法。通过经济上的激励相容，引导不同主体共同谨慎管理风险，促进金融市场的稳健运行。

1. 瀑布式风险准备资源构成及使用顺序

瀑布式的风险资源通常包括初始保证金（Initial Margin）、违约基金（Default Fund）以及中央对手方自身分担的部分（Skin in the Game）[1]，对于风险准备资源的使用顺序，实践中有所差异，但都会将优先使用违约参与者自身资源作为基本原则。[2] 表 7-1 对比了《欧洲金融基础设施法案》（EMIR）、《国际掉期交易协会协议》（ISDA 协议）以及伦敦清算所和上海清算所使用分担机制时的具体步骤。

---

[1] 关于中央对手方自身分担的部分，国内机构通常设有风险准备金。对于违约处置最后使用的资源，中央对手方之间有所不同，例如事后的风险评估分析要求非违约者缴纳部分资金，有时候也作为风险瀑布资源中的最后两层之一。

[2] 诸如《欧洲金融基础设施法案》要求中央对手方只有在耗尽所有违约方资源以及中央对手方自身资源的情况下，才能使用违约基金。

表 7-1　　　　　　　　　　　　　瀑布式风险准备资源使用顺序

规则/机构	第一层	第二层	第三层	第四层	第五层	第六层	第七层
《欧洲金融基础设施法案》	违约清算会员的保证金	违约清算会员缴纳的违约基金	中央对手方自身风险资源	非违约清算会员的违约基金贡献			
《国际掉期交易协会协议》	违约清算会员的最低/变动保证金	违约清算会员的违约基金	中央对手方清算机构风险准备金	未违约清算会员的违约基金	有上限的未违约清算会员现金追缴	中央对手方风险准备金	中央对手方清算机构按比例降低对清算参与者的未付债务
伦敦清算所	违约者的保证金	违约方贡献的违约基金	伦敦清算所的资本	非违约会员违约基金贡献	伦敦清算所根据事后评估分析后向非违约方收取的特定资金的或有资源		
上海清算所	违约清算会员在涉及违约的中央对手方清算业务中交纳的保证金	违约清算会员在涉及违约的中央对手方清算业务中交纳的清算基金	不超过该违约发生前上一会计年度末上海清算所向相关清算会员公布的风险准备金总额的10%	未发生违约的清算会员在涉及违约的中央对手方清算业务中交纳的清算基金	未违约的清算会员根据上海清算所规定补充交纳的相关中央对手方清算业务清算基金	清算所剩余的风险准备金	上海清算所指定的风险准备资源

资料来源：戴新竹. 中央对手方损失分担机制研究 [J]. 金融市场研究，2020（7）.

　　观察中央对手方损失分担机制，风险准备金和违约基金相对独立。通常不同的清算业务使用各自独立的清算基金。[①] 在不同的瀑布式模型中风险准备金和违约基金使用顺序有所不同，除了《欧洲金融基础设施法案》建议将违约基金优先于中央对手方的自身资本使用外，其他所列规定都将违约方的资金消耗完毕后选择先使用中央对手方风险准备金或部分风险准备

_____

　　① 也有风险类似的合约参与者共享违约基金的实践，例如伦敦清算所规定掉期合约清算业务和汇率清算业务两项业务的参与者就上述业务可以共享违约基金。

金。选择哪部分风险资源取决于规则的制定需要对谁有更大的激励作用，即对于中央对手方自身的道德风险约束的动机与鼓励所有清算会员共同关注风险的优先级高低。

2. 风险准备资源的构建标准

在明确损失分担准备资源构成后，需要考虑的因素包括：风险准备资源总额确立原则和方式、风险准备金（中央对手方承担部分）和违约基金份额，以及违约基金在清算会员之间的分配。

对于风险准备资源的总额，《金融市场基础设施原则》要求中央对手方保持高置信度覆盖对各个业务的每个参与者的当前和潜在未来暴露风险敞口，并通过压力测试、回溯测试等方法，依据测试结果确定及调整风险准备资源的总量足额。此项标准被美国商品期货交易委员会（CFTC）视为是否履行《金融市场基础设施原则》的重要内容之一，韩国证券交易所曾因未根据压力测试结果调整风险准备资源而仍在披露中称"所有重大标准仍然遵循《金融市场基础设施原则》"，被美国商品期货交易委员会认为是虚假陈述。

从现有规则与实践可以看到，通常对于风险准备金（即自有资源）的提取没有原则性的要求，关于违约基金，实践中确立方式有所不同。《欧洲金融基础设施法案》要求中央对手方始终保持违约基金不得低于最低值，最低值应当可以保证最大风险敞口的清算会员违约或具有第二、第三大风险敞口的清算会员同时违约（大于前者）时，可以弥补相应损失。每个清算会员的出资额度应当与其风险敞口成正比。伦敦清算所中央对手方清算业务涉及证券、固定收益产品、衍生品、商品以及外汇等多种产品，从其披露的不同合约下可以使用的自有资金以及违约基金额度可以看到，违约基金的额度遵循"足以覆盖极端情况下对两家最大的清算会员及其全部客户的资产组合进行平仓产生的潜在损失"的标准，并且每日进行压力测试确保其充足。上海清算所的基金总额的设定标准是确保覆盖两家最大清算会员同时违约造成的潜在损失可以被覆盖。

3. 违约基金的分配及补充上限

不同清算业务的违约基金通常互相独立，不得交叉使用。由所有参与某一清算业务的清算会员共同缴纳，违约基金在会员之间分配份额以及违约基金的补充额度的实践有所差异。伦敦清算所披露了各项违约基金平均到每个会员的最低额度。[①]上海清算所的人民币利率互换清算基金[②]清算会员交纳金额 = 该会员自营和代理风险敞口限额 × 清算基金比例，其中清算基金比例 = 压力测试结果 ÷ 全市场风险敞口限额之和。

在确定违约基金的额度后，当违约基金被动用后，中央对手方通常要求清算会员补充一定份额，违约基金的补充上限应当在中央对手方的相关清算规则中说明。明确的违约基金补充上限是金融机构获得参与清算业务相应授信的基础。《欧洲金融基础设施法案》对于违约基金使用后的补充程序并未具体说明，只规定了当有清算会员违约的情况下，中央对手方可以要求未违约清算会员提供附加基金，但未违约清算会员的补充额度应是有限的。以伦敦清算所利率服务违约基金补充为例，若相关违约基金 25% 的金额已用于处置该项违约，伦敦清算所有权向该项服务的未违约清算会员根据持仓比例等条件补充违约基金。[③]任何连续六个月的期限内，伦敦清算所不能就违约事由催缴三次以上的补充违约基金。上海清算所对于违约基金的补充上限在"未违约的清算会员在任意 90 个自然日内（含），对于一项中央对手方清算业务清算基金补充交纳总金额不超过该清算会员按照本办法第五条规定应交纳的清算基金金额。"尽管实践中有所差异，但对于违约基金的补充规则应当透明清晰，具有确定性。

对于瀑布式风险准备资源，如何确立其中各种资源的比例，需要平衡道德风险、中央对手方价值定位、会员资格的吸引力、清算会员参与风险管理、监督中央对手方风险管理情况的积极性之间的关系。中央对手方有必要在初始保证金与违约基金之间作出取舍。[④]这些问题需要结合定量分析进一步研究。

（五）恢复与处置

中央对手方处置旨在维护金融稳定、确保所有司法管辖区的关键中央

---

① 参见 LCH Limited. *CPMI—IOSCO Self Assessment* 2019.

② 参见上海清算所公告，http://www.shclearing.com/cpyyw/fxgl/fkcs/201412/t20141217_478569.html，访问时间：2020 年 4 月。

③ 参见 LCH Limited Default Rules，2018，CS7.

④ 参见 IMF. *Making Over the Counter Derivatives Safer：The Role of Central Counterparties*，Global Financial Stability Report，2010，p.18.

对手方的关键职能保持连续，在所述的司法管辖区内，这类职能至关重要，并且不会使纳税人蒙受损失。[①] 有效处置可以达到"处置金融机构时使金融机构免于严重的系统性风险或纳税人损失"的效果。中央对手方和整个市场的密切关联，往往会出现"太重要而不能倒"或是"太关联而不能倒"[②]的境况。中央对手方盈利与清算量直接相关，其存在为增大清算量而降低清算成本，忽视风险管理的倾向。为了避免可能产生的道德风险，纾解中央对手方逐利性和风险管理职能之间的矛盾，应当要求中央对手方设立恢复计划，并有配合处置的方案可以明确中央对手方的可处置性。

以上是中央对手方清算运行的基本原理，中央对手方机制有助于简化结算过程，提高结算效率和资金使用率。一是场外交易双方通常必须具备授信关系，交易对手方的选择非常有限，中央对手方与交易对手方建立起信用关系，使一部分信用等级不高难以获得授信的参与者由于中央对手方的介入而获得信用增级，提高了达成交易的效率，保障市场的高效运转；二是中央对手方机制有助于降低对手方信用风险敞口，从而减少与信用敞口有关的交易对手方的资金占用。

三、中央对手方的监管

中央对手方虽然有管理风险的独特功能，但同时也是风险聚集的地方。基础设施运行稳定并非是理所当然的事情，对于中央对手方监管的必要性被充分认识，国际监管标准作为各国重要法律依据的参考，其法律效力正在不断增强，下面简单介绍有关国际标准制定的情况。

（一）标准制定机构简介

参与构建国际金融架构的权威机构不仅限于政府间的国际组织（如国际货币基金组织，IMF），还包括国与国之间的非正式合作机制（如七国集团，G7）、跨政府网络（如国际清算银行下设的巴塞尔委员会，BCBS）等。以七国集团为首的发达国家非正式论坛在处理国际金融危机中发挥了重要作用，如为应对亚洲金融危机，七国集团创设了金融稳定论坛（FSF），提出

[①] FSB，Guidance on Central Counterparty Resolution and Resolution Planning，2017，p.3.

[②] 太关联而不能倒（too connected too fail）一词参考《金融基础设施经济学分析》24 页。

了金融监管的最佳原则，并借助国际同行评审机制，特别是 IMF 和世界银行的"金融部门评估规划"（FSAP）在各国施行国际标准。2008 年国际金融危机期间，G20 取代 G7，并在金融稳定论坛的基础上成立了金融稳定理事会（FSB），以指导和评估各类金融监管国际标准的制定和执行。FSB 的秘书处设于国际清算银行[①]（通常 FSB 发布较为原则性的指导意见，由其他机构制定实施细则）。

支付与市场基础设施委员会（CPMI）和国际证监会组织（IOSCO）。CPMI 设立于国际清算银行，主要职责是推动支付、清算、结算和相关安排的安全性和效率，制定全球标准并监测标准的落实进程，保证各国对标准落实的及时性、一致性和有效性，并由此支持金融稳定和宏观经济发展，成员由来自全球 24 个国家/地区的中央银行官员组成。CPMI 同时也是中央银行在监督、政策制定及央行服务提供等方面的交流合作平台。IOSCO 是各国证券监管机构的国际组织，成立于 1983 年，目前成员超过 200 家，覆盖全球超过 115 个国家/地区的证券市场监管机构，是全球证券业行业标准的制定者，与 G20 和 FSB 紧密合作，推动全球监管改革，构建一个稳健的全球证券市场和监管框架。

（二）重要监管标准——PFMI

2012 年 4 月，国际支付结算体系委员会（CPSS，现为 CPMI）和国际证监会组织（IOSCO）技术委员会联合发布了《金融市场基础设施原则》（PFMI），以落实 G20 关于完善金融基础设施的监管方案。PFMI 共提出监管机构需满足的 5 项职责以及总体架构、信用风险和流动性风险管理、结算、中央证券存管和价值交换结算系统、违约管理、一般风险和业务风险管理、准入、效率、透明度九个方面的 24 项原则，其中 22 项原则与中央对手方清算机制有关。2012 年 12 月，CPSS 和 IOSCO 技术委员会又联合发布了 PFMI 的补充文件《披露框架和评估方法》的最终版本，旨在促进形成金融市场基础设施的一致性信息披露以及国际金融机构和各国相关管

---

① FSB 的决议由全体会议形成，全体会议的成员包括来自 24 个国家/地区的财政部、金融监管部门及中央银行的高级官员，以及 IMF、世界银行、国际清算银行、OECD、欧洲央行、欧盟委员会、国际保险监督官协会（IAIS）、国际证监会组织（IOSCO）、国际会计准则理事会（IASB）、巴塞尔委员会（BCBS）、全球金融系统委员会（CGFS）、支付与市场基础设施委员会（CPMI）的负责人。

理部门的一致性评估。披露框架旨在有序地提升金融市场基础设施的公共信息披露，使其与《金融市场基础设施原则》相一致。按照 PFMI 的要求，FMIs 须向市场参与者、有关管理部门以及广大公众提供相关信息，以使参与者能够准确了解参与 FMIs 应当承担的风险、费用和其他实质性成本。标准化的披露框架将有助于金融市场基础设施在运行、风险概况及风险管理等方面实现透明化，从而更好地为相关利害人提供决策支持，既可为国际货币基金组织、世界银行等国际机构监测与评估各国对 PFMI 的遵守情况提供国际化标准，也可用于各国监管部门评估其管辖下的金融市场基础设施对 PFMI 的遵守情况以及评估监管部门自身对其相应职责的履行情况。2014年10月，CPMI 和 IOSCO 技术委员会联合发布了《金融市场基础设施的恢复》（最终版），进一步对 PFMI 进行了补充，提供补充的指导意见以及恢复计划工具箱，以利于 PFMI 更好地被遵守。

（三）从软法到硬法：不断增强的法律效力

软法通常被认为是不具有国家强制约束力而能够间接产生实际效果的行为规范。[①] 就特征而言，软法不仅以不同于硬法的方式体现出了法律的共

---

① 参见 Francis Snyder. Soft Law and Institutional Practice in the European Community，In Stephen Martin（ed.）. The Construction of Europe：Essays in Honour of Emile Noël. Dordrecht：Kluwer Academic Publishers，1994，at 198。在国际软法的概念提出后，与之对应，传统的国际法即条约和国际习惯被称为国际硬法。后来软法的概念被引入国内法的研究中来，国内也有了软法、硬法之分，软法、硬法相应地成为国际软法、国内软法以及国际硬法、国内硬法的上位概念。其他两种定义包括：第一，软法是指国家之间的 "非条约协议"（non-treaty arrangements），这类协议的制定主体仍然是国家，但是采用非条约的形式，即双方在签订该类协议时明确表示该协议不具有法律约束力，而仅仅依赖成员的自我约束。参见 Hartmut Hillgenberg. A Fresh Look at Soft Law，European Journal of International Law，Vol. 10，No.3，1999，at 499-500。第二，软法指某一条约中不具有强制力的条款。这些条款给了成员方广泛的自由度，成员方可以自由选择是否受其约束。但有学者认为，这些条款包含在正式的条约中，其 "自由度" 是由具有法律约束力的条约所赋予的，它们采取的也是条约的形式，把它们和条约分割开来是不合适的，用 "软法" 来描述此类现象容易造成误解，因而应该避免在这种情况下使用 "软法" 概念。用于泛指不具有法律约束力但可能产生实际效果的行为规则。这一观点不是从制定主体，而是从形式和效力的角度界定国际软法，认为某一文件的制定者不论是国家，还是非官方组织，只要这类文件具有行为规则的形式特征，不具有法律约束力但客观上会对各国实践产生影响，那么它就是国际软法。参见 Seidl-Hohenveldern，Hierarchy of the Norms Applicable to International Investments，in Heere，International Law and Its Sources：Liber Amicorum Maarten Bos，Kluwer Law and Taxation Publishers，1988，at 147-148。

性特征，即公共性、规范性和普适性，而且具有不同于硬法的个性特征，即创制方式和制度安排富有弹性、方式实施的非国家强制性、实现法律效力的非司法中心主义、法律位阶的不甚明显，以及开放程度更高、更注重商谈论证、规范形态更加多样、法律文本的叙事方式更加灵活等。① 国际监管规则之前一直被认为是国际软法，但随着国际标准在全球金融治理中发挥出的卓越作用得到充分认可后，其制定过程当中体现的"正当性""国家意志性""强制性"也被逐渐接受，相关的国际监管规则已经成为全球金融法。其中，有关中央对手方的相关规定更是被广泛接受，尤其是相关国家对于是否遵守重要规则有经济上的激励措施，进一步促进了各国对中央对手方的监管完善。

第三节　交割基本流程及功能

交割的概念通常出现在期货市场，是指到期合约的标的资产的兑付。交割的方式通常有两种，一种是实物的交割，另一种是现金的交割。对于不适用实物交割的合约标的，如金融期货合约的标的，通常采用现金交割方式。

一、交割的概念

相比清算，交割的概念一直没有得到充分的阐述，但其实交割并非简单地完成合约所载标的所有权的转移，正是由于有了交割，才会驱使最终期货的价格向现货收敛，实现期货市场构建的目的。

对于交割，目前我国《期货交易管理条例》第八十一条第五款写明，交割，是指合约到期时，按照期货交易所的规则和程序，交易双方通过该合约所载标的物所有权的转移，或者按照规定结算价格进行现金差价结算，了结到期未平仓合约的过程。交割与结算不同的地方在于，交割是对合约本身的权利义务的实现，而结算通常只是对合约的交易结果计算后的资金划转。对于现金交割，其实与结算的过程一样，只是发生在指定交割日的结算。

---

① 宋功德.认真对待软法［A］.罗豪才等.软法与公共治理［C］.北京：北京大学出版社，2006：52.

本节重点关注实物交割中涉及的重点要素。

二、实物交割的基本流程及方式

（一）基本流程

对于交割流程，各交易所有不同的规定，交割日期、交割方式等都有所区别，但是基本的流程一般包括以下环节（以期货交割为例）：

首先，买方申报意向。买方向交易所提交所需商品的意向书。内容包括品种、牌号、数量及指定交割仓库名等。这里的指定交割仓库，是指由期货交易所指定的，为期货合约履行实物交割的交割地点，是期货品种进入实物交割环节提供交割服务和生成标准仓单必经的期货服务机构，通常由交易所对其进行管理。

其次，卖方交付标准仓单。卖方在指定时间日内通过标准仓单管理系统将已付清仓储费用的有效标准仓单交付至交易所。

再次，交易所分配标准仓单。交易所根据已有资源，按照"时间优先、数量取整、就近配对、统筹安排"的原则，向买方分配标准仓单。不能用于下一期货合约交割的标准仓单，交易所按所占当月交割总量的比例向买方分摊。

最后，买方交款、取单，卖方收款。

（二）实物交割的方式

实物交割方式通常有集中交割、滚动交割、期转现交割和厂库交割四种方式。

集中交割指所有到期合约在交割月份最后交易日过后一次性集中交割的交割方式，是仓库交割方式的一种，交割价格按交割月份所有交易日结算价的加权平均价格计算。采取集中交割可以有效避免交割违约，为卖方提供增值税发票和买方筹措货款留下充足时间。

滚动交割是指进入交割月后可在任何交易日交割，由卖方提出交割申请，交易所按多头建仓日期长短自动配对，配对后买卖双方进行资金的划转及仓单的转让，通知日的结算价格即为交割价格。交割商品计价以交割结算价为基础，再加上不同级别商品质量升贴水，以及异地交割仓库与基准交割仓库的升贴水。

期转现交割，即期货转现货，是指持有同一交割月份合约的多空双方之间达成现货买卖协议后，变期货仓位为现货仓位的交易。期转现方法是：达成协议的双方共同向交易所提出申请，获得交易所批准后，分别将各自持仓按双方商定的平仓价格由交易所代为平仓（现货的买方在期货市场须持有多头仓位，现货的卖方在期货市场须持有空头仓位）。同时双方按达成的现货买卖协议进行与期货合约标的物种类相同、数量相当的现货交换。

厂库交割是指以厂家取代传统意义上的仓库，以生产能力和相应的信用保证作为出具仓单（即厂库仓单）的依据，出库时按照买方要求在规定时间内提供相应质量和数量的实物，以履行交割义务。

（三）交割的违约处理

对于期货合约而言，买卖双方有下列行为之一的，构成交割违约：一是在规定交割期限内卖方未交付有效标准仓单的；二是在规定交割期限内买方未解付货款的或解付不足的；三是卖方交付的商品不符合规定标准的。

在目前国内交易所架构下，期货交易所的会员在期货合约实物交割中发生违约行为，交易所应先代为履约。交易所可采用征购和竞卖的方式处理违约事宜，违约会员应负责承担由此引起的损失和费用。交易所对违约会员还可处以支付违约金、赔偿金等处罚。

三、实物交割的功能

期货的交易有多重功能，其中包括价格发现、风险规避、资产配置等，期货交易过程中发生的实物交割是期货交易的延续，是联系期货和现货市场之间最好的方式，期货交易过程中的实物交割是期货市场得以存在的基础，也是期货市场能够发挥作用的基本前提和制度保障。

（一）实现套期保值的基础

期货市场的核心价值是为生产贸易商等现货市场参与者提供套期保值的场所，使其可以通过风险转移来管理风险。期货市场实现这一核心价值的基础是：期货市场价格与现货市场价格必须定期趋于一致，即期现价格收敛，避免期货市场价格与现货市场价格脱节而形成两个完全脱离的市场。通过交割机制，使得期货市场与现货市场在进入交割期时，价格会趋于一致。尽管期货远月价格由于受预期的影响较大，与现货价格可能相距甚远，但因为交割机制的存在，使得进入交割期后，期货市场与现货市场受共同的供求关系的影响，从而确保了期现价格的趋同。期货市场进入交割期时，买方套期保值者能够在期货市场进行实物交割买到实物，然后卖到现货市场或者作为自己企业的原材料；卖方套期保值者在现货市场买到实物后能够在期货市场的交割中将实物由期货市场卖出。期现价格的趋同以及前述操作，使得套期保值者可以通过在期货市场的对冲交易实现稳定利润、锁定成本的目的。

（二）实现价格发现的前提

如果没有实物交割，非理性的投资者完全可以无视期货价格与现货价格的差距，凭借资金实力和市场情绪肆意决定期货的结算价格，导致期货市场失去价格发现的功能。如前文所述，实物交割使得期货市场与现货价格定期会趋同，使得理性投资者敢于在期货价格偏离现货价格较大时入场进行套利，从而促使期货价格快速回归到现货价格附近，避免出现过度投机。具体而言，当由于期货市场投机气氛过浓，发生期货价格严重偏离现货价格时，理性投资者就会通过期货、现货两个市场间进行套利交易。当期货价格过高而现货价格过低时，交易者在期货市场上卖出期货合约，在现货市场上买进商品。这样，现货需求增多，现货价格上升，期货合约供给增多，期货价格下降，期现价差趋于合理。当期货价格过低而现货价格过高时，交易者在期货市场上买进期货合约，在现货市场卖出商品。这样，期货需求增多，期货价格上升，现货供给增多，现货价格下降，使期现价差趋于合理。通过实物交割，期货、现货两个市场得以实现相互联动，确保期货远期合约价格反映市场预期，近期合约价格逐渐向现货价格收敛，使期货市场真正发挥价格晴雨表的作用。

（三）防止市场操纵的保障

有效的交割制度是防止市场操纵行为、抑制逼仓的有效保障。期货市场是反映市场预期的市场，如果没有实物交割机制的保障，某些投资者可能利用资金优势，进行单边开仓，形成单边市，迫使对手盘因亏损而离场，达到操纵市场的目的。如前文所述，实物交割机制使得理性投资者敢于在期货价格严重偏离现货价格时进行套利交易，从而避免市场被操纵。当然，期货市场的逼仓行为出现原因可能是非常复杂的。另外一点需要注意的是，不合理的交割机制有可能会被恶意的投资者用来操纵市场，威胁期货市场的正常运行。

此外，正是由于期货可以实物交割，商品定价中心往往也会成为该类商品的贸易与储存中心。类似地，以黄金市场为例，在上海逐步成为全球黄金市场定价中心之一后，也会带动中国成为黄金交易及储存中心。

专题

上海黄金交易所实物黄金交割储运体系简介

上海黄金交易所作为黄金市场重要基础设施，有着完备的交割储运体系。目前已在全国36个地区设立70家交割仓库，为交易所实物交割及会员、客户实物仓储业务等提供相关服务，满足了国内包括金融、生产、加工、批发、进出口贸易等各类黄金产业链企业的出入库需求。交易所指定仓库分为主板指定仓库和国际板指定仓库。主板指定仓库为国内会员及客户提供实物仓储及出入库交接服务。国际板指定仓库为国际会员、国际客户、具备黄金进出口资格的国内会员及国内客户提供实物仓储、出入库交接、代理人入境申报、代理出境申报服务。国际板指定仓库受中华人民共和国海关监管。国际板指定仓库向国际会员及客户提供保管库服务。上海黄金交易所目前认定有40家可提供标准金锭企业（含5家国际企业）、24家可提供标准金条企业和28家可提供标准银锭企业。国际认定企业主要集中在澳大利亚、瑞士、中国香港和俄罗斯。国内认定企业在全国主要区域均有分布，但以金银生产大省山东（6家金锭企业、6家银锭企业）、河南（5家金锭企业、6家银锭企业）和用金产业集中的广东及深圳（4家金锭企业、2家银锭企业）为主，国内会员单位黄金年产量和使用量占全国的90%，冶炼能力占全国的95%。

黄金市场规范的一个重要标准就是交割标准，交割标准是现货市场的交割基础，上海黄金交易所邀请行业专家以国家标准为基础，兼顾规范性和可操作性，制定了交易所交割金锭、金条、银锭和铂金锭标准。尤其是金锭标准的制定，已引领黄金行业技术和检测能力的持续提升。上海黄金交易所的金锭标准是指交易所对上市黄金合约对应的黄金交割实物的质量规定。交易所制定的金锭标准针对 Au99.99、Au99.95 等不同品级黄金的产品牌号、物理规格、表面质量、化学成分、检验方法等进行统一规定。标准确定了黄金应该达到的技术标准，对不同等级金锭的主含量金及银、铜、铁、铅、铋、锑六个杂质元素含量均有明确要求，要求每块金锭上标记"SGE"合格标志、生产企业商标、重量、金锭编号等，并要求生产企业对每一块生产的金锭都附有质量证明书，可以进行质量追溯。交易所的金锭标准是强制标准，市场参与者必须承认和遵循。

目前，上海黄金交易所正在积极推进交易所与国际通行的 LBMA 金锭标准互认工作，2015 年 6 月已在 1 公斤和 12.5 公斤标准金锭上实现与 LBMA 的统一互认。上海黄金交易所目前正在积极努力推进上海金质量标准体系的国际化，最终成为一个可被国际采用、可在全球交割、可为各个交易所接受，并辐射和覆盖黄金产业链各个环节的标准体系。

本章要点

- 清算指金融交易达成后，在指定时间内对交易结果进行计算并完成资金划转的过程。双边清算，即金融交易双方不通过其他清算机构直接完成资金的计算和交付。双边清算在标准化的清算情况下通常使用净额轧差，但并不能消除交易双方的信用风险敞口。多边净额清算，即在标准化的双边清算基础上，加入更多的清算参与者后，互相交换对手方，由此减少一系列交易结算所需支付或交割的数量和金额，并按照"轧差"得到的净额进行金融资产划付，形成环形清算。

- 中央对手方是指在清算与结算过程中，介入金融交易双方，充当所有"买方的卖方"和"卖方的买方"并保证交易履约的机构。中央对手方通过合约替代、公开报价系统或具有法律约束力的机制安排成为市场参与者的交易对手，采用交易多边净额轧差的方式，并且通过保证金制度、逐日盯市、损失分担等风控措施来降低市场的系统性风险。

- 合约替代是指清算机构在对交易双方提交的交易合约进行合规性检查后，将符合条件的交易合约纳入中央对手方清算。法律关系上，清算机构成为该交易合约卖方的买方、买方的卖方，即中央对手方；该交易合约的双方不再存在任何权利义务关系。

- 会员分级清算机制是指交易所赋予较高信用等级会员作为直接参与中央对手方清算的资格，不具有清算资格的间接参与者通过具有相应清算资格的会员参与清算。所有会员均可直接参与中央对手方清算的称为全员清算。

- 瀑布式的风险资源通常包括初始保证金、违约基金以及中央对手方自身分担的部分，对于风险准备资源的使用顺序，实践中有所差异，但都会将优先使用违约参与者自身资源作为基本原则。

- 交割的方式通常有两种，一种是实物的交割，另一种是现金的交割。

 思 考 题

1. 清算功能的演化以及在金融交易中的作用是什么？
2. 清算的基本类型有哪些？
3. 中央对手方清算的基本运行机制是什么？
4. 实物交割的基本流程是什么？

第八章 金融交易风险管理理论基础

本章概要：在金融交易过程中存在诸多风险因素，如市场风险、信用风险、流动性风险、法律合规风险、操作风险等，风险管控往往成为决定交易结果的重要因素。本章将着重介绍金融交易风险管理的理论基础。本章分为三节。第一节对金融交易风险管理的理论及发展进行介绍，第二节探讨全面风险管理的理论框架及要素，第三节聚焦全面风险管理治理架构及流程。

第一节　金融交易风险管理理论及发展

随着现代风险管理科学的发展，人们对于风险概念的理解逐渐由最初认为风险是单纯的损失逐步转变为认为风险是一种不确定性。风险管理也逐渐成为企业管理中一个具有相对独立职能的管理领域，与企业战略管理、经营管理一样，对实现企业目标具有同等重要的意义。本节着重阐述风险的基本概念及分类，并对风险管理定义及发展进行介绍。

一、风险的定义及特点

随着现代风险管理科学的发展，人们对于"风险"一词的理解不断变化，它包含了机遇、不确定、威胁、危险、危机等多重属性。在过去很长时间里，风险更多被视为负面的影响，例如，在《牛津英语辞典》中，风险被定义为："一种危险，遭受伤害、损失或不幸的可能性"。在实践中，风险也常被视为企业实现其经营目标的障碍，风险模型也一般针对企业经营损失进行度量。然而，随着社会的进步，风险管理科学得到了长足发展，人们对于风险的认识也发生了质的变化。新的观点认为，风险是未来可能结果的不确定性（Uncertainty），该观点认为风险是中性的，既包含获利的机会，也包含损失的可能。在国务院国资委 2006 年发布的《中央企业全面风险管理指引》中，风险被定义为未来不确定性对企业实现其经营目标的影响。

当今风险管理领域最为权威的三大组织——美国的 COSO（Committee of Sponsoring Organization of Treadway Commission）、国际标准化组织（International Organization for Standardization，ISO）、巴塞尔委员会（Basel Committee on Banking Supervision，BCBS）对于风险的认识也存在着差异。COSO 认为"风险是损失发生的不确定性，机会是收益发生的不确定性"；ISO 则认为"风险是不确定性对目标的影响"；BCBS 强调"风险是因可能的损失而导致预期收益的不确定性"。

风险具有客观普遍性、不确定性、可控性、变化性等特点。

特点 1：客观普遍性。风险广泛存在于人类的生产生活中，是不以人的意志为转移的。人类可以通过科学方法管控风险，但不能消灭风险。

特点 2：不确定性。风险既包括影响因素的不确定性，也包括目标显现结果的不确定性，既包含损失的可能，也包含收益的可能，是危险与机遇的结合体。

特点 3：可控性。随着对风险识别、评估、计量能力的提高，部分风险可以通过管理进行控制，以确保风险的收益和损失在可接受范围内。

特点 4：变化性。风险不是一成不变的，影响风险的客观因素处于动态变化中，风险会随着环境条件的变化而变化，需要用发展的眼光来看待风险。

此外，风险往往还具有偶然性、隐蔽性、扩散性等特征。

二、风险的分类

按照不同的标准，风险可以分为多种类型。例如，世界经济论坛（World Economic Forum）《2020 年全球风险报告》（2020 Global Risk Report）将风险分为经济风险、环境风险、地缘政治风险、社会风险和技术风险五大类。

（一）按照风险来源划分，可以分为金融风险与非金融风险

非金融风险主要包括政治风险、战略风险、操作风险、合规风险、法律风险、会计风险、税务风险、模型风险、技术风险、声誉风险等。金融风险的主要表现形式为市场风险、信用风险、流动性风险等。

（二）按照影响范围划分，可以分为系统性风险、局部风险和特有风险

系统性风险又称整体性风险，也称不可分散风险，指一国多种外部或内部的不利因素经过长时间积累没有被发现或重视，在某段时间共振导致无法控制使金融系统参与者恐慌性出逃（抛售），造成全市场投资风险加大。系统性风险对市场上所有参与者都有影响，无法通过分散投资加以消除。局部风险主要对特定行业或区域有影响。特有风险指个别企业或资产自身特有风险事件所导致的风险，此类风险发生具有随机性和偶然性，影响范围通常较为有限，可以通过多样化投资对该类风险进行分散。根据马科维茨资产组合理论，当资产组合中资产数量 N 不断增加，组合可分散风险将逐步下降，逐渐趋近于一个稳定值，即不可分散风险。

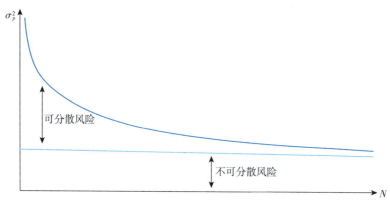

图 8-1　可分散风险与不可分散风险划分示意

（三）按照风险发生的概率划分，可以分为高频风险、中频风险和低频风险

按照风险发生的概率划分风险是为了防范未来可能发生的风险，防范的方法是测量风险未来发生的概率。从管理的角度来说，风险按照概率划分时，根据测量的技术可以划分为若干层级。如果缺乏测量技术和方法，可以简单地将风险分为高中低三档。如果测量技术达到一定水平，则可将风险按照万分之、千分之和百分之划分，并在不同区间内再划分为若干层级。

（四）按照风险重要程度划分，可以分为重大风险、重要风险和一般风险

重大风险对企业的生产、经营活动影响巨大，对外给企业的形象造成重大的负面影响，可能导致市场反响剧烈，企业在经济和声誉两个方面都会产生巨大损失，甚至超出企业可承受能力。重要风险对企业的生产、经营活动影响较大，一旦失控可能对企业的形象产生负面影响，会引起市场关注并受到监管部门的惩处，企业在经济和声誉两个方面都会产生损失，但损失在企业可承受能力范围之内。一般风险对企业影响不大，不会影响企业正常的生产、经营活动，也不会导致经济与声誉方面的损失，影响程度在企业可控制范围以内。

（五）按风险容忍度划分，可以分为可承受的风险和超出承受能力的风险

风险损失首先表现为对企业资产的侵蚀，而资产的损失一旦达到资不抵债的程度必然会要求用企业资本进行弥补。因此，一个企业抵御风险损失的能力取决于企业资本的大小，企业规模大、资本实力雄厚，其抵御风险损失的能力就强。简单而言，一个企业对风险的偏好取决于这个企业的资本实力，实力越强其承受风险损失的能力就越大、风险的容忍度就越高。综上所述，风险按照企业的资本实力也可以划分为可承受的风险和超出承受能力的风险。

三、风险管理的定义与发展

（一）风险管理的定义和特征

风险管理指有关主体（例如企业、个人、政府等）为了减少因风险事件可能造成的损失，采用相应的管理方法，对风险进行识别、评估、控制、监控、报告等的行为过程。根据国务院国资委《中央企业全面风险管理指引》的定义，全面风险管理指企业围绕总体经营目标，通过在企业管理的各个环节和经营过程中执行风险管理的基本流程，培育良好的风险管理文化，建立健全全面风险管理体系，包括风险管理策略、风险理财措施、风险管理的组织职能体系、风险管理信息系统和内部控制系统，从而为实现风险管理的总体目标提供合理保证的过程和方法。

风险管理具有以下四个特征：

第一，风险管理具有微观性。由于系统风险难以进行管理，非系统风险的管理一般都是采用微观管理的方法，有关主体对其在从事政治、经济、社会等微观活动中所承受的非系统风险进行管理。

第二，风险管理具有自觉性。风险管理主体在认识到风险事件可能带来的危害后，为了保障自身的利益，实现自己的目标，主动进行管理。这种自觉性决定了风险管理同时就是一种自律管理。

第三，风险管理具有动态性。风险具有动态性，这就决定了风险管理不能是静态管理。风险管理主体需要对风险因素持续跟踪评估、监测，对管理方法的效果进行动态评价，根据需要适时进行调整。

第四，风险管理具有系统性。风险管理是一项系统工程。作为一种系统，风险管理系统是由管理组织系统、管理制度系统、管理流程系统、管理信息系统和管理方法系统等子系统构成的；作为一项工程，风险管理系统工程的主要任务是根据系统要素协调、系统结构最优、系统功能最强的总体要求，对系统的构成要素、组织结构、信息交换和运行控制等功能进行系统开发、设计、构建和运行，借以达到最优化设计、最优控制和最优管理的目标。

（二）风险管理的起源与发展

风险自人类社会产生以来就与人类发展相伴。人类最初受到各种自然灾害、疾病和外部的侵袭、侵扰和挑战，首先面临着生存的风险。为此，史前人类结为部落，互助互济，共同与各种危及生存的风险抗争，并产生了最朴素的风险管理意识和最简单的风险管理实践，例如，居安思危、防患于未然等。

19 世纪末 20 世纪初，人类社会进入近代风险管理阶段，风险管理的思想和实践被引入企业管理。1906 年，美国最大的跨国钢铁公司——美国钢铁公司（United States Steel Corporation）从多次事故教训中提出了"安全第一"的思想。1913 年，在芝加哥创立了全美工业安全协会（National

Council for Industrial Safety，NCIS），并于 1914 年改名为全美安全协会（National Safety Council，NSC），研究制定了有关企业安全管理的法律草案。1916 年，被誉为"现代经营管理之父"的法国管理科学大师亨利·法约尔（Henri Fayol）在其《一般管理与工业管理》（*General and Industrial Management*）一书中，首次把风险管理的思想引入企业经营体系中，认为安全职能是企业经营六种职能（技术职能、营业职能、财务职能、安全职能、会计职能和管理职能）的基础和保证。1917 年，英国伦敦成立了英国安全第一协会（London "Safety First" Council）。1921 年，马歇尔（Marshall）在其《企业管理》（*Business Administration*）一书中，提出了风险分担管理（Administration of Risk-Bearing）的观点，并提出风险管理的方法包括风险的排除和风险的转移。

20 世纪 30 年代，人类社会进入现代风险管理阶段，风险管理的思想和理论逐步问世，风险管理开始成为企业组织化、制度化的安排。由于受到 1929 年至 1933 年经济危机的重创，美国约有 40% 的银行和企业破产倒闭。痛定思痛，美国企业，特别是大中型企业，纷纷设立保险管理部门，负责为企业承担的风险进行保险项目安排，并为其他国家的企业所学习和仿效。1930 年，美国宾夕法尼亚大学的所罗门·许布纳（S. S. Huebner）博士在美国管理协会发起的一个保险问题会议上首次提出了风险管理这一概念。与此同时，美国管理协会的保险部开始倡导以保险为手段的风险管理。1932 年，美国纽约几家大公司建立纽约保险经纪人协会，该协会定期讨论以保险为内容的风险管理的理论与实践问题，后逐步发展成为全美范围的风险研究所、美国保险和风险管理协会。

20 世纪 50 年代中期，在美国宾夕法尼亚大学沃顿商学院的索尔·施耐德（Sol. Schnider）和拉赛尔·加拉尔（Russen B. Gallagher）等人的推动下，风险管理以学科的形式发展起来，并形成了独立的理论体系。1960 年，美国亚普沙那大学企业管理系最早开设风险管理课程。1963 年和 1964 年，梅尔（Robert Mehr）和赫奇斯（Bob Hedges）的《企业的风险管理》（*Risk Management in the Business Enterprise*）、威廉姆斯（C. Arthur Williams）和汉斯（Richard M. Heins）的《风险管理与保险》（*Risk Management and Insurance*）两部著作相继问世，被学术界认为是风险管理开始作为学科进行系统研究的标志。

20 世纪 70 年代以后，世界各国的企业掀起了全球性的风险管理运动，西方发达国家的企业普遍建立了风险管理职能机构，专门设立风险经理（Risk Manager）或风险顾问等职位，对风险管理进行系统研究与实践。1983 年，在美国保险和风险管理协会的年会上，世界各国的风险管理专家共同讨论并通过了"101 条风险管理准则"，这标志着风险管理已经发展到一个具有共同规范的水平。西方发达国家还相继成立了很多全国性和地区性的风险管理协会。1986 年，欧洲 11 个国家共同成立了"欧洲风险研究会"，开拓了风险管理研究的国际交流与合作。在 1985 年由美国注册会计师协会（AICPA）、美国会计协会（AAA）、国际财务经理协会（FEI）、内部审计师协会（IA）和管理会计师协会（IMA）共同成立的 COSO 基于前人对内部控制实践与研究的贡献，于 1992 年发布了著名的《内部控制——整合框架》（*Internal Control: Integrated Framework*）的报告，构建了统一的内部控制体系，其中对风险评估与控制活动两个核心要素的规划与设计直指风险管理的关键环节，为企业风险管理提供了一个系统的架构和标准。与此同时，风险管理研究与交流也从环大西洋地区延展到亚太地区。1995 年由澳大利亚和新西兰联合制定的"AS/NZS 4360"颁布，明确定义了风险管理的标准程序，标志着第一个国家级风险管理标准的诞生。

进入 21 世纪以后，世界各国和国际社会在风险管理及其标准制定上倾注了更多的探索和努力。2003 年英国制定了"AIRMIC/ALARM/IRM"标准；美国 COSO 于 2004 年 9 月 29 日正式颁布了《企业风险管理——整合框架》，作为内部控制的升级版，构建了三维的全面风险管理体系，成为被世界各国普遍接受的全面风险管理的指导性标准。巴塞尔委员会在 2004 年 6 月颁布《统一资本计量和资本标准的国际协议：修订框架》（*International Convergence of Capital Measurement and Capital Standards: A Revised Framework*，以下简称《巴塞尔协议 II》），对商业银行的风险管理提出了更加全面的国际统一规则，引领国际银行业进入全面风险管理阶段。

第二节 全面风险管理理论框架及要素

进入 21 世纪后，风险管理科学的发展进入了新的阶段。COSO、ISO、巴塞尔委员会等先后推出的全面风险管框架，从更加全面的视角对风险管理工作进行了规定。在国内，国务院国资委在 2006 年制定颁布《中央企业全面风险管理指引》，至今已逐步形成了以该指引为核心的"1+N"政策体系。本节着重对全面风险管理的理论框架进行介绍，并结合我国相关政策和制度体系发展，对全面风险管理的概念、特点和相关要求进行介绍。

一、全面风险管理理论框架

（一）COSO 全面风险管理框架

控制企业风险的第一步是控制企业的内部风险，主要原因有两个：首先，内部风险（例如舞弊、违法）对企业带来的影响往往要严重于外部风险；其次，内部风险能够通过内部流程、规则的约束得到有效防控，内部风险管控所需的管理措施比外部风险更加独立且便于操作。基于这样的考虑，COSO 于 1987 年由美国虚假财务报告委员会建议成立，专门研究内部控制问题。该委员会于 1992 年发布的《内部控制——整合框架》是国际上关于内部控制的经典文件。《内部控制——整合框架》将内部控制正式定义为一个依靠包括董事会、管理层和其他员工共同参与，保证企业"经营活动的有效性和效率、财务报告的可靠性和对法律规章制度的遵循性"三大目标实现的过程。该文件主要包括三大控制目标、五项构成要素，但有以下局限性：第一，尽管内部控制框架也讲风险评估，但它主要指的是完成三大目标过程中的管理风险评估，是执行过程中存在的风险，但无法为企业高管层决策所存在的风险提供过多决策信息；第二，内部控制框架将风险定义为目标执行中的不确定因素，而不界定这些不确定因素中哪些是有助于目标完成的因素，哪些是阻碍目标完成的因素。

因为内部控制存在着这样的局限性，2004 年 9 月 COSO 正式提出了《全面风险管理——整合框架》（以下简称《整合框架》），明确指出：风险管理包含内部控制；内部控制是风险管理不可分割的一部分；内部控制是管理风险的一种方式，风险管理比内部控制范围广得多。

《整合框架》在以下几方面作出了创新：

承受可接受的风险：COSO 指出，不确定性既包含风险也包含机会，是毁灭价值或提升价值的潜在因素。企业通过风险管理能够有效地处理与不确定性有关的风险和机会，提升企业的价值。

战略目标：增加了基于企业风险偏好而制定战略目标的概念，并指出风险偏好统驭着企业所有的重要经营决策，强调集团公司整体战略目标的重要性。

风险组合观：COSO 要求企业管理者以风险组合的观点看待风险。对企业内每个单位而言，其风险可能落在该单位的风险承受度范围内，但从企业总体来看，总风险可能超过企业总体的风险偏好范围。

企业概念纳入：COSO 不仅保留了原内控框架中的业务单元和业务活动，进而细分到各个流程及作业层次，而且拓展到企业层面、分部及下属子公司，不难看出框架的制定者已经意识到集团内控与风险管理在为利益相关者创造价值过程中的重要性。

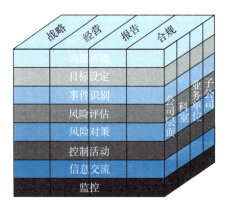

图 8-2　2004 年版《企业风险管理——整合框架》

COSO 定义的全面风险管理在董事会制定的企业战略指导下，始终贯穿于企业的各项经营管理中，用于识别、分析对企业可能产生不利影响的各类潜在风险，并将其控制在企业的风险偏好之内，确保企业目标的实现。

其要素共有八个，即内部环境、目标设定、事件识别、风险评估、风险对策、控制活动、信息交流、监控。COSO 的全面风险管理框架将内部控制作为一个必要的子系统，通过在企业的运营过程中实现管理的职能，实现企业的目标。全面风险管理在控制目标与控制要素上都要多于并高于内部控制。全面风险管理包括根据风险偏好进行风险管理目标与战略的设定和风险评估方法的选择，通过风险偏好、风险承受度、风险对策、压力测试等风险策略，实现对企业从确立目标到运营过程再到经营结果的全方位管理。

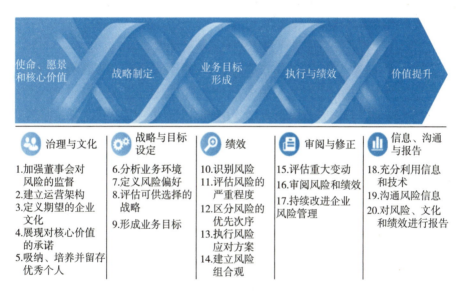

图 8-3 2017 年版《企业风险管理——整合框架》

COSO 于 2017 年推出了更新版的《企业风险管理——整合框架》。2017 年版框架采用国际文件惯用的"要素 + 原则"的结构，包括五个风险管理要素和 20 条原则。这些要素和原则为企业评判风险管理是否有效提供了标准和依据。

（二）ISO 31000 全面风险管理标准

国际标准化组织（International Organization for Standardization，ISO）于 2009 年发布的 ISO 31000 全面风险管理标准中把风险管理框架分为三个层次：原则、框架及过程，在此标准中将风险管理运行的过程要素分为建立环境、风险识别、风险分析、风险评价、风险处理、沟通与协商、监控与检查七个环节。在全面风险管理标准出现之前，很多行业根据自身的需求及管理特点已陆续开展了适合自己的风险管理研究工作，但是由于行业间的跨度很大，每一个具体行业对风险管理的应用都产生了各自的需求、受众、观念和准则。ISO 31000 得到了国际标准化组织的高度认可，国际标准化组织认为该标准"所描述的通用方法提供了在任何范围和状况下，以系统、清晰、可靠的方式管理风险的原则和指南"并说明了其与其他国际标准的关系，即"本标准提供了一个支持其他标准处理特定风险和行业风险的通用方法，而不是取代这些标准"。

（三）巴塞尔协议体系蕴含的全面风险管理理念

2004 年 6 月公布的《巴塞尔协议Ⅱ》，将市场风险和操作风险纳入资本约束的范围，提出了资本充足率、监管部门监督检查和市场纪律三大监管支柱，蕴含了商业银行全面风险管理的理念，推动了金融业全面风险管理理论的发展。《巴塞尔协议Ⅰ》关于商业银行全面风险管理的理念，可从全面风险的含义、微观全面风险管理和宏观全面风险管理三个方面来理解。《巴塞尔协议Ⅱ》从资本占用的角度，将商业银行最主要的风险归结为信用风险、市场风险和操作风险三类，因此，商业银行的全面风险就是指由银行不同部门（或客户、产品）与不同风险类别（信用风险、市场风险、操作风险）组成的"银行业务 × 风险矩阵"中涵盖的各种风险；《巴塞尔协议Ⅱ》的微观全面风险管理是指协议规定了如何全面管理"银行业务 × 风险矩阵"，并对银行风险的识别、计量、控制等环节均提出了明确的要求；《巴塞尔协议Ⅱ》的宏观全面风险管理则是指结合运用三大支柱可以从宏观角度对银行进行全面的风险管理。吸取了 2008 年国际金融危机的教训之后，2010 年 12 月巴塞尔委员会发布了第三版《巴塞尔协议》（即《巴塞尔协议Ⅲ》），既延续了《巴塞尔协议Ⅰ》（1988 年《巴塞尔资本协议》）、《巴塞尔协议Ⅱ》（即《巴塞尔新资本协议》）以风险为本的监管理念，又超越了传统资本监管框架，确立了银行资本监管的新标杆和新高度。在 2011 年 11 月戛纳峰会上，各国领导人承诺于 2013 年 1 月 1 日前实施巴塞尔资本监管标准（包括《巴塞尔协议Ⅱ》和《巴塞尔协议Ⅲ》），并于 2019 年前全面达标。为此，金融稳定理事会和巴塞尔委员会建立了实施跟踪机制和国别评估机制，旨在推动新资本监管标准得到一致和切实的实施。

（四）国内全面风险管理框架概述

在国内，国务院国资委最早于 2006 年提出《中央企业全面风险管理指引》，之后银保监会、证监会等监管机构、中国证券业协会等自律组织也分别推出了各自的全面风险管理指引。

《中央企业全面风险管理指引》于 2006 年 6 月由国务院国资委正式印发，这是国内第一个专门围绕企业风险管理工作且具有可操作意义的指导方法论。该指引强调"风险"不再只是一种负面损失的可能性，而是一种对经营目标的不确定性影响。《中央企业全面风险管理指引》对企业风险管理框架及风险管理流程进行了完备的描述，不仅适用于金融企业，也适用于实业等非金融企业，具有广泛的适用性。《中央企业全面风险管理指引》规定的企业全面风险管理体系框架包括四个部分：（1）全面风险管理的目标和策略；（2）实现风险管理目标和策略的保障体系，包括组织体系、制度体系和信息系统；（3）全面风险管理的基本流程，包括风险信息收集、风险评估、风险应对、监控预警、监督评价与改进五个环节；（4）风险管理文化，牢固树立风险无处不在、风险无时不在、严格防控纯粹风险、审慎处置机会风险、岗位风险管理责任重大等意识和理念。其中目标和策略是风险管理体系建设和运行的基石和根本方针；保障体系要素包括组织体系、制度体系、信息系统等，是实现风险管理目标、实施风险策略和运行风险管理流程的基本平台；风险管理的基本流程是实现目标和实施策略的动态循环及持续优化的过程；风险管理文化是保证目标策略能够达成，保障体系能够正常运转、流程能够有效运行的根本保障。上述几方面相辅相成，是全面风险管理体系的有机组成部分。

保监会于 2007 年 4 月颁布了《保险公司风险管理指引（试行）》，对保险公司及保险资产管理公司的风险管理体系的建立进行了全面的规范。2008 年 7 月颁布的《保险公司偿付能力管理规定》，可以被看作对保险公司监管的一个重大变革，即从"以合规经营监管"转变为"建立以风险为基础的动态偿付能力监管标准和监管机制"，对保险公司偿付能力进行综合评价和监督检查，明确提出了分类监管的要求，并依法采取监管措施。

2010 年 10 月，保监会颁布了《人身保险公司全面风险管理实施指引》，对寿险公司、健康保险公司、养老保险公司风险管理框架的建立设定最晚期限，同时强调经济资本的重要作用，并要求各寿险公司、健康保险公司、养老保险公司运用经济资本方法计量企业所承受的风险。这是国内第一部明确要求企业设立首席风险官的监管指引。

银监会于 2016 年 9 月发布了《银行业金融机构全面风险管理指引》，为银行业树立全面风险管理意识、建立稳健的风险文化、健全风险管理治理架构和要素、完善全面风险管理体系提供了完整、统一且具备实践指导作用的银行业全面风险管理规则。在此之前，银监会借鉴国际金融监管改革成果，并结合我国银行业实际，陆续制定了各类审慎监管规则，覆盖了资本管理、信用风险、市场风险、流动性风险、操作风险、并表管理等各个领域。《银行业金融机构全面风险管理指引》的提出，也是对上述领域风险管理方法的整合与提炼，同时《银行业金融机构全面风险管理指引》也参考了巴塞尔委员会《有效银行监管的核心原则》的基本要求，确保国内商业银行风险管理方法与国际接轨。

2016 年 6 月，证监会对 2006 年版《证券公司风险控制指标管理办法》进行了第二次修订，除完善风险指标的管理标准外，进一步明确了证券公司全面风险管理的重要性。该办法强调证券公司需要从制度建设、组织架构、人员配备、系统建设、指标体系、应对机制六个方面加强全面风险管理，同时要求证券公司将所有子公司纳入全面风险管理体系，强化分支机构风险管理，实现风险管理全覆盖。2016 年 12 月，中国证券业协会发布的《证券公司全面风险管理规范》对证券公司全面风险管理框架做了进一步细化。同时，与银行业、保险业一样，《证券公司全面风险管理规范》也进一步强调首席风险官的核心作用及沟通机制，并在国内监管指引或规范中首次明确提出了首席风险官的任职要求。

二、全面风险管理体系建设

全面风险管理的目标是为企业战略和经营目标的实现提供保障。在企业整体战略目标指导下形成各项子战略目标，落实分解为具体经营管理计划和活动。根据整体目标形成相互衔接、协同的分层级目标，风险管理工作要紧密围绕各层级目标的实现来开展。

全面风险管理能够促进业务发展。首先，开展全面风险管理工作，建立体系化、规范化和制度化的风险管理机制，可为各层级战略和经营目标的实现提供一套系统和规范的机制和方法，但这套机制和方法如果不能有效融入具体的业务管理，则将不具有可操作性。其次，风险管理作为管理的重点之一，在推进全面风险管理的过程中，能够增强全员的风险意识、忧患意识、危机意识，逐步将风险管理工作融入日常经营管理的各个环节，及时有效防范和控制各类风险，实现企业经营战略与风险控制工作的有机统一，实现企业业绩增长与风险控制水平的同步提升，提高企业管理水平。最后，针对影响目标实现的不确定因素进行积极管理，通过运行风险管理机制、合理评估和管理风险，为决策和具体管理活动提供支持，更好地为业务发展目标实现提供支撑，实现风险管理与业务发展的有机统一。

全面风险管理包含内部控制。全面风险管理与内部控制二者在本质上并无冲突，都是以更好地保障和促进组织目标实现为出发点。具体而言，从历史沿革来看，全面风险管理包含内部控制；从管理对象来看，内部控制的重点仅在内部风险、可控风险、非决策性风险的管理上，而全面风险管理还包括对外部风险、不可控风险、决策性风险的管理；从工作关系来看，内部控制是全面风险管理的基础和子系统，全面风险管理是内部控制的一种扩展。由于内部控制和全面风险管理存在不同的出台背景及监管背景，二者各自工作的立足点和侧重点有所差异，需要合理统筹，明确工作分工并密切配合。

第三节　全面风险管理治理架构与流程

风险治理架构和流程在企业全面风险管理工作中具有十分重要的作用。根据《中央企业全面风险管理指引》，企业开展全面风险管理，可建立风险管理三道防线，而全面风险管理流程则包含风险信息收集、风险评估、风险应对、监控预警、监督评价与改进五个过程。本节将对全面风险管理的治理架构以及流程进行介绍。

一、全面风险管理治理架构

全面风险管理需要三道防线相互协作。业务部门是第一道防线，是风险管理的责任主体；风险管理部门是第二道防线，要对风险管理体系和机制的建立和运行进行组织推动和协调；审计部门是第三道防线，对风险管理效果进行独立评价。根据《中央企业全面风险管理指引》，企业开展全面风险管理，可建立风险管理三道防线，即各有关职能部门和业务单位为第一道防线；风险管理职能部门和董事会下设的风险管理委员会为第二道防线；内部审计部门和董事会下设的审计委员会为第三道防线。

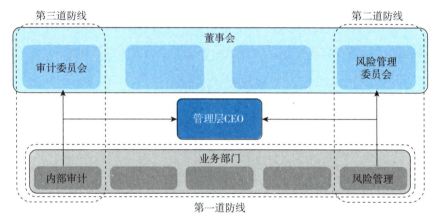

图 8-4　风险治理架构——三道防线示意

二、全面风险管理的流程

根据《中央企业全面风险管理指引》，全面风险管理包含：风险信息收集、风险评估、风险应对、监控预警、监督评价与改进五个过程。

（一）风险信息收集

收集与风险和风险管理相关的内外部信息，并将其整理成可用于分析的形式，为风险评估和风险管理策略的制定奠定基础。

（二）风险评估

风险评估是风险管理的基础，《中央企业全面风险管理指引》要求，"企业应对收集的风险管理初始信息和企业各项业务管理及其重要业务流程进行风险评估。"

（三）风险应对

根据企业使命和经营战略制定风险管理整体策略，并根据企业的风险偏好和风险承受度选择相应的风险应对策略。其中，风险偏好解决"公司愿意承担什么风险"的问题，描述公司对待风险的基本态度和看法，风险偏好的确定基于公司的使命、愿景。风险承受度解决"公司能够承担多大风险"的问题，描述公司能够承担的风险的限度，风险承受度的确定可借助模型的构建和公司基础数据的积累（历史经验）。风险应对策略解决"公司如何管理风险"的问题，阐述针对各类重大风险的应对策略：风险承担、风险规避、风险转移、风险转换等风险对策的确定基于风险评估和诊断的结果，要根据风险与收益平衡的原则以及风险的重要程度确定风险管理的优选顺序。

对于符合企业发展战略的风险，如投资风险，可以采取积极利用的态度。对于不符合发展战略的风险，如非主业市场风险，应该采取坚决避免的态度。机会风险是既有损失可能，也有获利可能的风险，如市场风险，对于这类风险，可以采取积极利用或适度承担的态度。一般情况下，纯粹风险没有获利的可能，只会给企业带来损失，对于这类风险，可以采取坚决避免的态度。对于管理能力较强的风险，如投资风险，可以采取积极利用的态度，对于管理能力较差的风险，如业务模式风险，可以采取适度承担的态度。

在制定风险应对策略时，首先考虑在战略上规避风险；平衡风险管理收益与成本，对各类风险选择风险规避、风险控制、风险转移或风险接受等手段；设立风险准备金，并重新对产品和服务进行定价。

（四）监督评价与改进

各管理主体定期监督检查风险和风险管理情况；根据成本与效益的平衡确定监控频率。持续改进风险管理体系和基本流程以及各种相关制度。提交风险监控、改进报告以及评价建议报告；内审部门或外部机构每年至少进行一次审核评价。

- 风险是未来可能结果的不确定性（uncertainty），该观点认为风险是中性的，既包含获利的机会，也包含损失的可能。

- 风险具有客观普遍性、不确定性、可控性、变化性等特点。

- 风险有多种划分方式。按照风险来源划分，可以分为金融风险与非金融风险；按照影响范围划分，可以分为系统性风险、局部风险和特有风险；按照风险承受的主体划分，可以分为个体风险和公共风险；按照风险重要程度划分，可以分为重大风险、重要风险和一般风险。按照风险容忍度划分，可以分为可承受的风险和超出承受能力的风险。

- 风险管理指有关主体（包括法人、自然人、政府等）为了最大限度地减少因承受风险而可能蒙受的损失，运用经济适用的方法，对风险进行识别、评估、控制、监控、报告等的行为过程。

- 2004 年 9 月 COSO 正式提出了《全面风险管理——整合框架》，明确指出：风险管理包含内部控制；内部控制是风险管理不可分割的一部分；内部控制是管理风险的一种方式，风险管理比内部控制范围广得多。

- 《中央企业全面风险管理指引》规定的企业全面风险管理体系框架包括四个部分：（1）全面风险管理的目标和策略；（2）实现风险管理目标和策略的保障体系，包括组织体系、制度体系和信息系统；（3）全面风险管理的基本流程，包括风险信息收集、风险评估、风险应对、监控预警、监督评价与改进五个环节；（4）风险管理文化，牢固树立风险无处不在、风险无时不在、严格防控纯粹风险、审慎处置机会风险、岗位风险管理责任重大等意识和理念。

- 根据《中央企业全面风险管理指引》，企业开展全面风险管理，可建立风险管理三道防线，即各有关职能部门和业务单位为第一道防线；风险管理职能部门和董事会下设的风险管理委员会为第二道防线；内部审计部门和董事会下设的审计委员会为第三道防线。

- 根据《中央企业全面风险管理指引》，全面风险管理包含风险信息收集、风险评估、风险应对、监控预警、监督评价与改进五个过程。

思 考 题

1. 风险的定义是什么？不同的学派如何看待风险？

2. 如何对风险进行分类？

3. 什么是风险管理？风险管理有哪些特点？

4. 全面风险管理的定义和主要理论框架是什么？

5. 全面风险管理的流程包括哪些？

第九章 金融交易风险分析与控制

本章概要：对金融交易中的风险因素进行及时识别、分析、控制、监督与报告是风险管理的核心步骤。本章聚焦金融交易过程中主要风险的分析方法与控制措施。本章分为三节，第一节对金融交易中的主要风险（包括市场风险、信用风险、流动性风险、操作风险、法律风险与合规风险）进行详细介绍；第二节探讨上述风险类型的计量与分析方法；第三节聚焦风险的控制监测与报告。

第一节 金融交易风险识别与分析

在金融交易的风险管理过程中，风险信息的收集与风险的识别十分重要，是后续风险评估、应对工作的前提。本节着重探讨金融交易中的主要风险因素（市场风险、信用风险、流动性风险、操作风险、法律风险与合规风险）的基本概念、特点、分类以及识别方法。

一、市场风险

市场风险指交易主体在金融市场上从事金融产品交易时，因市场价格发生意外变动，而造成经济损失的可能性。常见的金融产品的价格包括汇率、利率和股票价格。市场风险的损失可能性在于，金融产品价格的涨落直接关系到有关主体在有关金融市场上的交易成本或收益。

市场风险包括利率风险、汇率风险和投资风险三种细分形态。利率风险是指有关主体在货币资金借贷中，因利率在借贷有效期内发生意外变动，而遭受经济损失的可能性。汇率风险指有关主体在不同币别货币的相互兑换或折算中，因汇率在一定时间内发生意外变动，而遭受经济损失的可能性。

投资风险指有关主体在股票市场、金融衍生品市场进行投资时，因股票价格、金融衍生品价格发生意外变动，而遭受经济损失的可能性。

二、信用风险

狭义的信用风险，又称违约风险，是指交易对方在货币资金借贷中还款违约的风险。这可更具体地定义为，有关主体在享有债权时，由于债务人不能如期、足额偿付本息而蒙受经济损失的可能性。广义的信用风险是指交易对方所有背信弃义、违反约定的风险。例如，不仅在金融机构经营的信贷业务中，而且在金融机构经营的担保、承兑、信用证、信用卡、证券投资、信托、租赁、外汇交易和金融衍生产品交易中，都广泛地存在着交易对方到期不履行自己承诺义务的可能性，这些可能性都属于广义的信用风险的范畴。

信用风险具有以下几个主要特征：一是不对称性。预期收益和预期损失不对称，当某一主体承受一定的信用风险时，该主体的预期收益和预期损失是不对称的。二是累积性。信用风险的累积性是指信用风险具有不断累积、恶性循环、连锁反应、超过一定的临界点会突然爆发而引起金融危机的特点。三是非系统性。与市场风险相比，信用风险观察数据少且不易获取，因此具有明显的非系统性风险特征。四是内源性。信用风险不是完全由客观因素驱动的，而是带有主观性的特点，并且无法用客观数据和事实证实。

三、流动性风险

流动性可以分为资金流动性和市场流动性。一般来说，资金流动性风险指有关主体掌握的现金资产，以合理价格变现资产所获得的资金，或以合理成本所筹集的资金不足以满足即时支付的需要，从而蒙受经济损失的可能性。在本质上，资金流动性风险在于资金短缺。银保监会在 2018 年 5月颁布的《商业银行流动性风险管理办法》中将流动性风险界定为："商业银行无法以合理成本及时获得充足资金，用于偿付到期债务、履行其他支付义务和满足正常业务开展的其他资金需求的风险。"巴塞尔委员会在1997 年 9 月颁布的《有效银行监管的核心原则》中将流动性风险定义为："流动性风险是指银行无力为负债的减少或资产的增加提供融资，即当银行流动性不足时,它无法以合理成本迅速增加负债或变现资产获得足够的资金,从而影响了其盈利水平,在极端情形下,流动性不足会造成银行的清偿问题。"

在2008年国际金融危机以后,市场流动性风险问题也得到银行业界和金融监管当局的空前重视。银监会在2009年9月发布的《商业银行流动性风险管理指引》中将市场流动性风险界定为:"市场流动性风险是指由于市场深度不足或市场动荡,金融机构无法以合理的市场价格出售资产以获得资金的风险。"在本质上,市场流动性风险在于不能以合理的市场价格迅速变现金融资产。由此可见,变现价格和变现速度是把握市场流动性的两个关键。金融资产的变现价格和变现速度从总体上看是由金融资产的供求关系直接决定的,但是,具体来说,则取决于金融市场的广度、深度、即时性和弹性。金融市场的广度是指金融资产的市场价格偏离其真实价值的幅度,也可以理解为市场交易者急于为买卖成交而付出的额外成本(交易成本),侧重于以市场价格来反映市场流动性;金融市场的深度是指在当前市场价格水平上能够实现的交易量,侧重于以市场交易量来反映市场流动性;金融市场的即时性是指在某一市场价格水平上一定量的金融资产完成全部交易所用的时间,侧重于以市场交易时间来反映市场流动性;金融市场的弹性是指在相关交易影响下的金融资产价格恢复到其真实价值所需要的时间,侧重于以恢复的速度来反映市场流动性。

四、操作风险

狭义的操作风险是指有关主体的运营部门在运营的过程中因内部控制缺失、管理人员和普通职员操作疏忽或失误、支撑运营的信息系统出现错误等而蒙受经济损失的可能性。广义的操作风险是指有关主体信用风险和市场风险以外的所有非系统风险。银监会在《商业银行操作风险管理指引》中将操作风险定义为:由不完善或有问题的内部程序、员工和信息科技系统,以及外部事件造成损失的风险。操作风险包括法律风险,但不包括策略风险和声誉风险。

操作风险有以下几个方面的表现:员工方面表现为内部欺诈、失职违规、违反用工法律等;内部流程方面表现为内部流程不健全、流程执行失败、控制和报告不力、文件或合同缺陷、担保品管理不当、产品服务缺陷、泄密、与客户纠纷等；系统方面表现为信息科技系统和一般配套设备不完善；外部事件方面表现为外部欺诈、自然灾害、交通事故、外包商不履责等。

五、法律风险与合规风险

法律风险是指有关主体与雇员或客户签署的合同等文件违反有关法律或法规，或有关条款在法律上不具备可实施性，或其未能适当地对客户履行法律或法规上的职责，因而蒙受经济损失的可能性。银监会在《商业银行操作风险管理指引》中将法律风险定义为："包括但不限于下列风险：（1）金融机构签订的合同因违反法律或行政法规可能被依法撤销或者确认无效的；（2）金融机构因违约、侵权或者其他事由被提起诉讼或者申请仲裁，依法可能承担赔偿责任的；（3）金融机构的业务活动违反法律或行政法规，依法可能承担行政责任或者刑事责任的。"

巴塞尔委员会在2005年4月发布的《合规与银行内部合规部门》（*Compliance and the Compliance Function Bank*）的高级文件中将合规风险定义为："银行因未能遵循法律、监管规定、规则、自律性组织制定的有关准则，以及适用于银行自身业务活动的行为准则，而可能遭受法律制裁或监管处罚、重大财务损失或声誉损失的风险。"银监会在2006年10月25日发布的《商业银行合规风险管理指引》中将合规风险定义为："金融机构因没有遵循法律、规则和准则可能遭受法律制裁、监管处罚、重大财务损失和声誉损失的风险。"

合规风险与法律风险有几个主要区别：一是合规风险中的"规"比法律风险中的"法律"口径宽，涵盖国家法律、行政法规、监管部门规章、地方性法规、行业协会组织的行业自律规定五个方面，而法律仅涵盖国家法律、行政法规和地方性法规三个方面。从这个角度看，合规风险范畴要大于法律风险范畴。但是，并不能据此认为合规风险与法律风险之间存在着包含与被包含的关系。二是合规风险与法律风险带来的主要损失有所不同，合规风险的损失突出表现在监管部门的行政处罚、重大财产损失和声誉损失，而法律风险的损失则侧重于对民事赔偿责任的承担。三是合规风险从属于法律风险，法律是上位概念，规是下位概念，作为合规风险核心内容的监管部门规章必须依法制定，违反了上位法或者与上位法冲突的监管部门规章是无效的。在这个意义上，法律风险又相应高于合规风险。四是法律风险的诱因比合规风险的诱因广泛，合规风险的诱因仅限于银行自身的违法违规行为，而法律风险的诱因不仅包括银行自身的违法违规行为，而且包括来自银行外部的事件以及法律的不确定。外部事件既有交易对手的违约行为，也有他方侵犯银行合法权益的行为；法律修订、新的法律产生或者法律缺失等法律的不确定也会给银行带来法律风险。

第二节　金融交易风险的计量与分析

在风险评估环节中，一项十分重要的工作是对风险因素进行计量和分析，评估风险事件发生的概率和潜在影响。不同的风险因素具有不同的计量方法。本节结合巴塞尔协议对风险计量的要求对金融交易中的主要金融风险——市场风险、信用风险和流动性风险的计量方法进行全面介绍。

一、市场风险的计量

（一）市场风险的计量指标

1. 波动率

波动率（Volatility）是最为常用的市场风险计量指标，波动率越大风险越大。其中，历史波动率包括标准差和下偏标准差。标准差是最常用的波动率计量指标，但基于正态分布的假设可能使其低估资产收益率的下尾部风险；下偏标准差更加关注资产价格的下行风险，采用收益率的负数部分来计算。GARCH常用于计算预测波动率，除此之外，指数加权移动平均模型、随机波动率模型也常用于进行波动率预测。隐含波动率是基于布莱克—斯科尔斯模型用期权价格推算的波动率，可以很好地反映市场对于未来价格波动的判断和预期。已实现波动率主要用于高频数据（小时或分钟）的波动率计算，其本身不需要复杂参数估计方法，近年来在高频领域获得广泛应用。

表 9-1		波动率简介
标准差	$\sigma = \sqrt{\dfrac{\sum\limits_{i}^{n}=1\,(r_i-\overline{r})^2}{n-1}}$	最常用方法，但正态估计可能会低估下尾部风险
下偏方差	$LPSD = \sqrt{\dfrac{\sum\limits_{i=1}^{n}\min((r_i-\overline{r}),\ 0)^2}{n-1}}$	关注价格下行风险
GARCH 波动率	采用 GARCH 族模型进行预测	包含历史信息，类似的还有 EWMA 模型、SV 模型等
隐含波动率	根据布莱克—斯科尔斯模型，用期权价格推算	反映市场对于未来价格波动的判断和预期
已实现波动率	针对高频数据（小时或分钟）计算波动率	不需要复杂参数估计方法，近年来在高频领域获得广泛应用

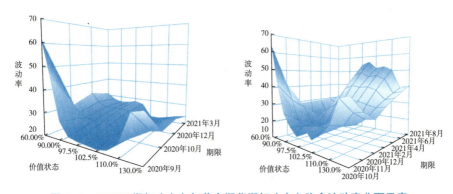

图 9-1　50ETF 期权（左）与黄金期货期权（右）隐含波动率曲面示意

2. 风险价值

风险价值（Value at Risk，VaR）最早是由 JP 摩根公司针对以往市场风险计量指标不足提出的，可以测量不同交易、不同部门市场，并将这些风险集成为一个统一的风险指标，描述在一定概率水平（置信度）下，某一金融资产或证券组合价值在未来特定时期内的最大可能损失。

$$\text{Prob}\,(L_t - VaR_a) = 1 - \alpha$$

式中，α 为置信度（5%、1%、0.1%）；L_t 为资产在持有期 t 内的预期损失；VaR_α 为 α 置信水平下的风险价值。

例子：一家金融机构 95% VaR 为 820 万欧元，表示有 95% 的概率在下一交易日损失最大不会超过 820 万欧元（或仅有 5% 的概率损失会超过 820

万欧元）。

VaR 常用的计算方法包括参数估计法、历史模拟法和蒙特卡罗模拟法。

参数估计法。假设风险因子服从正态分布、t 分布等统计分布，通过参数估计计算 VaR。计算相对简单，适合日常风险测算。但难以准确描述真实损失分布，例如使用正态分布假设容易低估损失尾部风险。

历史模拟法。假设历史在未来会重演，直接根据历史数据的经验分布计算 VaR。不依赖统计分布或特定模型，覆盖厚尾问题，较为稳健和直观。但结果质量依赖历史数据的输入，存在"看后视镜开车"问题。融合了 EWMA、Filtered Historical Simulation（FHS）、Bootstrap 等衍生方法。

蒙特卡罗模拟法。通过随机方法产生一个市场变化序列用于模拟资产收益率分布，然后基于分布计算 VaR 值。市场变化序列既可以通过历史模拟产生，也可以通过假定参数模拟产生。可以灵活考虑多种风险因子，对风险因子进行建模，常用于对厚尾情况、极端行情、非线性产品等的 VaR 的计算。但计算较为复杂，对算力要求高，模型风险高。

风险价值自提出以来受到了业界和学术界的广泛欢迎，主要优点包括：（1）精确性。借助数学和统计学工具，VaR 以定量的方式给出资产组合下方风险（Downside Risk）的确切值。（2）综合性。将风险来源不同、多样化的金融工具的风险纳入一个统一的计量框架，将整个机构的风险集成为一个数值。（3）通俗性。货币表示风险，方便沟通和信息披露。

但缺点也十分突出，一方面，风险价值只给出了在尾部风险事件没有发生的前提下，可能的最大损失，另一方面，风险价值不满足次可加性（subadditivity）。例如，两个组合 99% VaR 值相同，但尾部的极端损失可能完全不同。

为了弥补 VaR 的缺点，Rockafellar 和 Uryasev（2000）等提出使用条件风险价值（Conditional Value at Risk）即预期损失（Expected Shortfall）来度量资产组合风险。预期损失指在一定置信水平下，损失超过对应风险价值 VaR 的条件均值。

$$ES_\alpha = E\left(L_t \mid L_t \geq VaR_\alpha\right)$$

式中，ES_α 为 α 置信水平下的条件风险价值；α 为置信度（5%、1%、0.1%）；L_t 为资产在持有期 t 内的预期损失；VaR_α 为 α 置信水平下的风险价值。

例子：两个投资组合的 99% VaR 均为 100 万元（99% 的概率损失不会超过 100 万元）。组合 1 的 99% ES 为 120 万元，组合 2 的 99% ES 为 500 万元（有 1% 的概率组合 1 损失的期望值为 120 万元，组合 2 损失的期望值为 500 万元）。

（二）巴塞尔协议下市场风险的计量 [①]

针对市场风险的计量和监管资本计算，巴塞尔委员会给出了标准法和内部模型法两种基本方法。

1. 标准法

首先根据巴塞尔委员会为各种金融工具和商品设定的风险权重，分别计算出每种市场风险（包括利率风险、股票风险、外汇风险、商品风险和期权价格风险）所需要的监管资本，然后将这些监管资本简单加总得出市场风险所需要的总的监管资本。

利率风险指交易账户中与利率相关的金融工具头寸承受的风险。计量利率风险可以采用"期限"（Maturity）法或"久期"（Duration）法。无论采用何种方法，监管资本要求均等于以下四项的加总：（1）整个交易账户中的净空头头寸或净多头头寸；（2）相当于各时段内匹配头寸的一小部分（纵向剔除余额）；（3）相当于跨不同时段匹配头寸的一大部分（横向剔除余额）；（4）适当情况下期权头寸的资本净额要求。对于利率衍生工具，包括期货、远期利率协议及其他远期合约、互换以及远期外汇头寸，应转换为相应的基础工具头寸，然后按照特定风险和总体市场风险的资本要求计算监管资本。

股票风险也分为特定风险和总体市场风险。特定风险为所有股票多头

---

①《巴塞尔协议Ⅱ》与《巴塞尔协议Ⅲ》的主要区别如下：

第一，资本工具不同。银行资本范围的定义更严格。根据《巴塞尔协议Ⅲ》，资本工具仅分为一级资本和二级资本，取消《巴塞尔协议Ⅱ》中专门用于抵御市场风险的三级资本，市场风险所需资本应与信用风险同等对待。第二，一级资本充足率不同。根据《巴塞尔协议Ⅲ》，商业银行的一级资本充足率将由《巴塞尔协议Ⅱ》规定的 4% 上调到 6%，同时计提 2.5% 的防护缓冲资本和不高于 2.5% 的反周期准备资本，这样核心资本充足率的要求可达到 8.5%~11%。总资本充足率要求仍维持 8% 不变。第三，二级资本内容不同。《巴塞尔协议Ⅲ》规定二级资本必须能在银行破产清算的条件下吸收损失，取消了《巴塞尔协议Ⅱ》中的二级资本子项。

头寸和空头头寸之和；总体市场风险为所有股票多头头寸总额与空头头寸总额之差，即净头寸。特定风险按照 8% 计算监管资本；如果股票组合既具有流动性又实现了高度的多样化，则可以按照 4% 计算监管资本，或由各国监管当局自定标准。总体市场风险按照 8% 计算监管资本。对于股票衍生工具，包括股票期货及远期合约、股价指数期货、股票互换、股票期权和股价指数期权，应将其头寸转换为股票的名义头寸。不同国家股票市场上相同的股票或股价指数的匹配头寸可以完全冲销，求出据以计算特定风险和总体市场风险的净多头头寸或净空头头寸。此外，对包括由多样化股票组成的股价指数合约的净多头头寸或净空头头寸还要多计算 2% 的监管资本。

外汇（包括黄金）风险的资本要求计算包括以下两个步骤：

第一，测算单个货币的风险敞口。单个货币的净风险敞口头寸由以下六个项目加总计算：（1）净即期头寸；（2）净远期头寸；（3）确定要求履行及不可撤销的担保头寸；（4）尚未发生但已经完全保值了的净预期收入 / 费用；（5）按照不同国家特定的会计做法，表示外币计价损益的其他科目；（6）所有外汇期权账户的德尔塔等值净额。

第二，测算外币资产组合头寸和黄金的外汇风险。如果采用简易法测算，每种货币和黄金净头寸的名义金额以即期汇率折算成报告货币。净风险敞口头寸由以下两个项目加总计算：（1）净空头头寸之和或净多头头寸之和，取较大者；（2）黄金的净头寸（多头头寸或空头头寸）。经过上述步骤后，就可以得出外汇（包括黄金）风险的净风险敞口头寸总额，然后按照 8% 计算出监管资本。

商品风险的资本要求计算可以选择以下两种方法之一：

第一，期限阶梯法。采用期限阶梯法计算商品风险的资本要求的主要步骤是：首先，采用统一的标准计量单位（桶、千克、克）表示出各种商品的头寸，按照现货价格将各种商品的净头寸转换成以本国货币计量的头寸；其次，将各种商品的净头寸填入期限阶梯，对每个时段匹配的多头、空头头寸合计先乘以该商品的现货价格，再乘以该时段相应的价差率，然后对每个时段匹配的多头、空头头寸计算资本要求；再次，将较近时段的剩余净头寸结转，以冲销较远时段的风险敞口，对各时段已结转头寸按照

0.6% 计算附加资本要求；最后，此时只有多头头寸或空头头寸，对该部分头寸按照 15% 计算资本要求。

第二，简易法。采用简易法，首先采取与期限阶梯法的第一步骤相同的步骤，得到以本国货币计量的各种商品的净头寸；然后按照每种商品净多头头寸或净空头头寸的 15% 计算资本要求。

期权风险的资本要求计算可以采用中级法。中级法包括"德尔塔 +"（Delta-plus）方法和情景分析法。按照"德尔塔 +"方法，资本要求由三部分组成：①德尔塔风险的资本要求，即将期权基础工具的市场价值乘以该期权的德尔塔值得到德尔塔加权期权头寸，再将德尔塔加权期权头寸加到基础工具的头寸中计算资本要求；②伽玛（Gamma）风险的资本要求，即伽玛影响＝ $1/2 \times$ 伽玛 $\times VU2$，式中的 VU 为期权基础工具市场价值的变动值；③维加（Vega）风险的资本要求，即维加风险的资本要求＝同一基础工具的各项期权的维加值之和 × 该基础工具的波动率 × ±25%。按照情景分析法，首先，应当针对期权的基础工具利率（或价格）以及该利率（或价格）的波动性发生变动（考虑 +5% 和 –25% 的变动）的矩阵，对期权组合重新估价，则矩阵的每个小方格包含期权和基础保值工具的净收益（或亏损）；然后，取矩阵中包含的最大亏损值计算基础工具所需要的资本要求。

2. 内部模型法

在内部模型法下，首先是使用风险价值模型计量市场风险的监管资本。监管资本为一般风险价值与压力风险价值之和。巴塞尔委员会为计算市场风险的风险价值设置了三个参数，即 10 天的持有期，99% 的单尾置信区间和 1 年的历史观测期。根据巴塞尔委员会的规定，金融机构计算一般风险价值可以使用方差—协方差法、历史模拟法和蒙特卡罗模拟法等方法；金融机构每日都要达到的资本要求为以下两种风险价值的最大值：（1）前一天的风险价值；（2）前 60 个营业日每天的风险价值的均值，再乘以一个乘数与附加值之和；乘数由监管当局确定，取值不小于 3；附加值根据"事后检验"结果在 0 至 1 之间取值。

在计算市场风险的一般风险价值的基础上，金融机构还要对其现有资产组合计算主要市场风险的压力风险价值。这就需要进行压力测试。进行压力测试要选用连续 12 个月给金融机构造成重大损失的显著压力情景。通过压力测试，计算出压力风险价值。

二、信用风险的计量与分析

信用风险的计量经历了多个发展阶段：第一阶段：20 世纪 70 年代以前，基本采用专家分析法，依据银行专家的经验和主观分析来评估信用风险。常用方法包括 5C、5W、5P 分析法、LAPP 法、五级分类法等。第二阶段：20 世纪 70 年代至 80 年代，逐渐发展出了基于财务指标的信用评分方法。常用方法包括 Altman Z 值模型、ZETA 模型、Logit 模型、Probit 模型等。第三阶段：20 世纪 90 年代以后，逐步应用现代金融理论和数学工具来定量评估信用风险，出现了以风险价值（VaR）为基础、以违约概率和预期损失为核心指标的度量模型。常用方法包括 KMV、CreditMetrics、CreditRisk、CreditPortfolio View 等模型。

（一）5C 要素分析法

专家通过 5C 要素对企业进行打分确定信用风险大小，5C 指资信品格（Character）、能力（Capacity）、资本（Capital）、抵押（Collateral）和经营环境条件（Condition）。

资信品格（Character）：指顾客或客户努力履行其偿债义务的可能性，是评估顾客信用品质的首要指标，品质是应收账款的回收速度和回收数额的决定因素。能力（Capacity）：指顾客或客户的偿债能力，即其流动资产的数量和质量以及与流动负债的比例，其判断依据通常是客户的偿债记录、经营手段以及对客户工厂和公司经营方式所做的实际调查。资本（Capital）：指顾客或客户的财务实力和财务状况，表明顾客可能偿还债务的背景，如负债比率、流动比率、速动比率、有形资产净值等财务指标等。抵押（Collateral）：指顾客或客户拒付款项或无力支付款项时能被用做抵押的资产，一旦收不到这些顾客的款项，便以抵押品抵补，这对于首次交易或信用状况有争议的顾客或客户尤为重要。经营环境条件（Condition）：指可能影响顾客或客户付款能力的经济环境。

（二）结构化模型法

结构化模型以穆迪公司于 1997 年提出的 KMV 模型最具代表性。KMV 模型以现代期权理论基础作依托，充分利用资本市场的信息而非历史账面资料进行预测，将市场信息纳入违约概率，更能反映上市企业当前的信用状况。第一步，利用布莱克—斯科尔斯期权定价公式，根据企业股权的市场价值及其波动性、到期时间、无风险借贷利率及负债的账面价值估计出企业资产的市场价值、资产价值的波动性。第二步，根据公司的负债计算出公司的违约实施点，计算借款人的违约距离。第三步，根据企业的违约距离与预期违约率（EDF）之间的对应关系，求出企业的预期违约率。

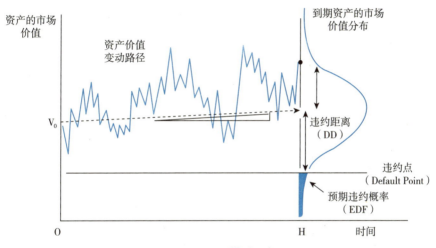

图 9-2　KMV 模型示意

（三）巴塞尔协议下信用风险的计量

巴塞尔委员会在广泛借鉴和采用上述信用风险计量技术的基础上，针对信用风险及其监管资本的计量，在《巴塞尔协议 II》中提出了标准法和内部评级法两种基本方法。

1. 标准法

标准法是根据金融机构单笔债权的分类、债权对象的外部评级和信用风险缓释技术（Credit Risk Mitigation）三个因素，以标准化的处理方式来确定表内单笔债权的风险权重和表外项目的信用风险换算系数（Credit Conversion Factors），然后加总计算出金融机构的信用风险加权资产。

在《巴塞尔协议 II》中，单笔债权主要按照债权对象分为 13 个类别：对主权的债权、对非中央政府公共部门实体的债权、对多边开发银行的债权、对银行的债权、对证券公司的债权、对公司的债权、对包括在监管零售资产中的债权、以居民房产抵押的债权、以商业房地产抵押的债权、逾期贷款、高风险的债权、其他资产和资产负债表外项目。

　　根据不同债权、不同的外部评级结果和不同的信用风险缓释技术，采用不同的风险权重。首先是对主权的债权、对银行的债权和对公司的债权评级并赋予风险权重。其次是对其他债权的风险权重标准。具体包括：（1）对国内公共部门实体的债权，其风险权重各国自己决定，或在对银行债权风险权重的两个方案中任选一个，或按照对主权债权的风险权重标准；（2）对包括在监管零售资产中的债权，风险权重为75%；（3）以居民房产抵押的债权，风险权重为35%；（4）以商业房地产抵押的债权，风险权重为100%；（5）对逾期（90天以上）贷款，风险权重划分为三档，专项准备小于贷款余额20%的逾期贷款为150%，专项准备等于或大于贷款余额20%的逾期贷款为100%，专项准备等于或大于50%的逾期贷款为100%，但监管当局也可自行定为50%；（6）对高风险的债权（评级在B–级以下的主权、公共部门实体、银行和证券公司的债权，评级在BB–级以下的公司的债权），风险权重为150%；评级在BB+级至BB–级之间的证券化头寸，风险权重为350%；（7）其他资产的风险权重为100%。对资产负债表外项目，要按照信用风险换算系数换算为等额的信用风险敞口。

　　信用风险缓释技术可以降低信用风险，具体作用主要有以下两个方面：第一，减少信用风险敞口的数额。在抵押交易下，风险缓释后的信用风险敞口等于经折扣系数调整后的风险敞口的当前价值减去经折扣系数调整后的抵押品的当前价值；在表内净扣下，贷款作为信用风险敞口，存款作为抵押品，信用风险净敞口是贷款与存款的净头寸。第二，为信用风险敞口提供信用保护。在担保或信用衍生工具下，担保或信用衍生工具是信用保护提供者的直接负债，能够对信用保护的需求者——金融机构的信用风险敞口提供有效的信用保护。受保护部分的信用风险敞口的风险权重与信用保护提供者的风险权重相同。未受保护部分的信用风险敞口的风险权重是对应交易对象的风险权重。

　　信用风险加权资产的计算公式为：

$$CRWA = \sum_{i=1}^{n} BA_i \times w_t + \sum_{j=1}^{m} B_O A_j \times c_j \times w_j$$

式中，BA_i 为第 i 项资产负债表内资产，w_i 为第 i 项表内资产的风险权重，$B_O A_j$ 为第 j 项资产负债表外资产，c_j 为第 j 项表外资产的信用风险换算系数，w_j 为第 j 项表外资产的风险权重。

2. 内部评级法

内部评级法包括初级内部评级法和高级内部评级法。内部评级法需要估计的风险要素包括违约概率、违约损失率、违约风险敞口和有效期限四种。其中，违约风险敞口包括公司风险敞口、主权风险敞口、银行风险敞口、零售风险敞口和股权风险敞口五类。具体来说，对于公司、主权和银行风险敞口，存在初级内部评级法和高级内部评级法之分，即在初级内部评级法下，金融机构必须自己估计这三类风险敞口的违约概率，其他三个风险要素必须使用监管当局的估计值；而在高级内部评级法下，金融机构必须自己估计这三类风险敞口的四个风险要素。对于零售风险敞口，并不存在初级内部评级法和高级内部评级法之分，四个风险要素都必须由金融机构自己估计。

（1）违约概率

违约概率被巴塞尔委员会界定为债项所在信用等级一年内的平均违约率。根据《巴塞尔协议Ⅱ》，金融机构在估计每个信用等级的平均违约率时，可以采用内部违约经验、映射外部数据和统计违约模型三种技术。可以采用其中的一种主要技术，然后用其他技术进行比较并作出可能的调整。同时，在比较采用不同技术估计的结果和对信息及技术的局限进行调整时，主观判断是十分重要的。在估计违约概率中使用的外部数据、内部数据和汇集数据，至少有一类数据的历史观察期在 5 年以上。对于公司、银行和零售风险敞口，违约概率取一年期违约概率和 0.03% 中较大的数值；对主权风险敞口，违约概率取一年期的违约概率；对公司、银行和主权风险敞口中已经违约的，则违约概率取 100%；对于股权风险敞口，违约概率的取值与对公司风险敞口的要求相同。《巴塞尔协议Ⅱ》设定 0.03% 的违约概率下限，既是为了给风险权重设定下限，也是考虑到金融机构在检验小概率时面临的困难。

（2）违约损失率

违约损失率是预期违约损失（经济损失，不是会计损失）占违约风险敞口的百分比。根据内部评级法的要求，金融机构必须估计公司、主权、银行和零售风险敞口的违约损失率。在初级内部评级法下，由《巴塞尔协议Ⅱ》给出的违约损失率为：对无认定的抵押品抵押的公司、主权和银行的高级债权，违约损失率为 45%；对公司、主权和银行的全部次级债权，违约损失率为 75%。在高级内部评级法下，金融机构自己对公司、主权和银行风险敞口估计违约损失率。所估计出的违约损失率不能小于按违约加权后的长期平均损失率。长期平均损失率是根据同类贷款数据中所有观测到的所有违约贷款得出的平均经济损失计算出来的。估计违约损失率，数据观察期至少要涵盖一个完整的经济周期，而且在所采用的外部数据、内部数据和汇集数据中，至少有一类数据的观察期在 7 年以上。估计零售风险敞口的违约损失率，数据的观察期在 5 年以上。

（3）违约风险敞口

违约风险敞口按扣除专项准备金后的净额计算。计量资产负债表内项目的违约风险敞口，与标准法相同，采取表内净扣的方式，在净头寸的基础上把握违约风险敞口。计量资产负债表外项目的违约风险敞口，按照已经承诺但未提数量乘以信用风险转换系数。估计信用风险转换系数的方法有初级内部评级法和高级内部评级法之分。在采用初级内部评级法时，除了承诺、票据发行便利和循环认购工具外，其他工具的类型及适用的信用风险转换系数与标准法相同。在采用高级内部评级法时，对不同类型工具的信用风险转换系数均由金融机构自己估计。

（4）有效期限

在有明确期限标准的初级内部评级法和高级内部评级法中，金融机构必须为每项违约风险暴露提供一个期限测量值。在采用初级内部评级法下，有效期限由监管当局给定，除了回购类型交易的有效期限为 6 个月外，公司风险敞口的有效期限为 2.5 年。在采用高级内部评级法时，有效期限由金融机构自己测算。一般情况下，有效期限取 1 年和剩余有效期限（合约规定允许债务人完全偿付合约债务花费的最大剩余时间，以年为单位）中较长的一个。在所有情况下，有效期限不得长于 5 年。一般来说，在其他风险要素不变的情况下，有效期限与信用风险成正比，即有效期限越短，信用风险越小；反之则相反。

信用风险的风险加权资产是违约概率、违约损失率、违约风险敞口和有效期限的函数。

$$CRWA=CRK_{IRA} \times 12.5 \times EAD$$

式中，CRK_{IRA} 为内部评级法下对违约风险敞口的监管资本要求；它等于零与某个差额之间的较大值；该差额为违约风险敞口的违约损失率与银行对预期损失的最大估计值之间的差额。

三、流动性风险的计量与分析

巴塞尔委员会通过《巴塞尔协议Ⅲ》将流动性风险监管提升到与资本监管同等重要的位置，并具体在《流动性风险计量、标准和监测的国际框架》中对流动性风险的测度提出了具体要求。

（一）流动性风险的测度指标

在《流动性风险计量、标准和监测的国际框架》中，巴塞尔委员会引入了两个功能互补的流动性风险的测度指标，即流动性覆盖率和净稳定融资率。如前面的流动性压力测试所述，与其他流动性风险的测度指标不同，流动性覆盖率和净稳定融资率都用于测度金融机构在外部流动性压力情景下的流动性风险。其中，流动性覆盖率用于测度短期压力情景下的流动性风险，净稳定融资率用于测度中长期压力情景下的流动性风险。这两个流动性风险的测度指标的具体计量方法、分子和分母的涵盖范围如本章前面所述，这里不再赘述。

（二）流动性风险的监测工具

在《流动性风险计量、标准和监测的国际框架》中，巴塞尔委员会提出了四个流动性风险的监测工具，即合同期限错配、融资集中度、可用的无变现障碍的资产和与市场相关的监测工具。

1. 合同期限错配

合同期限错配在于考察金融机构在界定的时间段上契约性流动性的流入和流出之间的缺口。根据缺口状况，可以把握金融机构在有关时间段上潜在的流动性需求。根据巴塞尔委员会在《流动性风险计量、标准和监测的国际框架》中的规定，以及中国银监会在《商业银行流动性风险管理办法（试行）》中的规定，界定的时间段序列可以为隔夜、7天、14天、1个月、2个月、3个月、6个月、9个月、1年、2年、3年、5年和5年以上等多个时间段，基于合同的剩余期限进行统计计量；契约性流动性的流入和流出包括基于现有合同的、所有表内外项目的现金和证券的流入和流出。不考虑表外项目，金融机构合同期限错配的传统典型特征是"短借长贷"。借助合同期限错配这一工具，计量每个时间段上流动性流入和流出的缺口，可以把握因"短借"而形成的对金融机构短期的流动性压力和相应的短期流动性需求，并折射出金融机构为"长贷"而形成的长期的流动性需求缺口。

2. 融资集中度

融资集中度在于分析由特定的交易对手、交易工具和货币提供的批发融资的集中度。根据这一工具，可以把握在一个或多个融资资源撤走事件发生时，金融机构的资金流动性风险会达到何种程度，从而折射出金融机构表内资产方的大额风险敞口。其中，重要交易对手是指一个交易对手或一组相互关联或附属的交易对手，其融资总量超过银行总负债的1%；重要工具或产品是指单个工具或产品或一组相似的工具或产品，其融资总量超过银行总负债的1%；重要货币是指以单一货币计值的负债，其融资总量超过银行总负债的1%。

3. 可用的无变现障碍的资产

可用的无变现障碍的资产用于测度金融机构拥有的无变现障碍的资产的数量。这种资产在从市场或中央银行融资时能够用作担保。因此，通过该指标，可以把握金融机构潜在的筹集额外可靠资金的能力。

4. 与市场相关的监测工具

为了获得潜在流动性困难的即时数据，巴塞尔委员会建议采用以市场为基础的数据作为以上三个监测工具的补充。这些数据包括但不限于以下三个方面：一是基于资产价格和流动性的全市场范围的信息。这些信息包括：权益价格（即所有股票市场及其与银行活动相关的各种指数）、债务市场（包括货币市场、中期票据、长期债务、衍生品、政府债券市场、信用违约互换价差指数等）、外汇市场、商品市场和与特定产品（如某些证券化产品）

相关的价格指数。二是与金融部门相关的信息。这些信息包括广泛用于金融部门的权益和债务市场信息、用于金融部门子集的信息等。三是特定银行的信息。这些信息与银行在各种批发融资市场上以其能够接受的价格为自己融资的能力相关，用于监测市场是否对特定的银行失去信心，或用于识别特定银行面临的流动性风险，诸如特定银行的权益价格、CDS 价差、货币市场交易价格、展期的形势和各种期限融资的价格、银行债券／银行附属债务在二级市场上的价格／收益等。

四、相关性的计量

根据马科维茨资产组合理论，资产（或风险要素）间的相关性会影响风险分散（Diversification）的效果。传统方法可以采用线性相关系数，例如 Pearson 相关系数，优点是计算简单、直观，但缺点是基于正态分布假设，无法准确描述非线性相关结构，低估尾部风险。

Copula 是一种通过数据边缘分布来构建多变量联合分布的统计方法，也称为连接函数。相较于传统线性相关系数，Copula 将多元分布的边缘分布与相依结构分开来考虑，并可以灵活选择变量的边缘分布，因此可以更加准确地描述资产收益率间的相依结构，特别是尾部相关性。上（下）尾相关系数描述的是当一个变量大幅增加（减少）时，另外一个变量也大幅增加（减少）的概率，其对研究资产价格在极端市场行情下的运行具有十分重要的意义。

对于随机变量 $x=(x_1, x_2)$，其边缘分布分别为 $F_1(x_1)$、$F_2(x_2)$，给定变量 x_1, x_2 的 Copula 函数 c，则其上尾部相关系数 λ^U 和下尾部相关系数 λ^L 可以分别表示为

$$\lambda^U = \lim_{q \to 1} P(x_1 > F_1^{-1}(q) \mid x_2 > F_2^{-1}(q)) = \lim_{q \to 1} \frac{1-2q+C(q, q)}{1-q}$$

$$\lambda^L = \lim_{q \to 0} P(x_1 < F_1^{-1}(q) \mid x_2 < F_2^{-1}(q)) = \lim_{q \to 0} \frac{C(q, q)}{q}$$

式中，q 为置信水平。$\lambda^U, \lambda^L \in (0,1]$，当 $\lambda^U(\lambda^L) > 0$ 时，变量 x_1, x_2 上尾（下尾）渐进相关；当 $\lambda^U(\lambda^L) = 0$ 时，变量 x_1, x_2 上尾（下尾）尾部渐进独立。

常用的 Copula 函数包含椭球 Copula 家族和阿基米德 Copula 两大家族。在椭球 Copula 家族中，最具代表性的是高斯 Copula 和 t–Copula，其中前者不具有尾部相关性，后者则具有对称的上尾和下尾相关性。在阿基米德 Copula 家族中，Clayton Copula 常用于对下尾相关性进行建模，Gumbel Copula 则常用于对上尾部相关性进行建模，BB1 Copula 常用于分析数据间的下尾相关性。

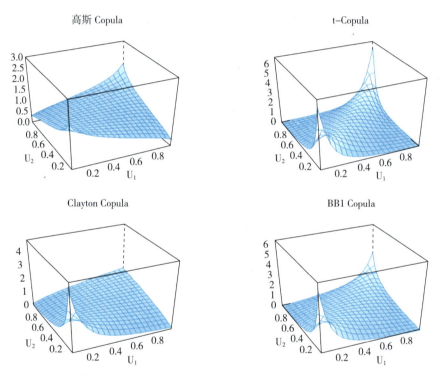

图 9-3　高斯 Copula、t–Copula、Clayton Copula、BB1 Copula 概率密度

第三节　金融交易风险的控制监测与报告

在对风险因素进行识别、评估后，企业需要根据自身风险偏好和风险承受度采取符合企业需求的风险控制手段，并对主要风险进行持续监测和报告。本节着重对全面风险管理中的风险控制、风险监测以及风险报告的

内容进行介绍。

一、风险控制

风险控制就是执行风险应对的方案，将所选择的风险控制方法付诸实施。风险控制是风险管理的关键环节，常用的方法可以分为以下六种：

一是风险回避（Risk Avoidance），即不去做冒某一特定损失风险的行为，旨在消除风险因素，借以使损失失去发生的前提条件的一种风险控制方法。风险回避的方式主要有：（1）根本不从事承受某一特定风险的活动，例如，如果投资股票冒损失资本的风险，则根本不进行股票投资；（2）终止或放弃承受某一特定风险的活动，例如，在投资某一债券后，发现债券发行人显现出可能违约的征兆，则将持有的该债券在二级市场上予以变现；（3）改变活动的性质，例如，从事金融期货的自营业务承担投资风险，便放弃自营业务，改做接受客户委托的代理业务。

二是风险控制（Risk Control），即旨在控制风险因素和风险事故，借以降低损失发生的概率、减轻损失的严重程度的方法。这里还可以细分为两种情形：（1）在损失发生之前，用于控制风险因素，借以降低损失发生的概率，称为损失预防（Loss Prevention）方法；（2）在损失发生的过程中，控制风险事故，采取补救措施，防止损失进一步扩大，借以减轻损失的严重程度，称为损失抑制（Loss Reduction）方法。

三是风险转移（Risk Transfer），即旨在将遭受潜在损失的法律责任或财务负担转移给其他主体以减轻自己损失的方法。可以细分为两种情形：（1）转移给确定的第三方，例如，转移给确切知道的担保机构或保险公司；（2）转移给不确定的第三方，例如，利用金融衍生工具进行套期保值，也称为风险对冲。

四是风险分散（Risk Diversification），即旨在将风险因素中的交易对手、交易客体加以分散和多样化，以降低交易对手、交易客体发生风险事故的概率和损失严重程度的方法。例如，如果投资股票，就不要仅仅投资一种股票，而是同时投资多种股票，构建股票投资组合；如果进行海外直接投资，就不要仅在一个国家投资，而是同时在多个国家投资，构建直接投资的国家组合。这样，投资组合中的所有投资不会同时出现损失。即使某一投资可能出现损失，也可以被其他投资的收益所抵销而有余，从而实现投资组合的整体盈利。需要指出的是，风险分散方法可以用于控制非系统风险，而对控制系统风险则无能为力。

五是风险集合（Risk Pooling），即旨在将承担同类风险的主体集中起来，共同抵御风险，分担可能蒙受的损失，借以减轻单个主体所承担风险的方法。例如，商业银行开展贷款业务，不是自己单独对客户提供贷款，而是组织或参与银团贷款，这样便可以与银团中的其他商业银行共担风险。

六是风险自留（Risk Retention），即旨在将风险所带来的损失由自己承担的方法。这里的承担可细分为两种：（1）非计划性承担，即被动承担，往往出现在工作疏忽、风险损失小于控制成本、已采用的控制方法无效的时候；（2）计划性承担，即主动承担，例如设立准备金（来自当期收入）承担、设立风险基金承担等。这种方法是最后的不得已选择，属于残余方法。

在实施风险控制中，有关主体的不同层级、同一层级的不同部位要承担起各自的职责。高级管理层和风险管理委员会负责风险政策和程序的贯彻实施；风险管理部门指导和协同各个业务部门负责风险控制方法的实施和风险控制活动的开展。各个业务部门是金融风险的直接承担者，是风险控制的一线。各个业务部门要将风险控制的方法与活动有机嵌入自己的业务流程，与各个风险点的控制高度对应。风险管理部门要通过风险经理对业务部门实施风险控制加以指导、协调和监督，确保各项风险管理方法和活动能够可行、适用和落地。

二、风险监控

风险控制是一个动态过程。在实施中，风险控制的内部条件和外部环境处于不断的变化之中。这就需要对风险控制的实施过程进行全过程的监控，从而产生了风险监控环节。

风险监控就是按照一定的风险政策和程序，对风险控制的实施过程进行监督和控制。风险监控包括但不限于以下内容：一是对风险政策的适当性和适时性进行观测和确认。如果执行中的风险政策在适当性或适时性上存在欠缺，则需要就如何进一步完善风险政策提出建议。二是对风险控制方法和活动的执行、运行情况进行跟踪监测，从中发现风险识别是否正确，风险评估是否准确，风险控制方法和活动的选择是否科学，执行中是否存在偏差，风险控制效果是否达到预期。如果发现问题，必须做好信息的及时反馈，以便有关方面能够及时纠正、调整、补救和完善自己的不当行为。三是对各个业务部门是否严格执行经济资本限额及其他风险限额的情况进行监督。如果发现有超过经济资本限额及其他风险限额的行为，则要进行严肃处理，以维护经济资本限额及其他风险限额的严肃性。四是对违反风险政策和风险管理制度的行为进行调查核实，并依据相关制度进行处理。风险监控可以采取通过风险管理信息系统进行实时监控、风险报告系统进行定期监控、现场检查方法进行实地监控、约谈当事人进行个别监控等方式。

三、风险报告

围绕特定的内容及相关要求，对金融风险及其管理情况进行总结报告，就构成了风险报告环节。风险报告可以从静态和动态两个角度加以认识和界定。静态的风险报告是及时、真实和全面地反映有关主体各级机构、各业务条线的风险状况、风险动态、风险管理运行情况的书面汇总报告。动态的风险报告是有关主体的不同层级定期将风险状况、风险动态、风险管理运行情况报告给上一个层级及监管当局的过程和机制。

风险报告是内部控制系统或全面风险管理系统的内在要求。根据内部控制系统和全面风险管理系统中"信息与沟通"要素的要求，风险及其管理的信息需要在有关主体内部进行有效的沟通，而风险报告就是信息沟通的重要媒介。借助风险报告，风险信息和风险管理工作的上面要求与下面诉求可以在上下不同层级、不同业务部门之间进行交流和沟通，从而促进风险管理的内部环境和工作机制的持续优化，形成上下贯通、左右联结的工作合力。

从不同的角度加以认识，风险报告可以分为不同的类型。在报告的时间维度上，风险报告包括周报、月报、季报、半年报和年报。在各个业务部门向风险管理部门报告层面，风险报告一般有周报、月报和季报；在风险管理部门向风险管理委员会、高级管理层和董事会报告层面，风险报告一般有月报、季报、半年报和年报；在高级管理层向董事会报告层面，风险报告一般有季报、半年报和年报；在高级管理层和董事会向股东大会报告层面，风险报告一般为年报。在上市公司向社会披露信息层面，风险报告一般为半年报和年报。在向监管当局报告层面，根据监管当局对风险报告频率的要求，就要有相应类型的风险报告。从报告的内容视角来看，风险报告包括全面风险管理报告、专项风险报告和重大风险事件报告等类型。

案例分析

案例一：

2008年1月24日，法国兴业银行（Société Générale，以下简称法兴）披露由于交易员热罗姆·科维尔（Jérôme Kerviel）违规投资金融衍生品而蒙受了49亿欧元（约合71亿美元）的巨额亏损，创下了金融史上因员工违规操作而蒙受的单笔最大金额损失。这桩惊天欺诈案还触发了法国乃至整个欧洲的金融震荡，并波及全球股市，无论从性质上还是规模上来说，都堪称史上最大的金融悲剧。法兴特别委员会向法兴董事会提交了一份名为《绿色任务》（Mission Green）的针对科维尔欺诈事件的调查报告。调查发现，法兴内部监控机制并未完全运转，内部监控系统多个环节有可能存在漏洞，主要包括对交易员盘面资金的监控、对资金流动的跟踪、后台与前台完全隔离规则的遵守、信息系统的安全及密码保护等。

案例二：

时任巴林银行新加坡分行期货与期权交易部门总经理尼克·里森利用一个"88888"的错误账户掩盖交易中出现的损失，并通过交易和清算职务的便利，挪用银行账户资金转入"88888"账户，并造假蒙蔽巴林银行的审计人员。从1994年底开始，里森在日经期货上进行豪赌，大量购买日经指数期货，然而1995年1月18日，日本神户大地震导致日经指数暴跌，里森多头持仓亏损巨大。此时里森试图以一人之力将市场扳回，购买了更为庞大的多头头寸，并卖空日本政府债券期货合约。1995年2月23日，日经指数暴跌至17 885点，而日本政府债券价格却一路上涨，最终导致8.3亿英镑（14亿美元）的亏损，是当时巴林银行资本金的两倍，巴林银行被迫宣布破产。

本章要点

● 市场风险指有关主体在金融市场上从事金融产品、金融衍生品交易时，因金融产品、金融衍生品的市场价格发生意外变动而蒙受经济损失的可能性。市场风险包括利率风险、汇率风险和投资风险三种细分形态。

● 狭义的信用风险指交易对方在货币资金借贷中还款违约的风险。即有关主体在享有债权时，由于债务人不能如期、足额偿付本息而蒙受经济损失的可能性。广义的信用风险是指交易对方所有背信弃义、违反约定的风险。

● 流动性可分为资金流动性和市场流动性。前者是站在整个机构的角度，将流动性视为机构持有或获得的资金能够满足其即时支付的需要，这里的资金包括持有的现金资产、以合理价格变现资产获得的资金，或以合理成本筹集的资金。后者是站在市场变现的角度，将流动性视为金融资产在市场上能够以合理价格变现的能力。与这种划分相对应，可以将流动性风险划分为资金流动性风险与市场流动性风险。

● 狭义的操作风险是指有关主体的运营部门在运营的过程中，因内部控制缺失、管理人员和普通职员操作疏忽或失误、支撑运营的信息系统出现错误等而蒙受经济损失的可能性。广义的操作风险是指有关主体信用风险和市场风险以外的所有非系统风险。

● 法律风险是指有关主体与雇员或客户签署的合同等文件违反有关法律或法规，或有关条款在法律上不具备可实施性，或其未能适当地对客户履行法律或法规上的职责，因而蒙受经济损失的可能性。

● 合规风险指金融机构因没有遵循法律、规则和准则可能遭受法律制裁、监管处罚、重大财务损失和声誉损失的风险。

● 风险控制的方法包括风险回避、风险控制、风险转移、风险分散、风险集合和风险自留。

● 风险监控就是按照一定的风险政策和程序，对风险控制的实施过程进行监督和控制。

 思 考 题

1. 市场风险的定义是什么？有哪些分类和特点？如何进行分析与防控？

2. 信用风险的定义是什么？有哪些分类和特点？如何进行分析与防控？

3. 流动性风险的定义是什么？有哪些分类和特点？如何进行分析与防控？

4. 操作风险的定义是什么？有什么特征？

5. 法律风险与合规风险的定义分别是什么？有什么特征？

6. 常用的风险控制方法有哪些？

7. 常用的风险报告类型有哪些？

第十章　金融交易法律基础和监管

本章摘要：金融交易的法律基础及监管规则是保障金融交易顺利进行和维护金融市场稳健安全的基石，国际金融监管规则的标准构建在现代金融交易发展全球化的趋势下发挥越来越重要的作用。本章介绍国内金融交易法律基础的构成、国际监管规则的体系、针对新兴金融交易方式的监管以及金融交易税，帮助读者对金融交易相关法律和监管框架有全局性的了解。

第一节　我国金融交易法律基础及监管框架

金融交易依赖于法律基础，尤其是高度确定的法律基础。金融交易的法律基础是指金融交易涉及的法律相关理论、法律制度。在不同的法律体系制度下，金融交易的法律基础和监管框架差异性比较明显，本章并不一一展示不同国家的具体制度。本节以我国为例，厘清现行金融交易相关法律制度，提供一个理解法律基础和监管框架的范式。

一、我国金融交易法律体系架构和特点

我国的金融法律体系形成于 20 世纪 90 年代中期，1995 年颁布《中国人民银行法》《商业银行法》《保险法》《票据法》，1998 年颁布《证券法》，2001 年颁布《信托法》，2003 年颁布《银行业监督管理法》《证券投资基金法》，2006 年颁布《反洗钱法》，目前《期货法》也被纳入立法计划。这些法律的颁布和实施，再辅之以相关条例和规章，初步建立了我国金融法的框架体系，形成了银行法体系、支付结算法体系、信托法体系、证券法体系、保险法体系、监管法体系的基本框架，使我国金融业的发展走上了法治化的道路。

金融交易法律基础通常包括全国人民代表大会及其常务委员会制定的基本法律、人大授权监管机构制定的相应规章制度以及各类金融基础设施和行业协会做出的规定。

金融交易的法律基础框架由上述几个层次构成，全国人民代表大会及其常务委员会通过的法律提供了金融交易的最强法律确定性，但金融交易对法律基础的需求是一个变化动态的过程，金融交易的主体、客体以及形式都在不断发展，不同金融要素市场也存在着差异，因此，监管当局以及其他规则制定主体可以根据不同的目标来灵活调整，及时夯实完善金融交易的法律基础。

二、金融交易监管体系历史沿革及现状

（一）以人民银行为主的监管机构

我国金融监管体系发展的历史可以分为几个阶段，改革开放之前，金融业的发展或者金融交易的发生通常通过银行来完成，国内是"大一统"的人民银行监管体制，此时的人民银行承担着商业银行、财政部以及中央银行的多重职能。1978 年，党的十一届三中全会确立了以经济建设为中心的发展思路，我国经济体制改革深入进行，整个金融体制发生了巨大变化，人民银行首先从财政部独立，之后工商银行、农业银行、中国银行、建设银行四大专业银行也相继从财政部和人民银行分离出来，从而形成了一定程度上的竞争格局。1982 年人民银行内部成立了金融机构管理司，负责审批金融机构的设置以及制定金融机构管理办法。

根据国务院发布的相关规定，从 1984 年开始，人民银行专职行使中央银行职能，至此才确立了我国真正意义上的中央银行制度。1986 年，国务院发布了我国第一部监管政策法规——《中华人民共和国银行管理暂行条例》，人民银行主要采取报告、年检、评级、核发经营许可等金融监管制度和措施，建立了现场检查和非现场检查相结合的制度。此外，制定了商业银行报表专收、资产负债比例管理等一系列的监管制度，通过定期、不定期考核和检查，及时发现问题。1995 年《中国人民银行法》颁布，规定了人民银行承担金融监管职能，同时也应当和其他金融监督管理机构共享信息。从 20 世纪 80 年代末到 90 年代初期，我国金融业得到了极为迅速的

发展，证券、保险、信托、租赁等非银行金融机构数量显著增加。与此同时，金融机构也表现出明显的混业经营特征，各类金融机构涉及多种不同业务。

（二）分业监管体系的形成与发展

20世纪90年代初期至中期，金融改革发展主要为建立符合市场经济的金融市场与组织结构的基础框架。[①]1992年国务院成立国务院证券委员会和中国证券监督管理委员会，负责股票的发行上市监管工作，这是我国分业监管的开端。之后，《中国证券监督管理委员会机构编制方案》《中国人民银行法》《商业银行法》《保险法》《票据法》陆续颁布，为金融分业监管的格局奠定了基础。1997年全国金融工作会议确定了"一行三会"的分业监管格局，之后，保监会、银监会成立正式进入分业监管时代。

（三）分业监管体系的转型

随着金融业的深度发展和融合，行业之间的边界日益模糊，为了避免出现监管真空，监管机构加强合作。2008年，银监会和保监会正式签署了《关于加强银保监深层次合作和跨业监管合作谅解备忘录》，同年，国务院转发了国家发展和改革委员会《关于2008年深化经济体制改革工作的意见》，人民银行会同银监会、保监会一起建立协调机制，加强货币政策与监管政策之间及监管政策与法规之间的协调。此后，监管机构不断建立更符合我国金融市场发展需求的监管框架。2017年，国务院金融稳定发展委员会设立，其办公室设在人民银行，强化了人民银行宏观审慎管理和系统性风险防范职责，在地方人民政府成立了金融监督管理局或金融工作办公室，在坚持金融管理主要是中央事权的前提下，按照中央统一规则，强化地方政府的属地风险处置责任；2018年4月中国银保监会正式挂牌运行，至此，形成了具有中国特色并且符合中国金融发展监管要求的"一委一行两会一局"的金融监管体系。

三、金融交易的监管机构与职能

监管机构依照相关法律依法行政，履行监管职责，监管部门从不同

---

① 周小川.金融改革发展及其内在逻辑[J].中国金融，2015（19）.

层面对金融市场进行监管，对于金融交易的监管更多体现在对微观层面的监管。

（一）国务院金融稳定发展委员会

国务院金融稳定发展委员会是国务院统筹协调金融稳定和改革发展重大问题的议事协调机构，于2017年成立。第一次会议上就明确了其主要职责：落实党中央、国务院关于金融工作的决策部署；审议金融业改革发展重大规划；统筹金融改革发展与监管，协调货币政策与金融监管相关事项，统筹协调金融监管重大事项，协调金融政策与相关财政政策、产业政策等；分析研判国际国内金融形势，做好国际金融风险应对，研究系统性金融风险防范处置和维护金融稳定重大政策；指导地方金融改革发展与监管，对金融管理部门和地方政府进行业务监督和履职问责等。[①]

（二）中国人民银行

中国人民银行专门行使中央银行职能，具体包括：（1）拟订金融业改革和发展战略规划，承担综合研究并协调解决金融运行中的重大问题、促进金融业协调健康发展的责任，参与评估重大金融并购活动对国家金融安全的影响并提出政策建议，促进金融业有序开放。（2）起草有关法律和行政法规草案，完善有关金融机构运行规则，发布与履行职责有关的命令和规章。（3）依法制定和执行货币政策；制定和实施宏观信贷指导政策。（4）完善金融宏观调控体系，负责防范、化解系统性金融风险，维护国家金融稳定与安全。（5）负责制定和实施人民币汇率政策，不断完善汇率形成机制，维护国际收支平衡，实施外汇管理，负责对国际金融市场的跟踪监测和风险预警，监测和管理跨境资本流动，持有、管理和经营国家外汇储备和黄金储备。（6）监督管理银行间同业拆借市场、银行间债券市场、银行间票据市场、银行间外汇市场和黄金市场及上述市场的有关衍生产品交易。（7）负责会同金融监管部门制定金融控股公司的监管规则和交叉性金融业务的标准、规范，负责金融控股公司和交叉性金融工具的监测。（8）承担最后贷款人的责任，负责对因化解金融风险而使用中央银行资金

---

① 资料来源：人民网，http://money.people.com.cn/n1/2017/1109/c42877-29635353.html。

机构的行为进行检查监督。（9）制定和组织实施金融业综合统计制度，负责数据汇总和宏观经济分析与预测，统一编制全国金融统计数据、报表，并按国家有关规定予以公布。（10）组织制定金融业信息化发展规划，负责金融标准化的组织管理协调工作，指导金融业信息安全工作。（11）发行人民币，管理人民币流通。（12）制定全国支付体系发展规划，统筹协调全国支付体系建设，会同有关部门制定支付结算规则，负责全国支付、清算系统的正常运行。（13）经理国库。（14）承担全国反洗钱工作的组织协调和监督管理的责任，负责涉嫌洗钱及恐怖活动的资金监测。（15）管理征信业，推动建立社会信用体系。（16）从事与中国人民银行业务有关的国际金融活动。（17）按照有关规定从事金融业务活动。（18）承办国务院交办的其他事项。

（三）中国银行保险监督管理委员会

贯彻落实党中央关于银行业和保险业监管工作的方针政策和决策部署，在履行职责过程中坚持和加强党对银行业和保险业监管工作的集中统一领导。主要职责是：（1）依法依规对全国银行业和保险业实行统一监督管理，维护银行业和保险业合法、稳健运行，对派出机构实行垂直领导。（2）对银行业和保险业改革开放和监管有效性开展系统性研究。参与拟订金融业改革发展战略规划，参与起草银行业和保险业重要法律法规草案以及审慎监管和金融消费者保护基本制度。起草银行业和保险业其他法律法规草案，提出制定和修改建议。（3）依据审慎监管和金融消费者保护基本制度，制定银行业和保险业审慎监管与行为监管规则。制定小额贷款公司、融资性担保公司、典当行、融资租赁公司、商业保理公司、地方资产管理公司等其他类型机构的经营规则和监管规则。制定网络借贷信息中介机构业务活动的监管制度。（4）依法依规对银行业和保险业机构及其业务范围实行准入管理，审查高级管理人员任职资格。制定银行业和保险业从业人员行为管理规范。（5）对银行业和保险业机构的公司治理、风险管理、内部控制、资本充足状况、偿付能力、经营行为和信息披露等实施监管。（6）对银行业和保险业机构实行现场检查与非现场监管，开展风险与合规评估，保护金融消费者合法权益，依法查处违法违规行为。（7）负责统一编制全国银行业和保险业监管数据报表，按照国家有关规定予以发布，履行金融业综合统计相关工作职责。（8）建立银行业和保险业风险监控、评价和预警体系，跟踪分析、监测、预测银行业和保险业运行状况。（9）会同有关部门提出存款类金融机构和保险业机构紧急风险处置的意见和建议并组织实施。（10）依法依规打击非法金融活动，负责非法集资的认定、查处和取缔以及相关组织协调工作。（11）根据职责分工，负责指导和监督地方金融监管部门相关业务工作。（12）参加银行业和保险业国际组织与国际监管规则制定，开展银行业和保险业的对外交流与国际合作事务。（13）负责国有重点银行业金融机构监事会的日常管理工作。（14）完成党中央、国务院交办的其他任务。（15）职能转变。围绕国家金融工作的指导方针和任务，进一步明确职能定位，强化监管职责，加强微观审慎监管、行为监管与金融消费者保护，守住不发生系统性金融风险的底线。按照简政放权要求，逐步减少并依法规范事前审批，加强事中事后监管，优化金融服务，向派出机构适当转移监管和服务职能，推动银行业和保险业机构业务和服务下沉，更好地发挥实体经济功能。

（四）中国证券监督管理委员会

依据有关法律法规，中国证监会在对证券市场实施监督管理中履行下列职责：（1）研究和拟订证券期货市场的方针政策、发展规划；起草证券期货市场的有关法律、法规，提出制定和修改的建议；制定有关证券期货市场监管的规章、规则和办法。（2）垂直领导全国证券期货监管机构，对证券期货市场实行集中统一监管；管理有关证券公司的领导班子和领导成员。（3）监管股票、可转换债券、证券公司债券和国务院确定由证监会负责的债券及其他证券的发行、上市、交易、托管和结算；监管证券投资基金活动；批准企业债券的上市；监管上市国债和企业债券的交易活动。（4）监管上市公司及其按法律法规必须履行有关义务的股东的证券市场行为。（5）监管境内期货合约的上市、交易和结算；按规定监管境内机构从事境外期货业务。（6）管理证券期货交易所；按规定管理证券期货交易所的高级管理人员；归口管理证券业、期货业协会。（7）监管证券期货经营机构、证券投资基金管理公司、证券登记结算公司、期货结算机构、证券期货投资咨询机构、证券资信评级机构；审批基金托管机构的资格并监管其基金托管业务；制定有关机构高级管理人员任职资格的管理办法并组织实施；指导中国证券业、期货业协会开展证券期货从业人员资格管理工作。
（8）监管境内企业直接或间接到境外发行股票、上市以及在境外上市的公司到境外发行可转换债券；监管境内证券、期货经营机构到境外设立证券、期货机构；监管境外机构到境内设立证券、期货机构、从事证券、期货业务。（9）监管证券期货信息传播活动，负责证券期货市场的统计与信息资源管理。（10）会同有关部门审批会计师事务所、资产评估机构及其成员从事证券期货中介业务的资格，并监管律师事务所、律师及有资格的会计师事务所、资产评估机构及其成员从事证券期货相关业务的活动。（11）依法对证券期货违法违规行为进行调查、处罚。（12）归口管理证券期货行业的对外交往和国际合作事务。（13）承办国务院交办的其他事项。

第二节　金融交易的国际监管规则体系

全球金融业长期以来由作为国际软法的国际金融监管标准而非国际公约予以规范，但多次金融危机反映了不完善的全球金融治理下产生的国际金融监管标准难以预防金融危机的发生。2008年后随着以二十国集团首脑峰会为核心的全球金融治理的重构，首脑峰会承认的国际金融监管标准具有了作为法律所需要的国家意志性、正当性和强制性，这些国际金融监管标准也成为金融交易的重要构成部分。

一、国际监管规则的制定机构框架

随着金融交易的全球化深入，国际标准在规则适用上显得尤为重要，正在成为各国转化为国内法，或是直接适用于国内金融交易的法律依据。因此，有必要了解当下国际监管规则体系的制定机构框架。

（一）政府间国际金融组织

这里主要指国际货币基金组织（IMF）和世界银行。IMF的传统职责是促进国际货币合作和汇率稳定，便利国际贸易平衡发展，帮助成员国解决国际收支困难；世界银行的传统职责则是消除贫困和促进发展。在此基础上，二者还在特定领域参与国际标准的制定：IMF主要是在货币和金融政策透明度、财政透明度和数据公布标准方面，世界银行则主要是在破产及债权人权利方面。此外，IMF 和世界银行还通过其"金融部门评估规划"
（FSAP）和《关于遵守标准和守则的报告》，对有关国家遵守和实施国际
金融标准的情况进行总体评估。随着所处环境的发展变化，就实际职能而
言，IMF 开始将重心从危机处理逐步向金融危机预防和维持金融稳定转移，
一方面加强对各国经济金融政策的评估，另一方面加强各国经济与金融数
据的收集和披露。[①] 七国集团在 IMF 和世界银行中的投票权或表决权分别
占总数的 44.47% 和 42.89%，在 IMF 的关键机构——国际货币和金融委员
会（IMFC）中占近三分之一的席位，因而在决策机制中地位突出。[②]

经济合作与发展组织（OECD）在公司治理、反洗钱等方面有明显作用；
联合国近来则强调其解决全球金融危机的合法性优势[③]；世贸组织（WTO）
则致力于推动金融服务自由化。其他相关的国际组织包括国际清算银行
（BIS）以及地区性发展机构。

（二）统筹协调国际金融监管的非正式国家集团

这里主要指国家之间非正式的定期或不定期举行会晤和讨论政策的论
坛。在金融监管领域，主要包括七国集团（G7）、[④] 十国集团（G10）和
二十国集团（G20）。[⑤] 这些国家组织通过举办多层级高密度会议，就国际
金融体系中的问题进行磋商并形成共识，这种合作机制在逐步替代布雷顿
森林体系的合作方式。

---

① 特别是在亚洲金融危机后，IMF 开始在实质上行使金融监管职能，其法律依据是《国际
货币基金组织协定》第四条和第五条之规定。参见 IMF. Articles of Agreement of IMF，Article IV –
Obligations Regarding Exchange Arrangements and Article V – Operations and Transactions of the Fund.

② 数据由作者自行整理，参见两组织官方网站。

③ 参见 Office of the President of the General Assembly. Interactive Panel on the Global Financial
Crisis，http：//www.un.org/ga/president/63/PDFs/gfc_concept.pdf . 联大主席布罗克曼（Brockmann）称
长期解决方案应当仰赖 192 国集团（即联合国），而非某些闭门会议，只有各方在一个真正具有
代表性的框架内全面参与，才能恢复民众对政府和金融机构的信心。

④ 七国集团经济峰会和八国集团政治峰会自 1997 年后同时存在，俄罗斯只参与政治事务的
讨论。

⑤ 参见 IMF. A Guide to Committees，Groups，and Clubs，http：//www.imf.org/external/np/exr/
facts/groups.htm.

其中，十国集团财长和中央银行行长每年定期就经济、货币和金融事务进行协商合作，并先后发起成立了巴塞尔委员会（BCBS）、国际支付结算体系委员会（CPSS）、全球金融体系委员会（CGFS）。[①]二十国集团的前身是1998年成立的二十二国集团，旨在就全球金融系统中的风险和政策协调展开非正式磋商，特别是主要工业国与新兴国家间的协调合作。

（三）国际监管标准制定组织

和国家集团一样，监管者组织也不是严格意义上的国际组织，而是构建了各国金融业监管者以及中央银行行长通过非正式会晤建立共识的论坛或者俱乐部。不同于前者的是，监管者组织通常以次国家机构，即国家元首之下的行政或技术官员为主体，讨论的问题更具细节性和专业性。此外，它们大多由上述国家组织尤其是七国集团创立或对后者报告，同时在制定规则时大都会向非成员国家、金融企业和组织等各方征求意见。在国际金融监管领域，它们大体可进一步分为行业监管者组织、中央银行组织和其他组织三种。

1. 行业监管者组织

行业监管者组织主要有四个：一是巴塞尔委员会，它是国际银行监管领域最重要的规则制定者，主要文件包括"巴塞尔协议"即《对银行国外机构监管的原则》、资本协议以及《有效银行监管的核心原则》等；[②]二是国际证监会组织（IOSCO），其制定的《证券监管目标和原则》及《IOSCO多边备忘录》分别被视为证券市场监管和跨境监管协作的基准；[③]三是国际保险监督官协会（IAIS），它制定的《IAIS保险监管核心原则》与《IAIS多边合作与信息交流谅解备忘录》是国际保险监管合作的基石；[④]四是金融集团联合论坛（Joint Forum）由前述三方建立于1996年，旨在探讨跨行业监管问题和协调对金融集团的监管，其制定的《多元化金融集团监管的最

---

① 参见 BIS. The BIS in Profile，http：//www.bis.org/about/profile.htm.

② 参见 BCBS. History of the Basel Committee and its Membership，http：//www.bis.org/bcbs/index.htm.

③ 参见 IOSCO. IOSCO Historical Background，http：//www.iosco.org/about/index.cfm? section=history.

④ 参见 IAIS. About the IAIS，http：//www.iaisweb.org/index.cfm?pageID=28.

终文件》具有重要意义。[①]

2. 中央银行组织

中央银行组织主要有两个：一是全球金融体系委员会（CGFS），主要关注宏观政策如货币政策对金融业的影响，以及金融体系的结构性变化和压力来源等问题；二是国际支付结算体系委员会（CPSS），致力于监测和分析国内国际的支付结算与清算系统和跨境多币种结算体系以及相关领域的稳定和效率，制定了《重要支付系统核心原则》以及有关证券结算和中央结算对手方的建议。它们均由十国集团发起成立，并由十国集团中央银行高级官员和专家组成，向十国集团的中央银行行长会议报告。[②]

3. 其他组织

为应对洗钱犯罪，1989 年七国集团决定建立金融行动特别工作组（FATF），旨在制定和推广成员国和国际反洗钱与反恐怖融资政策。它制定和推行的《关于反洗钱的40+9 项建议》是国际反洗钱领域的指导性文件。[③]

（四）金融稳定委员会

金融稳定委员会（FSB）的前身是金融稳定论坛（FSF），2009 年更名为金融稳定委员会，其成立的目的在于通过评估、识别和监测影响全球金融稳定的脆弱因素，增强不同监管者的信息交流与合作，以促进国际金融体系的稳定，是国际金融体系重要的决策协调和咨询机构。金融稳定委员会涵盖了国际上广泛接受的对金融体系稳健运行具有重要意义的经济和金融标准，包含不同部门、功能的原则、实践以及方法或指引，采纳和执行这些标准有利于国内和国际金融体系的稳定。

（五）市场专业组织

这类组织是不具有公权力的行业自律组织，通常作为独立的非营利性机构组织存在，通过实施自我监管和与政府监管部门合作，促进金融体系的稳定和效率，它们制定的一些规则得到普遍认可和实施，同样为欧美等

① 参见 BIS. Joint Forum History，http：//www.bis.org/bcbs/jfhistory.htm.

② 参见 BIS. Joint Forum History，http：//www.bis.org/about/factcgfs.htm&http：//www.bis.org/cpss/cpssinfo.htm.

③ 参见 http：//www.fatf-gafi.org.

国所控制。[①]

它们主要包括：一是国际会计准则理事会（IASB），它是制定及批准国际财务报告准则的独立的私营机构，目标是制定和执行一套高质量的、可理解的并且可实施的全球性会计准则，其制定的《国际财务报告准则》（IFRS）得到一百多个国家的使用或认可。[②]二是国际互换和衍生工具协会（ISDA）和国际资本市场协会（ICMA）。其中，前者是世界上最大的金融贸易协会，其成员机构涵盖全球从事各种衍生品交易的主要金融机构和公共部门等；致力于识别和减少衍生交易及其管理业务中的风险，最主要的工作是制定了《衍生产品交易主协议》。[③]后者由国际证券市场协会（ISMA）和国际一级市场协会（IPMA）合并组成，其成员涵盖全球主要的投资银行和地区性银行以及资产管理公司、中央银行、律师事务所及其他专业机构。[④]

此外，一些国际信用评级机构，尤其是三大最有影响力的国际信用评级机构——标准普尔、穆迪投资者服务公司和惠誉国际信用评级公司也被视为事实上的监管者。它们均属于美国证券交易委员会批准的"国家认可的统计评级组织"（NRSRO），很少受监管，对2008年国际金融危机的形成亦负有一定责任。

二、国际监管规则特点及趋势

（一）规则的透明度不断提升

从规则内容来看，十分强调透明度的重要性，尤其是信息披露的质量与及时性。这种透明度的提高源于对华盛顿共识的不彻底改造和对资本流

---

① 如国际会计准则委员会（IASC）基金会章程中明确规定了受托人的地域分布，六位须来自北美洲，六位来自欧洲，六位来自亚太地区，四位来自任何地区均可。参见 IASC Foundation Constitution，Part A-6.

② 参见 http://www.iasb.org.

③ 参见 http://www.isda.org/.

④ 参见 http://www.icma-group.org/.

动性的强调。^① 在全球金融的美国化即放松管制和脱媒化的背景下，美国对资本管制的反对以及对发展中国家监管不力的指责在 20 世纪 90 年代关于如何改造金融体系方面取得了上风。许多监管者坚信，金融危机的周期性爆发根源于信息不对称和不完全，因此，透明度是建立可持续发展的国际金融体系的关键，只有加强包括企业、监管部门等的信息披露，才能逐步向市场出清或均衡逼近。^②

在金融危机之前，从各主体本身的治理结构来看，它们普遍缺乏与其实际作用相称的正当性，缺乏民主性、问责性和透明度。除了 IMF 和世界银行具备完整的决策程序外，其他主体通常以闭门会议为主，近年来，巴塞尔委员会不断提高非成员国的参与度，这些组织通常宣称并不寻求使其制定规则具有法律约束力，因而对其中的任何错误和瑕疵不负责任，但随着越来越多的不同利益者的参与，规则的制定透明度也在提高，这也为规则的适用广泛性和强制力打好了基础。

（二）从软法到硬法——不断增强的强制力

国际监管规则通常由少数国家主导的非正式国际组织完成，因此规则本身及其制定者的合法性广受质疑。鉴于 IMF 和世界银行作为历史悠久的政府间组织，同时具备一定的行动能力和权威性，主要发达国家通常利用对这二者的控制，借由它们的认可或直接执行来提升这些规则的合法性，并附以市场压力强制推广。比如，IMF 和世界银行先后启动名为"标准和规范遵守报告"（RSOC）的调查和"金融部门评估规划"（FSAP），对自

---

① 参见 Susanne Soederberg. The Emperor's New Suit: The New International Financial Architecture as a Reinvention of the Washington Consensus, Global Governance, Vol. 7, Issue 4, 2001. 这种改造是美国坚持的新自由主义原则和欧洲大陆主张的新凯恩斯原则的妥协，基本上并没有触及华盛顿共识的基本内容，而是强调对监管机构的现代化改造，以适应市场的现代化。参见 Rubin, R. Address on the Asian Financial Situation, Georgetown University, January 21, 1998. 以及 André Cartapanis and Michel Herland. The Reconstruction of the International Financial Architecture: Keynes' Revenge?, Review of International Political Economy, Vol. 9, Issue 2, summer 2002, at 291.

② 参见 Ken Henry. Reshaping the Global Financial Architecture: An Australian Government View, Address to Conference of the Reinventing Bretton Woods Committee on "International Capital Mobility", Australian National University, 15 July, 1999.

愿接受调查的国家进行最多达十一个方面的评估,[①] 将评估作为展开技术援助和危机时授信与否的重要考虑因素,并将它们全部公开。进而,这些规则被作为主权风险评级的重要依据。此外,由于这些国家在全球金融市场所占份额较大,它们通常将国际监管规则转化为国内法或直接在监管实践中采用。

三、金融交易领域的长臂管辖权

(一)长臂管辖权的概念

"长臂管辖权"是域外管辖权的美国表达,一般包括立法管辖权、司法管辖权和执法管辖权,这三者的行使基础既有联系又有区别。美国学者布赖恩·加纳(Bryan A. Garner)主编的《布莱克法律词典》在"jurisdiction"词条下分别解释了域外管辖权(Extraterritorial Jurisdiction)、国际管辖权(International Jurisdiction)和"长臂管辖权"(Long-arm Jurisdiction)。域外管辖权是法院在领域外行使权力的能力;国际管辖权是法院审理和裁判不同国家或不同国家当事人之间事项的权力;"长臂管辖权"是法院对不在法院地居住、但与法院具有某种联系的被告所享有的管辖权。由于美国"长臂管辖权"的行使必须依据"长臂法规"(Long-arm Statute)的授权,所以被形象地称为"长臂管辖权"。国际上也只有美国有"长臂管辖权"的称谓,其实质是域外管辖权的一种形式,但不能反过来认为域外管辖权都是"长臂管辖权"。

(二)涉及金融交易的"长臂管辖权"的应用

观察美国行使"长臂管辖权"的实践历史,会发现其适用范围不断扩大,适用方式不断翻新。主要表现在:从解决美国国内州际问题发展到解

---

① 不接受调查的后果几乎等同于在各项标准上均为最差,因此大部分国家都纷纷"自愿"接受评估。因为对遵守的质量难以测度,这些项目的推广造成了对国际规则"形式上的遵守",耗费资源进行面子工程,但实际上乏善可陈,鲜有成效。参见 Andrew Walter. Adopting International Financial Standards: Compliance and Regulatory Effectiveness in the Global Political Economy, paper presented to Garnet Conference on Global Finance and Monetary Governance, Netherlands Central Bank, Amsterdam, 27–29 September 2006.

决国际问题，从长臂司法管辖权延伸到长臂立法管辖权，从长臂司法管辖权扩展到长臂执法管辖权，从主要适用于民事案件发展到刑事案件。金融领域也不断涉及"长臂管辖权"。在实践中，美国法院对国际案件行使"长臂管辖权"时不必遵守美国宪法关于正当程序的要求，在民商事和刑事领域不断向域外立法管辖权与执法管辖权扩张时，美国受其政治和外交政策的影响，常常违反应承担的国际义务、侵犯其他国家的主权，或者毫不顾及国际礼让和国际法上的"合理性"要求。由于立法管辖权的保护原则、司法管辖权的联系标准和执法管辖权的公平原则都极具模糊性，美国的"长臂管辖权"实践具有明显的扩张性和不确定性。

除此之外，美国的金融制裁最大的特点在于其与纽约州以金融制裁为由对各国银行施加的罚款，构成了其可观的财政收入来源之一。事实上，美国的制裁范围如今已波及全球每一个角落，其已远超打击犯罪的范畴，还影响到金融机构经营与生存，以及整个国际贸易体系与格局。其能在很大程度上威胁到金融机构的经营发展，除了缴纳巨额罚款、资产冻结、限制业务外，金融机构还可能被排除在美元金融体系之外，同时遭受股价下跌、声誉受损等负面影响。在美国，金融制裁是处罚相关国家金融机构、限制其金融活动的主要方式之一，其能在很大程度上威胁到金融机构的经营发展，制裁效力不仅适用于美国本土，还延伸到与美国存在各种联系因素的外国机构和个人，如其司法判例认定只要在交易过程中使用了美元清算系统，美国就有权对交易当事方行使管辖权等。

（三）应对金融交易领域的"长臂管辖"

一是应当对外国金融制裁等"长臂管辖"行为给出明确的定义，一旦发现外国司法或行政机构所作出的法律文书存在相应的情形，即应宣布无效。即使这些国家与我国签订了双边或多边的司法互认条约，也应将此类裁判文书排除在外，不予协助执行。

二是需向遭受外国金融制裁的中国企业和个人赋予足够的追偿权。多数情况下，"长臂管辖"和域外制裁程序是由特定企业或组织发起的，如外国公司为了自身利益向其所在国法院申请启动"长臂管辖"程序等，相关企业协助外国政府机构实施不当金融制裁的例子更为常见。我国应当在相关法律中明确规定：当中国企业或个人因为"长臂管辖"行为遭受损失时，有权在本国司法机关向那些对此负有责任的关联企业和个人发起追偿程序，以弥补损失。这种规定也能对存在恶意的外国企业和组织起到震慑作用，从而减少跨境金融制裁情形的发生。

三是我国还应当借助多边框架来积极应对域外金融制裁，可以通过诉诸世界贸易组织争端解决机构来阻断他国的不当行为，也可通过对等反制以及双边协商来解决争议。

第三节　新兴金融交易方式监管

本节重点讨论程序化监管。根据国内相关法律规则，程序化交易通常是指"由计算机事先设定的具有行情分析、风险管理等功能的交易模型，自动下达交易信号或报单指令的交易方式"。当交易者利用程序化交易在日内频繁交易时，即构成高频交易。交易的速度或频率本身并无法律上特别的含义，所涉及的法律关系通常不会因为行为频率的提升而改变。但是由于"太快"而涉嫌损害市场公平性和易于触发系统性风险，高频交易已经成为监管机构和自律组织必须重视的关键议题，程序化交易监管核心问题应当是对高频交易的监管。

一、相关法律内涵演变及界定

程序化交易在国际市场上已有近 40 年的发展历史，特别是在发达国家的金融市场上被广泛运用和研究分析，相关监管机构通常对其有比较明确的法律表达，如美国商品期货交易委员会监管草案中将程序化交易定义为在交易决策、交易生成或交易执行过程中利用包含软件、硬件、网络等技术，通过电子交易平台高效地接入市场的交易方式。纽约证交所将程序化交易定义为指数套利或者任何买入或卖出一揽子股票的交易策略。2015 年底美国商品期货交易委员会通过《自动化交易监管规则提案》规定了满足特定条件的交易被视为算法交易，并且区分了高频交易和其他程序化交易。本节需要在此基础上进一步讨论高频交易的法律含义。由于高频交易适用主体极其广泛，具体策略与方式差异显著，目前尚未形成统一明确的概念。境外监管机构直接对高频交易加以界定的较少，如澳大利亚证券与投资委员会（ASIC）认为"作为计算机自动完成的程序化交易，高频交易着眼于瞬间的买卖价差，或者不同交易场所之间的微小价差，通过大量或日内频繁交易等，积少成多，获取收益。"多数监管机构采取特征列举法描述、识别高频交易，即通过列举高频交易的几个要素来判定其是否属于高频交易。

二、程序化交易理论基础

程序化交易在欧美发达国家的金融市场上运用较为广泛，在日本、中国香港、韩国等亚洲发达市场次之，在发展中国家的市场上使用则较少。这印证了程序化交易具备应用于不同市场和商品交易的可能性，同时也侧面反映出成熟的市场交易模式以及较为完善的监管规则是程序化交易运用的基础和前提。相比较而言，国内的程序化交易起步较晚，但伴随IT技术的高速发展和市场机制的不断完善，其发展速度和规模都不可小觑，期货市场的程序化交易模型也正逐步由投资者编制自用，演变为有一定规模的投资咨询顾问组成的专业团队参与。观察程序化交易发展脉络，我们发现市场微观结构研究和金融数理化为程序化发展提供了指引和工具。

市场微观结构理论是对交易规则和交易过程的研究，目的是从微观层面理解价格的形成过程，以及市场规则和结构对交易的影响，主要关注交易的产生与传播、价格变化的分布、交易指令的到达情况等。该理论的研究早于程序化交易的兴起，或许没有确凿证据表明程序化交易产生于市场微观结构理论之后，但说后者为高频交易的进一步发展提供了方向和合理性应不为过。基于理论研究，市场参与者开始理解交易机制和交易成本，有针对性地开发和评估交易策略，交易市场开始展开交易执行质量的竞争，监管者获得了打开黑盒、强化投资者权益保护、提升市场定价效率的有效工具。同时，现代金融理论特别关注带有随机性问题的解决，解决此类问题的一个重要手段即是随机的最优控制方法。

三、程序化交易的焦点问题

随着程序化交易，主要是高频交易爆发式发展，其对市场的影响越来越大。目前，受制于缺乏公开数据等原因，具体影响的实证研究并不充分。

从目前的文献总结出的高频交易的负面影响，或者监管理由如下：

第一，高频交易在正常市场中提供流动性，但在异常市场中的快速撤离，可能加剧流动性危机。高频交易对市场流动的贡献基本成为共识，很多学者也对此进行了深入论证。如 Hendershott 和 Riordan（2012）运用德意志交易所的内部数据，区分了提交人工订单的交易者和算法交易者。他们发现：算法交易者集中于更小的交易规模，而 5 000 股或者更大的交易规模通常是人工交易者来进行的。当买卖价差相对较小时，算法交易会消耗流动性，当买卖价差相对较大时，算法交易会提供流动性。这就表明：算法交易可能会降低市场质量的变动性，提供更加连贯、一致的流动性水平。作为新型交易模式的高频报单使得信息更快传递到市场价格中，显著改善了市场流动性，买卖价差缩小，市场效率有所提高。然而，在极端市场环境中，高频交易是否为市场持续提供流动性受到质疑。如果高频交易者在市场困难时集体选择退出或者采取跟随策略，往往扩大了市场的恐慌情绪，造成市场瞬间流动性缺失，从而进一步加剧市场波动。

第二，高频交易加强了市场之间的联系，加快了价格冲击的跨市场传播，可能会加剧市场的不稳定性。高频交易是否会增加市场系统性风险，以及高频交易所获得的利润是否以增加市场脆弱性为代价，是市场各方关注的问题，但目前尚无定论。但高频交易在不同市场间的套利，必然强化了市场之间的联系，加快了价格冲击跨市场传播的速度，可能会加剧市场的不稳定性。

第三，高频交易使得市场价格集中反映市场瞬间供求，而非基本面信息。高频交易中的套利策略等充分利用市场间定价误差来获利，本质上是一种套利行为，而非投资行为。作为一种盈利策略，这类套利策略的重点在于分析短期内价格变化甚至订单流变化情况，是否使得市场偏离资源配置作用有待进一步研究。

第四，高频交易是否造成市场不公平饱受争议。进行高频交易的一般都是机构投资者，往往能够获得超过平均水平的高额收益。同时，普通投资者由于缺乏高频交易软硬件条件，难以实现超额收益。高频交易是否引发市场不公平，争论已久，这种指责还仅限于道德层面，据此禁止或限制高频交易理由并不充分。

四、我国高频交易规则的现状

与欧美成熟资本市场中的高频交易有所不同，国内的行情发布机制、交易报价单位均有所不同，且尚未建立做市商制度，使程序化交易，特别是高频交易的空间变得更小。2010年9月，中国证监会向各期货交易所下发了《关于程序化交易的认定及相关监管工作的指导意见》，要求全市场的程序化交易进行报备，并采取有针对性的监管措施，防范程序化交易给市场带来负面作用。从2010年10月起，《大连商品交易所异常交易管理办法》《上海期货交易所异常交易监控暂行规定》《中国金融期货交易所异常交易监控指引》《郑州商品交易所异常交易行为监管工作指引（试行）》陆续发布，实行程序化交易客户报备制度，同时对席位流量进行控制以避免程序化交易对交易所系统造成过大压力。相比之下，国内风险控制手段较成熟市场更为严格，如通过设置会员席位流量、对客户交易报撤单频率进行严厉限制，抑制了可能影响市场平稳运行的高频交易；设置涨跌停板制度，避免了闪电崩盘等系统性风险的发生；限制行情刷新速度；采取持仓限额、大户报告等制度；同一产品仅在一个交易所上市等。在未来的国内金融市场发展中，高频交易必然会愈演愈烈，监管当局应当在市场公平的原则下合理控制各项风险，进行适度监管以维持市场健康稳定发展。

五、国外监管实践概览及启示

在成熟的资本市场，对于高频交易已有较系统的法律监管体系。域外经验对于我国完善高频交易监管的法律法规有重要启示。目前欧美高频交易监管法规主要内容包括以下几个方面。

（一）监管机构及目标

在美国，监管目标更侧重于公平竞争，允许不同能力的投资者平等进入市场，妨碍公平进入市场的行为会被认为不利于美国金融市场的发展。而在欧盟，监管的目标或原则更多的是保护所有参与者公平"获利"，交易商不公平的行为可能违反欧洲监管机构的公平性。当然，在高频交易监管方面，投资者保护原则同样被欧美监管机构所认可。

关于高频交易的监管机构，美国主要由美国证券交易委员会和美国商品期货交易委员会承担，监管工具主要是通过实时监测进行事前监管，通过认定和处罚操纵市场行为进行事后监管。欧盟以欧洲证券与市场管理局（ESMA）为主要监管机构，负责监管欧盟成员国的证券交易，此外，各国相应的监管机构按照其要求落实到本国的监管当中。

（二）主要内容及规则分布

在美国，不公平的高频交易涉嫌操纵市场行为，主要由 1933 年《证券法》第 17 条、1934 年《证券交易法》第 10 条、10b-5 规则等来规制。同时，2010 年颁布实施的《多德—弗兰克法案》首次明确规定了幌骗①和塞单②行为的违法性。2012 年，美国商品期货交易委员会发布了关于《"禁止扰乱市场行为"解释指引和政策说明》，具体列举了四种以虚假报单为手段扰乱和操纵市场的行为，包括：（1）提交或取消买单或卖单，使交易设施的报价系统超负荷；（2）提交或取消买单或卖单，延迟他人的交易执行；（3）提交或取消多样的买单或卖单，制造虚假的市场深度表象；（4）提交或取消买单或卖单，意图制造人为的价格涨跌方向。

欧洲的监管框架以《欧盟金融工具市场法规 II》（MiFID II）和《欧盟委员会授权规则》（*Commission Delegated Regulation*）为主体，其中对高频交易的监管措施主要包括：预防性的措施；交易过程中的技术控制；日常监管措施，包括对报告与记录的要求；此外还有诸如做市商的一些规定等。MiFID II 技术标准规定了与高频交易、闪电崩盘后果和透明度问题相关的各种要求。2016 年 7 月 19 日，《欧盟委员会授权规则》关于监管技术标准的补充指令得到批准，其核心内容是规定了从事算法交易的投资公司的组织要求，标志着欧洲对高频交易商的监管进入了一个新的阶段。

此外，还有一些国际监管标准也提出了对高频交易的监管规则。国际证监会组织在与市场参与者、学术专家以及各种自律组织的讨论中提出了一系列可能的新的监管工具。特别是国际证监会组织圆桌会议针对过去数年技术和市场发展所带来的风险提出了一系列监管工具。

---

　① 指不以成交为目的的报撤单。

　② 利用高速交易程序，在不到一秒钟的时间内发出数量巨大的股票买单和卖单，随后立刻撤单。

（三）启示及建议

高频交易对国内金融市场的重要性日益显现，计算机技术的发展势不可当，对高频交易不应当禁止，而是应该学习接纳与适应性创新。有效的监管远胜于过于严格的监管。

在法律层面上，一是需要制定明确统一的监管规则，减少监管真空和重复监管，确保法律的明确性和稳定性；二是应当注意到法律规则的可执行性和预留空间，保证规则的实用性和延续性。尤其在关注高频交易的跨市场风险时，协调多个监管部门联动监测风险十分重要，法律也应当给予相应的制度保障。例如建立证券交易所、期货交易所、期货保证金监控中心及相关机构的跨市场信息共享机制，提高监管效率和公开透明度，防范系统性风险。

作为交易理念与高新技术的结合，高频交易的崛起同样得益于持续不断的技术进步和装备升级。高频交易涵盖了信息和通信技术发展的诸多方面，交易与算法系统每一个环节上的创新都给交易者带来盈利的优势。程序化交易很大程度上反映了交易商/投资者技术上的积累和优势。在实践中，程序化交易中高频交易商更多被视为高科技企业而非传统投资银行。从长远来看，程序化交易是交易技术自动化和智能化发展的必然结果，对此只宜接纳并从运行模式及监管上进行有效控制，不可粗暴式禁止。程序化交易在我国金融市场不断国际化的过程中已是不可回避的发展趋势，对此，只有在建立监管与风险控制机制的过程中，深入学习并了解程序化交易的积极作用与风险，汲取全球市场程序化交易发展历程中的经验，并结合我国金融市场的特点，才能促进我国程序化交易的健康发展。

第四节　金融交易税

与金融交易相关的税种很多，包括诸如增值税、资本利得税，个人所得税等，根据税收中立的原则，这些税收制度通常不会直接影响交易的安排。但金融交易税是直接对行为本身征收的一个税种，因此，本书对此进行重点讨论。

一、金融交易税的概念

金融交易税并非新税种，早在 1914 年美国就开征了金融交易税并持续了 50 年之久。如今许多国家仍保留该税种，只是法律含义不尽相同，例如英国的印花税储备税（Stamp Duty Reserve Tax，SDRT）、巴西的银行交易税、中国的股票交易印花税等。总体而言，金融交易税可以分为三类：适用于所有或特定类型如股权、债券交易及相关衍生品交易的证券交易税（Stamp Transaction Tax，STT），适用于外汇及其衍生品交易的外汇交易税（Currency Transaction Tax，CTT）以及针对银行存取款业务征收的银行交易税（Bank Transaction Tax，BTT）。[①]

具体而言，证券交易税是针对有价证券的交易行为而征收的一种流转税，通常以有价证券的成交金额为计税依据。证券交易税一般分为印花税、资本利得税和红利所得税三种，由于证券交易税是针对证券交易的双方进行征税，通常税收征收主体会委托证券交易机构作为证券交易税的扣缴义务人。外汇交易税一般是被用来调节和管理国际资本流动异常的方式，是指对本国所有外汇交易征收一定比例的交易税。我国也曾经研究通过外汇交易税惩罚短期外汇投资，以减少跨境资金大出大入。银行交易税比较少见，是指对通过银行开展的存款、贷款业务征收的税收。无论哪种形式的金融交易税，其重点都是强调对交易行为本身征收税收。

二、理论基础与功能

金融交易税理论最早可以追溯到凯恩斯的理论。1936 年凯恩斯就曾指出征收交易税可以加强基本面因素对股价的影响并减缓股价因短期投机所产生的波动。凯恩斯认为，对于短期目的的资产交易，资产的价值并非通过其基本面反映出来。因此，短期的投资抉择并非依赖投资者的理性分析，而更多的是源于其对大众的平均判断的预测。当交易变得廉价时，这种短线交易会更疯狂，交易所消耗的资源可能使某些人受益，但对整个社会并无裨益，因此有必要对此加以限制。最著名的金融交易税是托宾税，由詹

---

① Thornton Matheson. Taxing Financial Transactions: Issues and Evidence [R]. IMF WP/11/54, 2011: 5.

姆斯·托宾于 1978 年提出。作为外汇管制的经济手段之一的托宾税，意图通过对所有外汇交易征收 1% 的税收缓解跨境资本流动，尤其是短期的过频外汇交易，向"高速运转的轮子里撒沙子"。但托宾税只是针对外汇交易，而非更广义的金融交易类型。总之，金融交易税的开征意在通过征税抑制过度投机性、非理性的金融交易活动，减少不必要的资源浪费，平缓市场波动。① 此外，金融业往往有着特殊的风险承担后果，即当金融机构冒险失败时有纳税人为其买单，如此激化了金融机构的冒险动机。通过税收手段则可以适当遏制没有实际价值的金融交易或创新活动，减少其负外部性。

三、国际经验——以欧盟为例

早在 2010 年，欧盟委员会提供了一份比较金融交易税与金融活动税（Financial Activity Tax，FAT）适用性的报告。2011 年春，欧盟委员会发布征询意见稿后，形成了两派对立的观点：金融领域、各国中央银行以及一些学界代表等纷纷反对征收任何形式的金融交易税，而非政府组织、工会和民众则表示支持欧盟征收统一的金融交易税。同年 9 月，欧盟发布了一份建立欧盟统一的金融交易税的法规草案，② 但由于部分成员国的反对而终止。2013 年 2 月，欧盟委员会向欧洲议会提交了《关于以"强化合作"的方式实行金融交易税的法规草案》③，截至目前，欧盟有关金融交易税的相关会议及会议内容都会引用该草案的内容。本书通过对上述草案中欧盟金融交易税税制安排的解读，在对其深入了解的基础上得出对完善我国税制的启示。

（一）纳税主体

欧盟金融交易税的纳税主体为金融机构，这涉及两个问题，一是何种

---

① 除了凯恩斯与托宾外，支持这个观点的还有 Stiglitz（1989）、Summers L. H. and Summers V. P.（1989）等。

② European Commission. Proposal for a Council Directive on a Common System of Financial Transaction Tax and Amending Directive 2008/7/EC. Brussel，28.9.2011.COM（2011）594 final.

③ European Commission. Proposal for a Council Directive Implementing Enhanced Cooperation in the Area of Financial Transaction Tax.Brussel，14.2.2013.COM（2013）71 final.

类型的金融机构，二是何地的金融机构。2011 年草案囊括了多数类型的金融机构，包括所有欧盟层级监管的投资公司、交易所、信用机构、保险公司、养老基金公司及其经理人、其他可转让证券集合投资计划机构（UCITS）及其经理人和特别目的机构。为了避免列举式的遗漏，2011 年草案也将影子银行纳入征税对象，规定"任何其他机构若进行了一项或多项草案所列的金融交易，且构成了其主要业务，也被视为纳税主体"。由此可见，除草案明确规定中央对手方（CCPs）、中央证券存款中心（CSDs）及行使类似功能的主体以及成员国行使管理公共财政职能的交易主体等不属于金融交易税的征税范围外，涵盖了其他多数金融机构。从文本上看，金融交易税将所有应税金融机构一一纳入，可能会带来的一个效应是过分扩大金融交易税的范围。例如，2011 年草案规定，涉及"提供和参与或发行金融工具"相关活动服务的金融机构也属于征税对象，这就可能将一些对金融交易并不产生实质影响或是非金融交易的真正参与者也包含在其中，带来的后果是可能会"误伤"不以过分投机为目的的交易主体，加重其税收负担。

更为严格的是，金融交易税对纳税主体的认定采用了"居住地原则"，即只要任何一方交易人位于欧盟金融交易税参与国（以下简称"参与国"）内，无论该交易发生在何地，都将产生纳税义务，除非证明本次交易的经济实质与参与国无关联。居住地原则不仅适用于交易金融机构自身位于参与国的情况，同样适用于金融机构总部或是分支位于参与国的情况。根据在 2013 年 1 月 22 日欧盟经济财长会议上达成的决定，欧盟委员会又将"发行地原则"作为"居住地原则"的补充引入强化合作草案。这意味着即使交易双方都不在参与国内，但只要交易的是参与国发行的金融产品，交易双方同样要履行纳税义务。

（二）课税对象

2011 年草案中列出了应缴税的三种交易类型，包括：（1）在净额结算或轧差前购买或销售金融工具；（2）集团内部主体（Entities of Group）之间金融工具所有权的转让或涉及金融工具风险转移的其他类似交易；（3）签订或修改衍生品交易合同。同时又对其中可能产生歧义的定义进行了详细解释，例如，2011 年草案将"金融工具"限定在《欧盟金融工具市场法规》所定义及列举的范围，并强调与外汇交易、保险交易等相关的金融工具交易并不属于金融交易税涵盖范围。由此，欧盟金融交易税草案通过原则性规定结合具体细致解释，将多种交易形式纳入其中，使意图通过转换金融交易形式来避税变得困难。

（三）税率及应纳税额的确定

对税率的规定，欧盟在 2011 年草案中针对不同类型的交易限定了一个最低值：股票、证券类交易为 0.1%，金融衍生工具类交易为 0.01%，各国可根据自身情况在最低税率的基础上再在国内法中确定具体税率。在明确税率的前提下，应纳税额的计算变得非常容易。但当涉及金融集团内部的交易时，确定应纳税额是比较复杂的问题。金融集团内部的交易容易发生转移定价，当显示的交易金额明显低于市场正常价格时，就需要征税主体根据实际情况作出实质价格的判断，具体如何确定对税务机关来说是非常大的挑战。

（四）税款的分配及使用

有关草案出台后，目前唯一达成共识的是各国将其三分之二的税收归属欧盟预算收入，以抵销其原本应基于国民生产总值缴纳给欧盟的同等金额，剩余三分之一税款由参与国自行保留。但对于属于欧盟的这笔税款究竟应如何使用，并无具体说明，只是笼统地计划用于人类健康、环境保护等领域。但除此之外是否还需考虑其他领域，如基础教育、金融消费者保护等，还需要进一步探讨。

四、我国金融交易税的实践与发展

国内讨论金融交易税的文献很少，目前国内与金融交易税密切相关的只有股票印花税、增值税和个人所得税。

（一）印花税简介

印花税在我国的历史非常悠久，最早可以追溯到晚清时期，甲午战争后，清政府财政非常困难，为了扩充税源，于 1903 在沿海各省试征印花税，但并没有最终全国推广。民国时期，北洋政府颁布印花税法，印花税后来成为重要的财政收入来源。1951 年，财政部颁布了《印花税暂行条例施行细则》，后又与其他税种合并征收，1988 年，国务院颁布了《中华人民共和国印花税暂行条例》，标志着印花税重新在全国开征，历经多次调整之后，

2008 年，印花税税率调整至 0.1%，只对股票卖出方征收，之后就保持较为稳定的状态。2018 年，财政部和国家税务总局发布《中华人民共和国印花税法（征求意见稿）》。从印花税的历史发展来看，金融交易相关税收的法制化程度在不断推进。

（二）股权交易增值税

根据我国"营改增"的相关规定，金融服务对象界定中并未明确将股权转让免征营业税的政策平移适用于增值税中。

根据增值税法规的规定，纳税人在资产重组过程中，通过合并、分立、出售、置换等方式，将全部或者部分实物资产以及与其相关联的债权、负债和劳动力一并转让给其他单位和个人，不属于增值税的征税范围，其中涉及的货物转让，不征收增值税。只有转让企业全部产权所涉及的应税货物的转让，才不征收增值税。若是单纯的资产转让行为，均要课征增值税。

（三）证券交易所得税

股权转让的主体包括个人和企业，税法上分别涉及个人所得税和企业所得税。具体而言，在个人所得税领域、自然人股东转让股权属于"财产转让所得"，缴纳个人所得税，属于上位法的规定。如对"个人转让限售股取得的所得"，按照"财产转让所得"征收个人所得税。在企业所得税税制中，原则上企业股东转让股权要缴纳企业所得税。

📋 **本章要点**

● 金融交易的法律基础包括金融相关法律、监管机构制定的规则、金融基础设施及行业协会制定的规则等。

● 我国的金融法律体系形成于 20 世纪 90 年代中期，1995 年颁布《中国人民银行法》《商业银行法》《保险法》《票据法》，1998 年颁布《证券法》，2001 年颁布《信托法》，2003 年颁布《银行业监督管理法》《证券投资基金法》，2006 年颁布《反洗钱法》，目前《期货法》也被纳入立法计划。

● 我国金融监管体系经历了改革开放前人民银行"大一统"时期、20世纪 90 年代至 2017 年的"一行三会"分业监管体制、2018 年以后"一行三会"分业监管逐渐转型为"一委一行两会一局"的新型监管三个阶段。

● 国际金融监管主体包括国际组织（例如，联合国、国际货币基金组织、世界银行、经合组织、世界贸易组织、国际清算银行等）、国家组织（例如，七国集团、二十国集团等）、监管者组织（包括行业监管者组织、中央银行组织和其他组织）、金融稳定理事会、市场专业组织等。

● "长臂管辖权"是域外管辖权的美国表达，一般包括立法管辖权、司法管辖权和执法管辖权，这三者的行使基础既有联系又有区别。

● 高频交易的负面影响包括：一是高频交易可以在正常市场中提供流动性，但在异常市场中的快速撤离，可能加剧流动性危机。二是高频交易加强了市场之间的联系，加快了价格冲击的跨市场传播，可能会加剧市场的不稳定性。三是高频交易使市场价格集中反映市场瞬间供求，而非基本面信息。四是高频交易可能会造成市场不公平。

● 金融交易税可以分为三类：适用于所有或特定类型如股权、债券交易及相关衍生品交易的证券交易税，适用于外汇及其衍生品交易的外汇交易税以及针对银行存取款业务征收的银行交易税。

● 我国证券交易环节的税收主要集中在证券交易印花税、个人所得税和企业所得税，其中证券交易印花税占交易成本的绝大部分。

 思 考 题

1. 金融交易的法律基础包括哪些层次？

2. 我国金融监管体系发展经历了哪几个阶段？

3. 我国金融交易监管机构有哪些？主要职能分别是什么？

4. 国际监管规则的特点及趋势是什么？

5. 长臂管辖的定义、特点、应对措施分别是什么？

6. 国内外程序化交易主要监管政策有哪些？

7. 金融交易税的定义及功能是什么？

第十一章　金融交易发展趋势

本章概要：在经济全球化和经济金融化的大背景下，科技技术和网络技术迅速发展，使全球金融产品创新日新月异，技术手段日益智能，金融交易快速进化。本章主要对金融交易的发展趋势进行分析，在对金融交易背后的推动力量进行研究的基础上，深入分析和探讨金融交易中的科技运用，诸如程序化交易与量化交易、人工智能、区块链技术等的运用，探讨金融交易发展面临的挑战和问题，最后针对金融交易发展应注意的问题进行分析论证。

第一节　金融交易的发展特征

从历史上看，金融交易模式与经济社会发展是互相适应、密不可分的。在人类的蒙昧时期，以物易物的交换就在不同部落之间开展，并形成了实物货币、实物利率、实物信贷等功能。此时金融交易还无法从货物交易中剥离出来。在人类建成大型城市以后，由经营、战争、贸易等催生的融资、销售、远期掉期交易、贸易风险规避等成为急迫的需求，金融要素市场从货物贸易中剥离出来，出现了买卖标准合约的原始金融交易，并催生出金融机构、金融市场。随着社会的发展，金融交易越来越复杂化、体系化。在现代市场经济中，金融交易构成了金融活动，是经济体系的核心组成部分，是实体经济运行的血液，对社会经济活动产生了重要影响。从历史上看，金融交易作为经济活动的重要组成，与经济相互促进，互相发展。经济活动的体量和发展质量决定了金融交易的总量和交易模式，体量不同、发展阶段不同的经济环境，其金融交易规模和交易模式显然是不同的。

金融交易的发展也受制于金融交易技术和金融交易理论的发展。以股票交易为例，最早的股票在 16 世纪就已经出现。到 20 世纪初，股票交易在世界各地已经十分普遍。那时获取股票信息并进行图形处理是较为专业的工作。当时能够传承到现代的金融交易理论主要是日本蜡烛图技术、波浪理论等图形交易技术。在股票电子报价信息刚刚推出的年代，交易者更多依靠图形进行中低频交易。随着交易技术的发展，人们认识到金融交易和风险管理有科学规律可循，如默顿·米勒、哈里·马科维茨和威廉·夏普发现了风险组合理论，罗伯特·默顿、迈伦·斯科尔斯对期权定价作出了贡献，罗伯特·恩格尔，克莱夫·格兰杰对计量经济学作出了突出贡献，尤金·法玛、拉尔斯·皮特·汉森、罗伯特·希勒等发现了资产定价归因公式等。进入 21 世纪以后，随着高频数据获取技术和人工智能技术的普及，以及数学理论的发展，博弈论、最优化理论、机器学习等算法进入金融交易领域。金融交易理论和金融交易技术相互促进，使金融交易持续发展。

一、金融交易产品品种继续扩大

金融产品是金融交易的交易对象。随着经济社会的发展，金融产品数量和类型一直在快速发展。金融产品发展主要体现在以下五方面。

一是金融投资工具推陈出新。表 11-1 展示了全球证券期货市场产品演进。可见 1980 年以来，全球出现了大量创新金融产品。传统的期货、期权市场交易模式仍在不断推陈出新。如每日交割的递延合约（T+D）、现金交割的指数期货、奇异期权、期限为数周的短期权或日内期权等均在近些年取得了成功。

表 11-1　　　　　　　　　　全球证券期货市场产品演进

产品	出现时间	地点
股票	1551 年	美国
国债	1672 年	荷兰
商品期货	1865 年	芝加哥交易所
基金	1868 年	英国
指数	1884 年	美国
抵押担保证券	20 世纪 60 年代	场外市场

续表

产品	出现时间	地点
股票期权	1983 年	芝加哥期权交易所
掉期交易	1980 年	场外市场
担保债务凭证（CDO）	1983 年	场外市场
交易所交易基金（ETF）	1990 年	加拿大多伦多交易所
信用违约互换（CDS）	1998 年	场外市场
……	……	……

　　除了传统的互换、远期、期货、期权，近年来，市场上还陆续推出了标准化价差合约（CFD）产品，以及链接型的金融产品，如商品链接债券、指数外汇期权票据、利率上下限合约等。新产品带来新的风险计量方法和交易逻辑，进而使金融交易复杂化。

　　二是金融产品创新的需求仍在不断增长。随着全球经济向金融化发展，越来越多资产的波动性增强，金融风险和金融危机的风险始终存在，导致市场对转移风险、增加流动性的需求长期存在。图 11-1 展示了农产品市场的金融化过程。在市场化的初期，农产品企业通过发行债券、股票等方式在金融市场融资。在市场化中期，农产品在经过现货市场交易改造后具备了现货大宗交易和期货交易的条件，此时金融机构将开发农产品期货或大宗现货，从而完成农产品大宗化和金融化。在市场化中后期，农产品的制成品和农业用地也可以开发成金融产品进行交易。而在相继完成企业上市、农产品标准合约交易、制成品和农地金融化以后，基于农产品的其他衍生品合约也能够根据企业的需求开发，从而使整个企业经营风险得到控制，融资能力得到提升。同样地，美国房地产市场也是一个金融化较为彻底的市场。在 2008 年国际金融危机前的美国，房地产贷款被包装成一级贷款、次级贷款债券并进行金融交易，同时将次级贷款债券做成 CDS 保险，从而在产品层面使各个环节的房地产金融产品获得了保障。但金融产品化的后果是产品过度复杂、交易风险过大，在 2008 年国际金融危机中，这些金融交易合同无法履约，形成了违约链条，最终导致巨大的金融风暴。在我国现阶段，也有一些过去无法形成标准化金融合同的产品，随着经济的发展具备了金融化条件，从而可以充当金融资产的基础资产类别。如我国农产品期货市场中，红枣期货、苹果期货等均经过了较长时间现货市场建设，在市场成熟后推出了相应的期货品种，并取得了成功。碳排放权期货、天气指数期货等指数期货也将逐渐成熟。

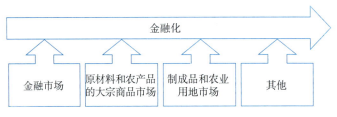

图 11-1　农产品金融化顺序

　　三是金融化在经济增长中的作用不断强化。这体现在：第一，金融是国家重要的核心竞争力。世界主要强国包括英国、美国等均通过金融市场为本国经济和社会发展长期目标获取资金支持。如美国自 20 世纪 90 年代以来，通过经济金融化和金融市场融资手段不断发债，其债务 /GDP 比率迭创新高。可见金融化在国家发展中的重要地位。第二，通过深化金融改革、合理安排金融交易，相关业态逐渐丰富且日益贴近微观需求，能够实现金融的普惠性、创新性、可持续性，从而为经济发展带来活力。第三，金融改革更加重视顶层设计，伴随机构调整带动政策框架的进化，能够推动实体经济行业提高效率、降低流通成本。第四，中国金融开放顺应了从跟随到引领的大国崛起之路，依托于人民币国际化和"一带一路"建设等机遇，金融将成为中国与世界深度融合的纽带。在美国，2008 年以来，美联储通过 QE 购买美国国债，释放流动性，金融市场客观上成为财政和经济的引擎。货币供应与金融产品交易量之间的指数化关系在世界各国具有普遍性。在我国，两者之间的精确关系可以在图 11-2 中呈现出来。其中，x 为货币供应量，y 为金融产品交易量，其拟合关系约为 $y=0.000002x^{2.050087}$，可见金融市场承担着货币流通、为实体经济发展服务的功能。随着未来要素市场进一步改革，金融交易在经济中的重要性还将进一步强化。

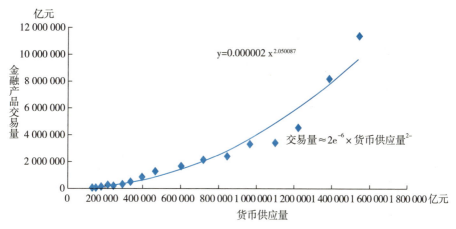

图 11-2　我国金融产品交易量与货币供应量的拟合关系

四是监管与市场共同作用，塑造产品模式。金融监管政策极大地影响了金融产品的开发方式和交易方式，如国际金融危机后，美国颁布了《多德—弗兰克法案》、沃克尔法则等，对银行参与直接投资以及场外交易进行了较为严格的限制，从而促使场外交易向场内交易转换，这就促使了洲际交易所（ICE）等场内交易所的兴起，以及对冲基金等专业资产管理公司的壮大，进而改变了金融交易的版图。未来的监管趋势是对场外交易仍有较强的限制。近些年，我国也频繁出台对交易产品和交易机构的管理规则。如国内资管新规对影子银行的限制和对交易穿透的要求，将使场内交易规模持续增加，并将引导市场发展具备独特风险收益结构的金融产品。

五是指数化产品的增多。随着科技的发展，人们对风险组合理论和资产多因子定价理论有了更深的研究。这些理论认为，资产组合能够产生定价更准确的因子。因此，一类被动跟踪指数以及合成因子的投资方法越来越流行。大型基金公司如黑石、先锋等发行大量被动基金。国内基金开发的指数化产品也越来越多，如投资黄金现货的黄金 ETF 基金、上海金 ETF 基金，投资原油等大宗商品的大宗商品指数基金，投资科创板的科创板指数基金等。此外，市场上还存在杠杆指数基金，如国内市场的分级指数基金，以及海外市场的倍数指数基金等。

二、金融交易理论仍在迅速发展中

经典金融学理论从理性经济人假设出发，利用一般均衡分析和无套利分析演绎出一套相当完美的金融学理论，我们将以这些理论为框架的金融学称为经典金融学。经典金融学深入揭示了金融市场运行规律，对金融市场发展以及企业的财务管理实务均产生了深刻的影响。随着金融交易的发展，一方面金融交易中使用的数据频率越来越高，人们有更多的资源挖掘微观博弈信息。同时金融市场与经典金融学理论不一致的实证现象被揭示出来，成为金融市场的异象或未解之谜，也需要金融学理论来解释。这就引发了根据心理学的研究成果来拓宽理性经济人假设。在此背景下，以高频数据为基础研究微观博弈的市场微观结构理论和以投资者有限理性为基础研究金融问题的行为金融学理论在近些年被广泛接受。

（一）市场微观结构理论将丰富金融交易理论

金融市场微观结构理论是金融经济学中主要研究交易过程的一个领域，包含金融资产交易品种、市场参与者构成以及其交易行为、市场效率、交易策略等方面内容，重点指市场中的交易结构。

金融市场微观结构理论是金融学中重要的新兴分支。金融市场微观结构理论的思想渊源是古典价格理论，它的核心是要说明，在既定的市场微观结构下金融资产的定价过程及其结果，从而揭示市场微观结构在金融资产价格形成过程中的作用。金融市场微观结构的概念可以从狭义和广义两个方面来理解。狭义的市场微观结构仅指价格发现机制，广义的市场微观结构是各种交易制度的总称，包括价格发现机制、清算机制、信息传播机制等。微观结构研究的几个关键问题包括：（1）在高频领域，什么才是最优的投资策略？（2）信息是如何融入价格中的？（3）我们如何改进信息聚集的过程？（4）如何避免市场失灵？（5）怎样安排交易比较有效？（6）公正性和有效性之间是如何妥协的？（7）能否从价格中发现事件？（8）微观结构数据如何反映宏观事件，如供求关系、长期风险？

在交易过程的研究中，经典的经济学观点认为，市场是信息对称的无交易成本和完全透明的理想均衡市场，市场上价格是外生的。现实的市场是存在摩擦的非对称信息的市场，在金融市场交易过程中，并不是所有投资者都能即时公平地得到所有与交易相关的信息，且投资者自身的差异也会造成对市场共同信息理解和接受程度的不同，从而造成交易的非同质现象。

Demsetz（1968）首次考虑了买卖双方的时间跨度、买卖数量等因素的差异，并认为这些差异将导致市场交易失衡而不能有效地达成市场出清价格。将买卖报价价差看作交易为及时性所支付的成本，交易的即时性用执行固定规模指令所需时间来度量，从而衍生出对流动性最早的定量描述。他指出在任何时点上市场上都存在希望立即进行买卖的供给者及有耐心的买卖需求者，立即交易的供求者为市场提供了流动性，而流动性的高低取决于其买卖意愿强弱、风险偏好等因素，当市场流动性差时，交易者可通过价格的调整来提供流动性。

市场微观结构是研究外在规则下交易资产的过程和结果，是影响价格发现的市场设置的所有组成成分，也是投资者的潜在需求最终转化为价格和交易量的过程，以及在此过程中受到技术、规则和其他形成交易的市场设置的组成因素的影响。进一步地，O'Hara 等提出由技术（Technology）、规则（Regulation）、信息（Information）、金融工具（Financial Instruments）和市场参与者（Market Participants）共同组成了金融市场微观结构；而信息性在微观结构的研究中涵盖了非常广泛的领域，主要可归结为四个方面：价格的形成和发现、市场结构和设计、信息及披露以及起源于市场微观结构与金融学其他领域的信息问题。

微观结构的数据非常独特，其一般具有以下特点：

（1）离散事件在连续时间内随机到来。（2）数据按时间顺序排列较为整齐。大多数微观结构数据反映出市场事件的顺序是离散的，并且顺序严格一致，而宏观数据则往往是很多事件的合并，所以在分析因果性、前后顺序时，使用高频数据往往能得到更好的结论。（3）微观结构由无法直接观测的信息事件过程驱动，且信息事件具有时变特性。（4）微观结构数据具有较多细节，例如一个限价指令报单包含报单数量、成交量等价格点。

微观结构采样点的特点包括：

（1）微观结构数据采样点很大，例如我国期货市场的切片数据每秒钟有 2~4 个，则其一天内有 10 万条左右数据，在数据中还包含多个表项，可见数据量的庞大。（2）数据时间间隔很小，一般市场运行模式在几天或者几个月就会发生变化。（3）微观结构研究注重新数据，老数据保存有限且研究意义也有限，即使几年前的数据也显得过时。

（二）行为金融学的提出和发展

行为金融学是对现阶段市场投资中投资者心理状态和决策模式的一种思考和反思，理论研究者认为，传统金融学理论在概率计算等方面具有较大优势，但是在实际的市场环境中，概率计算无法解释全部的市场投资现象，因此金融学理论开始吸纳心理学研究成果，希望能够借助心理学理论对投资市场中投资者决策行为加以论证，以此来发现投资者在进行投资时所受主客观环境的影响，继而全面总结投资规律。

在现实市场中，投资者形成的投资行为和投资决策受到的影响因素十分复杂，传统金融学理论在对投资行为进行分析和解读时，往往将投资者的投资决策通过计量方法进行量化分析，这种分析主要面向投资行为的风险和收益等几个方向，对投资者进行假定，以此来解释投资行为和投资市场的变化规律。行为金融学理论研究者认为，投资者采取投资决策行为时，其不可量化的心理因素才是金融学应当考虑并深入分析的。随着行为金融学的普及和广泛应用，越来越多的行为金融学理论得到了充分的验证。

心理学理论分析是行为金融学的"主战场"，行为金融学认为，投资者的心理情绪变化是形成其投资决策和产生投资影响的关键。在以往的心理学研究中，情感心理学专家发现，大部分人在正常环境下都会产生普遍性的谨慎、自信以及讨厌后悔的心理特点，这部分心理特点在作用于人的实际行动中，表现十分明显。行为金融学结合这一理论分析，对投资者偏好以及投资信念作出了全面的归纳和总结，并通过投资者的心理分类对投资决策的具体类型进行了充分总结。其一，投资者具有自信乐观的心理特征。在心理学研究中，研究者发现，大部分社会群众都拥有较高的自信心理，在这种心理之下，人对于自我能力的认知会表现出高估状态。心理学家称其为"自我归因偏差现象"，受到这种现象的影响，人们在决策中往往会表现出一定程度的盲目性和夸大性，而在出现不利后果时则不善于总结原因，并积极推卸责任。其二，社会个体往往存在严重的趋利避害心理。这种好恶特征使其在面对损失或者损失可能时往往踌躇不前。其三，社会个体在进行方向选择和决策时，会表现出强烈的从众心理。心理学研究认为，个体在社会生活中受社会信息和社会趋势影响十分严重，而自身通常不具备对环境和事物的判断能力，因此采取与公众或者多数人保持一致的方式，这是最为稳妥的一种决策。在心理学中，这种现象被称为"羊群效应"。

相较于传统金融学，行为金融学作为现阶段应用于投融资市场中的主要理论分析策略，能够从非均衡、非量化的角度，对市场投资行为进行解释和分析，同样投融资市场回馈结果也频繁证明行为金融学具有指导意义。对于今后的市场发展和理论完善来说，行为金融学都将占据一席之地。

三、市场参与者加速向专业化与集中化发展

交易主体是参与市场的交易者，在竞价市场上指参与交易的客户。在金融市场中，不同目标的金融交易者形成了金融交易生态，使得市场的流动性得以维持，市场定价功能得以发挥。国内外研究者对客户的分类方式按其研究方法进行不同的分类。如Kirilenko（2017）将客户分为高频交易者、做市商、基本面买入交易者、基本面卖出交易者、机会交易者、小交易者。Thierry（2011）将客户分为快速交易者、慢速交易者、大交易商、小交易商。也有学者将交易者分成噪声交易者、消息领先者（内幕交易者）、做市商。还有的研究者假设所有客户为资产配置型客户，进而推出结论。

《交易经济学》中提出了交易网络的概念，认为交易客户构成交易网络的节点，交易行为构成交易网络的边，一个市场就构成了一个庞大的交易网络。交易网络的权值和疏密程度可以度量市场处于紧致状态或松弛状态。如果系统处于紧致状态，则客户之间的情绪传递或信息传递会比较敏感，行情容易大起大落。如果系统处于松弛状态，那么市场会缺乏活力，导致市场波澜不惊，甚至缺乏流动性。金融交易者通过交易网络形成了交易生态，交易生态如同自然生态一样，随着时间变化发生组成变化和结构变化。

金融交易者作为交易网络的交易主体，存在着专业化、分工化和工具现代化的趋势。这些趋势的形成，是由交易制度、经济发展和技术发展共同决定的。

一是金融交易参与者越来越趋向于专业化。在金融监管方面，由于客户适当性管理的要求越来越高，越来越多的非专业投资者失去了对一些高

风险产品或专业化程度较高产品的交易权限，而剩余的交易者往往有丰富的投资经验、较强的资产配置能力和更好的交易资源，那么这些专业投资者比在适当性规则实行之前的那些投资者具有更强的专业性。在金融产品研发方面，越来越多的 ETF、被动基金等吸收了大量资金，很多投资者的资金由这些专业投资者进行管理，从而提高了金融市场参与者的专业性。而大数据技术和 IT 技术的普及，也造就了一群精通技术的专业投资者。这些因素共同推进了场内投资者的专业化趋势。

二是交易分工越来越明确。在交易领域，一般将根据投资者的交易需求，对专业投资者进行区分。场内投资者可分成做市商、套保交易者、对冲基金、专业投机者等。在这些投资者分类中，高频交易者更多参与投机交易。统计数字表明，高频交易者在美股市场贡献了 50% 以上的交易量。在国内市场，高频交易者同样扮演着不可忽视的角色。对冲基金更多采用风险中性策略，通过在各类金融资产和全球黄金市场中配置资金来实现对冲风险获取收益的目标。最近几年，美国各大对冲基金均取得高速增长。此外，衍生品市场中还存在大量商品生产企业和贸易企业，在市场中进行套保。ETF 基金则根据客户买卖情况在市场内进行平盘操作。这都增加了市场的专业度。

三是获取金融交易优势的手段越来越多。如在美国，对冲基金除了采购金融数据，还会购买独特的数据，如卫星遥感数据、社交媒体数据等，进行分析和综合来提取其中的交易指标。一些金融交易者掌握了更高的计算技能，如某些对冲基金购买以前只有在科学计算中才用得到的大型计算集群，建立高算力优势来进行金融计算，做到了更科学地决策。还有一些高频交易商采用光纤连接世界各个市场，采用卫星定位同步技术对全球交易进行同步，从而既具有很高的交易速度，又具有很高的投资精度。

四、金融交易环境和制度规则的发展趋势

随着金融发展的全球化，金融业在法律制度和规则要求上逐渐趋同。这是因为，首先，现代金融交易的底层基础技术是相同的，都以信息通讯技术、互联网技术以及新兴的大数据、区块链、人工智能、云计算等技术板块为底层技术框架。但这些技术并不是单一孤立的。同源性的底层技术

使全球金融监管科技生态之间有着趋同的基础。其次，经济全球化导致各国监管面临类似的问题，如"创新与监管""监管与市场""互联网金融监管"等，各国均相互借鉴。最后，各国金融监管机构除专注于国内金融监管政策理念创新和市场创新，也在不断与外国监管机构合作，搭建多元连接开放的金融监管科技生态体系，在跨国企业监管、国外公司国内展业等领域展开联合监管。这就要求全球监管有一定兼容性。总体上看，金融监管的发展趋势如下。

（一）分业监管逐渐向统一监管过渡

统一监管具体分类为单一监管和双峰监管，其中，单一监管是设立超级监管机构，统一实施多项监管职能；双峰监管则分设两个机构，一个机构负责实施宏观监管，另一个机构负责对业务经营和市场活动实施微观监管，同时负责金融消费者和投资者保护，确保功能互补。

统一监管替代分业监管成为国际金融危机后的共识。世界银行工作报告显示，在全球142个被调查国家和地区中，35个国家（地区）实行金融完全统一监管，71个国家（地区）实行部分统一监管，两者合计106个，占样本总数的74.65%，表明多数国家在2012年已经开始或实现了从分业监管向统一监管的过渡，更加注重监管的综合性与协调性。

我国监管机构也在推进统一监管。如国务院金融稳定发展委员会的设立，是旨在加强金融监管协调、补齐监管短板，并完善宏观审慎监管和动态行为监管机制，加强监管的综合性和协调性。

（二）强化中央银行职能，有效发挥宏观审慎监管的重要作用

国际金融危机后，各国逐渐认识到仅仅依靠对金融机构经营行为的微观监管难以防范系统性金融风险的发生，更无法应对大规模金融危机。因此，部分西方国家将强化中央银行职能作为金融监管体系改革的重要方面，不断加强宏观审慎制度建设，着重对系统性金融风险进行管理。例如，英国的银行法案明确了英格兰银行作为中央银行在维护金融稳定中的核心地位，改革了金融监管组织框架，使审慎监管局成为英格兰银行的内设部门，强化了英格兰银行的宏观审慎监管职能。美国通过了《多德—弗兰克华尔街改革与消费者保护法案》（以下简称《多德—弗兰克法案》），改变了原有的监管模式，确立了美联储金融监管的核心地位。

（三）积极施行穿透式监管，提高金融监管效率

目前的功能监管和行为监管理论都强调了实施穿透式监管的重要性，国际金融危机发生以来，面对金融监管真空、监管套利引发的金融乱象，西方发达国家均通过实施穿透式监管对金融机构业务和行为进行全流程掌控，从资金流通各环节实现了风险的早期预警和及早介入。欧盟于 2010 年制定《泛欧金融监管改革法案》，将欧洲系统性风险管理委员会（ESRB）和欧洲金融监管者体系（ESFS）纳入欧洲中央银行的协同监管框架内，由欧洲央行统一监测整个金融体系的运转情况。英国金融行为监管局（FCA）对 P2P 网络借贷确立了七项基本监管原则，要求网络借贷平台要定期向 FCA 报告企业财务状况、客户资金、客户投诉情况及上一季度贷款信息等，有效遏制了网络借贷领域的野蛮生长问题。美国《多德—弗兰克法案》扩大了美联储金融监管的权力，囊括了社区银行以及大型银行业金融机构、金融控股公司、对冲基金、证券机构、保险公司等可能影响金融稳定的所有金融机构的监管，构建了完整统一的监管规则和监管框架。

第二节　金融交易中的科技应用

一、程序化交易与量化交易的发展

与程序化交易行业相关的术语包括程序化交易、算法交易、量化投资、高频交易等，这些术语意思相近，但仍有不同之处。

程序化交易，一般指利用程序（Program）进行交易。具体的交易时机、交易仓位、止损止盈获利标准可能包含在程序之内，也可能独立于程序之外，程序本身只是执行的方式。与程序化交易对应的是人工交易。一般来说，利用程序化交易有几大优势，比如较快的速度、摆脱了人为情绪的影响、执行力有保证等。

算法交易（Algorithm Trading）意味着交易决定是根据一条或多条算法（Algorithm）进行的，算法即是交易的基础（Trading Logic）。算法交易的执行可以是手工的，也可以是纯自动化的。如果利用交易程序来执行的话，就是程序化算法交易，现在大部分的算法交易都由程序化来实现。

量化投资（Quantitative Investment）一般指通过概率、微积分等数学工具研究金融市场各种资产价格的结构性来决定的投资。

高频交易意味着每次交易从开仓到平仓只有很短的时间间隔，一般从十几分钟到几微秒不等。主要目的是通过市场短暂的价格波动而获利。无论是趋势追随交易还是套利交易，只要速度足够快，都可以被称为高频交易。现在高频交易大概占美国市场电子交易的60%。

（一）传统架构介绍

传统的程序化交易指的是连接到柜台的交易系统。这些系统功能相对固定，其设计模块大同小异，如图11-3所示。银行交易系统、私募交易系统等系统中应包含以下组件：

1. 下单监控系统（Executive Management System，EMS），用来执行下单逻辑监控、下单路由等功能，并检查报错单等；

2. 订单管理系统（Order Management System，OMS），用来做交易的事前和事中风控，保证交易合法合规；

3. 交易执行引擎，需包含数据驱动、订单驱动下单功能，实时更新交易数据，保证数据的准确性、下单的正确性；

4. 数据整合系统（Meta Data Feeder，MDF），收集数据驱动执行引擎；

5. Python等交易执行前端，供业务人员使用。

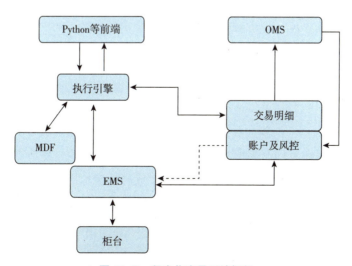

图11-3　程序化交易系统框架

（二）基于大数据、云计算、人工智能的全球分布式交易

随着技术的发展，大数据、云计算、人工智能等纷纷走上前台，在金融交易中，大数据、云计算、人工智能也分别发挥了相应的作用。

金融云是新一代交易系统的基础设施。金融云具有专门的云架构，采用专用底层的虚拟技术、更先进的路由技术等，该类技术具有更强的隔离特性和更好的安全特性，能够为租户提供高速、安全的交易环境。如在2015年的"瑞郎黑天鹅事件"中，全球外汇交易量瞬间激增，大量传统外汇交易系统崩溃，而使用分布式交易基础设施提供金融云服务的所有经纪商或交易所都经受住了考验，还获得了额外收益。

在金融云之上，需要有专业的金融数据库对非结构化的金融数据进行管理，这些金融数据包括文本数据、财务数据，甚至地理信息数据、图像数据等。专业的金融数据库，如SSD混合数据库使用算法加速的SSD-内存混合存储、分布式管理架构、支持多节点同步，在金融交易中广受好评。

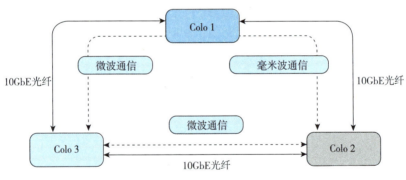

图11-4   一个多点共址的私有交易网络拓扑图

图11-4是一个多点共址的私有交易网络拓扑图。其中，Colo 1至Colo 3指的是在不同交易所机房中，与交易系统共址的交易节点。这些节点通过微波或10GbE的高速网络相连，形成高速虚拟网。在此网络中，交易员下单指令能够传递到各个交易节点，以最快速度达成交易。Colo 1至Colo 3可能部署在同一城市不同交易商的机房中，也可能部署在全球主要金融中心如上海、伦敦、纽约、芝加哥等各大交易所机房中，并通过高频网络连接。

不只是传统的连续竞价市场交易者在考虑通过私有网络组建全球低延时交易网络，一些场外市场做市商（如外汇交易做市商）也在寻求分布式交易方案。从交易基础设施提供商的角度来看，分布式交易方案有利于做市商在世界不同地点对同一标的作出对自己最有利的报价，图 11-5 是一个分布式交易方案。其中每个撮合机是场外做市商的一个交易集中点。使用这个方案，交易商能实现对标的的全球高速计算报价，大大降低了做市商的报价风险。

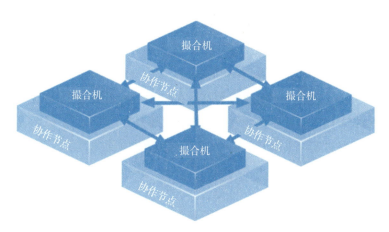

图 11-5　分布式撮合机

（三）专业硬件如 GPU 和 FPGA 在量化中的应用

电子交易带来了彻底的技术革命。以量化算法为基础的交易策略和以电脑代码运行时间为单位的交易延时，给交易带来了本质的变化。随着这个趋势的发展，电子交易的算法越来越复杂。同时，以交易延时小、算法处理快为竞争力的高频交易、算法交易方兴未艾，CPU 由于其线性执行命令的运行方式，程序运行速度较慢，延时较长，已经无法满足算法交易的需要。所以，知名投行的算法交易一般都有可并行计算的硬件加速器支持。

FPGA（可编程逻辑阵列）是一种可编程集成电路。FPGA 内部包括可配置逻辑模块 CLB（Configurable Logic Block）、输出输入模块 IOB（Input Output Block）和内部连线（Interconnect）三个部分。用户可对 FPGA 内部的逻辑模块和 I/O 模块重新配置，以实现用户的逻辑。它还具有静态可重复编程和动态在系统重构的特性，使得硬件的功能可以像软件一样通过编程来修改。FPGA 作为一种数字集成电路，其执行命令的延时为纳秒级，最新 FPGA 的逻辑门数可达 430k，具有强大的逻辑处理能力。

GPU（计算机图形处理器）在普适并行计算领域已经得到较高的认可。GPU 的通用计算是并行计算的一个分支。根据体系架构和实现方式的不同，GPU 的并行结构可分为几个层次，首先在最微观的层面是单个核心上的指令级并行，依靠处理器内不同的运算器微观来并行执行多条指令；其次是多核并行，即在单芯片上集成多个处理器核心，在这些处理器核心上同时运行多个进程或线程，实现线程级 / 进程级并行；再次是多处理器并行，在一块印刷电路板上安插多个处理器，实现多处理器级线程或进程并行；最后是将多个独立的计算机用网络连接起来，实现独立计算机级的集群分布式并行。并行结构使得数据处理算法在 GPU 上的运算速度比 CPU 更快。

FPGA 与 GPU 都是主要的硬件加速器，两者各有所长。一般而言，追求低交易延时的方案可采用 FPGA，追求高速复杂数据处理的方案使用 GPU。

二、人工智能的深化应用

（一）金融数据的独特统计特征逐渐显现

金融交易离不开金融数据。从大数据的观点看，金融数据有四大特点。首先是金融数据的数据量大。金融业本身就有着密集的数据。只看行情数据，单个股票就有 level-1、level-2、高频、中低频、成交明细、报单数据等多种格式，而整个金融市场随时发生的交易数据规模非常庞大。除此之外，金融数据还包括新闻、报表、研报等数据。其次是金融数据的质量高。金融市场具备良好的基础设施，交易所或银行有最严格的安全生产制度，金融数据的格式一致性较强，能保证数据生产的正确性。再次是金融数据的结构化数据较高。有人统计金融数据中的结构化数据高达 77%，除舆情外，研报数据、报表数据结构化处理也相对简单。较高的结构化数据占比更方便数据的后续处理。最后是金融数据的价值较高。金融数据包括行情数据、客户数据、舆情数据、经营报表等，能够支撑交易决策，挖掘交易信息，具有较高的价值。

金融数据的挑战也蕴含在金融交易的特点之中，具体可分为以下两方面。

一是金融数据的高维特性。当代金融的支柱之一是时间序列的采样相关矩阵计量，如资产定价模型、VaR 模型等都大量使用该矩阵。然而在金融应用中，采样相关矩阵计算与在其他应用中有所不同。在高维资产组合场景下，其相关矩阵并非如我们所想，能够依靠采样相关矩阵获得，其原因有两方面：（1）在经济活动中，数据的运行模式变化非常快，真正"平稳"的现象多数是暂态的，而动态是永恒的，所以很难有足够稳定的平稳性被我们发现。（2）数据的长度是有限的。例如在高维下，数据需要清洗、对齐，如果将采样点提高到以"天"计，实际的有效的数据点数是很少的，有些经济数据、基本面数据的有效采样是"天"甚至"月"。举例来说，如果资产组合中的资产数量在 100 ~ 1 000 之间。理论上要使采样相关矩阵在统计上等价于相关矩阵，需要资产价格的采样点数为 100 000 个（资产数量的 3 次方），一般的 alpha 策略使用日度数据，其相关矩阵计算采样时间往往为 1~2 年，即 250~500 个交易日。

在这种情况下，即使在完全没有相关性、相关矩阵为单位阵的情况下，通过数据获得的相关矩阵，其特征值服从的是 M–P 分布（如图 11–6 所示），较大特征值大小不一，与我们想象的情况完全不同。这就是最近流行的高维随机矩阵理论最简单的一部分内容，对这个问题有兴趣的可参考路冠平（2019）。

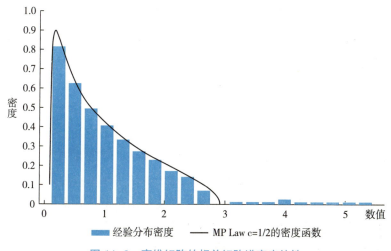

图 11–6　高维矩阵的相关矩阵谱密度特性

最近的金融相关矩阵实证分析表明，有效市场假设与市场实际并不符合。特别是最近的研究表明，与高斯分布随机矩阵特征值分离的特征之中包含着市场的分部门信息，最大特征值可以理解为"市场模式"，在深入研究"矩阵清洗"之后甚至可以认为，传统的马科维茨方法在高维下接近无用。

二是金融交易中的价格序列具备很强的时间顺序，但又不同于物理信号。物理信号通常是平稳的，而金融序列的运行模式经常变化。所以工具需要针对时间序列优化，一些具有时间顺序的网络如LSTM等就有生存空间。同时类似ResNet针对处理误差进行二次优化的算法，其适用性需要探讨。

需要注意的是，金融交易中也存在大量非时间序列数据，如运量数据、库存数据、需求数据等，这些数据没有严格的时间依赖性，也可以采用非时间序列的处理方法。

三是金融应用尤其注重可解释性。也就是计算过程和计算结果要满足经济学原理。举个例子，有人将美国上市公司字母顺序送进学习器并得出"买入公司首字母为A的公司，卖出首字母为B的公司"是一个很好的机器学习结果，但是这个结果的经济意义是存疑的，其可用性也就大打折扣。而深度学习很多结论的解释性要比上面这个例子还要差一些，所以，其要在金融领域充分应用，就需要进一步研究其工作原理。

（二）深度学习和机器学习在金融交易中大量使用

人工智能实际应用问题经过抽象和分解，主要可以分为回归、分类和聚类三类基本任务，针对每一类基本任务，人工智能算法都提供了各具特点的解决方案。

一是回归任务的算法。回归是一种用于连续型数值变量预测和建模的监督学习算法。目前回归算法最为常用的主要有四种，即线性回归（正则化）、回归树（集成方法）、最邻近算法和深度学习。二是分类任务的算法。分类算法用于分类变量建模及预测的监督学习算法，分类算法往往适用于类别（或其可能性）的预测。其中最为常用的算法主要有五种，分别为逻辑回归（正则化）、分类树（集成方法）、支持向量机、朴素贝叶斯和深度学习方法。三是聚类任务的算法。聚类算法基于数据内部结构来寻找样本集群的无监督学习任务，使用案例包括用户画像、电商物品聚类、社交网

络分析等。其中最为常用的算法主要有四种，即 K 均值、仿射传播、分层 /
层次和聚类算法（Density-Based Spatial Clustering of Applications with Noise,
DBSCAN）。

近年来，以深度学习算法为代表的人工智能技术快速发展，在计算机
视觉、语音识别、语义理解等领域都实现了突破。但其相关算法目前并不
完美，有待继续加强其理论性研究，也不断有很多新的算法理论成果被提出，
如胶囊网络、生成对抗网络、迁移学习等。

神经网络是目前比较火热的研究方向，将其应用于金融领域的研究也
有很多。概括来讲，目前深度学习的领域概念要比"神经网络"还要大，
深度学习框架如 Torch、Tensorflow 等所能兼容的机器学习算法也超出了传
统神经网络的范围。要将深度学习和卷积神经网络等技术应用于金融领域，
需要注意深度神经网络要求很大规模的数据。例如基本的卷积神经网络——
Alexnet 的测试集 Imagenet 中，训练数据集 126 万张图像，验证集 5 万张图像，
测试集为 10 万张图像，数据量如此大，且数据规整，在金融领域比较难获得。

（三）人工智能架构不断更新

人工智能算法的设计逻辑可以从"学什么""怎么学"和"做什么"
三个维度进行概括。当前，人工智能基础性算法已经较为成熟，各大厂商
纷纷发力建设算法模型工具库，并将其封装为软件框架，供开发者使用，
可以说软件框架是算法的工程实现。企业的软件框架实现有闭源和开源两
种形式：苹果公司等少数企业选择闭源方式开发软件框架，目的是打造技
术壁垒；目前业内主流软件框架基本都是开源化运营。

基于深度学习的训练框架主要实现对海量数据的读取、处理及训练，
主要部署在中央处理器（CPU）及图形处理器（GPU）服务集群，主要
侧重于海量训练模型实现、系统稳定性及多硬件并行计算优化等方面的
任务。目前主流的深度学习训练软件框架主要有 TensorFlow、MXNet、
Caffe/2+PyTorch、Microsoft Cognitive Toolkit（CNTK）等。

除此之外，业界及学术界还存在着多个机器学习软件框架，如 Scikit-
learn、Theano 等。这些软件框架在其专长领域仍然发挥重要作用。但各软
件框架的维护力量及发展思路不同，同时缺少贡献人员，导致软件框架发
展水平略显滞后，存在着包括算法库扩展不及时、API 水平较低以及不支

持分布式任务等问题。

（四）人工智能渗透面越来越广

迁移学习的研究及应用将成为重要方向。迁移学习侧重于对深度学习中知识迁移、参数迁移等技术的研究，能够有效提升深度学习模型复用性，同时对于深度学习模型解释也提供了一种方法，能够针对深度学习算法模型可靠性及不可解释性问题提供理论工具。

深度学习训练软件框架将逐渐趋同，开源推断软件框架将迎来发展黄金期。随着人工智能应用在生产生活中的不断深入融合，对于推断软件框架功能及性能的需求将逐渐爆发，催生大量相关工具及开源推断软件框架，降低人工智能应用部署门槛。

AI 计算芯片朝云侧和终端侧方向发展。从云侧计算芯片来看，目前 GPU 占据主导市场，以 TPU 为代表的 ASIC 只用在巨头的闭环生态，未来 GPU、TPU 等计算芯片将成为支撑人工智能运算的主力器件，既存在竞争又长期共存，一定程度可相互配合；FPGA 有望在数据中心中以 CPU+FPGA 形式作为有效补充。从终端侧计算芯片来看，这类芯片将面向功耗、延时、算力、特定模型、使用场景等特定需求，朝着不同方向发展。

三、区块链技术逐渐渗透到金融交易中

传统竞价交易具有如下特点：（1）传统中心化交易中，竞价依赖中心化平台获得报价、竞价撮合、登记等，对交易中心节点的信用和风险承受能力要求较高；（2）要实现中心化交易，资产需托管在资产托管机构，由中心化的资产托管机构进行资产的结算及划转，划转时需要获得一个时间点的风险和结算情况并进行风险处理；（3）中心化交易设施对单点的物理性能要求高，对交易者与交易系统的物理连接性能要求较高。由于以上特点的存在，中心化交易系统承担了金融市场风险，且运行成本高，容量有限，产品和客户扩展成本高。同时，传统竞价交易由于交易机会多，对流动性要求高，容易发生闪崩等情况。很多学者反思传统竞价的合理性，如周小川等认为，多次集合竞价有机会替代连续竞价，成为资产定价的主流方式。

（一）使用区块链进行竞价交易的可行性

区块链上的资产交易，是区块链应用的重要研究方向。长期以来，其

交易就存在着去中心化交易与中心化交易两种发展路线。

从当下来看，中心化交易是区块链资产交易的主流。不仅区块链数字货币交易主要由中心化交易完成，各种基于区块链的数字资产交易也是由中心化交易完成的，中心化交易往往需要客户将数字资产托管到某个指定账户。客户将交易报单提交给交易所，由交易所完成交易撮合，以及结算划转。数字资产的中心化交易与传统资产的中心化交易区别不大，传统中心化交易的缺点如系统要求高、信用风险大等都存在，交易所技术故障导致客户损失、交易所托管资产被盗、交易所卷款跑路等层出不穷。

区块链技术为交易所技术架构提供了新的思路。区块链系统具有共识机制、加密传输机制、一致性校验机制等，基于分布式账本，具有去中心、可信任的特点。随着区块链的发展，新一代区块链具备快速达成交易、低成本可信校验、支持智能合约等特性。传统区块链系统支持分布式记账、点对点转账等功能，但目前去中心化交易所往往没有资产定价功能，其主要功能是为有交易意向者提供交易。去中心化交易所的主要交易协议包括0x、IDEX、Waves DEX、Loopring、Kyber Network、Decred、Nash Exchange和 AtomicDEX 等。其中，0x 依赖于中继器（Relayer）模型进行两个交易者之间匹配订单的进程。IDEX 只支持以太坊生态的令牌，使用以太坊作为结算层，在内容写入区块链之前，所有内容都首先在其中心化的数据库进行更新。Waves DEX 是由 Waves 项目推出的。Waves 有自己的区块链和一个同名的令牌（Waves），这是它们去中心化交易平台的一部分。虽然 Waves 的订单匹配引擎是开源的，但是订单匹配仍然是中心化的。交易是通过匹配器（中间商）进行的，因此不是在链上进行。

然而，区块链仍然有潜力应用于交易、结算等步骤。这是因为：

（1）区块链上的分布式节点进行报价收集、竞价撮合、登记、结算等，其一致性由分布式协议保障，从而使价格发现过程可以分布式运行；（2）智能合约可以保证交易资产和资金在交易前冻结，该集合竞价采用规定时间段内报价价格优先成交；（3）区块链能够保证交易节点的节点时间作为一次交易的基准时间；（4）区块链竞价的执行时间间隔由前序交易的历史信息和市场行情信息综合指定。

因此，区块链交易具有以下优点：（1）以区块链为底层系统，分布式节点和中心节点共同进行报价收集、竞价撮合、登记等，由中心节点进行结算，降低了中心节点的压力；（2）实行每轮交易实时登记和结算，对每轮交易的风险进行处理；（3）可实现 7×24 小时运行，并获得撮合出的基准价格。

（二）使用区块链进行交易后处理的可行性

区块链应用于金融交易后处理是从账户范式到 Token 范式的转换。但仅靠范式转换不足以支持在金融交易后处理中引入区块链的必要性和合理性，关键要证明区块链能提高效率，降低风险，并保留目前模式的优点。

在证券的间接持有模式中，一笔交易涉及多个中介机构，比如中央证券托管（CSD）、其他托管机构（可以有多层）、交易所和经纪商等。每个中介机构都使用自己的系统来处理、发送和接收交易指令、核对数据以及管理差错等，并维护自己的交易记录。每个中介机构使用的数据标准也不统一。这样会产生大量成本，并增加中介机构之间对账的难度。这些问题在证券多层持有时更为明显。

如果 CSD 的结算和账本维护功能通过区块链来实现，那么 CSD 与证券交收系统（SSS）融为一体，所有市场参与者共享一个账本，这将带来以下好处：一是通过分布式、同时化和共享的证券所有权记录来简化和自动化交易后处理工作，降低 CSD 和各种中介机构在后台对账和确认交易细节信息的工作量；二是缩短结算所需时间，减小结算风险敞口；三是因为交易有关信息由交易双方共享，能促进自动清算；四是缩短托管链，使投资者可以直接持有证券，降低投资者承担的法律、运营风险以及中介成本；五是可跟踪性好，透明度高；六是去中心化、多备份能提高系统安全性和抗压性；七是 Token 化证券的持有者可以通过智能合约编程，对证券进行自动化管理，以实现灵活的风险转移、对冲和资源配置等功能。

第三节　金融交易发展面临的挑战和问题

如前所述，金融交易发展趋势是产品持续增加、交易理论逐渐丰富、交易技术越来越强。那么就有几个很自然的问题：金融交易的发展使金融市场发生何种变化？金融交易发展面临的挑战有哪些，有哪些解决方法？

这三个问题在学术界、交易监管、市场操作等领域有丰富的研究、探讨和反思。总的来讲，金融交易能够使市场变得更有效率、更好服务实体经济、风险转移机制更强，同时也造成对市场"三公"原则的挑战、市场流动性风险提升和经济总体运行风险增加。在这些条件影响下，未来金融交易将更关注整体风险防控，更注重维持市场生态，同时在监管与市场合力推动下，金融交易将继续向强化风险防控、提高交易效率的方向前进。

一、金融交易发展带来新挑战

（一）先进的金融交易工具挑战市场公平

市场公平是金融市场发展中的重要因素，世界各国一直非常注重资本市场的公平性，即使资本市场最为发达的美国也不例外。国际金融危机之后，在美国通过的《多德—弗兰克法案》中，关于公平性的字眼被提到130次之多。为确保程序化交易的公平性，防止滥用程序化交易，美国提出主机共置服务收费、下单前后作压力测试以及对系统和风险实行管控等有效措施。《欧盟市场法》有对交易算法实行强制测试、要求做市商及时上报交易额等严格的限制条款，以限制高频交易；我国香港地区也从订单、监控、交易系统和记录等方面推出程序化交易管理规则。

公平性是复杂的道德观念，具有广泛的使用范围和标准，在不同的情景下代表着不同的含义。在经济学上，一个比较公认的公平含义，是指一方不应通过利用另一方相对小的损失而获取相对大的收益。而金融市场的公平性也说明，对一项规则或协议，能与其他人一样被同等对待。虽然不同语境之间对公平性的理解有所不同，股票市场的公平性理应包括不涉及欺诈及内幕交易、避免诱导投资者非理性冲动交易、不同客户具有平等的议价权等因素，并且可以达成两点共识：其一是过程公平，即投资者平等适用规则；其二是结果公平。监管层对可能损害公平原则的金融交易需审慎甄别，并迅速采取措施，防止一些金融交易手段造成其他客户的不合理损失。

（二）金融交易技术革新将导致市场流动性特征发生变化

在交易层面，近年来，高频交易对市场的完整性及有效性产生了一定的影响，引起了业界和学术界的广泛兴趣。学术研究、传闻类证据和国际证监会组织圆桌会议都表明，高频交易采用的一些策略给市场提供了流动性，例如，套利类的高频交易通过运用算法来识别和探测市场间的价差，从而使不同市场间的定价趋于一致。但也有一些市场参与者表示，高频交易者的存在，打击了他们参与市场的积极性，因为他们觉得与高频交易卓越的技术优势相比，他们具有内在的劣势，需要改变自己惯常的交易策略。

也有一些市场参与者提出质疑，高频交易者是否能为市场持续提供流动性——高频交易公司在市场波动激烈的情况下是否继续提供流动性，是否会撤离市场。2010 年 5 月 6 日的闪电式下跌事件表明，高频交易公司没有触发下跌，但随着他们的快速撤离，加剧了市场流动性短缺。在美国证券交易委员会和美国商品期货交易委员会联合顾问委员会的报告中已经提及这一影响。研究者关注的重点是：高频交易公司采用快速和自动执行的算法可能在市场波动放大时进一步助推短期内的波动率提高。例如，在某些情况下，通过一个错误的算法执行可能引起大量的非期望的买或卖，这种现象可能被某些投资者盲目跟单而被放大。

一致性预期很容易造成金融市场高频波动。近几年来，金融市场的一个典型事实是所谓资产荒和钱荒的高频波动。究其原因，是因为在某个时点，大家的想法高度一致，因为大家得到的都是大数据，分析的结果都一样。比如一致性看空或看高美元，反之看空或看高欧元，诸如此类的现象，虽然体现了市场效率，但高频波动的极端情形是单边预期导致的交易崩溃，这就会导致流动性的瞬间耗尽。因此是不是应该有中央对手方？是谁？怎么提供？这一定会成为清算层面大家要思考的问题。

（三）金融交易技术革新催生金融混业经营

在市场层面，数据集中催生事实上的金融业跨行业跨市场经营。数据集中是信息社会的基本趋势，而数据集中必然导致客户集中，自然形成信息资源拥有者全方位为客户提供服务，这会导致原本各子行业之间的防火墙被击穿，所以股权、债权、货币汇兑等不同的市场很容易被信息中介打通。虽然跨市场交易会带来效率，但也很容易形成系统性风险。

混业经营在世界范围内已经形成趋势，这既是处于不同类别金融机构合作的内在需求，也是源于金融竞争的外在压力。国内外许多学者都在积极探讨金融混业经营的利弊得失，以往各国金融混业经营的范围并不广，或者时间不够长，致使研究的选择面过窄且研究时段过短，所以，实证结果的说服力不强。尽管如此，学者们对金融混业的利弊有基本上一致的意见。

从全球范围来看，美国 1999 年《金融服务现代化法案》标志着金融市场综合化成为主流趋势，全球金融业开始打破分业经营格局，迅速开展机构和产品双重维度上的转型。金融控股集团（以下简称金控集团）正是双重市场转型的产物。

所谓机构转型，即传统分业经营管制下的金融企业通过自生或者并购的路径进行组织扩张，成为可以在多个金融领域开展综合性业务的金融控股集团或者准金融控股集团。所谓产品转型，即依托金融工程技术的支持，传统的单一功能金融产品相互组合或者联结，成为覆盖多个金融领域及市场环节的衍生金融产品。而金控集团既是机构转型所形成的新型企业组织，也是推动和实践转型产品的市场主体。一方面，"机构转型"提高了金控集团的竞争能力，能更好地适应"产品转型"后的激烈市场竞争；另一方面，"产品转型"溶解了原有的市场隔阂，增加了金融企业转型为混业集团的压力与动力，也提供了现实的业务通路。

从结构特性的角度来看，可以用全面市场风险来描述金控集团的这种风险特征。所谓全面市场风险，即金控集团业务的多元化和产品的衍生性，导致风险在不同金融子公司间传导和联动，并通过杠杆效应增加集团乃至整个金融市场的系统风险。而机构和产品双重转型正是全面市场风险的导火线。

在机构转型方面，金控集团通过设立提供不同金融服务的子公司，快速实现业务领域的扩张，在实现协同效应的同时，出于集团整体利益的考量，可能在各子公司之间产生内部交易和转移定价行为，使得局限于某金融子系统的风险通过上述交易管道扩散到其他子系统，从而酿成金融系统风险。另外，尽管子公司具有独立法人地位，但由于金融机构破产的严格规定，或者出于维护集团信誉等原因，集团很可能被迫对陷入危机的子公司提供流动性、债务担保等，而直接影响到下属的其他子公司的财务状况和市场信心。而在产品转型方面，随着金融工程技术的不断发展，跨市场衍生产品越来越成为全球金融交易的主流品种。通过远期、期货、期权、互换等工具的组合使用，衍生产品具有复杂的结构特性，联结了传统的信贷、债券、权益投资、担保等市场，也使风险能够跨市场传递甚至放大。

由于结构优势，金控集团广泛涉足衍生产品，进一步强化了全面市场风险。而这种风险累积到一定程度，便可能诱发市场危机。2007 年的次贷危机将以花旗集团为代表的金控集团的全面市场风险集中暴露出来。通过长期的证券化过程，花旗集团已经把相当部分的信贷风险转移到了外部市场。但是，花旗集团实施综合化转型后，全面参与了跨市场特性的资产证券化产品的多个业务环节，导致风险循环回归银行系统，构成了全面市场风险。

二、金融交易发展中需关注潜在金融风险

随着金融创新的更广、更深发展，金融与实体经济之间的相互关联性越来越高，经济运行中的风险传染速度更快，金融危机冲击规模更大。从网络拓扑结构看，金融交易的交易网络越来越复杂，在金融冲击规模较小的情况下，复杂的交易网络能够吸收和分担对某个节点的攻击，当冲击巨大时，风险分担也有可能演变为风险传播和传染。

金融交易的发展中展示出了一些与传统不同的风险特性。这些新型风险主要包括金融交易的流动性风险、跨市场风险传染、激进交易的风险、资产负债管理带来的风险、金融交易系统的风险、金融交易中的行为监管和法律风险。

流动性风险是指市场成交量不足或缺乏愿意交易的对手，导致未能在理想的时点完成买卖的风险。在实际交易中，市场买卖薄弱、计划交易的头寸过大都会导致流动性风险的暴露。特别是随着交易技术发展，很多竞价市场中的挂单可能随时撤销，导致实际流动性低比盘面展现的流动性更差。

跨市场风险传染指的是同一交易品种在不同市场交易中，由于各市场环境和市场条件不同，其他市场的风险有可能传染到本市场，或者同一大类交易品种受到不同宏观事件影响而引起风险传染。跨市场风险传染存在隐蔽性和突发性。各次大规模金融风险释放都有不同程度的跨市场风险传染。

激进交易的风险指不同类型的金融机构不顾风险、片面追求利润，在

收益率上盲目攀比。随着金融交易的发展，交易产品的高度复杂性造成产品风险难以计算。一些交易员通过高风险、高杠杆的方式追逐收益率，极易因市场波动造成严重后果。

在金融交易中，资产负债包括各种期限的资金和资产。金融机构资产负债在期限、结构上存在一定的错配是正常的，也是利润的来源之一。但从实际来看，一些金融机构通过走通道、加杠杆等方式，大大加剧了资产负债错配程度，人为加大了金融市场短钱长配、长钱短配的风险。

金融交易系统的风险指的是交易中由于系统故障导致的交易风险。随着金融交易的技术含量越来越高，交易系统故障引起的风险往往规模大、后果严重，交易系统必须严格审计、充分测试，方能进入生产。

金融交易的本质是执行金融产品的买卖合同，在合同交易和执行中也存在着交易合同固有的法律风险。这些风险包括内幕交易、掠夺型高频交易等违反"三公"原则的交易，以及金融交易未按规定缴税等。

金融交易在发展中必须严防风险，规范交易管理和决策机制，优化交易流程，加强风控投入，坚持持续稳健经营，合规守法，有效防控金融交易的风险。

案例

我们回顾新冠肺炎疫情发生以来美国金融市场的动荡。2020年的道琼斯工业指数如图11-7所示，已从2020年2月12日的最高点29 568.87点跌至2020年3月20日的18 213.65点，下跌幅度高达35%。芝加哥期权交易所的VIX恐慌指数升高，股票价格波动变大。本次行情VIX最大值创历史第二高，美国纽约证券交易所市场发生了罕见的4次熔断。

2008年国际金融危机后，对冲基金大量使用加杠杆的基于风险平价或期权Delta对冲的投资策略（如Asness，Andrea and Pedersen，2012），其策略原理为根据行情波动动态调整投资组合的头寸，以保证策略组合的风险暴露最低。在运行平稳的市场中，对冲基金往往通过买入股指看跌期权或持有股指期货空头来对冲股票多头。因此，做市商需大量卖出看跌期权。如果股市迅速下跌，在主要的波动率目标交易中，随着看空期权 Delta 绝对值逐渐在下跌中变大，股票多头需买入更多的看跌期权，期权做市商也需要卖出更多的看跌期权并开空单对冲，从而导致指数螺旋式下跌。

图 11-7   新冠肺炎疫情期间道琼斯工业指数

（资料来源：万得数据库）

金融衍生品市场参与者运用了过高的杠杆，面临着爆仓的风险。在欧美以 Span 计算风险准备金的市场，由价格长期相关性计算得出的风险准备金要比固定保证金比例的衍生品市场低，其杠杆可达 20 倍以上。在金融危机中，由于长期相关性的打破导致 Span 计算风险准备金的抵押品不足，在追缴保证金过程中必然会造成爆仓和追加保证金。同时随着价格的单向下跌，衍生品的裸多头必然爆仓或补保证金，从而造成风险放大。

债券市场波动加大，导致该市场的波动率目标交易者主动降低仓位。美国 30 年期国债收益率近期波动变大，国债市场面临着与股票市场同样的问题。由于该市场套利交易者大多使用高倍数杠杆策略，波动率加大将造成策略对债券基差做空头寸的甩卖，使远期债券收益率进一步抬高。

　　美国公司债收益率居高不下。国际金融危机发生后的这些年里，企业一直靠举债度日。为了利用低利率带来的好处，全球企业近年来纷纷发行债券以便将收益用于扩大业务。国际金融协会称，非银行企业的债务规模从 2009 年底的 48 万亿美元激增至 2019 年底的 75 万亿美元。其收益率水平上涨速度要高于美元国债长期利率，其原因还是由于美元的紧缺，以及公司经营困难导致的信用恶化。

　　在本次新冠肺炎疫情期间，我们可以看到如图 11-8 所示的交易环图：环1，美元实际利率升高与企业现金流恶化的正反馈关系；环2，股市下跌与衍生品交易的正反馈；环3，通缩与企业现金流恶化的正反馈；环4，商品价格下跌与补缴保证金的正反馈。疫情触发了企业经营危机、财政压力、供需减少等事件，导致触发了金融动荡，金融衍生品市场作为"风险发动机"，造成了更大的潜在风险，并最终使经济陷入危机。

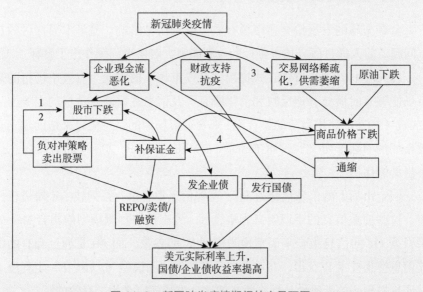

图 11-8　新冠肺炎疫情期间的交易环图

从图 11-8 可以看出，目前美国金融市场运行存在着四个正反馈环的嵌套，这就使系统的不稳定性骤增，运行风险巨大。其中，金融创新和衍生品策略包括期权对冲策略、保证金交易会造成指数的大幅波动，以及商品价格的下跌。同时金融创新和衍生品策略对现金的需求会增大，与企业债资金需求、国债资金需求等一起，导致融资成本提高，现金流恶化。

第四节　金融交易发展应坚持的原则

金融交易发展对实体经济发展具有重要的推动作用，使市场有效性增强，风险和成本降低，但也应该避免脱实向虚、空转等不良现象，应继续坚持规范与发展并重，兼顾服务性、防风险和改革创新的有效统一。

一、金融交易发展使市场有效性增强

金融交易的发展给金融市场有效性带来何种影响，是学术界探讨的热点问题。前人通过研究技术分析的盈利能力，对这个问题作出了解释。

Fama（1970）年首次正式提出"有效市场"的概念。有效市场指的是市场能够实时而充分地反映和消化所有可及信息并反映在价格的走势上。Jensen（1978）使用数学的集合 Θt 来表示市场中的信息集合来帮助建立有效市场的"数学定义"，而 Timmermann 和 Granger（2004）将这个概念进一步具体化：

假定市场上的信息集合为 Θt，这些信息集合由一系列技术手段进行搜集。这些搜集信息的手段定义为集合 S_t，另有价格预测模型的集合 M_t。如果根据 Θt 的信息集合来调整预测模型 M_t 的参数，而 Θt 是通过现有的最佳信息搜集技术 S_t 获得，在这种情况下如果预测模型 M_t 无法在一定程度上保证价格预测的准确性，那么所在的这个市场就定义为"有效的"。

Cheol-Ho Park 和 Scott H. Irwi（2007）为了搞清楚到底能否利用技术操作在市场里面盈利，搜集整理了自 1960 年 Donchian 最早发表讨论技术分

析在市场中的收益的文章以来44年时间里137篇相关主题的学术研究论文。

从这137篇文章里面可以发现：1994年之前仅有零零碎碎的研究，但1995年以后相关论文数量激增，并且在1995年到2004年发表的论文数量几乎占到了总发表论文数的一半。其中一个很重要的原因是1987年以后，市场有更多盈利的技术模型，从而吸引了更多人进行研究，另一个原因是1995年以来计算机更广泛地被大众接受，推动了技术分析的发展。

在对技术操作盈利空间的早期研究中发现了一个非常有趣的现象。例如在1970年左右的研究中，通过对比发现，在这个时间段内的股票市场上几乎不存在技术操作的盈利空间———在扣除交易费用以后，这种操作几乎是没有任何"性价比"可言的。但同一时期的外汇市场和期货市场却表现出了显著的盈利收益。研究者认为，无论是外汇市场还是期货市场所体现出来的显著收益很大程度上取决于其不同于股票市场的特殊市场结构。

同时，Cheol-Ho Park 和 Scott H. Irwin（2004）在回顾了137篇历史文献资料以后，与 Christopher（1997）得出比较一致的结论———似乎早期大部分的研究表明在外汇市场上的盈利特性要比股票市场上更加显著。但1985年以后"现代研究"的结论表明，股票市场的表现要好于外汇市场。

确实，外汇市场上的一些现象同样会以不同的严重程度出现在其他市场当中，比如，市场信息的不透明，噪声交易者对市场扰动导致的波动加剧现象，行为金融学领域研究的从众倾向所导致的羊群效应在短期甚至长期把价格带偏的倾向等。

另外像中央银行等大型机构源于对宏观经济风险对冲的动因，为了平抑市场波动而在市场上留下了痕迹，技术操作者在市场中捕捉到这种痕迹并获取利润。

在 Cheol-Ho Park 和 Scott H. Irwin（2004）中，我们可以大概率确定的是：市场肯定没有达到"完全有效"的程度。但市场究竟多大程度上无效，以及市场超额收益的空间有多少，学术界并没有获得准确的数据。但是市场实践总是跑在理论的前面，一直不断地有淘金者前赴后继地涌入市场，就证明了一个道理：确实有人带着金子出来过。

最后，Cheol-Ho Park 和 Scott H. Irwin（2004）指出，随着技术的进步，

市场在"人们可以普遍观察到的颗粒度上"正在变得越来越有效率。但更多的市场模式和波动规律在一些不易被简单复制和描述的、更深层次的维度上被组织起来，用于获利。同时，金融市场正在走向一个越发简单也越发复杂的市场：简单性在于市场会越来越有效率，复杂性在于市场生态越来越往"原子级"进化。

二、金融交易发展使金融服务实体经济能力增强

经验表明，金融交易能够促进实体经济发展，使企业经营风险大大降低。例如以农产品金融化为例，农业引入金融市场最成功的国家是美国。在美国，与农产品相关的金融产品包括天气指数期货、能源期货、农产品期货，以及相关期权等衍生品交易。企业通过参与衍生品交易，可以方便锁定天气风险、生产原材料价格风险、农产品价格波动风险。这帮助美国发展成为世界最大的农业生产国。

从国内实践看，金融交易在实现投资组合优化、优化风险管理途径的同时，为金融产品提供了准确、高效的市场化定价，使金融产品有了开发空间。如金融机构在参与债券交易、信托产品交易等的同时，也满足了实体经济融资需求，促进了经济发展。

三、金融交易应回归实体经济本源，避免空转

在金融市场中创设一款金融产品，大部分时候是为了服务实体经济、转移分担金融风险、提高市场流通效率等目标。但在金融交易开展过程中，很多交易脱离了这些宗旨。例如在近些年的热点金融事件背后，都有金融交易的影子。相比传统资金，金融交易资金通过在不同金融市场、不同机构之间穿梭，在金融体系内部"虚投空转"。例如，有的交易发生在债券市场，在金融体系内自我循环；有的虽进入企业，但企业并未投资于实业；还有些资金通过信托绕道进入房市，炒高了房价。

金融交易引起的资金"空转"，有几条清晰的路径可寻。如图11-9所示。

银行的钱在金融机构间"空转"，对整体经济运行带来危害，一旦债务违约，资金链条上的各家金融机构难逃其责，银行也不能幸免。

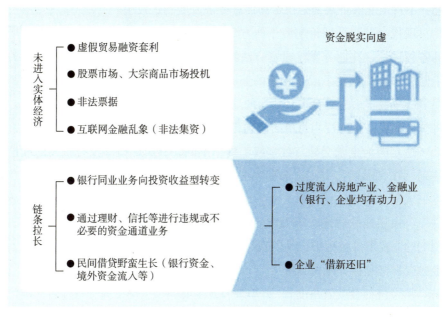

图 11-9 金融交易脱实向虚的表现

解决资金空转问题，不是简单地让钱全部流入实体经济，最根本的是要搞好实体经济，让银行能找准适合投资的行业、企业。金融创新必须回归服务实体经济的本源。我国金融业发展到现在，不仅要解决融资问题、满足实体经济的需求，而且要满足风险管理、资金配置及流动性管理等需要，面对的金融服务需求非常广。真正存在风险、影响可持续发展的，是金融交易满足实体经济需要过少，而在发挥其他功能方面过大。实体经济是金融发展的基石。脱离本源的交易，必然引起脱实向虚、风险累积。

随着金融市场化改革不断推进，不同金融领域交叉明显增加，监管层面也要适时调整和优化。监管机构需加强协调，对创新产品、新型金融领域统一监管，尤其是在鼓励互联网金融创新的同时，应按照金融的本质要求进行监管，防范金融风险。

四、金融交易发展中应避免投机赌博、诱导交易、庞氏骗局

尽管交易技术在发展，金融交易理论和实践在更新，从金融发展史来看，金融危机并没有减少，反而频率越来越高，波及面越来越广。所以金融发

展并不肯定能够带来金融稳定和促进经济发展的正效用。

现代金融交易理论起源于西方，主流是基于新古典主义经济学派生出的各种理论，在西方主流投资方法特别是模型和技巧中，很少发现其中关于监管和经济调控手段等变量的关键地位。所以在西方现代金融理论中，很多概率数学模型等存在着致命的缺陷。如片面地将交易与赌博游戏等同，将交易的最高目的视为每单的盈利，这无疑将加大交易风险。

这是因为金融交易与数学或工程学不同，其所谓概率没有坚实的理论基础。在实际社会中，总是有数不清的"黑天鹅"和"灰犀牛"。例如在本书成稿过程中，就先后有新冠肺炎疫情、油价暴跌至负油价、美股连续跌停、白银连跌后连涨等无数金融事件。这些事件大部分是单个模型无法预测的。在事件过程中，很多风险偏好高的交易者纷纷破产、爆仓。因此，金融交易必须摒弃赌博思维。

从经济社会发展角度看，近年来西方主要国家主动提高金融监管标准，扩大金融监管范围，加强金融监管力度，整个社会的管理方式也在发生本质的变化，基于新古典主义的理论方法可能会在未来出现更大的问题。

还需要注意的是，新技术的综合应用并没有改变金融的逻辑，新技术并不必然导致高收益。很多金融科技公司在传统金融框架内无法获得收益，转而追求招揽更多的客户、诱导客户交易获取收益，很多业务没有盈利，而是基于后人为前人买单的庞氏骗局逻辑，其结果是泡沫破裂，结果是惨痛的。

因此，金融交易发展中应避免投机赌博、诱导交易、庞氏骗局，坚守金融发展基本规律和金融从业基本戒律，紧贴企业生产经营，抓住市场新趋势、新机遇，支持经济发展重点领域和薄弱环节，使金融服务与实体经济相互促进，健康发展。

五、金融交易相关规制建设应持续推进，维护市场稳定高效

在当代社会，金融交易是人类从事经济活动的一种高级形态，人们在金融交易中发明新奇的金融交易理论，试用各类高科技技术，从而使市场不断变化，推动市场前进。

金融交易进化也影响相关产品规则和管理制度的进化，行为监管被认

为是更适合未来潮流的监管模式。例如在程序化交易兴起以后，市场监管者深入研究程序化交易的特点和对市场的影响，通过交易报备、区分策略、分类监管的模式加大监管力度，从而使程序化交易发挥其创造流动性的优点，遏制其通过速度掠夺市场的缺点。

"监管沙盒"是一种对创新更友好的监管模式。"监管沙盒"是一个"安全空间"，在这个安全空间内，金融科技企业可以测试其创新的金融产品、服务、商业模式和营销方式，而不用在相关活动碰到问题时立即受到监管规则的约束。再直白一点就是，监管者在保护消费者/投资者权益、严防风险外溢的前提下，通过主动合理地放宽监管规定，减少金融科技创新的规则障碍，鼓励更多的创新方案积极主动地由想法变成现实，在此过程中，能够实现金融科技创新与有效管控风险的双赢局面。

金融监管如何兼容金融创新，是需要探索的方向。金融创新虽然在技术上有所突破，其业务内核仍遵循基础的金融交易原理。因此应对金融创新的技术突破所带来的复杂业务严加分析和监管以保护投资者权益，保障市场公平。

本章要点

- 金融交易规模仍将继续扩大，表现为金融产品模式不断推陈出新；金融产品创新的需求不断增长；金融化在经济增长中的作用不断强化；监管与市场共同作用，塑造产品模式；指数化产品继续增多。

- 在金融交易理论研究中，行为金融学和市场微观结构理论是目前研究的热点。

- 金融市场参与者的专业度和集中度不断提高；金融交易监管向统一监管、穿透式监管、监管规则趋同化发展。

- 经过数代发展，金融交易科技系统从简单的程序执行，向拥有专业金融交易云基础设施、高速通信网络、分布式核心系统的高速、可扩展、高并发的全流程、高性能交易网络演进。从功能看，大数据、人工智能、机器智能逐渐成为主流，大大提高了金融交易中数据搜集、数据分析及投资决策的效率。区块链技术具备分布式、安全性、鲁棒性的优势，正在向金融交易各阶段加速渗透。

●金融交易应关注发展带来的风险，特别是技术不平等下风险聚集的挑战，以及叠加经济金融周期下的过度交易风险。

●明确金融交易的原则非常重要。在金融交易发展中，应注意回归实体经济本源，避免资金空转；应避免投机赌博、诱导交易、庞氏骗局；其规则和制度应持续完善，维护市场稳定高效。

 思 考 题

1. 简述金融交易在交易产品、交易理论、投资者结构和监管规则方面的发展趋势。

2. 简述新一代全流程专业化交易网络的组成。

3. 新兴的基于人工智能、机器智能的金融交易主要使用什么数据，这些数据有何特点？

4. 金融交易发展的挑战和问题有哪些？

5. 哪种目标的金融交易值得提倡，哪种目标的金融交易需尽量规避？

参考文献

[1] 路冠平. 金融市场微观结构分析 [M]. 北京：中国金融出版社，2019.

[2] 路冠平. GPU 在量化中的应用及 VaR 快速算法 [EB/OL]. https：／／wenku.baidu. com ／ view／58a6b7f37c1cfad6195fa756，2012.

[3] Park C H ，Irwin S H. The Profitability of Technical Analysis：A Review[J]. AgMAS Project Research Reports，2004.

[4] Fama E F. Efficient Capital Markets：A Review of Theory and Empirical Work[J]. Journal of Finance，1970，25（2）：383 – 417.

[5] Jensen M C. Some Anomalous Evidence Regarding Market Efficiency [J]. Journal of Financial Economics，1978：95 – 101.

[6] Timmermann A，Granger C W. Efficient Market Hypothesis and Forecasting [J]. International Journal of Forecasting，2004，20（1）：15 – 27.

[7] Kirilenko A A，Kyle A S，Samadi M，et al. The Flash Crash：High-Frequency Trading in an Electronic Market [J]. Social Science Electronic Publishing，2017，72（3）.

[8] Thierry Foucault，Sophie Moinas，Bruno Biais. Equilibrium High Frequency Trading [J]. SSRN Electronic Journal，2011，116.

[9] Hrdlicka C M . Trading Volume and Time Varying Betas [J]. Social Science Electronic Publishing，2013.

[10] Brogaard J ，Hendershott T ，Riordan R . Price Discovery Without Trading：Evidence from Limit Orders [J]. Social Science Electronic Publishing，2015.

[11] Panayi E ，Harman M ，Wetherilt A . Agent-Based Modelling of Stock Markets Using Existing Order Book Data [J]. International Workshop on Multi-agent Systems and Agent-based Simulation. Springer，Berlin，Heidelberg，2012.

[12] Grossman S J，Miller M H. Liquidity and Market Structure [J]. Journal of Finance，1988，43（3）：617–633.

[13] Hasbrouck，Joel. Empirical Market Microstructure：The Institutions，Economics，and Econometrics of Securities Trading，2007.

[14] Amihud Y , Mendelson H . Dealership Market：Market-making with inventory [J]. 1980，8（1）：1-53.

[15] Mann，Steven and O'Hara，Maureen. Market Microstructure Theory [J]. Journal of Finance. 1996（51）.

[16] Kaniel R , Saar G , Titman S . Individual Investor Trading and Stock Returns [J]. Journal of Finance，2008，63（1）：273-310.

[17] Glosten L R , Milgrom P R . Bid，Ask and Transaction Prices in a Specialist Market with Heterogeneously Informed Traders [J]. Journal of Financial Economics，2006，14（1）：71 - 100.

[18] Asness C S , Andrea F , Pedersen L H. Leverage Aversion and Risk Parity[J]. Financial Analysts Journal，2012，68（1）：47-59.